U0490890

当代名家学术思想文库

主　　编　李　克
学术顾问　傅璇琮

袁行霈卷

北方联合出版传媒（集团）股份有限公司
万卷出版公司
VOLUMES PUBLISHING COMPANY

图书在版编目（CIP）数据

当代名家学术思想文库·袁行霈卷／袁行霈著．—沈阳：万卷出版公司，2011.1

ISBN 978-7-5470-1275-8

Ⅰ．①当… Ⅱ．①袁… Ⅲ．①社会科学—文集②古典文学—文学研究—中国—文集 Ⅳ．①C53②I206.2-53

中国版本图书馆CIP数据核字（2010）第208573号

设计制作／智品書業 ZHIPIN BOOK

当代名家学术思想文库·袁行霈卷

出 版 者	北方联合出版传媒（集团）股份有限公司 万卷出版公司
地　　址	沈阳市和平区十一纬路29号
邮　　编	110003
联系电话	024-23284090
邮购电话	024-23284627 23284050
电子信箱	vpc_tougao@163.com
印　　刷	三河市国英印刷厂
经　　销	各地新华书店发行
成品尺寸	170mm×240mm
印　　张	31.5
字　　数	435千字
版　　次	2011年1月第1版　2011年1月第1次印刷
责任编辑	邢和明
书　　号	ISBN 978-7-5470-1275-8
定　　价	65.00元

编纂说明

在漫长的历史长河中，从瑰丽奇特的远古神话到《诗经》、楚辞、汉赋、唐诗、宋词、元曲、明清小说……出现了许多古今知名的文学家和文学巨著，成就了中国文化的博大精深，也使得中国文学以其优秀的历史、多样的体裁、众多的作家、丰富的作品、独特的风格、鲜明的个性和辉煌的成就而成了世界文学宝库中光彩夺目的瑰宝。几千年来，中国文化因自身的巨大成就和积累的丰富经验，一直以辉煌的面貌屹立于世界之林。

而今，随着改革开放政策的实施和社会经济的进步，我国的社会文化也呈现了蓬勃发展的新面貌，其中，我国的学术研究也取得了巨大成就，在各个领域均出现了誉满海内外的著名学者。他们的思想光辉夺目，他们的作品精细微妙，文采肌理具在。我们要了解当代社会学术研究发展的大趋势，要研究学术名家的学术思想，主要也应从他们的专业研究著作加以探讨。为了使读者可以仔细领会名家作品的内在精细微妙之处，细细品味每一部作品，感受他们带给我们的新领悟，我们特意编纂了此套《当代名家学术思想文库》，并邀请原中华书局总编辑、现任清华大学中国古典文献研究中心主任的傅璇琮先生担任本丛书的顾问，傅先生在丛书的编纂过程中给我们提供了很多帮助，在此表示感谢。

本文库以自选集的体例形式推出，所选作品兼具学术性与文学性，收录的是当代著名学者关于国学或传统文化的论文、随笔、专著节选等，此次出版的十种包括田余庆、戴逸、袁行霈、王尧、徐季子、乐黛云、罗宗强、李学勤、傅璇琮、王水照诸位名家的著作。这些享誉海内外的学者呕心沥血的求索，潜心研究的成果，处处展现了当代“大家”的风范，无不是当代学术思想的精华。他们以自己卓越而深邃的人格、思想和学力，以简练优美的语言、细腻的情感在各自的研究领域独领风骚，极大地丰富了中国的文化宝库。本文库轻松而不浅薄，深厚却不晦涩，是一项极具价值的出版工程，它不仅将带领我们领略美不胜收的文化之旅，而且能让我们更深领悟当代学术成就的精妙思想，社会意义深远，学术价值极高。愿此项凝聚众多专家和编辑心血的工作，能对中国社科文化的发展和学者思想的传播起到积极的作用。

自　　序

本书收入的论文都是近三十多年所撰，可分为四部分：第一部分是关于中国古代诗学的，主要是围绕言—意—象—境展开；第二部分是关于陶渊明的，在我看来他既是诗人也是哲人，已经成为中国文化的一个符号；第三部分是关于唐诗和宋词的，从中可以看出我对诗词的诠释方法；第四部分是关于中国文学史和文明史的，表明了我的一些宏观的理解。

以我之浅见，一个人的学术研究需要多开拓几个领域，既有重点，又要互相打通。既要深入，又要广博。点面结合，相得益彰。当然这只是追求的目标而已，自愧远未达到。今后我还将朝着这个目标继续努力。但愿这本自选集不是我学术研究的总结，而只是一个加油站。对过去进行一次检讨，也好开始下一段路程。

关于我的研究工作，马自力教授的访谈录中有比较详细的说明，访谈录附在书后，在这里就毋庸赘言了。

徐晓峰博士帮助我十分认真地校对了全部书稿，谨在此表示由衷的感谢！

目　　录

言意与形神

——魏晋玄学中的言意之辨与中国古代文艺理论

一

言意之辨是魏晋玄学中主要的论题之一[1]。它对中国古代文艺理论，特别是诗论和画论，产生过深远的影响。

言意之辨讨论的内容是言辞和意念的关系。关于这个问题，有三种不同的意见：言不尽意论、得意忘言论和言尽意论。

言不尽意论早在战国时代就已经提出来了。

《周易·系辞上》：

> 子曰："书不尽言，言不尽意。然则圣人之意其不可见乎？"子曰："圣人立象以尽意，设卦以尽情伪，系辞焉以尽其言。"[2]

《庄子·天道》：

> 语有贵也，语之所贵者意也。意有所随，意之所随者，不可以言传也。

《庄子·秋水》：

> 可以言论者，物之粗也；可以意致者，物之精也。言之所不能论，意之所不能察致者，不期精粗焉。

魏晋时期，言不尽意论十分流行。欧阳建说："世之论者以为言不尽意，由来尚矣。至乎通才达识，咸以为然。若夫蒋公之论眸子，钟傅之言才性，莫不引此为谈证。"③ 此中提到的蒋济、钟会和傅嘏的具体论述都已不得而知，但另有一个荀粲却留下了一段言论，见《三国志·魏志·荀彧传》注引何劭《荀粲传》：

> 粲字奉倩。粲诸兄并以儒术论议，而粲独好言道，常以为子贡称夫子之言性与天道，不可得闻，然则六籍虽存，固圣人之糠秕。粲兄俣难曰："《易》亦云圣人立象以尽意，系辞焉以尽言，则微言胡为不可得而闻见哉？"粲答曰："盖理之微者，非物象之所举也。今称立象以尽意，此非通于意外者也；系辞焉以尽言，此非言乎系表者也。斯则象外之意，系表之言，固蕴而不出矣。"及当时能言者不能屈也。

荀粲所谓"六籍虽存，固圣人之糠秕"，出自《庄子·天道》：轮扁见桓公读书，曰："君之所读者，古人之糟粕已夫。"轮扁以自己斲轮的技巧不能传给子孙为例，说明有些精微之数"得之于手，而应于心，口不能言"。《庄子》讲这个故事本有蔑弃儒家经典的意义，荀粲引用它，一方面表示不满意汉代经学的态度，另一方面也借以说明理之微者不能用物象完全表达出来的道理。荀粲由此出发，提出"意外"、"象外"之说，认为意内、象内可尽言，意外、象外不可尽言。这就把言不尽意的道理讲得更深入了。

言不尽意论并不否认言辞达意的功能。它认为言可达意，但不能尽意，指出了言意之间的联系和差别，以及言辞在表达意念时的局限。这是符合一般人的生活经验的。语言作为思维的工具，不可能没有局限性，不一定能够完全表达人们所想的东西。列宁《黑格尔〈哲学史讲演录〉一书摘要》摘引的黑格尔的一段话，讲得很深刻：

> 语言实质上只表达普遍的东西；但人们所想的却是特殊的东西、个

别的东西。因此，不能用语言表达人们所想的东西。

列宁在旁边批道："在语言中只有一般的东西。"在黑格尔的另一段话后面，列宁又批道："任何词（言语）都已经是在概括。参看费尔巴哈。"这是指费尔巴哈的下述原理："我们在现象学的开始中，只不过见到永远是普遍的词和永远是个别的物之间的矛盾。"这些话都告诉我们，语言和意念之间的确存在着一般与个别的差别，语言不可能将人们所想的那些特殊的、个别的东西完全表达出来。语言和意念的差别还表现为这样一种情况：当意念借助语言推进的时候，这语言是无声的，它的结构形式往往是片断的、跳跃的，往往缺乏规范性、明确性，有的语言符号只能为自己所理解，而不一定为别人所接受。但是，一旦要将这无声的语言变成有声的别人也能理解的语言，就须经过一番整理和加工。这时可能会遇到"应于心，口不能言"的困难。特别是那些深刻的道理、复杂的感情、丰富的想象，直觉的印象和细微的心理活动，更不容易为它们找到适当的言辞"毫发无遗憾"地表达出来。因为任何一个人所掌握的词汇以及他所熟悉的表达方式都是有限的，即使大作家也常有言不尽意的苦恼。所以，语言虽然具有表达意念的功能，但其功能并不是无限的、绝对的，不一定能将想说的全都说清楚。语言的表达和意念之间存在着距离。言不尽意论虽然没有将道理讲得这样透彻，但它指出了言辞和意念之间的差别和矛盾，指出了言辞的局限性，含有辩证法的合理因素，颇有值得肯定的地方。

得意忘言论最早见于《庄子·外物》：

> 筌者所以在鱼，得鱼而忘筌。蹄者所以在兔，得兔而忘蹄。言者所以在意，得意而忘言。吾安得夫忘言之人而与之言哉！

王弼在《周易略例·明象》里，以老庄解易，进一步申述了得意忘言的论点。他一开始就指出：

> 夫象者出意者也，言者明象者也。尽意莫若象，尽象莫若言。

他首先肯定象是可以表达意的，言是可以解释象的，象和言不但能达意，而且能尽意。但他并不满足于这个结论，接着引用《庄子》的话把问题深入一步：

> 故言者所以明象，得象而忘言；象者所以存意，得意而忘象。犹蹄者所以在兔，得兔而忘蹄；筌者所以在鱼，得鱼而忘筌也。

大意是说，如同筌的功用是捕鱼、蹄的功用是捉兔一样，象的功用是存意，言的功用是明象。象对于意，言对于象，都只有从属的地位。所以，只要得到象就不必拘守原来用以明象的言，只要得到意就不必拘守原来用以存意的象。

> 是故存言者非得象者也；存象者非得意者也。象生于意而存象焉，则所存者乃非其象也；言生于象而存言焉，则所存者乃非其言也。然则忘象者乃得意者也，忘言者乃得象者也。

他认为，拘守于言的人并没有真正得到象，拘守于象的人并没有真正得到意。象是由意产生的，离开意而拘守着象，所守的已不是真正能表意的象了；言是由象产生的，离开象而拘守着言，所守的已不是真正能表象的言了。所以，只有能忘象的人才是真正得到意的人，只有能忘言的人才是真正得到象的人。他的结论是：

> 得意在忘象，得象在忘言。

要想真正得到意必须忘象，要想真正得到象必须忘言。在这里应当说明一句：王弼所说的忘象、忘言，意思是不要执著于象和言，并不是完全抛弃它们，唐邢璹注曰："弃执而后得之"，是符合王弼原意的，如果完全抛弃象和言，他自己何必著书立言呢？关于这一点，可以用他对于"予欲无言"、"天何言哉"的解释来印证。他说：

> 夫立言垂教，将以通性，而弊至于湮。寄旨传辞，将以正邪，而势至于繁。既求道中，不可胜御。是以修本废言，则天而行化。④

"修本废言"和"得意忘言"都是针对汉儒那种繁琐的章句之学而发的。他认为两汉繁琐的经学不但没有得到圣人的真意，反而湮没了它。欲得圣人之意，就须理解圣人"立言垂教"的精神实质，而不要纠缠于他们的字字句句。从这个意义上讲，得意忘言论为人们提供了一种新的解释经籍的方法，对于打破汉代经学的统治，促进思想言论的解放，起了积极的作用。正如汤用彤先生所说："吾人解意要当不滞于名言，忘言忘象，体会其所蕴之义，则圣人之意乃昭然可见。王弼依此方法，乃将汉易象数之学一举而扩清之，汉代经学转为魏晋玄学，其基础由此而定矣。"⑤不仅如此，得意忘言论还为文学鉴赏提供了一种巧妙的方法。文学鉴赏当然离不开文学作品赖以言志传情的言辞，但又不可囿于言辞，停留在言辞的表层上，而应透过言辞探寻作家的意蕴。得其意，忘其言，沉浸于一个想象的世界之中，才能充分享受那鉴赏的乐趣。

言尽意论是西晋欧阳建所倡。他在《言尽意论》一文中写道：

> 夫天不言而四时行焉，圣人不言而鉴识存焉。形不待名而方圆已著，色不俟称而黑白以彰。然则名之于物，无施者也；言之于理，无为者也。

意思是说，天和圣人都是不言的，虽不言，而四时照常行，鉴识照常存。没有方圆黑白的名称，照常显示着方圆黑白的差别。所以，名对于物并没有增加什么，言对于理并没有改变什么。

> 而古今务于正名，圣贤不能去言，其故何也？诚以理得于心，非言不畅；物定于彼，非言（案应作名）不辩。

道理得之于内心，不借助语言就不能畅快地表达；事物的形色由于互相比较而确定，不给以名称就不能区别，所以名与言是不可废的。文章最后说：

> 非物有自然之名，理有必定之称也。欲辩其实，则殊其名；欲宣其志，则立其称。名逐物而迁，言因理而变，此犹声发回应，形存影附，不得相与为二。苟其不二，则无不尽。吾故以为尽矣。

他认为，物本无名，是为了对它们加以区别才确立了不同的名称。理本无称，是为了将它表达出来才诉诸言辞。名和物的关系，言和理的关系，就好像声响、形影一般，不能分割开来。既然不能分开，所以言就没有不尽意的了。因此说，言是尽意的。

这篇文章正确地说明了名与物的关系，固然有可取之处，但它对言理（意）关系的论证却是混乱的。它所谓的理不是指事物的客观规律（如杨泉《物理论》），而是指圣人的鉴识。鉴识属于人类主观的认识范畴。欧阳建以理和言的关系，同物和名的关系相提并论，显然是不恰当的，此其一。这篇文章的绝大部分篇幅是论证名与物、言与理的关系，说明“名逐物而迁，言因理而变”的道理，末尾忽然改换论题，提出“言尽意”的结论，这中间缺少必要的论证。“言因理变”只是说言随着意的变化而变化，至于言能不能完全将意表达出来，那是另一回事，二者之间并无必然的因果关系。此其二。欧阳建以“声发回应，形存影附”来比喻和说明言可尽意，也是没有说服力的。因为响并不能完全反映声，影也不能完全反映形。对于声和形来说，响和影是比较模糊的，不具体的。这个比喻不但不能说明言可尽意，反而证明了言不尽意。此其三。“言尽意”与“言不尽意”的论争在于一个“尽”字，这篇文章的主题是言尽意，但根本没有论证言之所以能够尽意的道理，对于言不尽意论又毫无反驳，可以说是文不对题，此其四。欧阳建以这样一篇文章而欲做“违众先生”独树一帜，恐怕力不胜任。今存《言尽意论》见于《艺文类聚》卷十九人部三“言语”，《世说新语·文学》注也引用了一段。不知今存是否全文。据《隋书·经籍志》，欧阳建有文集二卷，今佚。也许他另有关于言尽意的详细论述，亦未可知。《世说新语》载王导喜谈言尽意，但未见著述，他有何高见也不得而知了。

关于言意之辨，我不同意一些流行的说法。首先，言尽意与言不尽意的争论，是关于语言表达能力的争论，并不是认识论方面的斗争。认识论是什么呢？它是关于认识的来源、内容、发展过程及其规律的学说。它所讨论的是认识与实践的关系。而言尽意与言不尽意，仅仅讨论了言辞和意念的关系，即言辞能否完全（尽）表达意念的问题。这个问题虽然同认识论有关，但它本身毕竟不等于认识论。不能说言不尽意论是唯心主义不可知论。其次，言不尽意与得意忘言是两个不同的命题。言不尽意是从表达方面说的，得意忘言是从接受方面说的，两者虽有相同之处，但不可混为一谈。言不尽意论的代表人物是荀粲，而不是王弼；王弼讲的是得意忘言。王弼在《周易略例·明象》中不止一次地讲到“尽意”、“尽象”的话，如“尽意莫若象”，“尽象莫若言”；“意以象尽，象以言著”；“故立象以尽意”等等。可见他并不同意言不尽意之说。王弼的思想体系虽然是唯心主义，但他的得意忘言论在矫正汉儒的繁琐经学方面，是有贡献的。

言意之辨对中国古代的诗歌、绘画、戏曲、音乐等文学艺术的创作，对中国古代文艺理论的发展，以及中国传统的文学艺术的特点的形成，产生过深远的影响。恰当地评价这场论辩，必将有助于中国古代文艺理论的研究。

二

中国的诗歌理论从魏晋以后发生了显著的变化。在汉代，儒家诗教占据统治地位，卫宏、郑玄等人以经学家的眼光论诗，强调诗歌与政教的关系，诗被视为“经夫妇、成孝敬、厚人伦、美教化、移风俗”⑥的工具。魏晋以后，经学的统治动摇了，诗歌作为一种文学形式，它的特点才被人重视。诗学才摆脱了经学的束缚，开始深入探讨诗歌创作本身的规律。在这个过程里，魏晋玄学中的言意之辨，对中国古代诗歌理论的发展无疑起了促进的作用。诗是言志的、缘情的，如何将情志用语言完美地表达出来，是诗歌理论必须回答的一个问题，而这个问题同言意之辨有很密切的关系。特别是言不尽意论说出了诗人们在创作中深切体验过的一种苦恼，自然容易被诗人和诗歌批评家们所接受，并运用到诗歌理论中来。然而，哲学的玄理不能替代诗歌的艺术理论。诗歌批评家结合诗歌创作和欣赏本身的特点，来论述言意的关系，他们所说的意，已不仅指思想、概念、鉴识、理数这类逻辑思维，更多的是指印象、情绪、想象、情调等形象思维和心理活动，这些更难用言辞完全地表达出来。语言是人类伟大的创造，它的力量简直难以估量。然而，语言同人类丰富的感情、心理相比，同大千世界相比，又是苍白无力的。总结创作实践的经验，欲求达意，最好的方法是，既诉诸言内，又寄诸言外，充分运用语言的启发性和暗示性，唤起读者的联想，让他们自已去咀嚼体味那字句之外隽永深长的情思和意趣，以达到言有尽而意无穷的效果。当然，读者的联想因人而异，千差万别，不一定完全符合作者的原意，但只要总的趋向一致，就不但不会损害原意，反而能使诗的意味更浓郁更醇厚。这就是中国古代的诗歌理论家们一再探讨的诗歌中言意关系问题的核心所在。此外，中国古代诗歌多系四、五、七言的短句，常见的律诗、绝句不过是八句、四句的短章。短小的体裁要求短中见长、小中见大、含蓄不尽。这也促使诗人和诗歌批评家去研究如何恰到好处地处理言和意的关系。

文学创作中言与意的关系，晋陆机在《文赋》中已经提出来了。他说：

> 恒患意不称物，文不逮意，盖非知之难，能之难也。

所谓“意不称物”，是说主观的意念不能正确反映客观事物；“文不逮意”，是说言辞不能完全表达意念。这不过是玄学中言不尽意的另一种说法而已。苏轼也说：“求物之妙，如系风捕影；能使是物了然于心者，盖千万人而不一遇也，而况能使了然于口与手者乎！”[7] 可见这是使作家常常感到困惑的一个问题。陆机虽然没有发挥，但已揭示了创作中的这个矛盾。

陶渊明是受到玄学影响的一个诗人。他说自己“好读书，不求甚解；每有会意，便欣然忘食”[8]，表明了不作繁琐的训诂，而以己意会通书中旨略的态度。他的《饮酒》诗说：

> 山气日夕佳，飞鸟相与还。此中有真意，欲辨已忘言。

诗人在看到日夕归鸟的一刹那间，主观的情意与客观的物象相契合，忽然悟出了人生的真谛。他想将它说出来，又觉得不好说、不必说，于是用“欲辨已忘言”一句带过，让读者自己去体会。萧统《陶渊明传》说他“不解音律，而蓄无弦琴一张，每酒适，辄抚弄以寄其意”。陶渊明大概很懂那弦外之音的妙处。

深入阐述了创作活动中言意关系的，是《文心雕龙》，其《神思篇》说：

> 方其搦翰，气倍辞前，暨乎篇成，半折心始。何则？意翻空而易奇，

言征实而难巧也。

这段话说明了言意的区别，以及创作过程中言辞不能完全达意的缺憾。“半折心始”，是说有一半的意不能表达。可见刘勰也是同意言不尽意论的。下面接着说：

是以意授于思，言授于意，密则无际，疏则千里，或理在方寸而求之域表，或义在咫尺而思隔山河。

言和意的关系，既有吻合的时候，也有乖离的时候。特别是那些“纤旨”、“曲致”，就更不容易诉诸语言了：

至于思表纤旨，文外曲致，言所不追，笔固知止。至精而后阐其妙，至变而后通其数，伊挚不能言鼎，轮扁不能语斤，其微矣乎！

所谓“思表纤旨”，“文外曲致”，也就是荀粲所说的“理之微者”，刘勰认为这些是语言不能表达的。《隐秀篇》：

隐也者，文外之重旨者也；秀也者，篇中之独拔者也。隐以复意为工，秀以卓绝为巧，斯乃旧章之懿绩、才情之嘉会也。夫隐之为体，义主（生）文外，秘响傍通，伏采潜发，譬爻象之变互体，川渎之韫珠玉也。

这里所说的重旨、复意、秘响、伏采，都是指言辞之外不尽的意味，刘勰用一个“隐”字加以概括。“隐”，不是不欲人知，而是不欲明言，让读者通过自己的艺术联想和想象领会其中的深意，这正是中国诗歌艺术的妙谛。

《诗品》每以“滋味”论诗，于永嘉诗曰“淡乎寡味”；于五言诗曰“有滋味者”；论赋比兴曰“使味之者无极，闻之者动心，是诗之至也”。滋味，固可求诸言内，更须求诸言外，也就是所谓“文已尽而意有余”。这对后代的诗论影响很大。

唐代诗人刘禹锡对诗中言意关系有一段精辟的论述，《董氏武陵集纪》：

> 诗者，其文章之蕴邪！义得而言丧，故微而难能；境生于象外，故精而寡和。

诗的义、境存于言外、象外，是极精微的，而这正是诗歌产生艺术魅力的一个重要原因。刘禹锡称诗为文章之蕴，就是强调这精微的义境。此外，唐代讨论诗歌艺术技巧的著作很多。遍照金刚所编《文镜秘府论》保存了著名诗人王昌龄《诗格》的一部分，其中有“含思落句势”曰：“每至落句，常须含思，不得令语尽思穷。”皎然《诗式》列十九体，最推崇的是高、逸二体，达到高、逸的方法是：“气高而不怒，怒则失于风流；力动而不露，露则偏于斤斧……”“气象氤氲”，“用事不直”。皎然在《诗式·总序》中也说：“至如天真挺拔之句，与造化争衡，可以意会，难以言状。”唐末司空图总结了唐诗丰富的创作经验，区分了诗歌的不同风格，是一个著名的诗歌理论家，他在《与李生论诗书》中提出“味外之旨”、“韵外之致”：

> 古今之喻多矣，而愚以为辨于味而后可以言诗也。江岭之南，凡足资于适口者，若酰，非不酸也，止于酸而已；若鹾，非不咸也，止于咸而已。华之人以充饥而遽辍者，知其咸酸之外，醇美者有所乏耳。……噫！近而不浮，远而不尽，然后可以言韵外之致耳。

《与极浦书》又提出“象外之象”、“景外之景”：

> 戴容州云：“诗家之景，如蓝田日暖，良玉生烟，可望而不可置于眉

睫之前也。”象外之象、景外之景，岂容易可谭哉！

这些味外、韵外、象外、景外的旨趣，都不可能由诗人用语言直接表达出来，而是借助语言的启发性和暗示性，让读者自己求得它们。因此它们就显得更充实、更生动，更富有活泼的艺术力量。这种诗歌的境界，司空图在《二十四诗品》中称为“不著一字，尽得风流”，“遇之匪深，即之愈稀”。但这种艺术境界的求得，并不是没有规律可循的。他说“超以象外，得其环中”，就是告诉人们：诗歌创作既不能拘泥于眼前的景象之中，必须在更广阔的时间与空间上驰骋想象运用神思；又要切中事理和情理。只有把这两方面统一起来，才能达到诗歌的极诣。司空图的诗论尽管有许多缺陷，但在揭示中国诗歌艺术的特点和规律方面所作的贡献，毕竟是十分可贵的。

宋代欧阳修、梅圣俞从作者和读者两方面阐述了心得未可言传的矛盾。欧阳修《书梅圣俞稿后》：

> 乐之道深矣，故工之善者，必得于心应于手而不可述之言也；听之善，亦必得于心而会以意，不可得而言也。……余尝问诗于圣俞，其声律之高下，文句之疵病，可以指而告余也；至其心之得者，不可以言而告也。余亦将以心得意会而未能至之者也。

这是说诗人的创作经验，那些精微的艺术感觉，不可能用言语传达给别人，别人只能从他的作品中细细体会。欧阳修《六一诗话》又说：

> 圣俞尝语余曰：“诗家虽率意，而造语亦难，若意新语工，得前人所未道者，斯为善也。必能状难写之景如在目前，含不尽之意见于言外，然后为至矣。”

梅圣俞充分估计了读者能动的接受能力和欣赏能力，要求诗歌在有限的篇幅内给读者以不尽之意，很好地阐述了言意之间尽与不尽的关系。

严羽《沧浪诗话》以禅喻诗，使诗歌艺术中言意关系的问题更深入了一步。早在东晋、南朝时期，佛学与玄学融合，已采取寄言出意之旨。慧观《法华宗要序》引《经颂》曰："是法不可示，言辞相寂灭。"竺道生说："象者理之所假，执象则迷理；教者化之所因，束教则愚化。"[⑨]这种寄言意表，会通象外的方法，启迪了唐宋的禅学，也是严羽以禅喻诗的源头。宋代士大夫好谈禅，苏轼、吴可等都曾以学禅比喻学诗[⑩]。《沧浪诗话》就是在这种风气的影响下写成的。然而，严羽的诗论具有针对性，他针对宋人以文为诗的弊病，强调诗歌本身的艺术特点，提出"别材"、"别趣"之说。他说："大抵禅道惟在妙悟，诗道亦在妙悟。且孟襄阳学力下韩退之远甚，而其诗独出退之之上者，一味妙悟而已。惟悟乃为当行，乃为本色。"他要求人悟的是什么呢？就是要悟出诗歌的特点。在他看来，韩愈虽有高才，但不懂诗歌的特点，所以他的诗反在才低于他的孟浩然之下。作诗并非不要读书穷理，但是仅仅把才学和议论变成适合诗歌格律的文字，并不就是诗。如果没有"兴趣"；如果不能领悟诗歌的艺术规律，用诗的眼睛去观察，用诗的思维去思考，用诗的语言去表现，任你有多高的才学，多深的议论，终究不能写出好诗。他说：

> 夫诗有别材，非关书也；诗有别趣，非关理也。而古人未尝不读书、不穷理。所谓不涉理路、不落言筌者，上也。诗者，吟咏情性也。盛唐诸人惟在兴趣，羚羊挂角，无迹可求。故其妙处莹彻玲珑，不可凑泊，如空中之音、相中之色、水中之月、境中之象，言有尽而意无穷。近代诸公作奇特解会，遂以文字为诗，以议论为诗，以才学为诗。以是为诗，夫岂不工，终非古人之诗也。盖于一唱三叹之音，有所歉焉。

这段话虽然有点迷离惝恍，但讲到了诗歌艺术的核心问题。这个问题包括两个方面：第一是不涉理路，也就是诗歌要运用形象思维。正如有的学者所说的："大抵沧浪于诗，约略体会到形象思维和逻辑思维的分别，但没有适当的名词可以指出这分别，于是只能归之于妙悟，而创为别材别趣之说。"⑪ 第二是不落言筌，也就是言有尽而意无穷。他所谓的"空中之音"等等，是指言外的旨趣意象，它们虽不见于字句之中，却能从字句之外去体会。这些见解颇有可取之处。后人对严羽以禅喻诗有扬有抑，引起不少争论。我认为，他的诗论的确有不少缺陷，如不谈诗歌与生活的关系，单纯从艺术修养上谈兴趣，这兴趣就是无源之水、无本之木；离开创作实践去求顿悟，也是不可能有所悟的。一个诗人只有投身于社会生活之中，经过刻苦的创作实践，才能培养诗兴，得到诗趣，掌握诗歌的艺术规律。尽管如此，在宋代以文字为诗的风气下，在理学家鼓吹"文以载道"、"作文害道"⑫ 的声浪中，严羽强调诗歌特殊的艺术规律，有其积极的意义，是不能否定的。

清代王士禛提倡神韵说，直接继承了严羽的诗论。《沧浪诗话·诗辨》说，诗之法有五，诗之品有九，其用工有三，其大概有二，"诗之极致有一，曰入神。诗而入神，至矣，尽矣，蔑以加矣！惟李杜得之"。严羽以"入神"为诗的最高境界，这是王士禛所谓神韵的来源。王士禛在《蚕尾续文》中说：

> 严沧浪以禅喻诗。余深契其说，而五言尤为近之。

《香祖笔记》：

> 唐人五言绝句，往往入禅，有得意忘言之妙，与净名默然，达磨得髓，同一关捩。
>
> 舍筏登岸，禅家以为悟境，诗家以为化境，诗禅一致，等无差别。

所谓"入禅"者，"化境"者，换成王士禛自己的说法就是神韵，也就是"兴会"、"神到"。《池北偶谈》：

> 世谓王右丞画雪中芭蕉，其诗亦然。如“九江枫树几回青，一片扬州五湖白。”下连用兰陵镇、富春郭、石头城诸地名，皆寥远不相属。大抵古人诗画，只取兴会神到，若刻舟缘木求之，失其指矣。

在《渔洋诗话》里，他又以江文通、孟浩然为例，说他们的诗记述里程不求准确，“只取兴会超妙，不似后人章句，但作记里鼓也”。在他看来，诗歌状物记事不必追求逼真信实，应该允许诗人充分运用想象力。只要是诗人兴之所至、神之所到，能够恰到好处地表现他的情性就是好诗。如果但求记叙信实，一丝不苟，而没有兴会不见神韵，就算不得艺术的上乘。艳丽的台阁体摹形状物不可谓不真，坏就坏在见物而不见神。前后七子提倡“文必秦汉，诗必盛唐”，取法不可谓不高，糟就糟在只学到一个“空壳子”、“大帽子”，而没有自己的神气。正如翁方纲所说：“渔洋所以拈举神韵者，特为明朝李、何一辈之貌袭者言之。”⑬神韵说对挽救明代诗风之弊确是一剂良药。

严羽提倡妙悟，并不排斥读书；王士禛提倡神韵，也不排斥学问。《渔洋文》说：

> 夫诗之道，有根柢焉，有兴会焉，二者率不可得兼。镜中之象，水中之月，相中之色；羚羊挂角，无迹可求：此兴会也。本之风雅，以导其源；溯之楚骚，汉、魏乐府诗，以达其流；博之九经、三史、诸子，以穷其变：此根柢也。根柢原于学问，兴会发于性情，于斯二者兼之，又斡以风骨，润以丹青，谐以金石，故能衔华佩实，大放厥词，自名一家。

他认为作诗没有根柢不行，只有根柢而没有兴会也不行。只有把二者结合起来才能自成一家。这个见解也是可贵的。但他像严羽一样，不谈诗歌与社会生活的关系，孤立地去谈神韵、谈根柢，难免陷入形式主义。他自己的诗也成为有神无骨的空洞之作。他所提倡的神韵偏于王孟韦柳之冲澹平和，而对其他风格加以排斥，这又是一个很大的缺陷。

翁方纲《神韵论》说：

> 其实神韵无所不该，有于格调见神韵者，有于音节见神韵者，亦有于字句见神韵者，非可执一端以名之也。有于实际见神韵者，亦有于虚处见神韵者，有于高古浑朴见神韵者，亦有于情致见神韵者，非可执一端以名之也。⑭

这就比王士禛讲得全面些了。

如上所述，在中国古代诗歌理论中，言意关系是一个很突出的问题，对诗歌创作与诗歌欣赏影响至深。注重言外之意，这不仅是中国诗歌的特点，也是中国古代文学艺术共同的特点。诗歌求言外之意，音乐求弦外之音，绘画求象外之趣，其中的美学观念是相通的，都要求虚中见实。《列子·汤问》载：韩娥鬻歌，“馀音绕梁欐，三日不绝”。那余音似乎更能撩动人的情思，引起人的回味。白居易的《琵琶行》描写琵琶曲暂停时的情景说：“别有幽愁暗恨生，此时无声胜有声。”白居易是深得中国艺术妙趣的。古代的绘画要求在有限的形象之外寄托不尽的意趣，往往在画面上留出大片空白，启发观者自己去想象、补充。包世臣《安吴论书·述书上》引邓石如的话说：“字画疏处可以走马，密处不使透风，常计白以当黑，奇趣乃出。”这几句话也适用于篆刻艺术。戏曲舞台不设道具或仅设极少的一点道具，主要靠演员的动作暗示种种生活场景，给观众留下许多想象的余地。

言外之意，弦外之音，象外之趣，都是以有尽寓无尽。在一首诗里，言总是有尽的，绝句不过四句，律诗不过八句，写得再长也有终结。但是这有尽的言所包含的意味，它们所给予读者的启发却应当是无尽的。当然任何一首诗都有它的主题，可是不同时代的读者，或同一时代的不同读者，联系各自的生活经验，对它可以有不同的体会。即使是同一个人，在不同的时候读同一首诗，也会有不同的感受。中国古代的诗论特别重视诗歌语言的这种启发性。作诗最忌太直、太露，读诗最忌太滞、太凿。一览无余的作品算不上真正的艺术，拘守章句的读者也不是真正的鉴赏家。一个懂得艺术的鉴赏者，可以从吟诵的诗句中看到图画，也可以从画在纸上的图景中听到声音。李白听蜀僧弹琴，联想到万壑古松；杜甫看了刘少府画的山水障，仿佛听到山上的猿声。刘方平《夜月》："今夜偏知春气暖，虫声新透绿窗纱。"诗人从一声虫鸣得知了春的消息，乍闻乍喜之情借两句诗表达出来，使读者联想到无限明媚的春光。龚自珍《己亥杂诗》："落红不是无情物，化作春泥更护花。"虽然只有十四个字，却能抽出读者不尽的思绪和想象。

含蓄不等于隐晦，注重言外之意，追求含蓄不尽，并不是有话不说，而是引而不发。言有尽而意无穷，这是诗人浮想联翩、思想感情的飞跃接近极顶时，自然达到的艺术境界。最后的一跃已经开始，无限的风光即将展现。既是终结，又是起始；既是有尽，又是无穷；在个别中寓以普遍，在特殊中寓以一般；使诗歌语言保持在最饱满、最富有启发性的状态之中，给读者留下最广阔的想象余地。

强调含蓄并不排斥痛快。直抒胸臆，淋漓痛快也能产生强烈的艺术效果，全看诗人的造诣如何。

总之，对于中国古代文学艺术的理论和创作，我们联系玄学中的言不尽意论，可以更深入地理解它、说明它。

三

汤用彤先生说："言意之辨，不惟于玄理有关，而于名士之立身行事亦有影响。按玄者玄远。宅心玄远，则重神理，而遗形骸。"[15] 由得意忘言，到重神忘形，这是很自然的发展。

形神关系的讨论，原是由品鉴人物引起的。汉代通过地方察举和公府征辟取士，所以社会上盛行品鉴人物的风气。魏行九品中正制以后，这种风气仍未衰减，而在品鉴的标准之中就寓有美学理想。《抱朴子·清鉴篇》曾说到当时有人"举论形之例，诘精神之谈，未修其本，殆失其指"。汤用彤先生说："汉代相人以筋骨，魏晋识鉴在神明。"[16] 由重形到重神的变化，正显示了玄学的影响。《世说新语·赏誉》：

> 世目李元礼："谡谡如劲松下风。"
>
> 公孙度目邴原："所谓云中白鹤，非燕雀之网所能罗也。"
>
> 庾子嵩目和峤："森森如千丈松，虽磊砢有节目，施之大厦，有栋梁之用。"
>
> 王戎云："太尉神姿高彻，如瑶林琼树，自然是风尘外物。"
>
> 王平子目太尉："阿兄形似道而神锋太隽。"太尉答曰："诚不如卿落落穆穆。"
>
> 庾公目中郎："神气融散，差如得上。"
>
> 王平子与人书，称其儿："风气日上，足散人怀。"

由此可见，魏晋时期在士大夫中间是多么看重人的风神。只要风神高逸，形骸是可以遗忘的。《晋书·阮籍传》说："当其得意，忽忘形骸。"《晋书·嵇康传》说："有风仪，而土木形骸，不自藻饰，人以为龙章凤姿。"其他如刘伶之脱衣裸形，山简之倒著接䍦，毕卓之手持蟹螯，陶潜之葛巾漉酒，在当时都曾传为美谈。

重神忘形这种品鉴人物的标准，对文艺批评也产生了深远的影响，即表现为对神气、风骨、风力的提倡。曹丕《典论·论文》说"文以气为主"。钟嵘《诗品》说曹植"骨气奇高"，说刘桢"仗气爱奇"，感叹东晋诗"建安风力尽矣"。刘勰《文心雕龙·风骨篇》说："怊怅述情，必始乎风；沉吟铺辞，莫先于骨。"所谓神气、风骨、风力，都是指作品的精神气概，犹如一个人的气质品格。文艺批评中这种新标准的建立，标志着文艺理论的发展。

由重神忘形，又引申出形似、神似之说。[17] 特别是在绘画和书法理论中，关于形神的评述很多。王弼在《周易略例·明象》中就曾说过：

> 故立象以尽意，而象可忘也；重画以尽情，而画可忘也。

虽然是就《周易》卦象而言，讲的不是绘画艺术，但已包含了重神忘形的意思，对后代的画论是有启发的。《列子·说符篇》载九方皋相马[18]，只看马的神气骏驽，而不辨其色物牝牡。秦穆公非难他，伯乐喟然太息曰：

"若皋之所观，天机也。得其精而忘其粗，在其内而忘其外。见其所见，不见其所不见；视其所视，而遗其所不视。若皋之相者，乃有贵乎马者也。"马至，果天下之马也。

这是一个富有启发性的故事。九方皋相马，重视马的神气，而忽略马的形体。一匹牡而骊的马，竟被他看成牝而黄。但真正识马的却恰恰是他。这说明了神气的重要。我国古代的画家，特别是写意画家是深谙此中三昧的，他们模写物形或有差池，传达精神却惟妙惟肖。重神忘形，正是中国古代绘画的一个重要特点。

南朝时期绘画理论取得长足的发展。顾恺之的《画评》、《魏晋胜流画赞》、《画云台山记》，宗炳的《画山水序》，王微的《叙画》，谢赫的《古画品录》，梁元帝的《山水松石格》，姚最的《续画品》等，都是重要的著作。顾恺之是东晋赫赫有名的画家，《世说新语·巧艺》载：

顾长康画裴叔则，颊上益三毛。人问其故，顾曰："裴楷儁朗有识具，正此是其识具。"看画者寻之，定觉益三毛如有神明，殊胜未安时。

顾长康画人或数年不点目精。人问其故，顾曰："四体妍蚩，本无关于妙处，传神写照，正在阿堵中。"

顾长康道："画手挥五弦易，目送归鸿难。"

顾恺之为使裴楷的画像有神，可以为他添画三根颊毛，通过改变形似以达到神似。他认为绘画不必注意四体的妍媸，形体似与不似无关妙处，传神写照全在眼睛。手挥五弦，是形体动作，他说易画；目送归鸿，是精神气度，他说难写。这些话都贯穿了一个思想，就是重视神似。他为瓦棺寺所绘壁画维摩诘像，以“清羸示病之容，隐几忘言之状”，完美地传达出维摩诘病时的神态，成为轰动一时的作品。[19]唐李嗣真说他“思侔造化，得妙物于神会。”[20]张怀瓘说：“象人之美，张（僧繇）得其肉，陆（探微）得其骨，顾得其神，神妙亡方，以顾为最。”[21]张彦远说他“意存笔先，画尽意在，所以全神气也”。[22]元夏文彦说他的画“形式似时或有失，细视之六法兼备。”[23]从后人对顾恺之的这些评述中也可以看出，重视神似能够达到怎样的艺术效果。

南齐王僧虔《笔意赞》是书法理论的重要著作，其中说：

> 书之妙道，神彩为上，形质次之，兼之者，方可绍于古人。以斯言之，岂易多得。必使心忘于笔，手忘于书，心手达情，书不妄想，是谓求之不得，考之即彰。

王僧虔所谓神彩，是书法家本人的思想、感情、性格和修养的外现，也是书法家美学理想的寄托。书法之成为艺术，固有赖于形质之工，尤赖于神彩之美。历代著名的书法作品，莫不因形神兼备，才奕奕动人。王僧虔这段话说出了中国书法艺术的精髓。

南齐谢赫《古画品录》中有一篇《六法论》，虽然是一篇讨论绘画方法的文章，但也表现了他的美学观念。其中第一条就是“气韵生动”。他评卫协的画说：“虽不该备形妙，颇得壮气，凌跨群雄，旷代绝笔。”也是强调神似的。

不过真正从理论上阐述了形神关系的却是唐代著名的绘画理论家张彦远。他在《历代名画记叙论·论画六法》中说：

> 古之画，或能移其形似而尚其骨气，以形似之外求其画，此难可与俗人道也。今之画纵得形似，而气韵不生，以气韵求其画，则形似在其

间矣。……夫物象必在于形似，形似须全其骨气。骨气形似皆本于立意而归乎用笔，故工画者多善书。

形似是绘画反映生活的基本要求，没有形似就谈不到其他。但形似毕竟是低级阶段的真实，它固然表现了物象的貌，却未能传达物象的神。为了传神，可以移其形似，省略一部分，夸张一部分，甚至改变一部分，以达到形似与神似的统一。这才是高级阶段的真实。张彦远深知这个道理，他形神并重，以神为尚，认为形神都要本于立意而归乎用笔，这比魏晋南朝的重神忘形论又前进了一步。

唐孙过庭的《书谱》是带有总结性的书法理论著作。他在论及王羲之的书法时，说他“岂唯会古通今，亦乃情深调和”，就是说他在书法艺术中寄托了自己的感情，并达到笔墨与感情、形与神的统一。孙过庭举出他的一些墨迹，说道：

写乐毅则情多怫郁；书画赞则意涉瑰奇；黄庭经则怡怿虚无；太师箴又纵横争折；暨乎兰亭兴集，思逸神超；私门诫誓，情拘志惨。所谓涉乐方笑，言哀已叹。岂惟驻想流波，将贻啴嗳之奏；驰神睢涣，方思藻绘之文。

不同的作品表现了不同的感情，而这种种感情又都是运笔挥毫时自然的流露。所以作品的精神既融会在点画之间，又寄托于点画之外，给人以艺术的享受。

五代时荆浩是著名的山水画家，他有很深的理论造诣，《王氏书画苑》中保存他的一篇《笔法记》，对绘画理论有精湛的说明，关于形神问题，他说：

似者，得其形遗其气；真者，气质俱盛。

似，仅仅是物的形似；真，才是艺术的真实。形似，不等于真，必须在形似之上具备神气，才算是真。荆浩将“似”和“真”区分开来，以“真”作为艺术的最高标准，这是很有见地的。怎样才能体现物象的神气以达到真呢？他提出“搜妙创真”四个字。搜妙，是指到大自然中搜访胜景；创真，则是在写生的基础上融会画家主观的情趣，加以艺术的创造，以达到真实地再现物象的气和质的效果。他曾在太行山观看山石树木，十分欣赏，遂“携笔复就写之，凡数万本方如其真”，他在《笔法记》里所叙述的自己的创作活动，说明他是如何重视形似，又如何超越形似以追求着真的境界。

宋代院画专尚形似，但当时重视神似的仍不乏其人。著名的如欧阳修《盘车图诗》：

> 古画画意不画形，梅诗咏物无隐情。忘形得意知者寡，不若见诗如见画。

苏轼在《书鄢陵王主簿所画折枝》诗中写道：

> 论画以形似，见与儿童邻；赋诗必此诗，定知非诗人。诗画本一律，天工与清新。

当然，苏轼并不是完全不要形似，他反对的是没有神气的形似。关于这一点，金王若虚《滹南诗话》说得好：

> 论妙在形似之外，而非遗其形似；不窘于题，而要不失其题，如是而已耳。

明王绂《书画传习录》曰：

东坡此诗，盖言学者不当刻舟求剑，胶柱鼓瑟也。然必神游象外，方能意到圜中。……古人所云不求形似者，不似之似也。

“不似之似”四字，概括地说明了似与不似的辩证关系。神似并不排斥形似，它是形似的提高，以形貌检验虽不能一一吻合，但因传达了物象的神，所以更近似于物象。这叫“不似之似”。王绂本人是著名的书画家，他的话是长期实践经验的总结，所以能中肯綮。关于这个问题，明王世贞《艺苑卮言》也有很好的总结：

人物以形模为先，气韵超乎其表；山水以气韵为主，形模寓乎其中，乃为合作。若形似无生气，神彩至脱格，则病也。

这段话既讲了人物画，又讲了山水画。人物画首先要达到形似，在形似中体现人物的气韵。山水画应以气韵为主，在充分表现气韵的同时，兼顾经营位置。形似要有生气，神采要不离规矩。绘画艺术的形神问题，至此可以说已经阐述得十分清楚了。

中国古代文艺理论中所谓的神，既指客观事物的精神，又指文学家、艺术家主观的精神。客观的事物，有生命的固然各有各的神；没有生命的如山河云海，文学家、艺术家也往往能从中看到他们的精神、性格或气概。文学家、艺术家总是力求达到事物客观的神与自己主观的神相契合，所谓神似，就是二者交融契合的体现。这样的艺术形象，因为表现了文学家、艺术家的生活理想和美学理想，所以就比对形貌的简单模仿更能打动人心，更具有艺术的感染力。

古人关于形似和神似的讨论，涉及如何理解艺术真实的问题。艺术真实不能离开生活真实，但又高于生活的真实。对于生活的死板的模拟，永远不能成为艺术。只有反映了事物的神，也就是反映了事物的本质特点，才能达到艺术反映生活的目的。形，是表面的；神，才是本质的。真正的艺术必须通过形貌的摹写，揭示事物的精神实质。为了突出精神实质，可以对形貌作适当的改变和忽略。中国古代的文学家、艺术家对于这个问题的探讨，已涉及典型化的艺术方法，是很有意义的。

言意之辨与古代文艺理论，这个题目本是汤用彤先生在《魏晋玄学论稿》中提出来的，可惜他生前没有撰成文章。我在讲授中国文学史的过程中深深感到，研究文学史必须了解文艺思想史，研究文艺思想史又必须了解哲学思想史。汤用彤先生提出的这个题目，涉及思想史和文艺史的一个关键，应当认真探讨。我将平日搜集的一点材料加以整理，写成这篇文章。“书不尽言，言不尽意”；“气倍辞前”、“半折心始”；距离问题的解决，还有一段遥远的路程。愿与思想史、文艺史的研究者共同探索。

（原载于《古代文学理论研究丛刊》第1辑
上海古籍出版社1979年版）

---

①《世说新语·文学》：“旧云：王丞相过江，止道声无哀乐、养生、言尽意三理而已。”

②根据一些学者的考证，《系辞》应是战国末期的作品。

③欧阳建《言尽意论》。

④《论语释疑》，见皇侃《论语义疏》所引。

⑤汤用彤《魏晋玄学论稿·言意之辨》，见《汤用彤学术论文集》，北京：中华书局1983年第1版，第241页。

⑥《诗大序》。

⑦《答谢民师书》，见文学古籍刊行社版《经进东坡文集事略》卷四十六。

⑧陶渊明《五柳先生传》。

⑨《广弘明集·龙光寺道生法师诔》。慧观文见梁僧祐《出三藏记集》。

⑩苏轼《夜直玉堂携李之仪端叔诗百余首读至夜半书其后》：“暂借好诗消永夜，每逢佳处辄参禅。”见清刻本《施注苏诗》卷二十七。又：清冯应榴注《苏轼诗集》卷三十，北京：中华书局1982年第1版，第1616页。吴可《学诗诗》：“学诗浑似学参禅，竹榻蒲团不计年。直待自家都了得，等闲拈出便超然。”见魏庆之《诗人玉屑》卷一引。

⑪《中国历代文论选》第二册《沧浪诗话·诗辨》说明，上海：上海古籍出版社

1979 年第 1 版，第 429 页。

⑫周敦颐《通书·文辞》、程颐《语录》。见《中国历代文论选》第二册，第 283 页、284 页。

⑬《坳堂诗集序》。同上，第三册，第 372 页。

⑭见《复初斋文集》卷八。

⑮汤用彤《魏晋玄学论稿·言意之辨》。见《汤用彤学术论文集》，北京：中华书局 1983 年第 1 版，第 241 页。

⑯同上。

⑰关于形似，沈约《宋书·谢灵运传论》说："相如巧为形似之言，班固长于情理之说，子建、仲宣以气质为体，并标能擅美，独映当时。"《文心雕龙·物色》："自近代以来，文贵形似，窥情风景之上，钻貌草木之中。"《颜氏家训·文章篇》："何逊诗实为清巧，多形似之言。"这些书中所说的形似是指对于客观事物的如实描绘。

⑱这个故事早在《淮南子·道应篇》中已有记载，"九方皋"作"九方堙"。

⑲见《历代名画记》。又《历代名画记》引《京师寺记》曰："兴宁中，瓦棺寺初置，僧众设会令请朝贤鸣刹注疏。其时士大夫无有过十万者。既至长康，直打刹注百万。长康素贫，众以为大言。后寺众请勾疏。长康曰：'宜备一壁。'遂闭户往来一月余日，所画维摩诘一躯工毕。将欲点眸子，乃谓寺僧曰：'第一日观者请施十万，第二日可五万，第三日可任例责施。'及开户光照一寺，施者填咽，俄而得百万钱。"

⑳见《历代名画记》卷五，《画史丛书》本，上海：上海人民美术出版社，1982 年第 2 版。

㉑同上。

㉒同上。

㉓见《图画宝鉴》卷二。同上书。

中国古典诗歌的多义性

关于文学作品的多义性，刘勰在《文心雕龙》里已经谈到了。《文心雕龙·隐秀篇》说："隐以复意为工。"又说："隐也者，文外之重旨者也。"[①]他所说的"复意"、"重旨"，就是我在这里所说的多义性。然而，刘勰并没有专门论述诗歌的多义性问题，更没有把多义性作为诗歌艺术的一个独立范畴来看待。此后，在中国古代的诗歌批评著作中，也偶尔有涉及多义性的，如皎然《诗式》所谓"两重意"[②]，但都没有从理论上对多义性进行深入的探讨。

在西方，对诗的多义性也有人谈到过。亚里士多德在《诗学》里所讲的"双意复言名词"以及"三义"词、"四义"词[③]，就是一个与多义性有关的问题。但丁在《致斯加拉大亲王书》中曾谈到诗有字面的、寓言的、哲理的、秘奥的四种意义。其《神曲》也"具有多种意义"，"通过文字得到的是一种意义，而通过文字所表示的事物本身所得到的则是另一种意义。头一种意义可以叫做字面的意义，而第二种意义则可称为譬喻的、或者神秘的意义"[④]。这实际上也是一个多义性问题。不过，对多义性的深入研究，却是20世纪以后随着语义学的建立而开展起来的。据美国哲学家查尔斯·莫里斯（Charies Morris）在1938年出版的《符号理论基础》一书，语义学是符号学的三个分支之一，研究语言符号和它所指的对象之间的关系（其他两个分支是：句法学，研究符号与符号之间的关系；语用学，研究符号与其使用者之间的关系）。符号学认为，许多理论问题都可以通过分析、研究表达这些理论所使用的语言符号，而得到解决或说明。有人用符号学的理论来研究诗歌，把诗歌也看做是一种符号，叫“复符号”。这种“复符号”所投射出来的语意，只是它所包含的意义的一部分。这就涉及诗歌多义性的问题了。英国著名文学批评家、语言学家理查德兹（I.A.Richards）的学生恩普逊（William Empson），在1930年出版了一部书，书名叫《意义暧昧的七种类型》（*Seven Types of Ambiguity*）。它的主旨是说明，为什么对同一首诗的意义会有不同的理解。恩普逊从作者方面、读者方面以及作者和读者两方面，找出七条原因，归纳为七种类型，举了许多诗例加以具体分析。这部著作曾经产生了较大的影响。朱自清先生写过一篇题为《诗多义举例》的文章[5]，就是用恩普逊的方法分析了四首中国旧诗。这四首诗是《古诗十九首》（行行重行行），陶渊明《饮酒》（结庐在人境），杜甫《秋兴》（昆明池水汉时功），黄庭坚《登快阁》。这是关于中国古典诗歌多义性的一篇专论。可惜朱先生自己对这个问题没有继续深入地研究，学术界对这个问题也没有重视，以致到今天我们在这方面仍无进展。

中国古典诗歌的多义性是值得认真研究的。这项研究是文学史、文艺理论、训诂学、语义学共同的课题。文学既然是语言的艺术，诗歌又是语言最精粹的一种文学体裁，那么，研究诗歌特别是研究诗歌艺术，自然离不开诗歌语言的研究，离不开语义的研究。从语义学的角度研究诗歌艺术，无疑是一条途径。但是，决不能用语义分析代替对于诗歌艺术规律的探讨。恩普逊从语义学的角度研究诗歌里的暧昧语、含糊语，固然有其价值，但这并不等于诗歌艺术的研究。所谓多义并不是暧昧和含糊，而是丰富和含蓄。这是必须加以说明的。研究中国古典诗歌的多义性，要从中国古典诗歌的实际出发，把基础建立在对大量作品的具体分析上；要科学地总结古代关于这个问题的论述，借鉴国外的语义学成果，以建立我们民族的诗歌美学语义学理论。

诗歌的多义性与词汇学上所谓词的多义性有相通的地方，诗歌可以借助词的多义性以取得多义的效果，然而它们并不是一回事。

按照词汇学的解释，词义是客观事物或现象在人们意识中的概括的反映，是由使用这种语言的群体在使用过程中约定俗成的。由于语言中词的数量有限，不可能一对一地表示复杂的客观事物和现象，所以不可避免地会出现多义词。然而，不管一个词有多少种意义，这些意义都是确定的，可以在词典里一一注明。而且这些意义都是社会性的，为社会所公认的。诗的多义性与词汇学上所说的词的这种多义性不同。诗人不仅要运用词语本身的各种意义来抒情状物，还要艺术地驱使词语以构成意象和意境，在读者头脑中唤起种种想象和联想，激起种种感情的波澜。诗人写诗的时候往往运用艺术的手法，部分地强调着或改变着词语的意义，赋予它们以诗的情趣，使一个本来具有公认的、确定的意义的词语，带上复杂的意味和诗人主观的色彩。而读者在读诗的时候，他们的想象、联想和情感，以及呈现在他们脑海里的形象，虽然离不开词义所规定的范围，却又因人因时而有所差异。生活经验、思想境界、心理气质和文艺修养互不相同的读者，对同一句诗或一句诗中同一词语的意义，可以有不同的体会。同一个读者在不同的时候读同一首诗，体会也不完全一样。可见，诗歌的多义带有一定程度的主观性和不确定性。一首含义丰富的诗歌，好像一颗多面体的宝石，从不同的角度可以看到光的不同折射和色的不同组合。

另外，在词汇学里讲词的多义性，是把同一个词在不同语言环境中的不同意义加以总结，指出它的本义和引申义。如果孤立地看，一个多义词固然有多种意义，但在具体运用的时候，一般说来，一次却只用其一种意义，歧义是一般情况下使用语言时需要特别避忌的毛病。但是在诗歌里，恰恰要避免词义的单一化，总是尽可能地使词语带上多种意义，以造成广泛的联想，取得多义的效果。中国古典诗歌的耐人寻味，就在于这种复合的作用。“诗无达诂”这句话，如果理解为诗是不能解释的，那么这句话当然是错误的。如果从诗的多义性上理解，这句话倒也不无道理。由于中国古典诗歌具有多义性，读诗的时候仁者见仁，智者见智，人们有不同的体会和理解，这是很自然的。

为了进一步阐明中国古典诗歌的多义性，我在这里提出两个新的概念：宣示义和启示义。宣示义是诗歌借助语言明确传达给读者的意义；启示义是诗歌以它的语言和意象启示给读者的意义。宣示义，一是一，二是二，没有半点含糊；启示义，诗人自己未必十分明确，读者的理解未必完全相同，允许有一定范围的差异。宣示义，是一切日常的口语和书面语言共有的；启示义，在文学作品中特别是诗歌作品中更丰富。所谓诗的多义性，就是说诗歌除了宣示义之外，还具有种种启示义。一首诗艺术上的优劣，在一定程度上取决于启示义的有无。一个读者欣赏水平的高低，在一定程度上也取决于对启示义的体会能力。

关于中国古典诗歌的启示义，我大致分为以下五类：双关义、情韵义、象征义、深层义、言外义。这五类启示义，以它们依赖宣示义的程度，构成一个系列。双关义与宣示义关系最密切，双关义的两个意义之中的一个就属于宣示义。情韵义是附着在宣示义之上的各种诗的感情和韵味，它不能离开宣示义单独存在。象征义，有的附着在词语的宣示义上，有的在整句诗或整首诗之中。深层义可以含蓄在词语之中，但多半含蓄在全句或全篇之中。言外义既不在词语之中，也不在句子之中，而是在字句的空档里，即所谓字里行间的“行间”。它虽然并未诉诸语言，但读者可以运用自己的联想和想象去加以补充。

一、双关义

在一般场合下，使用语言的时候，一个词只传达一种意义，而排斥它的其他意义，以避免发生歧义。而双关却是让两个意义并存，读者无法排斥掉其中任何一个。

双关义可以借助多义词造成。例如，“远”有两种意义：远近的“远”，表示空间的距离长；久远的“远”，表示时间的距离长。《古诗十九首》中“相去日已远，衣带日已缓”的“远”字，就可以作这两种不同的解释，或者两方面的意思都有。关于这个“远”字的双关义，朱自清先生在《诗多义举例》里已经讲得很清楚了。又如贺知章的《咏柳》："碧玉妆成一树高，万条垂下绿丝绦。不知细叶谁裁出，二月春风似剪刀。"前两句用碧玉形容柳树，一树绿柳高高地站在那儿，好像是用碧玉妆饰而成的。碧玉的比喻显出柳树的鲜嫩新翠，那一片片细叶仿佛带着玉石的光泽。这是碧玉的第一个意思。碧玉还有另一个意思，南朝宋代汝南王小妾名叫碧玉，乐府吴声歌曲有《碧玉歌》，歌中有"碧玉小家女"之句，后世遂以"小家碧玉"指小户人家出身的年轻美貌的女子。"碧玉妆成一树高"，可以想象那袅娜多姿的柳树，宛如凝妆而立的碧玉。这是碧玉的第二个意思。碧玉这个词本来就有这两种意思，而在这首诗里两方面的意思似乎都有，这就造成了多义的效果。又如，"虚室"这个词，陶渊明在《归园田居》里两次用到它："户庭无尘杂，虚室有馀闲。""白日掩荆扉，虚室绝尘想。"前一个"虚室"与"户庭"对举，后一个"虚室"与"荆扉"连用，可以理解为虚空闲静的居室。然而，"虚室"又见于《庄子·人间世》："瞻彼阕者，虚室生白，吉祥止止。"陆德明《经典释文》引司马彪语："室比喻心，心能空虚，则纯白独生也。"陶渊明所说的"虚室"又是用《庄子》的典故，指自己的内心而言。在陶诗里这两种意思都有，造成多义性。

双关义还可以借助同音词造成，南朝民歌里有大量这类例子，如以莲花的"莲"双关爱怜的"怜"，以丝绸的"丝"双关思念的"思"。刘禹锡的《竹枝词》："杨柳青青江水平，闻郎江上唱歌声。东边日出西边雨，道是无晴却有晴。"以阴晴的"晴"双关爱情的"情"，也属于这一类。

双关义在诗的多义性里是最简单的一种，无须赘述了。

二、情韵义

中国古典诗歌的语言，经过无数诗人的提炼、加工和创造，拥有众多的诗意盎然的词语。这些词语除了本身原来的意义之外，还带着使之诗化的各种感情和韵味。这种种感情和韵味，我称之为情韵义。情韵义是对宣示义的修饰。

词语的情韵是由于这些词语在诗中多次运用而附着上去的。凡是熟悉古典诗歌的读者，一见到这类词语，就会联想起一连串有关的诗句。这些诗句连同它们各自的感情和韵味一起浮现出来，使词语的意义变得丰富起来。而这种种丰富的情韵义，往往难以用训诂的方法予以解释，也是一般词典中难以包括的。

例如“白日”，除了指太阳以外还带着一种特殊的情韵。曹植说“惊风飘白日”（《箜篌引》）；左思说“皓天舒白日”（《咏史》其五）；鲍照说“白日正中时，天下共明光”（《学刘公幹体》其五）；李商隐说“白日当天三月半”（《无题》）。“白日”这个词有一种光芒万丈的气象，用白形容太阳的光亮，给人以灿烂辉煌的联想。盛唐诗人王之涣《登鹳雀楼》：“白日依山尽，黄河入海流。欲穷千里目，更上一层楼。”一开头的“白日”二字和诗里那种乐观向上的精神正相吻合。这首诗所写的景色是日落黄昏时的景色，但丝毫也没有黄昏时分的萧瑟、暗淡和朦胧，而是给人以辉煌灿烂的感觉。诗里激荡着对于光明的留恋和追求，是那一轮当空四照无比辉煌的“白日”，渐渐地隐没于山后了，所以要“更上一层楼”，追上那将要隐去的白日，追回那光辉壮丽的时光。此中的意味是何等深长！

“绿窗”，意思是绿色的纱窗。但是它在诗词中另有一种温暖的家庭气氛、闺阁气氛。如刘方平的《夜月》：“今夜偏知春气暖，虫声新透绿窗纱。”李绅的《莺莺歌》：“绿窗娇女字莺莺，金雀娅鬟年十七。”温庭筠的《菩萨蛮》：“花落子规啼，绿窗残梦迷。”韦庄的《菩萨蛮》：“劝我早归家，绿窗人似花。”苏轼的《昭君怨》：“谁作桓伊三弄，惊破绿窗幽梦。”

“拾翠”，意思是拾取翡翠鸟的羽毛，古时以为饰物。如果只从字面上理解，意思很简单。可是在诗词里，“拾翠”却是一个饱含着感情和韵味的词语。这个词最早可能见于曹植的《洛神赋》：“尔乃众灵杂沓，命俦啸侣，或戏清流，或翔神渚，或采明珠，或拾翠羽。”写的是一群女神在水边的活动。她们的美丽，她们的风采，她们那种飘飘然的仪态，通过采珠和拾翠等活动很生动地表现了出来。此后诗词中出现“拾翠”这个词，便常常和年轻美貌的女子联系在一起，和水边绮丽的风景联系在一起，和美好的回忆联系在一起，令人产生怀念和向往之情。如杜甫《秋兴》其八：“佳人拾翠春相问，仙侣同舟晚更移。”是对安史之乱以前长安的和平安定生活的美好回忆。孙光宪《八拍蛮》：“越女沙头争拾翠，相呼归去背斜阳。”宛如一幅美丽的图画。张先《木兰花》：“芳洲拾翠暮忘归，秀野踏青来不定。”李甲《帝台春》：“忆得盈盈拾翠侣，共携赏、凤城寒食。”写妇女春日在水边的嬉游，也很有气氛。

又如“南浦”，大水有小水别通叫浦，也就是水流分支的地方，“南浦”无非是南边的一个浦口，它本来的意义很简单。屈原在《九歌·河伯》里说：“子交手兮东行，送美人兮南浦。”经他用后，“南浦”便染上了离愁别绪，有了更丰富的情韵。后代诗人再写送别的时候便常常用这个词。而一写到浦口，便总是用“南浦”，似乎东浦、西浦、北浦都不够味了。如江淹《别赋》：“春草碧色，春水绿波。送君南浦，伤如之何！”白居易《南浦别》：“南浦凄凄别，西风袅袅秋。一看肠一断，好去莫回头。”范成大《横塘》：“南浦春来绿一川，石桥朱塔两依然。年年送客横塘路，细雨垂杨系画船。”辛弃疾《祝英台近》：“宝钗分，桃叶渡，烟柳暗南浦。”

“凭栏”、“倚栏”，意思是依靠着栏杆，但是诗词中用“凭栏”、“倚栏”，却有多种意味，或表示怀远，或表示吊古，或抑郁愁苦，或悲愤慷慨。杜牧《初春有感寄歙州邢员外》：“闻君亦多感，何处倚栏杆？”正说明倚栏或凭栏是一种寄寓感情的方式，而这两个词也随之染上了浓郁的感情和韵味。如李璟《摊破浣溪沙》：“细雨梦回鸡塞远，小楼吹彻玉笙寒。多少泪珠无限恨，倚栏杆。”李煜《浪淘沙令》：“独自莫凭栏，无限江山，别时容易见时难。”冯延巳《鹊踏枝》：“一晌凭栏人不见，鲛绡掩泪思量遍。”姜夔《点绛唇》：“今何许，凭栏怀古，残柳参差舞。”岳飞《满江红》：“怒发冲冠，凭栏处、潇潇雨歇。”这些诗句中的“凭栏”都是和某种激动的感情联系在一起的。

又如，“板桥”就是木板桥，却比“木桥”更有诗味儿。刘禹锡《杨柳枝》:“春江一曲柳千条，二十年前旧板桥。曾与美人桥上别，恨无消息到今朝。”温庭筠《商山早行》:“鸡声茅店月，人迹板桥霜。”“板桥”这个词也有一种特殊的情韵，换成“木桥”就索然无味了。

由以上的例子可以看出，诗歌语言的情韵义是由于诗人反复使用而逐渐涂上去的。这种情韵在诗里所起的作用，有时甚至比词语原有的意义更重要，它可以给人以多方面的启示和联想，使诗的含义更加丰富饱满。

但是在使用这类富有情韵义的词语时，也需要加以创新，使它们不至于成为陈词滥调；要以充沛的思想感情来驾驭它们。正如章学诚所说：“譬彼禽鸟，志识其身，文辞其羽翼也。有大鹏千里之身，而后可以运垂天之翼；鷃雀假雕鹗之翼，势未举而先踬也，况鹏翼乎！故修辞不忌夫暂假，而贵有载辞之志识，与己力之能胜而已矣。”⑥ 例如，“丁香结”喻指心中郁结的忧愁，李商隐《代赠》:“芭蕉不展丁香结，同向春风各自愁。”李珣《河传》:“愁肠岂异丁香结？因离别，故国音书绝。”牛峤《感恩多》:“自从南浦别，愁见丁香结。”李璟《摊破浣溪沙》:“青鸟不传云外信，丁香空结雨中愁。”都是在这个意义上使用“丁香结”的。但也有从另外的角度下笔的，陆龟蒙《丁香》:“江上悠悠人不问，十年云外醉中身。殷勤解却丁香结，纵放繁枝散诞春。”“解却丁香结”就是使丁香的花苞开放，丁香花一开，春意才更热闹而浓郁。这首诗运用富有情韵的词语，而用法有所创新，使人觉得十分新鲜。

三、象征义

象征义专指那些用象征的手法派生出来的意义，有的附着在词语的宣示义上，有的并不在词语上，而在整个句子之中或整篇诗歌之中。象征义和宣示义之间的关系是指代与被指代的关系，宣示义在这时往往只起指代作用，象征义才是主旨之所在。

在中国古典诗歌里，象征义是很常见的。在那些题为《咏怀》、《感遇》的作品里，尤其是如此。阮籍的《咏怀》八十二首，庾信的《拟咏怀》二十七首，陈子昂的《感遇》三十八首，张九龄的《感遇》十二首，便是这类作品中的名篇。在这些诗里，取作象征的事物相当广泛，而表现的内容多半是政治的感慨，或伤时，或忧生，或言志，或讥刺。如阮籍《咏怀》中“西方有佳人”一首，以不能与佳人交接象征理想不能实现。陈子昂《感遇》中“兰若生春夏”一首，以兰若的摇落象征盛年易逝，壮志难酬。张九龄《感遇》中“江南有丹橘”一首，以丹橘经冬不凋象征自己的坚贞的品格。这些诗都是含蓄深沉、意义丰富的佳作。李白、杜甫的一些诗，虽然不以《感遇》、《咏怀》为题，但是也以象征的手法抒写政治的感慨，实际上也属于这一类。如李白《古风》中的“桃李开东园”、“美人出南国”，杜甫的《客从》、《病橘》等。这类作品构成中国古典诗歌优良传统的一个组成部分。

象征义有两个特点：一、用具体的、可感知的事物象征抽象的意义；二、用客观的事物象征主观心理和情绪。例如：以松菊象征高洁，以美人香草象征理想等等。有些词语由于反复使用，已经有了固定的公认的象征义，如：

“东篱”，陶渊明《饮酒》：“采菊东篱下，悠然见南山。”这本是写实，陶家庭院东边有一道篱笆，篱下种着菊花。因为陶渊明是一位著名的隐士，他又特别喜欢菊花，在诗里屡次咏菊，菊花几乎成了陶渊明的化身，所以连带着“东篱”这个词便有了一种象征的意义。一提“东篱”，就让人想起那种远离尘俗的、洁身自好的品格。因为“东篱”有了这种象征意义，后人写诗的时候写到篱笆，便常常说“东篱”，似乎“西篱”、“南篱”、“北篱”，都缺乏诗意了。如刘眘虚的《九日送人》：“从来菊花节，早已醉东篱。”苏轼的《戏章质夫寄酒不至》：“漫绕东篱嗅落英。”李清照的《醉花阴·九日》：“东篱把酒黄昏后，有暗香盈袖。”

“新亭”，由于《世说新语·言语篇》里记载过一个“新亭对泣”的故事，所以“新亭”这个普通的地名也就有了一种象征义，象征忧国伤时的悲愤之情。辛弃疾的《水龙吟》：“长安父老，新亭风景，可怜依旧。”刘克庄的《贺新郎》：“多少新亭挥泪客，谁梦中原块土？”

除了公认的象征义，还有属于个人的象征义，这是诗人临时创造出来的，带有强烈个性色彩的。如陶渊明诗中屡次出现的“归鸟”象征着他自己的归隐。王士禛的名作《秋柳》组诗，其一以南京白下门的秋柳寄托故国之思，“他日差池春燕影，只今憔悴晚烟痕”的秋柳，遂亦具有象征的意义。这类象征义都是诗人自己的创造，因为个性色彩很浓，所以比较难懂。李商隐的诗因为较多地用了这种个人的象征，所以显得朦胧。例如《初食笋呈座中》：

嫩箨香苞初出林，於陵论价重如金。皇都陆海应无数，忍剪凌云一寸心！

这首诗是李商隐二十二岁时所写的，当时他在兖州观察使崔戎幕中掌书记。据《竹谱》注，兖州附近出产一种竹笋，味最美，是难得的佳肴。这首诗就以初生的嫩笋为象征，表现了一个壮志凌云的青年对不公正的社会的愤慨，以及对自己前途的忧虑。那初出林的鲜嫩芬芳的竹笋本来有希望成为一棵凌云的大竹，可惜在她还幼小的时候就被采来吃掉了。皇都应有无数水陆的美味，怎么还忍心剪伐这幼小的竹笋呢！⑦

李商隐笔下的牡丹也有象征意义，《回中牡丹为雨所败》其二：

浪笑榴花不及春，先期零落更愁人。玉盘迸泪伤心数，锦瑟惊弦破梦频。万里重阴非旧圃，一年生意属流尘。前溪舞罢君回顾，并觉今朝粉态新。

这首诗是李商隐在泾州时写的，用被雨所败的牡丹象征自己。石榴初夏才开花，错过了春天的大好时光，牡丹似乎有资格讥笑她。但是遭受风雨的摧残提前零落的牡丹，她的命运恐怕还不如石榴呢！诗的最后两句又递进一层，牡丹为雨所败而夭折固然可怜，但毕竟还有几分粉态，如果等她自己凋谢了，那时再回想今天的情形，反而会觉得今天的粉态新鲜了。在这首诗里，牡丹的形象和诗人自己的形象融合在一起，意味很丰富。

个人的象征义如果得到普遍的理解和运用，可以转化为公认的象征义。汉班婕妤《怨歌行》，以被弃的秋扇为象征，抒写了遭人玩弄而终被遗弃的妇女的悲愁。本是班婕妤个人创造的象征，后来已成为公认的了。

公认的象征义的建立依赖于民族的历史、文化传统，不同的民族有不同的象征习惯。例如，以鹏鸟象征不祥，以杜鹃象征悲哀，就具有中国的特色。前者源自汉贾谊《鹏鸟赋》，其序曰："谊为长沙王傅三年，有鹏鸟飞入谊舍，止于坐隅。鹏似鸮，不祥鸟也。"《西京杂记》也说："贾谊在长沙，鹏鸟集其承尘而鸣，长沙俗以为鹏至人家，主人当死。"后者源自古蜀帝杜宇化为杜鹃的故事，见汉扬雄《蜀王本纪》、晋左思《蜀都赋》、晋常璩《华阳国志·蜀志》等书。可见鹏鸟、杜鹃的象征意义由来已久，深深地植根于民族的传统文化之中。闻一多先生有《说鱼》一文，指出"鱼"在古代是一种隐语，有象征"匹偶"或"情侣"的意义。以此解释《诗经·周南·汝坟》，遂得出不同于前人的胜解。

四、深层义

深层义隐藏在字句的表面意义之下，有时可以一层一层地剖析出来。如欧阳修《蝶恋花》的最后两句："泪眼问花花不语，乱红飞过秋千去。"《古今词论》引毛先舒云："词家意欲层深，语欲浑成。……'泪眼问花花不语，乱红飞过秋千去。'此可谓层深而浑成。何也？因花而有泪，此一层意也；因泪而问花，此一层意也；花竟不语，此一层意也；不但不语，且又乱落，飞过秋千，此一层意也。人愈伤心，花愈恼人，语愈浅而意愈入，又绝无刻画费力之迹。谓非层深而浑成耶？"

又如李白的《早发白帝城》：

朝辞白帝彩云间，千里江陵一日还。两岸猿声啼不尽，轻舟已过万重山。

从字面上看，这首诗无非是写三峡水流之急，船行之快，是一首咏山水、纪行旅的诗。我们还可以引《水经注》写三峡的那一段文字来印证。但是诗的意思如果仅仅是这些，那不过是把《水经注》改写成为一首诗而已，就不会成为千古绝唱了。这首诗还有更丰富的意思，那就是表现了诗人自己心情的轻松和喜悦。这首诗是李白在流放途中走到三峡，遇赦返回的时候写的。正因为不久之前有逆水而上的艰辛，所以遇赦归来顺流而下才格外感到轻松和喜悦。这种感情，诗里没有直说，而是以轻快的节奏流露出来的。除此之外，我感到诗里还有一种惋惜与遗憾的感情。上三峡的时候，李白大概没有心情欣赏周围的景色。当时他写过一首《上三峡》，诗里说："巫山夹青天，巴水流若兹。巴水忽可尽，青天无到时。三朝上黄牛，三暮行太迟。三朝又三暮，不觉鬓成丝。"可见他当时的心情是多么沉重。如今他遇赦返归，顺着刚刚走过的那条流放路，重又泛舟于三峡之间，他一定想趁这个机会饱览三峡的壮丽风光。可惜他还没有看够，没有听够，没有来得及细细领略三峡的美，船已飞驶而过："两岸猿声啼不尽，轻舟已过万重山。"在喜悦之中又带有几分惋惜和遗憾，似乎嫌船走得太快了。

深层义在以下几类诗里比较丰富：

第一类是感情深沉迂回、含蓄不露的。如杜甫的《江南逢李龟年》：

岐王宅里寻常见，崔九堂前几度闻。正是江南好风景，落花时节又逢君。

从字面上看，"落花时节"是点明与李龟年相逢的时令，但它还有更深的意思。李龟年当初是红极一时的音乐家，经常出入于王公贵戚之门。如今他流落江南，也许已成为一个流浪街头的艺人，这对于李龟年来说是他的“落花时节”。“落花时节”暗指李龟年不幸的身世，这是第二层意思。杜甫当年在长安虽然不得志，但也曾出入于岐王、崔九之门，在那盛世里无论如何也比他后来四处飘泊的生活要好些。何况那时他才三十几岁，而写这首诗的时候已经是“老病有孤舟”，他自己的境况也大不如前了。所以“落花时节”又暗指自己不幸的身世。这是第三层意思。此外还有更深的意义，对于唐王朝来说，经过一场“安史之乱”，盛世的繁荣已经破坏殆尽，也好像是“落花时节”。我们必须透过字面的表层义，体会出这几层意义才算真正懂得了这句诗。

又如杜牧的《秋夕》：

> 银烛秋光冷画屏，轻罗小扇扑流萤。天阶夜色凉如水，坐看牵牛织女星。

这首诗写一个失意宫女的孤独生活和凄凉心情。在一个秋天的晚上，微弱的烛光给屏风上的图画添了几分暗淡而幽冷的色调。这时，一个孤单的宫女正用小扇扑打着飞来飞去的萤火虫。“轻罗小扇扑流萤”这一句有多重的含意：第一，古人说腐草化萤，虽然是不科学的，但萤总是生在草丛冢间那些荒凉的地方。如今，在宫女居住的庭院里竟然有流萤飞动，宫女生活的凄凉也就可想而知了。第二，从宫女扑萤可以想见她的寂寞与无聊。她无事可做，只好以扑萤来消遣她那孤独的岁月。她用小扇扑打着流萤，一下一下地，似乎想驱赶包围着她的阴冷与索寞，但这又有什么用呢？第三，扇子本是夏天用来挥风取凉的，秋天就没有用了，所以诗词里常以秋扇比喻弃妇。从诗题可以看出这是一个秋天的晚上，这宫女手中的小扇便是一把秋扇，从这把秋扇可以联想到持扇宫女被遗弃的命运。三四句“天阶夜色凉如水，坐看牵牛织女星”也很耐人寻味。“夜色凉如水”暗示夜已深沉，寒意袭人，该进屋去睡了。可是宫女依旧坐在石阶上，仰视着天河两旁的牵牛星和织女星。牵牛织女的故事触动她的心，使她想起自己不幸的身世，也使她向往那种真挚的爱情。满怀心事都在这举首仰望之中了。这首诗没有一句抒情的话，但宫女那种哀怨与期望交织的复杂感情蕴涵在深层，很耐人寻味。

第二类是在自然景物的描写中寄寓了深意的。如柳宗元《江雪》：

千山鸟飞绝，万径人踪灭。孤舟蓑笠翁，独钓寒江雪。

表面看来这不过是一首富有画意的写景诗，在大雪迷漫之中，鸟飞绝，人踪灭，只有一个身披蓑衣、头戴斗笠的渔翁在孤舟上，一竿在手，独钓于江雪之中。但细细想来却不只是写景，而另有深意。在这渔翁身上，诗人寄托了他理想的人格。这渔翁对周围的变化毫不在意，鸟飞绝，人踪灭，大雪铺天盖地，这一切对他没有丝毫的影响，依然钓他的鱼。他那种悠然安然的态度、遗世独立的精神，正是谪居在外的柳宗元所向往的。我们可以用张志和的《渔父歌》作比较："西塞山前白鹭飞，桃花流水鳜鱼肥。青箬笠，绿蓑衣，斜风细雨不须归。"这首诗写的是春天的斜风细雨，再加上白鹭飞、鳜鱼肥，闲适中带着潇洒，是一幅渔家乐的图画。柳宗元诗中的那个渔翁，更多的是孤寂与清高，他仿佛是被社会所遗弃的，又是遗弃了社会的，他不像张志和诗中的那个渔父，心目中有肥肥的鳜鱼。他的垂钓并不在得鱼，而只是想找一个安静的去处，让他忘掉世上的庸俗和纷扰，暂时得到一点休息。所以这首诗与其说是一幅真实景物的素描，不如说是表现了诗人自己对于人生的态度，而后者就是它的深层义。

第三类是富有哲理意味的诗歌。如杜甫的《江亭》：

坦腹江亭暖，长吟野望时。水流心不竞，云在意俱迟。寂寂春将晚，欣欣物自私。故林归未得，排闷强裁诗。

“水流”二句，王嗣奭《杜臆》说：“景与心融，神与景会，居然有道之言。盖当闲适时道机自露，非公说不得如此通透。”仇兆鳌说：“水流不滞，心亦从此无竞。闲云自在，意亦与之俱迟。二句有淡然物外、优游观化意。”他们都指出了这两句诗的哲理意味。这两句诗不止是一般的情景交融，还包含着深刻的哲理。江水的流动是它自然的本性，并不是要和谁竞争，自己的心也像水流那样不争不竞；闲云悠然地停在那儿，得其自在，自己飞驰的意念也和闲云一样地迟滞了。在杜甫看来，水也好，云也好，都是自在之物，它们的动，它们的静，都是出自本性，并不是有意要怎样，也没有什么功利的目的与追求，只是各行其素而已。杜甫感受到云水的这种性格，并从中悟出了人生的道理，便觉得自己也化做了云水，和它们一样地达到自如自在的境地。

五、言外义

上述四种意义，或是诗歌语言所负荷的，或是诗歌语言所蕴涵的，或是诗歌语言所指代的，可以总称之为言内义。然而古典诗歌的多重意义不仅表现在言内，还可以寄托在言外。言外之义是诗人未尝言传，而读者可以意会的。言内义在字里，言外义在行间，诗人虽然没有诉诸言辞，但在行间有一种暗示，引导读者往某一个方向去想，以达到诗人意向的所在。富有言外义的诗歌，状物而不滞于物，引导读者由此及彼地展开联想和想象。它总是让人读后还要思索一下，寻一寻余味。在寻思中有所领悟，有所发现，遂得到艺术欣赏的满足。

大凡事物的发展总有其前因后果，感情的发展也有它的脉络。然而中国古典诗歌通常不是把感情脉络的连续性呈现给读者，而是从感情的发展脉络中截取最有启示性的一段，把其他的略去，留给读者自己去联想补充。同时句子之间有较大的跳跃性，句子之间留下了较大的空白。从感情脉络中略去的部分就隐约地浮现在这无言的行间，并以它们的多姿与多彩丰富着言内之物，构成诗歌的多义效果。

司马光《续诗话》:“古人为诗贵于意在言外，使人思而得之，故言之者无罪，闻之者足以戒也。近世诗人惟杜子美最得诗人之体，如‘国破山河在，城春草木深。感时花溅泪，恨别鸟惊心。’‘山河在’，明无馀物矣；‘草木深’，明无人矣。花鸟，平时可娱之物，见之而泣，闻之而悲，则时可知矣。他皆类此，不可遍举。”[⑧] 王夫之《夕堂永日绪论·内篇》举崔颢的《长干行》说：“墨气所射，四表无穷，无字处皆其意也。”[⑨] 类似的富有言外义的诗例还可以举出许多，如卢纶的《塞下曲》:

月黑雁飞高，单于夜遁逃。欲将轻骑逐，大雪满弓刀。

诗写一个大雪之夜，准备集合轻骑兵，去追击溃退的敌人。诗人只写了准备出击的场景，究竟出击没有，追上敌人没有，统统略去了。“欲将轻骑逐，大雪满弓刀”，并不是战斗的结束，可是那种艰苦的自然环境、肃穆的战斗气氛和将士们的英雄气概，都被烘托出来了。神龙见首不见尾，并不是没有尾，尾在云中，若隐若现，更有不尽的意味和无穷的魅力。又如元稹的《行宫》:

寥落古行宫，宫花寂寞红。白头宫女在，闲坐说玄宗。

红色的宫花和白头的宫女，色调形成鲜明的对比。红的宫花让人联想到宫女们已经逝去的青春，而宫花的寂寞又象征着宫女们当前的境遇。在这样一座古行宫里，几个白头宫女闲坐在一起，谈论着玄宗的往事。诗里用了一个“在”字，说“白头宫女在”，言外昔日行宫的繁华已不复存在，如今只有“白头宫女”还在这里，好像是那段繁华历史的见证人。诗只写到宫女说玄宗就结束了。至于她们的身世如何，诗里没有交代。反正已经把那种凄凉寂寞的气氛和抚今追昔的情调表现出来了，其他也就不言而喻。前人说这首诗“语少意足，有无穷之味”[⑩]，是不错的。又如蒋捷的《虞美人》：

少年听雨歌楼上，红烛昏罗帐。壮年听雨客舟中，江阔云低，断雁叫西风。　　而今听雨僧庐下，鬓已星星也。悲欢离合总无情，一任阶前点滴到天明。

这首词以听雨为线索，选取少年、中年、暮年三个不同的时期，歌楼、客舟、僧庐三个不同的地点，串起了作者自己一生的经历。这三个时期作者的生活发生了急剧的变化，然而作者把变化的过程统统略去了，只是跳跃地选了三个点来写，让读者自己在对比中体会其他的一切。作者少年时代的浪漫，中年时代的飘泊，暮年时代的凄苦与灰心，曲折地反映了南宋亡国前后的时代气息，是十分耐人寻味的。

写诗的困难往往不在于取而在于舍。诗中那无言之处也需要认真经营。剪裁得体，才能收到言有尽而意无穷的效果。《竹庄诗话》引《漫斋语录》说："用意十分，下语三分，可几风雅；下语六分，可追李杜。"[11] 可见前人对这一点的重视。然而大诗人也难免赘疣，柳宗元《渔翁》：

渔翁夜傍西岩宿，晓汲清湘燃楚竹。烟销日出不见人，欸乃一声山水绿。回看天际下中流，岩上无心云相逐。

《冷斋夜话》引苏轼曰："诗以奇趣为宗，反常合道为趣。熟味此诗有奇趣，然其尾两句，虽不必亦可。"[12] 苏轼的批评是有道理的。诗的前四句，渔翁由显而隐，山水由隐而显，渔翁与大自然和谐地融为一体。渔翁那种悠然自得的生活情趣已经恰到好处地表现了出来。诗写到这里实在是应该结束了。可是柳宗元犹嫌不足，又用两句诗交代渔翁的去向，描写他的那种悠悠然的神情。这两句孤立地看，的确是佳句，但是在这首诗里未免多余。正如傅庚生先生所指出的："柳河东《渔翁》诗至'欸乃一声山水绿'收束，颇有含蓄之致，实于不足之中见足。乃必藉云之相逐，点出'无心'二字，政见其有心于'无心'，了无余蕴，是求其足乃转不足也。"⑬

以上所讲的双关义、情韵义、象征义、深层义和言外义，构成中国古典诗歌含蓄蕴藉的艺术特色。但这五种意义的区别，只能说是大致的、相对的。在有的诗里，各种意义可能并存着，很难十分严格地划分开来，不必过于拘泥。

（原载于《北京大学学报》1983年第2期）

---

①《文心雕龙·隐秀》："隐也者，文外之重旨者也；秀也者，篇中之独拔者也。隐以复意为工，秀以卓异为巧，斯乃旧章之懿绩，才情之嘉会也。"见范文澜《文心雕龙注》卷八，北京：人民文学出版社1958年第1版，第632页。

②皎然《诗式》卷一《重意诗例》："评曰：两重意已上，皆文外之旨。若遇高手如康乐公，览而察之，但见情性，不睹文字，盖诗（原作"诣"，据《诗学指南》本改）道之极也。"《十万卷楼丛书》本。

③亚里士多德《诗学》第21章，北京：人民文学出版社1962年版，第72页。

④引自伍蠡甫主编《西方文论选》上卷，上海：上海译文出版社1979年第1版，第159页。

⑤原载《中学生杂志》，收入《朱自清古典文学论文集》，上海：上海古籍出版社1981年版。

⑥《文史通义》内篇四《说林》，见嘉业堂本《章氏遗书》卷四。

⑦冯浩注曰："《竹谱》云：'般肠实中，为笋殊味。'注曰：'般肠竹生东郡缘海诸山中，有笋最美。'正兖海地也。"冯注"陆海"，引《汉书·地理志》："（秦地）有鄠、杜竹林、南山檀柘，号称陆海。"据冯注，此二句意谓：皇都陆海亦有无数竹林，何须剪伐此兖海之竹？然兖海之竹既不应剪，陆海之竹岂应剪乎？细绎义山诗意，凡竹之笋皆不忍剪。何焯批曰："陆海，言陆地海中所产之物也"，近是。白居易《轻肥》："樽罍溢九酝，水陆罗八珍。""陆海"犹"水陆"。义山意谓：皇都多有水陆所产各种珍肴，岂忍剪此幼笋食之耶？般肠笋既然味最美，必进贡皇都，故有此感慨。

⑧何文焕辑《历代诗话》本，北京：中华书局1981年第1版，第277页。

⑨王夫之《姜斋诗话》卷二，北京：人民文学出版社1961年第1版，第162页。

⑩《诗人玉屑》卷十引《随笔》，上海：上海古籍出版社1978年新1版，第211页。

⑪见《竹庄诗话》卷一“讲论”。

⑫见毛氏汲古阁刊《冷斋夜话》十卷本，卷五。

⑬傅庚生《剪裁与含蓄》，见所著《中国文学欣赏举隅》二〇，西安：陕西人民出版社1983年第1版，第150页。

中国古典诗歌的意象

王国维在《人间词话》里说："言气质、言神韵，不如言境界。"境界是中国古典诗歌美学的一个重要范畴，讲境界的确比讲气质、讲神韵更能揭示中国诗歌艺术的精髓，也更易于把握。但是，讲诗歌艺术仅仅讲到境界这个范畴，仍然显得笼统。能不能再深入一步，在中国古典诗歌里找出一种更基本的艺术范畴，通过对这个范畴的分析揭示中国古典诗歌的某些艺术规律呢？我摸索的结果，找到了"意象"。

提起意象，也许有人以为是一个外来词，是英文 Image 的译文，并把它和英美意象派诗歌联系起来。其实，意象是中国古代文艺理论固有的概念和词语，并不是外来的东西。英美意象派所提倡的 Image 是指运用想象、幻想、譬喻所构成的各种具体鲜明的、可以感知的诗歌形象。意象派主张把自己的情绪全部隐藏在意象背后，通过意象将它们暗示出来。这恰恰是受了中国古典诗歌的影响。意象派的代表人物艾兹拉·庞德（Ezra Pound）和爱米·罗威尔（Amy Lowell）都是中国古典诗歌的爱好者。庞德认为中国古典诗歌整个儿浸泡在意象之中，是意象派应该学习的典范。他于 1915 年 4 月曾出过一本《神州集》，将厄内斯特·费诺罗萨（Ernest Fenollosa）一部分笔记中的日译汉诗翻译成英文，一共十九首。其中包括《诗经》一首、古乐府二首、陶潜诗一首、卢照邻诗一首、王维诗一首、李白诗十三首。《神州集》被誉为"用英语写成的最美的书"，其中的诗有"至高无上的美"。艾略特（T.S.Eliot）甚至说他是"为当代发现了中国诗的人"。罗威尔与人合译了中国古典诗歌一百五十首，取名《松花笺》(*Fir-flower Tablets*)。另一位著名翻译家阿瑟·韦利(Arthur Waley)所译的《中国诗一百七十首》，被文学史家誉为“至今尚有生命力的唯一意象派诗集”[①]。尽管英美意象派标榜中国古典诗歌的意象，但他们对中国诗歌的理解毕竟是肤浅的。庞德的译诗单就语言艺术而论，在英诗中自当推为上乘之作。但他不谙中文，译诗是依据厄内斯特·费诺罗萨的日译本转译的，所以误译之处颇多，有时甚至自作主张地加上一些原诗里没有的意思。今天，我们立足于中国古典诗歌的实际来研究意象，当然可以取得较之古人和庞德等人都更完满的成果。

一

意象是中国古代文艺理论固有的概念，然而这个概念也像中国古代文艺理论中其他一些概念一样，既没有确定的含义，也没有一致的用法。

有的指意中之象，如：

> 使玄解之宰，寻声律而定墨；独照之匠，窥意象而运斤。此盖驭文之首术，谋篇之大端。(刘勰《文心雕龙·神思》)
>
> 是有真迹，如不可知。意象欲出，造化已奇。(司空图《诗品·缜密》)

刘勰所谓意象，显然是指意中之象，即意念中的形象，刘勰用《庄子·天道》中轮扁斲轮的典故，说明意象在创作过程中的重要性。轮扁斲轮时，头脑中必定先有车轮的具体形状，然后依据这意中之象来运斤。作家在进行创作时，头脑中也必然先有清晰的形象，然后依据这意中之象下笔写作。刘勰认为形成意象是驭文谋篇首要的关键。司空图所谓意象比较费解，但既然说“意象欲出”，可见是尚未显现成形的，也即意念之中的形象。这意象虽有真迹可寻，却又缥缈恍惚，难以捕捉。当它即将呈现出来的时候，连造化也感到非常惊奇（意谓：意象有巧夺天工之妙）。以上两例的意象，都是尚未进入作品的意中之象。

有的意象指意和象，如：

久用精思，未契意象，力疲智竭，放安神思，心偶照境，率然而生，曰生思。（《唐音癸签》卷二引王昌龄语）

意象应曰合，意象乖曰离。（何景明《与李空同论诗书》）

王昌龄所谓“未契意象”，这意象就是指意和象、主观和客观两个方面。因此才有一个契合与否的问题。何景明说“意象应”、“意象乖”，也是从这两方面的关系上着眼的。

有的意象接近于境界，如：

予与二三友日荡舟其间，薄荷花而饮。意象幽闲，不类人境。（姜夔《念奴娇序》）

上句说“意象幽闲”，下一句紧跟着又说“不类人境”，这意象显然是指人境之外的另一种境界而言。

有的意象接近于今天所说的艺术形象，如：

意象大小远近，皆令逼真。（方东树《昭昧詹言》卷八）

孟东野诗，亦从风骚中出，特意象孤峻，元气不无斫削耳。（沈德潜《说诗晬语》卷上）

或若擒虎豹，有强梁拿攫之形；执蛟螭，见蚴蟉盘旋之势。探彼意象，如此规模。（张怀瓘《法书要录》）

画之意象变化不可胜穷，约之，不出神、能、逸、妙四品而已。（刘熙载《艺概·书概》）

这几例意象都可以用艺术形象替换，它们的含义也接近于艺术形象。

如上所述，在古代，意象这个概念虽被广泛使用，却没有确定的含义。我们不可能从古人的用例中归纳出一个明确的定义。但是，把意和象这两个字连在一起而形成的这个词，又让我们觉得它所表示的概念是其他概念所不能替代的，借助它可以比较方便地揭示出中国古代诗歌艺术中某种规律性的东西。那么，能不能将古人所使用的意象这一概念的含义，加以整理、引申和发展，由我们给它以明确的解释，并用它来说明中国古典诗歌的艺术特点和艺术规律呢？我想是可以的。

要解决这个问题，首先应当划清意象和其他近似概念的界限，从比较中规定它的含义。但又要避免从概念到概念的演绎，而应从诗歌创作的实际出发，联系诗歌作品的实例来说明问题。下面我就试着用这种方法对中国古典诗歌的意象加以论述。

二

先看意象和物象的关系。

古人所谓意象，尽管有种种不同的用法，但有一点是共同的，就是必须呈现为象。那种纯概念的说理，直抒胸臆的抒情，都不能构成意象。因此可以说，意象赖以存在的要素是象，是物象。

物象是客观的，它不依赖人的存在而存在，也不因人的喜怒哀乐而发生变化。但是物象一旦进入诗人的构思，就带上了诗人主观的色彩。这时它要受到两方面的加工：一方面，经过诗人审美经验的淘洗与筛选，以符合诗人的美学理想和美学趣味；另一方面，又经过诗人思想感情的化合与点染，渗入诗人的人格和情趣。经过这两方面加工的物象进入诗中就是意象。诗人的审美经验和人格情趣，即是意象中那个意的内容。因此可以说，意象是融入了主观情意的客观物象，或者是借助客观物象表现出来的主观情意。

例如，“梅”这个词表示一种客观的事物，它有形状有颜色，具备某种象。当诗人将它写入作品之中，并融入自己的人格情趣、美学理想时，它就成为诗歌的意象。由于古代诗人反复地运用，“梅”这一意象已经固定地带上了清高芳洁、傲雪凌霜的意趣。

意象可分为五大类：自然界的，如天文、地理、动物、植物等；社会生活的，如战争、游宦、渔猎、婚丧等；人类自身的，如四肢、五官、脏腑、心理等；人的创造物，如建筑、器物、服饰、城市等；人的虚构物，如神仙、鬼怪、灵异、冥界等。

一个物象可以构成意趣各不相同的许多意象。由“云”所构成的意象，例如“孤云”，带着贫士幽人的孤高，陶渊明《咏贫士》：“万族各有托，孤云独无依。”杜甫《幽人》：“孤云亦群游，神物有所归。”“暖云”则带着春天的感受，罗隐《寄渭北徐从事》：“暖云慵堕柳垂条，骢马徐郎过渭桥。”“停云”却带着对亲友的思念，陶渊明《停云》：“霭霭停云，蒙蒙时雨，八表同昏，平路伊阻。”辛弃疾《贺新郎》：“一樽搔首东窗里，想渊明、停云诗就，此时风味。”由“柳”构成的意象，如“杨柳依依”[②]，这意象带着离愁别绪。“柳丝无力袅烟空”[③]，这意象带着慵倦的意味。“千条弱柳垂青琐，百啭流莺绕建章”[④]，这意象带着诗人早朝时的肃穆感。同一个物象，由于融入的情意不同，所构成的意象也就大异其趣。

诗人在构成意象时，可以夸张物象某一方面的特点，以加强诗的艺术效果，如“白发三千丈”[⑤]，“黄河之水天上来”[⑥]。也可以将另一物象的特点移到这一物象上来，如：“我寄愁心与明月，随君直到夜郎西。”[⑦]“丛菊两开他日泪，孤舟一系故园心。”[⑧]“长有归心悬马首，可堪无寐枕蛩声。”[⑨]这些诗都写到“心”，心本来不能离开身体，但李白的“愁心”却托给了明月，杜甫的“故园心”却系在了孤舟上，秦韬玉的归心则悬在了马首上。这些意象都具有了“心”原来并不具备的性质。

诗人在构成意象时，还可以用某一物象为联想的起点，创造出世界上根本不存在的东西。李贺诗中的牛鬼蛇神大多属于这一类。火炬都是明亮的，李贺却说“漆炬迎新人”[⑩]，阴间的一切都和人间颠倒着。

“忆君清泪如铅水”[11]，铅泪，世间也不存在。但既然是金铜仙人流的泪，那么当然可以是铅泪了。

总之，物象是意象的基础，而意象却不是物象的客观的机械的模仿。从物象到意象是艺术的创造。

再看意象和意境的关系。

我在《中国古典诗歌的意境》里说，意境是诗人的主观情意和客观物象互相交融而形成的艺术境界。现在又说意象是主客观的交融契合，那么意象和意境有什么区别呢？我认为可以这样区别它们：意境的范围比较大，通常指整首诗，几句诗，或一句诗所造成的境界；而意象只不过是构成诗歌意境的一些具体的、细小的单位。意境好比一座完整的建筑，意象只是构成这建筑的一些砖石。

把意象和意境这样区别开来并不是没有依据的，依据就在“象”和“境”的区别上。“象”和“境”是互相关连却又不尽相同的两个概念。《周易·系辞》说：“圣人立象以尽意。”王弼《周易略例·明象》说：“夫象者出意者也，言者明象者也。”象，本指《周易》里的卦象，它的含义从一开始就是具体的。而境却有境界、境地的意思，它的范围超出于象之上。古人有时以象和境对举，很能见出它们的区别，如王昌龄说：“圆通无有象，圣境不能侵。”[12] 刘禹锡说：“义得而言丧，故微而难能；境生于象外，故精而寡和。”[13] 显而易见，象指个别的事物，境指达到的品地。象是具体的物象，境是综合的效应。象比较实，境比较虚。

陆游的《临安春雨初霁》：“小楼一夜听春雨，深巷明朝卖杏花。”这两句诗构成一种意境，其中有春天到来的喜悦，也有流光易逝的感喟。春的脚步随着雨声来到深巷，进入小楼，给诗人带来一个不眠之夜。诗人设想明天早晨该能听到深巷传来的卖花声了。如果把这两句诗再加分析，就可以看到它包含四个意象：“小楼”、“深巷”、“春雨”、“杏花”。“小楼”、“深巷”，有静谧幽邃之感，衬托出诗人客居临安的寂寞。“春雨”、“杏花”，带着江南早春的气息，预告一个万紫千红的局面即将到来。陆游这两句诗的意境，就是借助这些富有情趣的意象以及它们的交互作用而形成的。

最后还要说明意象和词藻的关系。

语言是意象的物质外壳。在诗人的构思过程中，意象浮现于诗人的脑海里，由模糊渐渐趋向明晰，由飘忽渐渐趋向定型，同时借着词藻固定下来。而读者在欣赏诗歌的时候，则运用自己的艺术联想和想象，把这些词藻还原为一个个生动的意象，进而体会诗人的思想感情。在创作和欣赏的过程中，词藻和意象，一表一里，共同担负着交流思想感情的任务。

意象多半附着在词或词组上。一句诗可以有两个或两个以上的意象，如："孤舟——蓑笠翁"，"云破——月来——花弄影"，"风急——天高——猿啸哀"，"楼船——夜雪——瓜洲渡，铁马——秋风——大散关"。也有一句诗只包含一个意象的，如："北斗七星高"，"楼上晴天碧四垂"。意象有描写性的，或称之为静态的，如"孤舟"、"蓑笠翁"；也有叙述性的，或称之为动态的，如"云破"、"月来"、"花弄影"。意象有比喻性的，如"若问闲情都几许？一川烟草，满城风絮，梅子黄时雨"[14]。也有象征性的，如《离骚》中的香草、美人。

一个意象不止有一个相应的词语，诗人不仅追求新的意象，也追求新的词藻。"东家蝴蝶西家飞，白骑少年今日归。"[15]用"白骑少年"四字写思妇心中的游子，增强了游子给人的美感。词藻新，意象也新。"绿蚁新醅酒，红泥小火炉。晚来天欲雪，能饮一杯无？"[16]以"红泥小火炉"入诗，词藻意象都新。

诗的意象和与之相适应的词藻都具有个性特点，可以体现诗人的风格。一个诗人有没有独特的风格，在一定程度上即取决于是否建立了他个人的意象群。屈原的风格与他诗中的香草、美人，以及众多取自神话的意象有很大关系。李白的风格，与他诗中的大鹏、黄河、明月、剑、侠，以及许多想象、夸张的意象是分不开的。杜甫的风格，与他诗中一系列带有沉郁情调的意象联系在一起。李贺的风格，与他诗中那些光怪陆离、幽僻冷峭的意象密不可分。各不相同的意象和词藻，体现出各不相同的风格。它们虽然只是构成诗歌的砖瓦木石，但不同的建筑材料正可以体现不同的建筑风格。意象和词藻还具有时代特点。同一个时代的诗人，由于大的生活环境相同，由于思想上和创作上相互的影响和交流，总有那个时代惯用的一些意象和词藻。时代改变了，又会有新的创造出来。这是不难理解的。

三

确定了意象的含义以后，就可以进一步研究意象之间的组合规律，并从这个角度探讨中国古典诗歌的艺术特点。

一首诗从字面看是词语的联缀，从艺术构思的角度看则是意象的组合。在中国古典诗歌特别是近体诗和词里，意象可以直接拼合，无须乎中间的媒介。起连接作用的虚词，如连词、介词可以省略，因而意象之间的逻辑关系不很确定。一个意象接一个意象，一个画面接一个画面，有类似电影蒙太奇的艺术效果。例如杜牧的《过华清宫》后两句：

> 一骑红尘妃子笑，无人知是荔枝来。

“一骑红尘”和“妃子笑”这两个意象中间没有任何关联词，就那么直接地拼在一起。它们是什么关系呢？诗人并没有交代。可以说是“一骑红尘”逗得“妃子笑”了，也可以说是妃子在“一骑红尘”之中露出了笑脸，好像两个电影镜头的叠印。这两种理解似乎都可以，但又都不太恰切。诗人只说“一骑红尘妃子笑”，把两个具有对比性的意象摆在读者面前，意象之间的联系既要你去想象、补充，又不允许你把它凝固起来。一凝固起来就失去了诗味。再如欧阳修的《蝶恋花》，它写少妇的孤独迟暮之感，其中有这样几句：

雨横风狂三月暮，门掩黄昏，无计留春住。

“门掩”和“黄昏”之间省去了关联词，它们的关系也是不确定的。可以理解为黄昏时分将门掩上（因为她估计今天丈夫不会回来了）。也可以理解为将黄昏掩于门外。又可以理解为：在此黄昏时分，将春光掩于门内，关住春光使它不要离去。或许三方面的意思都有，诗人本不想把读者的想象固定在一处，我们也就不必把它讲死。反正那少妇有一个关门的动作，时间又是黄昏，而这个动作正表现了她的寂寞、失望和惆怅。又如温庭筠《商山早行》里的这两句：

鸡声茅店月，人迹板桥霜。

“人迹”和“板桥霜”之间虽然也没有连接词，但是这两个意象的关系比较清楚：人的足迹留在板桥霜上。“鸡声”和“茅店月”的关系就不那么清楚了。我们可以这样理解：“鸡声”是报晓的鸡声，“茅店月”是晓天的残月，这两个意象属于同一个时间。另外，“鸡声”是从茅店传来的，残“月”也低挂在茅店的屋角上，耳闻的鸡声和目睹的残月又是属于同一个地点的。但是，也许不把“鸡声”和“茅店月”的关系固定下来更好。这句诗只不过借着一个声的意象和一个色的意象的直接拼合，表现了一个早行旅人的孤独感和空旷感。意象之间不确定的关系，正是留给读者进行想象的余地。

其他如“落日心犹壮，秋风病欲苏”[17]、“大漠孤烟直，长河落日圆”、[18]“落花人独立，微雨燕双飞”[19]，这一类例子不胜枚举。

中国古典诗歌的意象虽然可以直接拼合，意象之间似乎没有关联，其实在深层上却互相勾连着，只是那起连接作用的纽带隐蔽着，并不显露出来。这就是前人所谓峰断云连，辞断意属。也就是说，从象的方面看去好像是孤立的，从意的方面寻找却有一条纽带。这是一种内在的、深层的联系。意象之间似离实合，似断实续，给读者留下许多想象的余地和进行再创造的可能，因此读起来便有一种涵咏不尽的余味。

例如杜甫的“钩帘宿鹭起，丸药流莺啭”[20]，王安石奉为五字之模楷[21]，它的好处就在于意象之间离合断续的关系。“钩帘”和“宿鹭起”一写自己，一写宿鹭，表面看来没有联系，其实不然。这是同时发生的两个动作，当诗人卷起帘子并把它钩上的时候，看到宿鹭飞起。也许是钩帘时惊动了宿鹭，也许不是。但帘的钩起和鹭的飞起难道没有一点类似的联想吗？“丸药”和“流莺啭”似乎也不相干，其实不然。诗人一边团药丸一边听到莺啼，团药丸时的触觉和莺啼圆啭的听觉，也有一点类似。表面看来互相孤立的意象，在深层的意义上就这样互相沟通着。

传为李白的词《忆秦娥》，也是一个很好的例子：

箫声咽，秦娥梦断秦楼月。秦楼月，年年柳色，霸陵伤别。　乐游原上清秋节，咸阳古道音尘绝。音尘绝，西风残照，汉家陵阙。

这首词的意象跳动很大，秦楼月，霸陵柳，乐游原，咸阳古道，汉家陵阙，光是地点就换了这么多，所以浦江清先生说是“几幅长安素描的合订本”[22]。如果再问一句，把这些孤立的意象连在一起的线索是什么呢？我想就是对长安这座古都的凭吊，对古代文明的追怀，对盛世的留恋和对前途的惘然。作者仿佛是站在历史长河中间的一座孤岛上，正向着邈远的时间与空间茫然地举目四望，同时把他的一些破碎的回忆与印象编织成这首词。除了这感情的线索之外，上阕“秦月楼”和下阕“音尘绝”各自的重复，也起了连接意象的作用。

再举一首温庭筠的《更漏子》：

柳丝长，春雨细，花外漏声迢递。惊塞雁，起城乌，画屏金鹧鸪。　香雾薄，透帘幕，惆怅谢家池阁。红烛背，绣帘垂，梦长君不知。

这首词写一个女子在春雨之夜，想念远在边塞的丈夫。上阕头三句，用“柳丝”、“春雨”、“漏声”写出了春夜的悠长与寂寞。漏声报时，应在室内，词里说漏声从花外传来，这是那个女子梦回初醒时的错觉，她把雨声当成漏声了。接着，词的意象跳到“塞雁”、“城乌”和“画屏金鹧鸪”。从边塞到城楼，从城楼再到闺房，由远及近，把不同地点的三个意象组织到一起。意象的跳跃是由漏声（即雨声）引起的，是漏声惊起了塞雁，惊起了城乌，也惊起了金鹧鸪。鹧鸪是绣在画屏上的，本不会飞，但在那女子的想象中，连它也随着塞雁、城乌一起惊飞了。这些惊飞的鸟象征着她不安的心情。她是那样容易为春雨惊动，所以在她的想象里，鸟儿也像自己一样地不安。“塞雁”、“城乌”、“金鹧鸪”这三个孤立的意象，就这样通过那女子的想象联系在一起了。下阕先写“香雾”，这芳香的、迷漫于闺阁内外的薄雾，制造了一种梦幻的、朦胧的气氛，和末句的“梦长君不知”恰好吻合。但直到最后，才出现那做梦的女子。她独卧在床，绣帘低垂着，正痴迷地思念着远在他乡的丈夫。

综观全词，柳丝、春雨、漏声、塞雁、城乌、金鹧鸪、香雾、帘幕、谢家池阁、红烛、绣帘，这些意象看来好像没有什么关联，却都由最后一句中的那个“梦”联系着，是她梦后的种种感觉。由梦串联起来的这些意象，把那女子的一片痴迷的印象很真实地表现了出来。

四

从意象组合的角度，我们可以对中国古典诗歌的一些传统技巧获得新的理解。

先说比兴。关于比兴的定义及其区别，历来众说纷纭。郑众说：“比者，比方于物也；兴者，托事于物。”[23] 刘勰说：“故比者，附也；兴者，起也。附理者切类以指事，起情者依微以拟议。”[24] 宋代的李仲蒙说：“索物以托情，谓之比，情附物也；触物以起情，谓之兴，物动情者也。”[25] 这是比较通达的几种说法。我在这篇文章里不想深入探究这个问题，我只想指出从意象组合的角度观察这个问题，可以说比兴就是运用艺术联想把两个或两个以上的意象连接在一起的一种诗歌技巧。这种连接是以一个意象为主，另外的意象为辅。作为辅助的意象对主要的意象起映衬、对比、模拟或引发的作用。起前三种作用的是比，起后一种作用的是兴。用比所连接的意象之间的关系或明或暗，总有内在的脉络可寻。用兴所连接的意象之间的关系，没有内在的脉络可寻。比的用例，如：《诗经·卫风·伯兮》：“其雨其雨，杲杲出日。愿言思伯，甘心首疾。”朱熹曰：“冀其将雨，而杲然日出，以比望其君子之归而不归也。”李贺《老夫采玉歌》：“杜鹃口血老夫泪”，也是比，以杜鹃鸟的啼血比采玉老夫的泪水。苏轼《太白山下早行至横渠镇书崇寿院壁》：“乱山横翠幛，落月淡孤灯。”每一句都包含两个意象，而意象之间就是借助“比”连接起来的。兴的用例，如：《诗经》王风和郑风各有一首《扬之水》，都以“扬之水，不流束薪”起兴，但兴起的内容不同。王风的那首是征人思归，郑风的那首是兄弟不和。可见兴所组合的意象之间并没有内在的必然联系。

再说对偶。对偶可以把不同时间和空间的意象组合在一起，让人看了这一面习惯地再去看另一面。如“红颜弃轩冕，白首卧松云”。（李白《赠孟浩然》）上句写孟浩然的青年时代，下句写他的老年时代，时间的跨度很大。而这两句诗的意象就是靠对偶连接起来的。“渭北春天树，江东日暮云。”（杜甫《春日怀李白》）渭北、江东两地相去甚远，意象也是靠对偶连接的。“楼船夜雪瓜洲渡，铁马秋风大散关。”（陆游《书愤》）时间和空间都有一个飞跃：一句是冬，一句是秋；一句是东南，一句是西北。因为有对偶在起连接作用，所以这两组不同时间、空间的意象放在一起，并不使人感到突兀。“无边落木萧萧下，不尽长江滚滚来。”（杜甫《登高》）上句着眼于空间的广阔，下句着眼于时间的悠长。两句的意象通过对偶连接在一起，表现出一派无边无际的秋色。可见对偶是连接意象的一座很好的桥梁，有了它，意象之间虽有跳跃，而读者心理上并不感到是跳跃，只觉得是自然顺畅的过渡。中国古代的诗人常常打破时间和空间的局限，在广阔的背景上自由地抒发自己的感情。而对偶便是把不同时间和空间的意象连接起来的一种很好的方法。

（原载于《文学遗产》1983 年第 2 期）

---

①参看赵毅衡《意象派与中国古典诗歌》，载于《外国文学研究》1977 年第 4 期；杨熙龄《美国现代派诗歌举隅》，载于《世界文学》1979 年第 6 期；张隆溪《弗莱的批评理论》，载于《外国文学研究》1980 年第 4 期；艾兹拉·庞德《回顾》（老安、张子清译），载于《诗探索》1981 年第 1 期。袁可嘉《外国现代派作品选序言》，上海：上海文艺出版社 1980 年第 1 版。

②《诗·小雅·采薇》。

③毛文锡《酒泉子》，见《花间集》卷五。

④贾至《早朝大明宫呈两省僚友》，见《全唐诗》卷二三五。

⑤李白《秋浦歌》其十五，见王琦注《李太白全集》卷八。

⑥李白《将进酒》，同上书，卷三。

⑦李白《闻王昌龄左迁龙标遥有此寄》，同上书，卷十三。

⑧杜甫《秋兴八首》其一，见《杜诗详注》卷十七。

⑨秦韬玉《长安书怀》，见《全唐诗》卷六七〇。

⑩《感讽五首》其三，见王琦注《李长吉歌诗汇解》卷二。

⑪《金铜仙人辞汉歌》，同上书。

⑫《同王维集青龙寺昙壁上人兄院五韵》，见《全唐诗》卷一四二。

⑬《董氏武陵集纪》，见《刘宾客文集》卷一九。

⑭贺铸《青玉案》，见《全宋词》，北京：中华书局 1980 年第 2 版，第 513 页。

⑮李贺《蝴蝶舞》，见王琦注《李长吉歌诗汇解》卷三。

⑯白居易《问刘十九》，见《全唐诗》卷四四〇。

⑰杜甫《江汉》，见仇兆鳌《杜少陵集详注》卷二三。

⑱王维《使至塞上》，见赵殿成《王右丞集笺注》卷九。

⑲晏几道《临江仙》，见《全宋词》，第 222 页。

⑳《水阁朝霁奉简云安严明府》，见《杜少陵集详注》卷十四。

㉑叶梦得《石林诗话》：“蔡天启云：‘荆公每称老杜“钩帘宿鹭起，丸药流莺啭”之句，以为用意高妙，五字之模楷。’”见何文焕辑《历代诗话》本，北京：中华书局 1981 年第 1 版，第 406 页。

㉒浦江清《词的讲解》，见《浦江清文录》，北京：人民文学出版社1958年第1版，第122页。

㉓《周礼·春官·大师》郑玄注引。

㉔刘勰《文心雕龙·比兴》，见范文澜《文心雕龙注》卷八，北京：人民文学出版社1958年第1版，第601页。

㉕胡寅《斐然集》卷一八《致李叔易》引，见《四库全书珍本初集》。

中国古典诗歌的意境

上

意境是中国古典美学的重要范畴。在西方文论里恐怕还难以找到一个与它相当的概念和术语。人或以为“意境”一词创自王国维，其实不然。早在王国维提倡意境说之前，已经有人使用意境一词，并对诗歌的意境作过论述。研究意境固然不能抛开王国维的意境说，但也不可为它所囿。从中国古典诗歌的创作实践出发，联系古代文艺理论，我们可以在广阔的范围内总结古代诗人创造意境的艺术经验，探索古典诗歌表现意境的艺术规律，为今天的诗歌创作和诗歌评论提供有益的借鉴。

一、意与境的交融

在中国古代传统的文艺理论中，意境是指作者的主观情意与客观物境互相交融而形成的艺术境界。这个美学范畴的形成，是总结了长期创作实践经验的积极成果。

较早的诗论还没有注意到创作中主客观两方面的关系。《尚书·虞书·舜典》说：“诗言志。”《荀子·儒效篇》说：“诗言是其志也。”《庄子·天下篇》说：“诗以道志。”都仅仅把诗看做主观情志的表现。《礼记·乐记》在讲到音乐时说：“凡音之起，由心生也。人心之动，物使之然也。”虽然涉及客观物境，但也只讲到感物动心为止，至于人心与物境相互交融的关系也未曾加以论述。魏晋以后，随着诗歌的繁荣，在总结创作经验的基础上，对于文学创作中主客观的关系才有了较深入的认识。陆机《文赋》已经从情思与物境互相交融的角度谈论艺术构思的过程："遵四时以叹逝，瞻万物而思纷。悲落叶于劲秋，喜柔条于芳春。心懔懔以怀霜，志眇眇而临云。"刘勰《文心雕龙·神思篇》也说：

故思理为妙，神与物游。神居胸臆，而志气统其关键；物沿耳目，而辞令管其枢机。

他指出构思规律的奥妙在"神与物游"，也就是作家的主观精神与客观物境的契合交融。[①]唐代著名诗人王昌龄说，作诗要"处心于境，视境于心"[②]，要求心与物相"感会"[③]，景与意"相兼"、"相惬"[④]，更强调了主客观交融的关系。他又说：

诗思有三：搜求于象，心入于境，神会于物，因心而得，曰取思。久用精思，未契意象，力疲智竭，放安神思，心偶照境，率然而生，曰生思。寻味前言，吟讽古制，感而生思，曰感思。[⑤]

这里讲了诗思产生的三种过程。取思是以主观精神积极搜求客观物象，以达到心入于境；生思是并不积极搜求，不期然而然地达到心与境的照会。感思是受前人作品的启发而产生的诗思。其中，取思与生思，都是心与境的融合。《文镜秘府论·论文意》抄自传为王昌龄的《诗格》，其中也多次讲到思与境的关系。如：

夫置意作诗，即须凝心；目击其物，便以心击之，深穿其境。

唐末司空图在《与王驾评诗书》中讲"思与境偕"；宋代苏轼在《东坡题跋》卷二中评陶诗说"境与意会"；明代何景明在《与李空同论诗书》中讲"意象应"；王世贞在《艺苑卮言》中讲"神与境合"；清初王夫之在《姜斋诗话》中讲"心中目中"互相融洽，情景"妙合无垠"，都接触到了意境的实质。

至于意境这个词，在《诗格》中也已经出现了。《诗格》以意境与物境、情境并举，称三境：

诗有三境：一曰物境。欲为山水诗，则张泉石云峰之境极丽艳秀者，神之于心，处身于境，视境于心，莹然掌中，然后用思，了然境象，故得形似。二曰情境。娱乐愁怨皆张于意而处于身，然后驰思，深得其情。三曰意境。亦张之于意而思之于心，则得其真矣。

后来，明朱承爵《存馀堂诗话》说：

作诗之妙，全在意境融彻，出音声之外，乃得真味。

清潘德舆《养一斋诗话》说：

《三百篇》之体制音节，不必学，不能学；《三百篇》之神理意境，不可不学也。

况周颐《蕙风词话》也说：

《云庄词·酹江月》云："一年好处，是霜轻尘敛，山川如洗。"较"橘绿橙黄"句有意境。

不过，大力标举意境，并且深入探讨了意境含义的，却是王国维。"意境"这个词也是经他提倡才流行起来的。意境，他有时称境界。《人间词话》说：

沧浪所谓兴趣，阮亭所谓神韵，犹不过道其面目，不若鄙人拈出境界二字为探其本也。

言气质，言神韵，不如言境界。有境界，本也；气质、神韵，末也。有境界而二者随之矣。

这话似乎有自诩之嫌，但并不是毫无道理。中国古代诗论中影响较大的几家，如严羽的兴趣说，王士禛的神韵说，袁枚的性灵说，虽然各有其独到之处，但都只强调了诗人主观情意的一面。所谓兴趣，指诗人的创作冲动，兴致勃发时那种欣喜激动的感觉。所谓神韵，指诗人寄诸言外的风神气度。所谓性灵，指诗人进行创作时那一片真情、一点灵犀。而这些都是属于诗人主观精神方面的东西。王国维高出他们的地方，就在于他不仅注意到诗人主观情意的一面，同时又注意到客观物境的一面；必须二者交融才能产生意境。他在《人间词乙稿序》[6]中说：

文学之事，其内足以摅己而外足以感人者，意与境二者而已。上焉者，意与境浑，其次或以境胜，或以意胜。苟缺其一，不足以言文学。

在《人间词话》里他又说：

能写真景物、真感情者，谓之有境界，否则谓之无境界。

有造境，有写境，此理想与写实二派之所由分。然二者颇难分别，因大诗人所造之境必合乎自然，所写之境亦必邻于理想故也。

境界乃是由真景物与真感情两者合成。理想中有现实，现实中有理想，造境和写境都是主客观交融的结果。王国维在前人的基础上，多方面探讨了意境的含义，深入揭示了诗歌创作的契机，建立了一个新的评论诗歌的标准，从而丰富了中国的诗歌理论。他的贡献是应当充分肯定的。

在中国古典诗歌里，意与境的交融有三种不同的方式。

一是情随境生。诗人先并没有自觉的情思意念，生活中遇到某种物境，忽有所悟，思绪满怀，于是借着对物境的描写把自己的情意表达出来，达到意与境的交融。《文心雕龙·物色篇》说："物色之动，心亦摇焉。"讲的就是这由境及意的过程。在古典诗歌中这类例子很多，如王昌龄的《闺怨》：

闺中少妇不知愁，春日凝妆上翠楼。忽见陌头杨柳色，悔教夫婿觅封侯。

那闺中的少妇原来无忧无虑，高高兴兴地打扮了一番，登上翠楼去观赏春景。街头杨柳的新绿忽然使她联想到自己和夫婿的离别，这孤单的生活辜负了大好春光，也辜负了自己的韶华，她后悔真不该让夫婿远去了。这少妇的愁是由陌头柳色触发的，又是与陌头柳色交织在一起的。这是诗中人物的随境生情。诗人自己随境生情，达到意境浑融的例子，如孟浩然《秋登万山寄张五》："相望始登高，心随雁飞灭。愁因薄暮起，兴是清秋发。"《宿桐庐江寄广陵旧游》："山暝听猿愁，沧江急夜流。风鸣两岸叶，月照一孤舟。"崔颢《黄鹤楼》："晴川历历汉阳树，芳草萋萋鹦鹉洲。日暮乡关何处是，烟波江上使人愁。"在这类诗里，诗人的情思意念都是由客观物境触发的，由境及意的脉络比较分明。有的诗更写出情意随着物境的转换而变化的过程。如柳永《夜半乐》：

冻云黯淡天气，扁舟一叶，乘兴离江渚。渡万壑千岩，越溪深处，怒涛渐息，樵风乍起。更闻商旅相呼，片帆高举，泛画鹢、翩翩过南浦。望中酒旆闪闪，一簇烟村，数行霜树。残日下、渔人鸣榔归去。败荷零落，衰杨掩映。岸边两两三三，浣纱游女，避行客，含羞相笑语。　到此因念，绣阁轻抛，浪萍难驻。叹后约丁宁竟何据！惨离怀、空恨岁晚归期阻。凝泪眼、杳杳神京路，断鸿声远长天暮。

这首词先写自己"乘兴"出发，欣赏着山川胜境，又遇上浪平风顺，船儿翩翩驶过，心情原是很轻快的。但是当转过南浦，看到酒旆、烟村、渔人、浣女，那一片和平宁静的生活环境不禁引起他的羁旅之愁："到此因念，绣阁轻抛，浪萍难驻。"这时再看周围的景物，竟是"断鸿声远长天暮"，也染上了愁苦之色。这首词共三迭，层次很分明，景物的转换引起感情的变化，感情的变化又反过来改换了景物的色调，可以说是达到"意与境浑"的地步了。

情随境生，这情固然是随境而生，但往往是原先就已有了，不过隐蔽着不很自觉而已。耳目一旦触及外境，遂如吹皱的一池春水，唤醒了心中的意绪。关于这个过程，李贽描述得很细致：

> 且夫世之真能文者，比其初皆非有意于文也。其胸中有如许无状可怪之事，其喉间有如许欲吐而不敢吐之物，其口头又时时有许多欲语而莫可告语之处，蓄极积久，势不能遏。一旦见景生情，触目兴叹；夺他人之酒杯，浇自己之垒块；诉心中之不平，感数奇于千载。（《焚书·杂说》）

若没有触景之前感情的蓄积，就不会有触景之后感情的迸发。所谓情随境生也还是离不开日常的生活体验的。

意与境交融的第二种方式是移情入境。诗人带着强烈的主观感情接触外界的物境，把自己的感情注入其中，又借着对物境的描写将它抒发出来，客观物境遂亦带上了诗人主观的情意。葛立方《韵语阳秋》说：

> 竹未尝香也，而杜子美诗云："雨洗娟娟静，风吹细细香。"雪未尝香也，而李太白诗云："瑶台雪花数千点，片片吹落春风香。"

李杜诗中的香竹、香雪，显然已不是纯客观的存在，诗人把自己的感情移注其中，使它带上强烈的主观色彩，具有浓郁的诗意。

诗里移情入境的例子很多，如李白："山花向我笑，正好衔杯时。"(《待酒不至》) 杜甫："感时花溅泪，恨别鸟惊心。"(《春望》) 白居易："汴水流，泗水流，流到瓜洲古渡头，吴山点点愁。"(《长相思》其一) 杜牧："蜡烛有心还惜别，替人垂泪到天明。"(《赠别》) 柳永："自春来，惨绿愁红，芳心是事可可。"(《赠别》) 辛弃疾："红莲相倚浑如醉，白鸟无言定自愁。"(《鹧鸪天·鹅湖归病起作》) 这些诗句所写的物境都带有诗人的主观色彩，是以主观感染了客观，统一了客观，达到意与境的交融。《论语·先进篇》载，子路、曾皙、冉有、公西华侍坐，孔子让他们各言其志。其他几个人都是直截了当地述说，只有曾皙的回答与众不同："暮春者，春服既成，冠者五六人，童子六七人，浴乎沂，风乎舞雩，咏而归。"他借着对物境的描述来表达自己的情志，移情入境，意与境融，他的话虽不是诗，但已带有浓郁的诗意。

移情入境，这境不过是达情的媒介。谢榛《四溟诗话》论情景关系说：

> 景乃诗之媒，情乃诗之胚，合而为诗。

情仅仅是诗的胚胎，要将它培育成诗，必须找到适合于它的媒介物，这就是景。诗由情胚而孕育，借景媒以表现，情胚与景媒交融契合才产生诗的意境。至于哪一类情胚借哪一类景媒表现，不同的民族有不同的传统。中国诗歌常借兰以示高洁，借柳以示惜别，外国就不一定如此。同一民族在不同时代也有不同的习惯。《诗经》里用石表示动摇："我心匪石，不可转也。"(《邶风·柏舟》) 今天则用石表示坚定，发生了变化。

意与境交融的第三种方式是体贴物情，物我情融。上面所说的情随境生和移情入境，那情都是诗人之情。物有没有情呢？应当说也是有的。山川草木，日月星辰，它们在形态色调上的差异，使人产生某种共同的印象，仿佛它们本身便具有性格和感情一样。这固然出自人的想象，但又是长期以来公认的，带有一定的客观性，与诗人临时注入的感情不同。我们不妨把它们当成物境本身固有的性格和感情来看待。正如宋郭熙《林泉高致》所说：

> 身即山水而取之，则山水之意度见矣。春山淡冶而如笑，夏山苍翠而如滴，秋山明净而如妆，冬山惨淡而如睡。

明沈颢《画麈》也说：

> 山于春如庆，于夏如竞，于秋如病，于冬如定。

他们指出四时之山各自不同的性情，要求作画时既画出它们不同的形态，又画出它们不同神情，以达到形神兼备。作诗又何尝不是同样的道理呢？

有的诗人长于体贴物情，将物情与我情融合起来，构成诗的意境。陶渊明和杜甫在这方面尤其突出。陶渊明的“众鸟欣有托，吾亦爱吾庐”（《读山海经》）、“平畴交远风，良苗亦怀新”（《癸卯岁始春怀古田舍》），杜甫的“岸花飞送客，樯燕语留人”（《发潭州》）、“随风潜入夜，润物细无声”（《春夜喜雨》）、“江山如有待，花柳更无私”（《后游》），都达到了物我情融的地步。陶渊明《饮酒》其八：

> 青松在东园，众草没其姿。凝霜殄异类，卓然见高枝。连林人不觉，独树众乃奇。提壶抚寒柯，远望时复为。吾生梦幻间，何事绁尘羁！

青松即渊明，渊明即青松，“语语自负，语语自怜”（温汝能：《陶诗汇评》），诗人和青松融而为一了。又如杜甫的《三绝句》之二：

> 门外鸬鹚去不来，沙头忽见眼相猜。自今已后知人意，一日须来

一百回。

诗人体贴鸬鹚那种欲近人又畏人的心情，向它表示亲近，欢迎它常来作客。诗人和鸬鹚达成了谅解，建立了友谊，他们的感情交融在一起。

二、意境的深化与开拓

意境的深化与开拓，是诗歌构思过程中重要的步骤。《文赋》曾把构思分成两个阶段：

其始也，皆收视反听，耽思旁讯，精骛八极，心游万仞。其致也，情曈昽而弥鲜，物昭晰而互进，倾群言之沥液，漱六艺之芳润，浮天渊以安流，濯下泉而潜浸。

构思的第一阶段，精骛心游，追求意与境的交融。第二阶段，意境逐渐鲜明清晰，进而寻找适当的语言加以表现。陆机在这里所讲的是一般的构思过程，在诗歌创作中，意境的形成并不这样简单。诗人的写作有时十分迅捷，信手拈来即成妙趣，意境一下子就达到鲜明清晰的地步。这种意境天真自然，是艺术中的神品。神来之笔看似容易，其实不然，没有长期的生活积累和高度的艺术修养是达不到的。但意境的初始阶段多半不够鲜明清晰，需要再加提炼；或虽鲜明清晰而失之于浅，失之于狭，需要继续深化与开拓，以求在始境的基础上另辟新境。《人间词话》说：

古今之成大事业大学问者，必经过三种之境界："昨夜西风凋碧树，独上高楼，望尽天涯路"，此第一境也。"衣带渐宽终不悔，为伊消得人憔悴"，此第二境也。"众里寻他千百度，回头蓦见，那人正在灯火阑珊处"⑦，此第三境也。

王国维所说成大事业大学问的三种境界，正可借以说明诗歌构思的过程。构思的初始阶段，诗人运用艺术的联想与想象，上下求索，追求意与境的交融，好比是“独上高楼，望尽天涯路”。当意境初步形成之后，继续挖掘开辟，熔铸锻炼，这是构思过程中最艰苦的一步。“衣带渐宽终不悔，为伊消得人憔悴”，恰好形容此中的苦况。当意境的深化与开拓达到一定程度，眼前豁然开朗，“土地平旷，屋舍俨然”，进入一个新的境界。此所谓“众里寻他千百度，蓦然回首，那人却在灯火阑珊处”。“蓦然”二字恰切地说明，意境的完成是不期然而然的一次飞跃。

古人有炼字、炼句、炼意之说。所谓炼意，就是意境的深化与开拓。而炼字、炼句又何尝不是在炼意？前人有“炼字不如炼意”的话[8]，其实，哪有离开炼意单独炼字的呢？杜甫“语不惊人死不休”（《江上值水如海势聊短述》），“新诗改罢自长吟”（《解闷》），韦庄“卧看南山改旧诗”（《宴起》）；欧阳修作文“先贴于壁，时加窜定，有终篇不留一字者”（《童蒙诗训》）。他们在锤炼字句的过程中，不是同时也在改变构思、另辟新境吗？《漫叟诗话》说：

> “桃花细逐杨花落，黄鸟时兼白鸟飞。”李商老云：“尝见徐师川说，一士大夫家有老杜墨迹，其初云：‘桃花欲共杨花语’，自以淡墨改三字，乃知古人字不厌改也。不然，何以有日锻月炼之语？”（《苕溪渔隐丛话》前集卷八）

这两句诗见于《曲江对酒》，是杜甫乾元元年在长安任拾遗时所作。“中兴”以后，杜甫对肃宗满怀希望，但仍不能有所作为。他既不屑于从俗，又不甘于出世，心情十分矛盾。他久坐江头，细视花落鸟飞，感到难堪的寂寞与无聊。这首诗就是在这种心情中写的。原先的“桃花欲共杨花语”，偏于想象，意境活泼，与诗人此时此地的心情不合。改为“桃花细逐杨花落”，偏于写实，意境清寂，正好表现久坐无聊的心情。

虽然只改了三个字，意境却大不相同了。又如宋陈世崇《随隐漫录》卷四载：

> “白玉堂中曾草诏，水晶宫里近题诗”，韩子苍易为“堂深”、“宫冷”。……古词云：“春归也，只消戴一朵荼蘼。”宇文元质易“戴”为“更”，皆一字师也。

“堂中”、“宫里”，意浅境近；改为“堂深”、“宫冷”，意境深远。“戴一朵荼蘼”，意境也嫌浅露，“更一朵荼蘼”，从戴花的更替中体现了时序的变迁，意境就深入多了。清顾嗣立《寒厅诗话》：

> 张橘轩诗：“半篙流水夜来雨，一树早梅何处春？”元遗山曰：“佳则佳矣，而有未安。既曰‘一树’，乌得为‘何处’？不如改‘一树’为‘几点’，便觉飞动。”

“一树早梅”固定指一处，显得呆板；“几点早梅”，着眼于广阔的空间，而且未限定数量，所以意境飞动。

意境的深化与开拓必须适度，加工不足失之浅露，加工太过失之雕琢，过犹不及都是毛病。最高的境界是虽经深化开拓而不露痕迹，深入浅出，返朴归真。譬如李白的《子夜吴歌》：

> 长安一片月，万户捣衣声。秋风吹不尽，总是玉关情。何日平胡虏？良人罢远征。

这首诗的语言是再浅显真率不过了，意境却极其深沉阔大。开头两句境界就不凡，在一片月色的背景上，长安城家家户户传出捣衣之声，那急促而凄凉的声音散布出多么浓郁的秋意啊！何况这寒衣是预备送给戍守边关的亲人的，声声寒砧都传递着对于边关的思念。“秋风”

二句，通过秋风将长安、玉关两地遥遥联接在一起，意境更加开阔。北朝温子昇有一首《捣衣》诗，构思与此诗相似："长安城中秋夜长，佳人锦石捣流黄。香杵纹砧知近远，传声递响何凄凉。七夕长河烂，中秋明月光。蠮螉塞边逢候雁，鸳鸯楼上望天狼。"这首诗的意境也经过深化与开拓，但用力太过，雕琢太甚，绮丽而不动人。不像李白那首之自然纯朴，能够一下子打入读者心坎。

意境的深化与开拓，也就是意境典型化的过程。初始之境可能是印象最强烈的，但不一定是最本质的。初始之意可能是最有兴味的，但不一定是最深刻的。在意境的深化与开拓过程中，略去那些偶然的、表面的东西，强调本质的、深刻的东西，最后才能熔铸成为具有典型性的意境。典型化的程度，即决定着意境的深浅与高下。清许印芳在《与李生论诗书跋》中论王孟韦柳四家诗说："人但见其澄澹精致，而不知其几经陶洗而后得澄澹，几经熔炼而后得精致。""平者易之以拗峭，板者易之以灵活，繁者易之以简约，哑者易之以铿锵，露者易之以浑融，此熔炼之功也。"可见意境的深化与开拓，须付出艰辛的劳动，不是轻易可以成功的。

三、意境的个性化

因为意境中有诗人主观的成分，所以好诗的意境总是个性化的。诗人独特的观察事物的角度，独特的情趣和性格，构成意境的个性。陶渊明笔下的菊，简直就是诗人自己的化身，以致一提起陶就想起菊，一提起菊就想起陶，陶和菊已融为一体。李白笔下的月，陆游笔下的梅，也莫不如此。李白说"山衔好月来"(《与夏十二登岳阳楼》)、"举杯邀明月"(《月下独酌》)、"欲上青天揽明月"(《宣州谢朓楼饯别校书叔云》)、"我寄愁心与明月"(《闻王昌龄左迁龙标遥有此寄》)、"且就洞庭赊月色"(《陪族叔游洞庭》其二)，他和月的关系多么密切！那一轮皎洁的明月不就是诗人的自我形象吗？陆游一生写了许多咏梅诗，"驿外断桥边，寂寞开无主"，是他自身的写照。《梅花绝句》："闻道梅花坼晓风，雪堆遍满四山中。何方可化身千亿，一树梅花一放翁。”这雪白的梅花也体现了陆游自己的高傲与纯洁。又如辛弃疾的《菩萨蛮·金陵赏心亭为叶丞相赋》“青山欲共高人语”；秦少游的《鹊桥仙》“金风玉露一相逢，便胜却人间无数”，“两情若是久长时，又岂在朝朝暮暮”；龚自珍的《己亥杂诗》“落红不是无情物，化作春泥更护花”，这些意境都是多么富有个性！正像中国古代绘画注重写意传神一样，中国古代诗歌也不追求对客观物境作逼真的模仿，而是力求创造和表现具有个性特点的意境，这是中国古典诗歌的一条重要的艺术规律。

在这里有一个问题不能不略加辨析，就是王国维所说的“有我之境”与“无我之境”。他说：

> 有有我之境，有无我之境。“泪眼问花花不语，乱红飞过秋千去。”“可堪孤馆闭春寒，杜鹃声里斜阳暮。”有我之境也。“采菊东篱下，悠然见南山。”“寒波澹澹起，白鸟悠悠下。”无我之境也。有我之境，以我观物，故物我皆著我之色彩。无我之境，以物观物。故不知何者为我，何者为物。

这个说法很精巧，但违反了创作与欣赏的一般经验。朱光潜先生认为他所用的名词似待商酌，“王氏所谓‘有我之境’其实是‘无我之境’（即忘我之境）。他的‘无我之境’的实例……实是‘有我之境’。与其说‘有我之境’与‘无我之境’，倒不如说‘超物之境’和‘同物之境’，因为严格地说，诗在任何境界中都必须有我，都必须为自我性格情趣和经验的返照。”（《诗论》）名词问题姑且不论，朱先生指出任何境界中都必须有我，这是很精辟的。其实，在真正的艺术品里，“无我之境”并不存在。“有我之境”固然寓有诗人的个性；“无我之境”也并非没有诗人主观的情趣在内，不过诗人已融入物境之中，成为物境的一部分，暂时忘却了自我而已。关于这种境界，借用柳宗元在《始得西山宴游记》里说的一句话，叫作“心凝神释，与万化冥合”。罗大经《鹤林玉露》所载曾云巢论画的一段话，也恰好可以说明这种境界的形成：

某自少时取草虫笼而观之，穷昼夜不厌。又恐其神之不完也，复就草地之间观之，于是始得其天。方其落笔之际，不知我之为草虫耶，草虫之为我也。此与造化生物之机缄盖无以异。岂可有传之法哉！

《词筌》曰：

稗史称韩幹画马，人入其斋，见幹身作马形。凝思之极，理或然也。作诗文亦必如此始工。如史邦卿咏燕，几于形神俱似矣。

可见真正的艺术家是在物我交融的陶醉中进行创造的，这样创造的意境怎么可能无我呢？王国维所举的“无我之境”的例子，一见于陶渊明的《饮酒》诗：“采菊东篱下，悠然见南山。山气日夕佳，飞鸟相与还。此中有真意，欲辨已忘言。”诗人当采菊之始心情原是很平静的，偶一举首，望见南山的日夕气象，悟出其中的真意。此时，南山归鸟仿佛就是陶渊明，陶渊明仿佛也进入了南山，和南山融成一片了。你说这是无我吗？其实是有我，只是我已与物融成一体了。王国维所举的另一个无我的例子，见于元好问的《颍亭留别》：“寒波澹澹起，白鸟悠悠下。怀归人自急，物态本闲暇。”诗人以寒波白鸟的悠闲反衬人事之仓卒。“寒波”二句寄托了诗人的向往之情，他希望自己也化作寒波、白鸟，融入那画面中去。这意境中也有诗人自我的个性。

意境既然是个性化的，那么它必然同风格有密切的关系。古人评论诗的风格，大都着眼于意境。唐皎然《诗式》说：

夫诗人之思初发，取境偏高，则一首举体便高；取境偏逸，则一首举体便逸。

他所谓体是指风格而言，高、逸是他所列十九体中最推崇的两体。他认为体的不同，是由于诗思初发所取之境不同，也就是意境的不同造成的。这是很有见地的。《文心雕龙·体性》将各种风格总括为八体：

> 一曰典雅，二曰远奥，三曰精约，四曰显附，五曰繁缛，六曰壮丽，七曰新奇，八曰轻靡。

其中精约、显附、繁缛三种偏重于语言的运用方面。其他五种都是结合文思讲的，既是五种不同的风格，也可视为五种不同的境界。司空图《诗品》列雄浑、冲淡等二十四品，从他本人的解释看来，这二十四品既是风格的差异，也是意境的不同。

意境中既包含着诗人主观的思想、感情和个性，而这些又都是社会存在的反映，那么意境就必然曲折地反映一定的社会内容。王国维论意境，看不到它的社会内容，所以对意境的高下不能加以正确的评骘。他认为诗人越脱离社会，越能保持赤子之心，就越能写出好诗来。他说：

> 客观之诗人不可不多阅世，阅世愈深则材料愈丰富，愈变化，《水浒传》、《红楼梦》之作者是也。主观之诗人不必多阅世，阅世愈浅则性情愈真，李后主是也。

其实，不论“客观”或“主观”之诗人，没有丰富的生活阅历，都不可能写出优秀的作品。文学创作当然要出自真情，但这性情是在社会实践中培育的，并不是天生就有的。至于性情的真伪则取决于诗人的写作态度，诗人忠实于生活、忠实于艺术、忠实于读者，就有真性情的表现。王国维又说：

> 词人者不失其赤子之心者也。故生于深宫之中，长于妇人之手，是

后主为人君所短处，亦即为词人所长处。

李后主如果没有长期宫廷生活的经验，固然写不出反映宫廷生活的作品；但正因为他只有宫廷生活的经验，而与广阔的社会生活很隔膜，所以他的词题材境界都较狭窄。这怎么能说是词人之长处呢？

四、意境的创新

社会不断发展，人的思想感情也不断变化，所以诗的意境永远不会被前人写尽。然而诗人往往囿于旧的传统，蹈袭前人的老路，不敢从变化了的现实生活出发，大胆创造新的意境。而诗歌没有新意境，便失去了生命，好比一截枯木，不能引起人的兴趣了。诗歌史上的拟古派之所以失败，症结即在于此，明代李梦阳倡言“文必秦汉，诗必盛唐”[9]，成为前后七子拟古主义的纲领。这个口号虽有反对台阁体的积极意义，但像李梦阳那样“刻意古范，铸形宿镆（模），而独守尺寸”[10]，亦步亦趋地模仿古人，却是从另一个方面毁坏了艺术。袁枚《答沈大宗伯论诗书》批评拟古主义说：

尝谓诗有工拙，而无今古。……未必古人皆工，今人皆拙。……至于性情遭遇，人人有我在焉，不可貌古人而袭之，畏古人而拘之也。

写诗要从各自的性情遭遇出发，从自我的真实感受出发，生动活泼地创造自己的意境，而不要让古人束缚了自己。关于这一点，他在《与洪稚存论诗书》中说得更加痛快：

昔人笑王朗好学华子鱼，惟其即之过近，是以离之愈远。董文敏跋张即之帖，称其佳处不在能与古人合，而在能与古人离。诗文之道，何独不然？足下前年学杜，今年又复学韩。鄙意以洪子之心思学力，何不为洪子之诗，而必为韩子、杜子之诗哉！无论仪神袭貌，终嫌似是而非，就令是韩是杜矣，恐千百世后人，仍读韩、杜之诗，必不读类韩类杜之诗。使韩、杜生于今日，亦必别有一番境界，而断不肯为从前韩、杜之诗。

时代变了，环境变了，诗的意境也应变古创新。杜甫就是一位创新的能手，他处于安史之乱前后动荡变乱的环境之中，以真情与至诚创造出他自己特有的新意境。他最善于描绘大江，渲染秋色，在其中倾注忧国忧民的深意。像《秋兴》八首那种沉郁苍凉的意境，的确是他的独创。杜甫既是一位勇于创新的诗人，学杜首先就要学他的创新，而不是模拟他的意境。杜甫倘生于后世，也一定会另辟新境，而不肯重弹往日的老调了。

创造新意境，需要艺术的勇气。谢榛《四溟诗话》说："赋诗要有英雄气象；人不敢道，我则道之；人不肯为，我则为之。厉鬼不能夺其正，利剑不能折其刚。"叶燮在《原诗·内篇》中针对拟古主义，提倡诗胆，最能振聋发聩：

昔人有言："不恨我不见古人，恨古人不见我。"又云："不恨臣无二王法，但恨二王无臣法。"[11]斯言特论书法耳。而其人自命如此。等而上之，可以推矣。……昔贤有言：成事在胆。文章千古事，苟无胆，何以能千古乎？故吾曰：无胆则笔墨畏缩。胆既诎矣，才何由而得伸乎？

这段话今天读来仍有鼓动人心的力量。新时代需要新意境，也能产生新意境。今天同旧社会相比，社会制度、生活方式、风俗习惯都发生了巨变，大自然也得到改造。可惜我们的诗歌还没有创造更多的足以和新时代相媲美的、令人难以忘怀的新意境。叶燮论诗讲才、胆、识、力四字。我们的诗人生于科学昌明的今日，论识，远出于古人千百倍之上；论才、论力，也未必逊于古人。所缺的恐怕就是一个胆字。唯有摆脱羁绊，大胆探索，大胆前进，才能创造出新的意境，出现新时代的屈原、李白和杜甫，使我们这古老的诗国的诗坛重放异彩！

下

一、有无意境不是衡量艺术高低的唯一标尺

本文上篇论意境有一个出发点，即把意境视为中国古典美学的一个重要范畴，研究它的内涵和构成，从而揭示中国诗歌艺术的民族特色。在这里我要强调的是，意境虽然很重要，但不能把有无意境当成衡量艺术高低的唯一标尺。中国古典诗歌有以意境胜者，有不以意境胜者。有意境者固然高，无意境者未必低。屈原的《天问》，曹操的《龟虽寿》，李白的《扶风豪士歌》，王维的《老将行》，杜甫的《北征》、《又呈吴郎》，辛弃疾的《贺新郎·同父见和再用韵答之》，陈亮的《水调歌头·送章德茂大卿使虏》，以及文天祥的《正气歌》，这些脍炙人口的名篇，很难说它们的意境如何，但谁也不能否认它们是第一流的佳构。仅用意境这一根标尺去衡量丰富多彩的古典诗歌，显然是不妥的。

这种观点源自王国维的一句话："词以境界为最上。"[12]然而这句话怎样理解、是否正确，都值得深思。《人间词话》不仅标举意境，而且不止一次讲到气象，甚至说："太白纯以气象胜。'西风残照，汉家陵阙'寥寥八字，遂关千古登临之口。"[13]可见王国维并没有狭隘到只认意境不认其他的地步。果真如此，也只能说这是他个人的艺术趣味，而不能当成科学的论断。

不仅有无意境不是衡量诗歌艺术高下的唯一标尺，而且意境本身也有高下之别。不辨意境之高下，是难与谈诗的。意境包含着诗人主观的思想、感情和个性，不是一个纯艺术的概念；意境的高下，不仅仅是艺术水平的表现。正如风格取决于人格；艺术境界的高下在很大程度上取决于诗人的思想境界。不同的诗人面对同一景物会写出意境不同的作品，如王之涣的《登鹳雀楼》与畅当的同题之作；杜甫的《同诸公登慈恩寺塔》与高适、岑参、薛据的同题之作。而同一诗人在不同时期也会

创造出美学价值不同的意境，如王维前后期山水诗意境之不同。由于诗人的思想感情具有复杂性，所以即使是同一个诗人在同一个时期所写的作品，其意境的高下也未必相同。此外，体裁对意境也有一定的影响，所谓诗庄词媚，不仅是风格的差异，也是诗境与词境的区别。把意境仅仅局限于艺术的范围，既不考察诗人的思想境界，又不区别意境的高下，唯以意境为上，这无助于诗歌的理解、评论和欣赏。

讨论意境的文章很多，大致可以分为两类。一类是研究中国古典诗歌的意境。参考前人关于意境的论述，偏重于从诗歌创作的实践出发，联系创作心理和欣赏心理，归纳众多的诗例，得出自己的结论。另一类是研究王国维的意境说。对王氏的观点加以阐释、评论，或溯其源流，或探其精微。以上两类文章研究的对象既有联系又有区别，前者属于中国诗歌的艺术理论与艺术分析，目的是总结中国诗歌的艺术经验，找出中国诗歌的艺术特点。后者属于中国文学批评史的范围，目的是对王国维的文艺思想作出恰当的评价。这两种研究都是必要的。但不论采取哪一种方法，都有一个如何对待王国维的问题。王国维在前人的基础上，多方面探讨了意境的含义，建立了一个新的评论诗歌的标准，他的贡献是卓著的。但王国维对意境的论述远未臻于完善。我们可以用王国维的意境说去阐释古代的诗歌，但不应拘守王氏之说。我们完全可以从古典诗歌的实际出发，提出一套更完整更系统更能揭示中国诗歌艺术规律的意境说来。王国维作了总结的，我们仍可在更高的层次上加以总结；在他涉及的领域之外，我们还可以开拓新的领域。只有这样，对意境的研究才能逐步深入。

二、诗人之意境 诗歌之意境 读者之意境

有诗人之意境，有诗歌之意境，有读者之意境。这三种意境应当是统一的，但事实上并不统一。诗人之意境在未诉诸语言之前，除了他本人之外，谁也不能体会。而诗人一旦将自己头脑中浮现的意境诉诸语言

以诗的形式凝固下来，就成为一个客观的存在，这诗歌之意境和诗人之意境就不一定完全相同，诗人头脑中浮现的意境未必能完美地诉诸语言符号。而读者接受这些语言符号，在自己头脑中再现的意境又必定带着读者主观的成分。因为读者必须借助自己的想象、联想和模拟，才能把凝固的语言符号还原为生动感人的画面，所以读者之意境也不一定能与诗人之意境相吻合。“作者之用心未必然，而读者之用心何必不然。”[14]所说的就是这种差异。在从诗人到读者的这个链条中，诗歌虽然是一个中间环节，对它的解释难免带有解释者的主观性，但它毕竟无须依赖读者而存在。读者不一定都能进入意境。读者不能进入意境，不等于诗就没有意境。读者之意境对诗人之意境、诗歌之意境并没有规定作用。后者可以不同于前二者，但不能界定和改变前二者。

因此，若论意境就应该首先确定所论是哪一个层次上的意境。如果是论诗人之意境，那么也就是论意境之形成。如果是论诗歌之意境，那么也就是论意境之表现。如果是论读者之意境，那么也就是论意境之感受。这是互相联系着的各不相同的问题。本文上篇只限于论述诗人之意境与诗歌之意境，从其中的几个小标题“意与境的交融”、“意境的深化与开拓”、“意境的个性化”、“意境的创新”，可以看出我是从形成意境与表现意境这两个角度立论的。现在再就读者之意境略陈己见。

既然读者之意境是一种感受，那么就应该分析这是一种怎样的感受。这种感受，如果笼统地说，可称之为沉浸感。暂时忽略了周围的一切，视而不见，听而不闻，整个心灵沉浸在一个想象的世界之中，得到美的满足。具体地说是以下三种感觉：

一、熟稔感。这是一种温馨而亲切的感觉，自己过去的审美经验被唤起，并和诗人取得了共鸣。读李白之诗则己身为李白，读杜甫之诗则己身为杜甫，或若亲践南亩，或若身居辋川。一切历历在目，宛如身临其境。自己本来有过某种审美经验，但那是模糊的、潜在的，找不到恰当的语言去表述它，忽然读到一首诗，它说出了自己想说却说不出的话，遂沉浸其中得到快慰。况周颐《蕙风词话》说："读词之法，取前人名句意境绝佳者，将此意境缔构于吾想望中。然后澄思渺虑，以吾身入乎其中而涵泳玩索之。吾性灵与相浃而俱化，乃真实为吾有而外物不能夺。"[15] 这段话里所说的涵泳玩索之际得到的那种美感，接近于我所说的熟稔感。

熟稔感之所以使人感到快慰，是由于以下三种原因：一是对以往审美经验的再体验。读者被带回到自己所熟悉的环境和气氛之中，得以重新去温习它、回忆它，就像故友重逢、旧地重游、旧梦重温所得到的快慰一样。二是诗人既然说出了自己也曾感受过却说不出的经验，遂对他产生一种知己与信任的感情。千古之诗人先得我心，当然是一件快事。三是伴随着对往日经验的回忆，而加深了对这经验的认识与理解，感到自己的理智更成熟了，从而得到满足。

在中国古典诗歌里，能引起熟稔之感的作品不胜枚举。陶渊明那些表现劳动生活、描写田园风光的诗歌，只要是在农村劳动过的人，无论什么时候读来都是亲切的。"暧暧远人村，依依墟里烟。"（《归园田居》其一）每读此二句，则神游冥想，如置身于村舍篱落之间，沉浸到一片绿色的宁静里去。杜甫以仁人之心体察自然界的景物，在诗中创造了许多隽永深邃的意境。诸如"细雨鱼儿出，微风燕子斜"（《水槛遣心二首》之一）之写自然界的小动物；"江碧鸟逾白，山青花欲燃"（《绝句二首》之一）之写自然景物间彼此衬托相映成趣的一点发现，都有这种效果。此外如欧阳修的"日暮人归尽，沙禽上钓舟"（《晚过水北》）、黄庭坚的"落木千山天远大，澄江一道月分明"（《登快阁》）、陈与义的"卧看满天云不动，不知云与我俱东"（《襄邑道中》），都给人似曾相识的熟稔感。

二、向往感。这是一种混合着惊讶、希望与追求的感觉。一种新的生活、新的性格，对人生、宇宙的新的理解，忽然展现在眼前，既夺目又夺心，使人兴奋而愉快。李白的《蜀道难》，贺知章读后称他为"谪仙人"，解金龟换酒为乐，就是沉浸于这种向往感，既向往他的诗又向往他的人。光怪陆离的李贺歌诗在读者心目中所引出的意境，也多伴有这种感觉。那由羲和敲打着的发出玻璃声的太阳；那因满布寒霜而敲不响的战鼓；那天河之中像石子一样漂流着的星星，那由老兔寒蟾泣成的天色，都能把读者带入从未经验过的境界中去，使人产生惊奇之感与向往之情。岑参的边塞诗为读者揭示了一个新的天地，在白雪的辉映下那冻不翻的红旗；由一夜大雪引出的春风与梨花的联想，都使人赞叹向往。并不仅仅是所谓浪漫主义的诗歌才会有这样的效果，凡是诗人独特的发现，完美的创造，都有磁石一般的力量，使人心向往之。如“潮平两岸阔，风正一帆悬”。（王湾《次北固山下》）“烟销日出不见人，欸乃一声山水绿。”（柳宗元《渔翁》）“绿蚁新醅酒，红泥小火炉。”（白居易《问刘十九》）“小楼一夜听春雨，深巷明朝卖杏花。”（陆游《临安春雨初霁》）“春雨断桥人不度，小舟撑出柳荫来。”（徐俯《春游湖》）读者从这些诗句所得到的意境，也都带着向往之情，几乎是读一遍便永远铭记在心了。

三、超越感。这是在人格上或智力上走向完美的一种喜悦之感。诗人为我们打开一扇大门，展现了一个光明和智慧的世界。我们在诗人的引导下步入其中，原来的苦恼、困惑，名利之欲，怯懦之情，像抖去衣上的灰尘似地抖掉了。我们感到超越了故我，变得更纯净、更聪明、对人生更有信心了。熟稔感是回顾，向往感是追求，超越感是实时即刻向真善美的靠近。

超越感的建立，依赖诗人高尚的人格，对宇宙、社会、人生的深切理解，及其高超的艺术表现力，也依赖读者自身向上的要求。没有这种要求，就不会得到这种美感。

屈原的《离骚》为什么至今仍能激动我们的心？就因为诗人在其中表现的高尚人格对我们有一种净化的作用。“路漫漫其修远兮，吾将上下而求索”，读着这样的诗句，我们仿佛跟着屈原一起向着一个美好的目标奋力迈进，在追求的过程中不断得到超越的喜悦。陶渊明的诗自然澹泊，与他的人品是一致的。焦竑说：“靖节先生人品最高，平生任真推分，忘怀得失，每念其人，辄慨然有天际真人之想。”（《陶靖节先生集序》）所谓“天际真人之想”就是焦竑读陶诗所得到的超越感。又如杜甫的《春夜喜雨》，当读到“随风潜入夜，润物细无声”这两句的时候所浮现的意境里也有这样一种超越感。春雨在最需要她的时候就悄悄地来了，脚步是那样轻柔，不惊动任何人。她滋润着万物，默默的，无声无息。既不想让人知道，也不是存心不让人知道。“润物”乃是她的天职，已化成她的本性。这样的诗当然会使人的精神超凡升华，并从而得到快感。

以上论述了诗人之意境、诗歌之意境和读者之意境这三个不同层次的意境。如果把读者即审美主体这个因素也考虑进去，我愿意对意境作如下的表述：意境是指诗人的主观情意与客观物象互相交融而形成的、足以使读者沉浸其中的想象世界。

三、境生于象而超乎象

所谓主观情意与客观物境的交融，不能简单地理解为情景交融或意境相加。情景交融，这四个字本没有什么不好，也许因为用滥了，反给人以肤浅的感觉。但我所说的“主观情意”，不只是“情”，而是包括了思想、感情、志趣、个性等许多因素。所以我有时索性用“情志”这个提法。我所谓“物境”也不等于“景”，“景”只是“物境”的一种，这是常识，无须赘言。至于意境相加则是一种很肤浅的说法，任何一部辞典，也不会把“交融”解释为“相加”。上篇所论意与境交融的三种方式：情随境生、移情入境、物我情融，没有一种是简单的加法。意与境交融之后所生成的这个“意境”是一个新的生命，不明白这一点，就很难讨论关于意境的其他问题了。

这里还有一个境和象的关系问题。刘禹锡所谓“境生于象外”[16]常被人引用和发挥。然而，只要从中国古典诗歌的实际出发（而不是作概念的演绎），联系自己欣赏诗歌的心理活动（离开自己的欣赏和涵泳，怎能体会古代诗论的真谛）来考察这个问题，就不难发现，境和象的关系并不这样简单，对刘禹锡这句话的发挥也未必符合他的原意。若论境与象的关系，首先应当承认境生于象，没有象就没有境。刘禹锡虽然说“境生于象外”，但也不否认这一点。细读其《董氏武陵集纪》全文，其中有一段话称赞董侹的诗：“心源为炉，笔端为炭，锻炼元本，雕砻群形，纠纷舛错，逐意奔走。”可见刘禹锡也十分重视象的摄取与加工。

可是，境生于象只说到了问题的一个方面，还有另一个方面就是境超乎象。由象生成的境，并不是一个个象的和，而是一种新的质。意境超出于具体的象之上，也就超越了具体的时间与空间，而有了更大的自由，更多的想象余地。由象到境，犹如从地面飞升到天空。人站在地上，被周围的东西包围着、壅塞着，所看到的是一些具体的景物。一旦翱翔于广袤的天空，就能看到超越于具体景物的一片气象。杜甫登上高高的慈恩寺塔，“俯视但一气，焉能辨皇州”，借用这两句诗可以说明超乎象而进入境的情况。没有大地就没有飞升的起点，但不飞离地面也不能进入意境。善于读诗和鉴赏诗的人都有类似的体验，读诗进入意境的时候，自己的心好像长上了翅膀，自由地飞翔于一个超越时空的无涯无涘的世界之中。刘禹锡在《董氏武陵集纪》中说他读董侹诗时的感受也正是这样的：“杳如搏翠屏、浮层澜，视听所遇，非风尘间物。亦犹明金粹羽，得于遐裔。”⑰

所谓境超乎象，并不意味着意境的形成必须借助意象的比喻、象征、暗示作用。的确，英美意象派所讲的意象多指那些具有比喻、象征、暗示作用的艺术形象，中国古典诗歌中的松、菊、香草、美人，庶几近之。但中国一向对意象的理解却不限于此，那种具有比喻、象征、暗示作用的意象也不很普遍。只要是熟悉中国诗歌的人都知道，意境的形成不一定要靠比喻、象征和暗示。诸如：“池塘生春草”、“明月照积雪”、“野旷天低树，江清月近人。”“大漠孤烟直，长河落日圆。”“孤帆远影碧空尽，唯见长江天际流。”“纷纷暮雪下辕门，风掣红旗冻不翻。”“岱宗夫如何，齐鲁青未了。”“落日照大旗，马鸣风萧萧。”“无边落木萧萧下，不尽长江滚滚来。”“半卷红旗临易水，霜重鼓寒声不起。”“雨后却斜阳，杏花零落香。”“暝色入高楼，有人楼上愁。”“楼船夜雪瓜州渡，铁马秋风大散关。”以上这些最见意境的诗句都不是靠比喻、象征、暗示形成的。把英美意象派所讲的意象硬搬过来套在中国传统诗歌的意境上，总显得不那么合身。

总之，境与象的关系全面而确切的表述应该是：境生于象而超乎象。意象是形成意境的材料，意境是意象组合之后的升华。意象好比细微的水珠，意境则是飘浮于天上的云。云是由水珠聚集而成的，但水珠一旦凝聚为云，则有了云的千姿百态。那飘忽的、变幻的、色彩斑斓，千姿百态的云，它的魅力恰如诗的意境。这恐怕是每一个善于读诗，可以与之谈诗的人都会有的体验。

（原载于《文学评论》1980 年第 4 期）

---

①黄侃《文心雕龙札记》：“此言内心与外境相接也。”上海：中华书局上海编辑所编辑，1962 年第 1 版，第 91 页。

②见《唐音癸签》卷二。北京：古典文学出版社 1957 年第 1 版，第 6 页。

③《文镜秘府论》十七势是王昌龄的著述，第九“感兴势”曰：“感兴势者，人心至感，必有应说，物色万象，爽然有如感会。”王利器校注本，北京：中国社会科学出版社 1983 年第 1 版，第 126 页。

④第十六“景入理势”曰：“景入理势者，诗一向言意，则不清及无味；一向言景，亦无味。事须景与意相兼始好。”第十“含思落句势”曰：“上句为意语，下句以一景物堪愁，与深意相惬便道。”同上书，第 132 页、129 页。

⑤见《唐音癸签》卷二，北京：古典文学出版社 1957 年第 1 版，第 6 页。

⑥据赵万里《静安先生年谱》，此序乃王国维所作而托名樊志厚。

⑦“回头蓦见”应作“蓦然回首”。“正”应作“却”。

⑧见《诗人玉屑》卷八引《诗眼》，上海：上海古籍出版社 1959 年第 1 版，第 173 页。

⑨《明史·李梦阳传》：“弘治时，宰相李东阳主文柄，天下翕然宗之。梦阳独讥其萎弱，倡言文必秦汉，诗必盛唐，非是者弗道。”北京：中华书局点校本，第 7348 页。

⑩何景明《与李空同论诗书》，见赐策堂本《何大复先生全集》卷三十二。

⑪《南史·张融传》：“融善草书，常自美其能。帝曰：‘卿书殊有骨力，但恨无二

王法。’答曰：‘非恨臣无二王法，亦恨二王无臣法。’”“常叹云：‘不恨我不见古人，所恨古人又不见我。’”北京：中华书局点校本，第835页。

⑫王国维《人间词话》，北京：人民文学出版社1960年第1版，第191页、194页。

⑬同上。

⑭谭献《复堂词话》，北京：人民文学出版社1959年第1版，第19页。

⑮况周颐《蕙风词话》卷一，北京：人民文学出版社1960年第1版，第9页。

⑯刘禹锡《刘宾客文集》卷一九，见《四部备要》本。《全唐文》“摶”作“抟”，“粹”作“綷”。

⑰同上。

天　趣

——中国诗学的追求

一

“趣”是一个多义词[①]，在“兴趣”、“趣味”这个意义上使用它，约始于东晋，刘义庆《世说新语·言语》：“谢太傅语王右军曰：‘中年伤于哀乐，与亲友别，辄作数日恶。’王曰：‘年在桑榆，自然至此，正赖丝竹陶写。恒恐儿辈觉，损欣乐之趣。’”[②]陶渊明《晋故征西大将军长史孟府君传》：“温尝问君：‘酒有何好，而卿嗜之？’君笑而答曰：‘明公但不得酒中趣尔。’”[③]这是两个意义很明确的例证。此外，在东晋的诗歌中也出现了“趣”字。郗超《答傅郎诗》：“奇趣感心，虚飙流芳。”支遁《咏禅思道人》：“玉质凌风霜，凄凄厉清趣。”一个说“奇趣”，一个说“清趣”，这是对“趣”的更加细致的区别。北魏郦道元《水经注·江水注》中一段著名的文字里也用到这个“趣”字：“悬泉瀑布，飞漱其间，清荣峻茂，良多趣味。”不过这段文字引自（刘宋）盛弘之的《荆州记》[④]，并非出自郦道元之手。南朝宋代以后“趣”的用例渐渐多了起来，如沈约《游钟山诗应西阳王教》：“君王挺逸趣，羽旆临崇基。”这类例子不少，毋庸一一列举。就以上几个较早的用例而言，王羲之的“趣”来自丝竹，孟嘉的“趣”来自酒，郗超、支遁和《水经注》所谓“趣”来自大自然的美景。可见“趣”是一种美得令人陶醉的感觉，总是和欢快、愉悦联系在一起。东晋南朝是一个讲求人生艺术的时代，所谓“风流”就是一种人生艺术，对“趣”的认识和追求，与当时的审美趋势是一致的。

“趣”从一开始就带有强烈的名士色彩，是名士的一种追求。《晋书·陶潜传》说：“性不解音，而畜素琴一张，弦徽不具，每朋酒之会，则抚而和之，曰：‘但识琴中趣，何劳弦上声！’”[⑤]这是广泛流传的关于名士之美谈。陶渊明那张琴既然无弦，当然无声，他却能在无声中听到声，得到趣，这是他本人之趣借着那把无弦琴表现了出来。记载汉末至刘宋名士言行的《世说新语》中，有趣的言谈和故事很多，见于其《言语》、《雅量》、《品藻》、《捷悟》、《任诞》、《排调》等篇。如《雅量》：

> 顾和始为扬州从事，月旦当朝，未入顷，停车州门外。周侯诣丞相，历和车边，和觅虱，夷然不动。周既过，反还，指顾心曰：“此中何所有？”顾搏虱如故，徐应曰：“此中最是难测地。”周侯既入，语丞相曰：“卿州吏中有一令仆才。”[⑥]

觅虱的顾和既有趣，那位推荐顾和的周侯也很有趣，他们的趣都表现在不同流俗的气度上。又如《任诞》：

> 王子猷尝暂寄人空宅住，便令种竹。或问：“暂住何烦尔？”王啸咏良久，直指竹曰：“何可一日无此君！”[⑦]

这段故事表现了王子猷的生活情趣，他要用竹为自己的生活营造一种气氛，寄寓其清高的品格。名士的趣味也体现在文学作品中，嵇康的《与山巨源绝交书》、陶渊明的《五柳先生传》、《责子》诗，便是有趣的名作。这些名士的言谈举止及其作品不仅影响了后世文人的生活，也影响了后世的文学创作和文学批评。

东晋南朝士人开始追求的趣，在唐代已被广泛接受，唐人的诗文中多次讲到。如唐太宗《帝京篇》其五：“芳辰追逸趣，禁苑信多奇。”

唐明皇《过大哥山池题石壁》:“林亭自有幽贞趣,况复秋深爽气来。”张九龄《题画山水障》:“对玩有佳趣,使我心渺绵。”王勃《三月曲水宴得烟字》:“日斜真趣远,幽思梦凉蝉。”孟浩然《宴包二融宅》:“开襟成欢趣,对酒不能罢。”王昌龄《山行入泾州》:“所嗟异风俗,已自少情趣。”李白《月下独酌》其二:“但得酒中趣,勿为醒者传。”刘禹锡《秋江早发》:“沧洲有奇趣,浩然吾将行。”白居易《闲夕》:“放怀常自适,遇境多成趣。”其中如“逸趣”、“幽贞趣”、“佳趣”、“真趣”、“奇趣”,都是在“趣”字前面加上一个正面的形容词,强调并细致地界定其正面的意思。在唐代的文学批评著作中,也引进了“趣”这个概念,如柳宗元《答韦中立论师道书》曰:“参之《国语》以博其趣,……此吾所以旁推交通而以为之文也。”[8]司空图《与王驾评诗书》:“右丞、苏州,趣味澄敻,若清流之贯达。”[9]

宋朝士大夫的生活方式生活情趣都有接近晋人之处。陶渊明诗歌的趣味,那种自然之美,也是到了宋朝才被充分理解。所以对“趣”的追求在宋朝更为自觉和强烈。更值得注意的是,宋朝的士人把“趣”广泛地引入诗学,阮阅引惠洪《冷斋夜话》:

> 东坡曰:“渊明诗初看若散缓,熟读有奇趣。如曰:‘日莫巾柴车,路暗光已夕。归人望烟火,稚子候檐隙。’又曰:‘蔼蔼远人村,依依墟里烟。犬吠深巷中,鸡鸣桑树颠。’才高意远,造语精到如此。”[10]

苏轼的话说明一个重要的道理,即“趣”并不一定可以从表面形式上看出来,它往往在深层的内在特质上,必须仔细观察才能看到。初读陶诗也许会觉得平易、平淡,似乎没有可以玩味的,但熟读之后就会觉得有非同平常的“奇趣”。这是从平易中见警策,从平淡中见神奇。我们可以对照苏轼评论陶诗的另一段话:“渊明作诗不多,然其诗质而实绮,癯而实腴。”[11] 这也是说要透过表面才能看到其真正的美。宋严羽《沧浪诗话》说：

> 夫诗有别材，非关书也；诗有别趣，非关理也。……盛唐诸人，惟在兴趣，羚羊挂角，无迹可求。[12]

这是说诗之“趣”是一种与天俱生的内在气质的外现，不能靠书本得来，和“理”也没有关系，更不能强求。严羽的话虽然还没有提出“天趣”这个词，但已经包含了“天趣”的意思。

明代的士人在日常生活中很注意追求“趣”，他们对园林、居室、家具、字画、文具、插花、饮食等等，都有一套系统的审美理论。袁宏道说得好：“世人所难者唯趣。趣如山上之色、水中之味、花中之光、女中之态，虽善说者不能下一语，唯会心者知之。……夫趣得之自然者深，得之学问者浅。……入理愈深，然其去趣愈远矣。”[13]这就是说，“趣”既附着在具体的事物之上，是它的一种可感的属性，但又是比较虚幻的难以得到和捉摸的。趣之得主要乃在自然而不在学问，更不在理。就以他所举的“女中之态”而言，这“态”不同于身材的高矮肥瘦，也不同于肤色毛发，“态”的有无与优劣难以用某种尺度去衡量，而只能意会。他还特别提到“花中之光”，可谓别具慧眼。一般人只注意花之色，难道花还有光吗？敏感的文学家和艺术家会觉得有。唐诗中就屡见“花光”二字，如王勃《郊兴》“雨去花光湿，风归夜影疏”、钱起《玛瑙杯歌》“花光来去传香袖，霞影高低傍玉山”、李德裕《述梦诗四十韵》“花光晨艳艳，松韵晚骚骚”。这“花光”二字有时或可释为“花色”，但“花色”不如“花光”生动，更不如“花光”有趣。因为“花光”在“花色”之外还多了一些意味，如闪动的熠熠之感，更让人觉得有趣。

在明朝人的诗论中也不止一处讲到“趣”。高启《独庵集序》曰：“诗之要，有曰格、曰意、曰趣而已。格以辨其体，意以达其情，趣以臻其妙也。”[14]在高启看来，格和意都还是比较初步的标准，趣则是更高的标准，有趣才能达到妙的地步。谢榛喜欢引诗句加以评点，其《四溟诗话》云："贯休曰：'庭花蒙蒙水泠泠，小儿啼索树上莺。'景实而无趣。太白曰：'燕山雪花大如席，片片吹落轩辕台。'景虚而有味。"[15] 他认为景过于实便丧失了趣，而景虚一些，给读者留下比较多的想象余地反倒有趣。燕山雪花怎么可能"大如席"呢？这显然是虚构的夸张的，但是这句诗趣味盎然耐人寻味。谢榛《四溟诗话》也有类似高启的论述："诗有四格：曰兴、曰趣、曰意、曰理。太白《赠汪伦》曰：'桃花潭水深千尺，不及汪伦送我情。'此兴也。陆龟蒙《咏白莲》曰：'无情有恨何人见，月晓风清欲堕时。'此趣也。王建《宫词》曰：'自是桃花贪结子，错教人恨五更风。'此意也。李涉《上于襄阳》曰：'下马独来寻故事，逢人惟说岘山碑。'此理也。悟者得之，庸心以求，或失之矣。"[16] 谢榛在这段话里将兴、趣、理、意称为诗的四格，也就是诗的四种不同的美学类型，举四家之诗，说他们各以一格取胜，不分高下，这和高启的看法有所不同。

明代许学夷对诗之趣另有别解，其《诗源辩体》曰："风人之诗，既出乎性情之正，而复得于声气之和，故其言微婉而敦厚，优柔而不迫，为万古诗人之经。世之习举业者，牵于义理，狃于穿凿，于风人性情声气，了不可见，而诗之真趣泯矣。"[17] 这是就诗人自身的修养而言，只有当诗人不受义理之束缚，不必穿凿附会以求合乎某种需要，纯以自己的性情声气说话，才能写出有趣的诗来。明陆时雍的看法与此接近，他在《诗镜总论》中说："诗有灵襟，斯无俗趣矣；有慧口，斯无俗韵矣。乃知天下无俗事，无俗情，但有俗肠与俗口耳。古歌《子夜》等诗，俚情亵语，村童之所赧言，而诗人道之，极韵极趣。"[18] 这里强调的是创作主体自身的雅与慧，这是造成诗趣的重要条件。

清人袁枚则把趣和真联系在一起，他有一段话说得非常好："熊掌、豹胎，食之至珍贵者也，生吞活剥，不如一蔬一笋矣；牡丹、芍药，花之至富丽者也，剪彩为之，不如野蓼山葵矣。味欲其鲜，趣欲其真，人必如此，而后可与论诗。"[19] 真的才是有趣的，这表现了袁枚的真知灼见。

二

如上所述，“趣”是中国士人的一种美学追求，也是高尚品格的表现。但如细分，“趣”有佳趣，也有恶趣；有雅趣，也有俗趣。这“趣”必须得自天然见其天真才算最上一等，所以又有“天趣”之说。“天趣”是中国艺术理论和诗论中很值得注意的一个概念。

我注意到，在书画评论中常有关于“天趣”的评论，较早的如宋人周密《云烟过眼录》卷上：“米老自画《东山朝阳岩海岳庵图》，率意而写，极有天趣。”[20] 他把“率意”与“天趣”连在一起，强调“天趣”不是人工刻意追求的效果。宋人邓椿《画继》引宋复古评陈用之的山水画，这段话后人反复引用，影响深远：

> 陈用之，居小窑村，善山水。宋复古见其画，曰：“此画信工，但少天趣耳。先当求一败墙，张绢素倚之墙上，朝夕观之。既久，隔素见败墙之上，高平曲折皆成山水之势。心存目想，高者为山，下者为水，坎者为谷，缺者为涧，显者为近，晦者为远。神领意造，恍然见其有人禽草木，飞动往来之象，则随意命笔自然，景皆天就，不类人为，是为活笔。”[21]

这段话里所介绍的那种练习绘画的具体方法并不重要，重要的是关于“天趣”与“人为”的区别。当然，任何艺术都是人的创造，宋复古不是否定人的创造，而是否定那种过分的带有匠气的技巧追求。他指出：“天趣”必须通过充分的自由的艺术想象活动，“神领意造”才能形成。明高濂《遵生八笺》也有一段精彩的论述：

> 高子曰：画家六法、三病、六要、六长之说，此为初学入门诀也。以之论画，而画斯下矣。余所论画以天趣、人趣、物趣取之。天趣者，神是也。人趣者，生是也。物趣者，形似是也。夫神在形似之外，而形在神气之中，形不生动其失则板，生外形似其失则疏。故求神气于形似

之外，取生意于形似之中。生神取自远望，为天趣也；形似得于近观，为人趣也。[22]

这段话里提出天趣、人趣、物趣三趣说，与此三者对应的是神、生、形。高濂认为天趣最高，因为天趣乃是求神气于形似之外，取生意于形似之中，寻找景物本来具有的活泼泼的微妙之处，感受情景契合时的愉悦之情。只有形似，斯所得为物趣，即事物原有的趣味；能得生趣，则有了人趣，即有了画家本人的感情和对事物的诠释。然而绘画艺术的最高追求不是物趣，也不是人趣，而是天趣。明朱谋垔也有类似的评论，其《画史会要·唐画》曰："意趣具于笔前，故画成神足，庄重严律，不求工巧而自多妙处。后人刻意工巧，有物趣而乏天趣。"[23]这段话把天趣与物趣相对照，认为不要过于追求物的形似，而要抒写心中的天真。明孙鑛《书画跋跋·柳诚悬书兰亭诗文》对"天趣"也有精辟的解释：

诚悬书力深，此诗文率尔摘录，若不甚留意，而天趣溢出，正与清臣《坐位帖》同法。然彼犹饶姿，此则纯仗铁腕，败笔误笔处乃愈妙。可见作字贵在无意，涉意则拘，以求点画外之趣寡矣。[24]

这是强调书法率意天成，不留意于美丑也就不会受拘束，这样才有可能天趣溢出。孙鑛甚至用颜真卿的《争座位帖》与柳诚悬的书法相比：《争座位帖》也是不留意之作，也有天趣，但仍嫌饶姿，此则信笔写来连败笔误笔也能成趣。他在此书的另一段跋中又说："凡书贵有天趣，既系百衲何由得佳？"[25] 如果写字的时候心里揣摩一些名家的写法，而失去自己的性情，这一笔学王，那一笔学颜，肯定是没有天趣的。他还重复王世贞跋里的话，一再说天趣之得来不在求其形似："此跋于长公画竹及诗、字，皆极其赞颂，曰天趣，曰不当于骊黄之内求之，似是醉余逸兴，淋漓信笔挥染者。"[26] 这段评论把绘画、诗和书法都包括进来了，这些不同的文艺门类有一个共同的美学要求，就是略其形似，信笔而成。读者也只有略其骊黄，才能真正欣赏到它们的妙处。明张丑《真迹日录》论及沈启南《吴江图》长卷曰："水墨师荆浩，脱去画史纵横习气，纯以天趣出之。"[27] 提出师法前人与自出机杼的关系，认为既要师法前人但又不能染上其习气，必须纯以天趣出之，才能臻于极致。

天趣不仅是书论和画论中的重要范畴，也是中国诗学中重要的范畴。宋释惠洪《冷斋夜话》卷四有"五言四句诗得于天趣"条曰：

> 吾弟超然喜论诗，其为人纯至有风味。尝曰："陈叔宝绝无肺肠，然诗语有警绝者，如曰：'午醉醒来晚，无人梦自惊。夕阳如有意，偏傍小窗明。'王维摩诘《山中》诗曰：'溪清白石出，天寒红叶稀。山路元无雨，空翠湿人衣。'……此皆得于天趣。"[28]

他所举的这两首诗，都有作者自己对生活独特的发现。那靠在小窗旁边的夕阳，似乎在守护午醉而眠的自己。"偏"字有出乎意外的意思，没想到夕阳会守护在那里而他的确就在那里，而且是那样的明亮。在山上行走，不知不觉衣裳湿了，原来不是下了雨，而是山翠的缘故，山翠是那样的湿润啊。这里有一个从纳闷到获得结论的过程，真是十分有趣。宋崔敦礼《韦苏州集序》将天趣和雅淡、自然联系在一起："惟自优游平易中来，天理浑融，若无意于诗者，此体最为高绝。韦苏州以诗鸣唐，其辞清深闲远，自成一家，至歌行益高古，近风雅，非天趣雅澹、禀赋自然者不能作。"[29] 又佚名《竹庄诗话》卷二十：

> 《禁脔》云：诗分三种趣：一曰奇趣，二天趣，三胜趣。《田家》云云，江淹《效渊明体》云："日暮巾柴车，路暗光已寂。归人望烟火，稚子候檐隙。"此二诗脱去翰墨痕迹，令人想见其处，此所谓奇趣也。《宫词》云云，《大林寺》云云，其词终如水流花开，不假工力，此谓之天趣。

天趣者，自然之趣耳。《长安道中》云云，《东林寺》云云，吐词气宛在事物之外，殆所谓胜趣也。[30]

这段话将趣分为三种：奇趣、天趣、胜趣，各举了一些诗例。关于天趣有一句类似定义的话："天趣者，自然之趣也。"这种解释虽然简单却很准确，天趣就像水流花开一样，自然而然，甚至可以说，越是自然的就越有天趣，而过分的雕琢是天趣的障碍。元方回《杂书》将李商隐与李白对比，说："亦焉用玉谿，纂组失天趣。"[31] 纂组是一个比喻，指过分花哨的编织，也就是加工过甚，这样做的结果就会丧失天趣。清沈德潜《古诗源》评谢灵运《登永嘉绿嶂山诗》曰："此诗过于雕镂，渐失天趣。"[32] 他的意思也是反对过于雕琢。方回又有《文选·颜鲍谢诗评》，其论谢灵运、颜延之曰："如灵运诗：'昏旦变气候，山水含清晖。清晖能娱人，游子澹忘归。'天趣流动，言有尽而意无穷。似此之类，恐延之未敢到也。"[33] 方回在这里又提出一个新的解释，即言有尽而意无穷，这虽然不是对天趣的直接解释，只是连类及之，但说出了一个重要的道理：凡有天趣的诗都能给读者以无穷的联想，在有限的言语之外提供无限的启发。

关于天趣是否存在物中，有不同的看法。明谢榛《四溟诗话》说"子美《秋野》诗：'水深鱼极乐，林茂鸟知归。'此适会物情，殊有天趣"[34]，认为天趣即在物我交融之间。但也有人强调不同的方面，如明苏伯衡《湘南清趣轩记》对于我和物之间的关系另有一番论述：

我求之迹，故以湘南视湘南；君会之心，故以非湘南视湘南。非湘南而视同湘南，此之谓不物于物。不物于物，则其趣固天趣也。大凡趣得乎己者，己知之，人莫之知也；得乎天者，天知之，虽己亦莫之知也。[35]

苏伯衡提出"不物于物"作为得到天趣的先决条件，这就是说写诗要会之于心而不求之于迹，要超乎物外，感受事物之外更多的东西。他又说天趣之得来虽然自己也并不知道，意思是说天趣不是有意求来的，而是不知不觉得到的。类似的论述可以看明胡翰《成趣轩记》："余以为万物一体也，万古一息也。随其所在而自得者，皆天也。以其所无，慕其所有，虽苟得之，非天也。故子愚之于靖节，不必同不必不同，各适其适而已矣。各适其适者，且莫知其然而然矣。此天也，其趣固天趣也。"[36]

明靳学颜《雪假山记》又提出一些新的概念：

> 故虚以构实，实以呈材，材以结情，情以会神，神动而天随，虚中而机应。缘乎天真，放乎天趣，任乎天姿。即品有钝铦，而作无苦窳。"[37]

这里提出虚和实的关系、材和情的关系、神和天的关系，而归结为天真、天趣、天姿，意在强调写诗时主观精神的虚灵，唯虚灵才能调动一切的材和情投入创作之中，并获得天趣。

清袁枚《随园诗话》举出两首诗评为有天趣，对我们很有启发："汤扩祖《春雨》云：'一夜声喧客梦摇，春风送雨夜潇潇。不知新水添多少，渔艇都撑进板桥。'庄廷延《听雨》云：'梅花风里雨霏霏，人卧空堂静掩扉。一夜沧浪亭畔水，料应陡没钓鱼矶。'二诗相似，均有天趣。"[38] 袁枚所称赞的这两首诗都是诗人夜卧室中猜想雨后景物的变化，这或许是从陆游的诗化出来的，陆游《临安春雨初霁》云："小楼一夜听春雨，深巷明朝卖杏花。"这些诗里都有一种期待，趣就在期待之中。沿袭袁枚的思路，我重读李长吉歌诗，发现他的一些诗句非但奇绝而且富有天趣，如："一双瞳仁剪秋水"（《唐儿歌》）中的那个"剪"字，"银浦流云学水声"（《天上谣》）中的那个"学"字，"思牵今夜肠应直"（《秋来》）中的那个"直"字，"东关酸风射眸子"（《金铜仙人辞汉歌》）中的那个"酸"字，"天浓地浓柳梳扫"（《新夏歌》）中的那个"浓"字，越琢磨越觉得有趣。这似乎并不是有意的修辞，而是年轻而敏感的李贺对外界景物的天真感受。

三

综合以上各家之说，天趣的形成，无论在中国的书论、画论还是诗论中都强调自然得之。自然，是中国道家哲学的真谛，《老子》二十五章："人法地，地法天，天法道，道法自然。"[39] 在许多场合，自然之义索性用一个"天"字表达，所以类似"天然"、"天全"、"天分"、"天质"、"天资"、"天悟"、"天音"、"天籁"、"天格"、"天标"、"天觉"等词语特别多[40]。道家所谓"自然"是与"人为"相对待的自然，天与人的关系也就是"自然"与"人为"的关系。老子和庄子都认为，人应当顺应自然返朴任真，而庄子对天人之辨论述得最为明确。《庄子·天地》曰："无为为之之为天。"[41]《庄子·秋水》又曰："何谓天？何谓人？北海若曰：'牛马四足，是谓天；落马首，穿牛鼻，是谓人。故曰：无以人灭天，无以故灭命，无以得殉名。谨守而勿失，是谓反其真。'"[42] 他认为自然的状态是最圆满的，而一切"人为"都是有害的。《庄子·大宗师》："今大冶铸金，金踊跃曰：'我且必为镆铘。'大冶必以为不祥之金。今一犯人之形，而曰'人耳！人耳！'，夫造化者必以为不祥之人。今一以天地为大炉，以造化为大冶，恶乎往而不可哉？"[43] 因此他主张保持自然的状态，甚至根本就不区分天人。《庄子·则阳》曰："夫圣人未始有天，未始有人，未始有始，未始有物，与世偕行而不替。"[44] 这就是天人合一的思想。

中国书论、画论、诗论中关于天趣的种种论述，追溯其根源都和道家关于自然的思想有关。当然，文艺创作本身就是一种人为的活动，如果完全排除了人为，也就排除了文艺创作。人为的技巧是不能废除的，人为的规范是必不可少的。对前人的模仿学习，笔墨的研究，字句的推敲，也都是必要的。对于初学者，这更是不可缺少的过程。但是一旦进入创作过程，如果不能从这种种技巧、经验中解放出来，它们便会成为束缚，束缚创作者的天性，使之不能率意地自我抒写，也就不能达到出神入化的地步。前人讲“化工”与“画工”的不同，就在于“化工”是自然之工，具有天趣，而“画工”只有人为的技巧，而没有天趣。前人种种关于天趣的论述，归结起来说的就是一个道理：找回原本的自我，充分发挥自我的创造力。前人种种关于天趣的论述，归结起来就是一种要求：超越那种可操作性的技术，而达到真正的艺术。技术操作主义，是艺术创作的大敌，它泯灭创作者的个性，消磨创作者的创造冲动，破坏创作者的创新能力，强制创作者就范，从而把人类最精彩的创作活动异化为一种程序、一种套路、一种八股，一种毫无生气的重复。前人关于天趣的论述之可贵，即在于摒弃技术操作主义，而恢复文艺创作应有的一切活泼、一切生机、一切可遇而不可求的无限的可能性。

当然，这并不是说创作可以任意而为，更不是说任何人的任何的涂抹都可以成为好的书法、绘画，任何人的任何字句拼凑都可以成为好的诗歌。超乎象外还须得其环中，反常还须合道。正如苏轼所说：“柳子厚诗曰：‘渔翁夜傍西岩宿，晓汲清湘燃楚竹。烟消日出不见人，欸乃一声山水绿。回看天际下中流，岩上无心云相逐。’东坡云：以奇趣为宗，反常合道为趣。熟味之，此诗有奇趣，其尾两句虽不必亦可。”[45]他对“趣”提出两个条件：一是反常，二是合道。对规范亦步亦趋，对事物的描写只求形似，没有自己独特的发现和自己独特的诠释，当然是无趣的；但是独特得离了谱、不合事理，仍然是无趣。既要反常，又须合道；既超乎象外，又得其环中，其间的分寸把握得恰到好处，才算有趣。清吴乔《围炉诗话》认为苏轼的这段话最善，又加以发挥说：“无奇趣何以为诗？反常而不合道是谓乱谈，不反常而合道则文章也。”[46]只是反常或只是合道都不算佳，唯反常而又合道才有奇趣。

总之，“天趣”之得，固然不排斥人工的技巧，但更推崇自然天真。任凭自己的灵性之光自由照射，寻出事物本来具有的活泼泼的微妙之处，感受主客观相契合时的愉悦与快感。诗歌当然需要雕饰，但又切忌雕饰过分。中国诗学追求的最高境界乃在于雕饰与自然的完美和谐。

（原载于《国学研究》2002年总第9卷）

---

①魏晋以前，“趣”的含义大致如次：一、趋也。如《诗经·大雅·绵》：“济济辟王，左右趣之。”二、志趣、旨趣。如《列子·汤问》：“曲每奏，钟子期辄穷其趣。”三、动作、行为。如《列子·汤问》：“汝先观吾趣。趣如吾，然后六辔可持，六马可御。”四、取。如《庄子·天地》：“取舍滑心，使性飞扬。”《荀子·修身》：“趣舍无定谓之无常。”五、促。（1）督促。如《管子·轻重己》：“趣山人断伐，具械器。”（2）催促。《公羊传·定公八年》：“趣驾。”（3）促使。《墨子·非儒下》：“知人不忠，趣之为乱，非仁义也。”六、赶快。《汉书·萧何传》：“萧何薨，参闻之，告舍人趣治行。”参阅《汉语大字典》（缩印本），四川辞书出版社·湖北辞书出版社1992年版，第1454～1455页。

②余嘉锡笺疏《世说新语笺疏》，上海古籍出版社1993年版，第121页。

③逯钦立校注《陶渊明集》卷六，中华书局1979年版，第171页。

④《水经注》卷三十四，《丛书集成》初编本第1748页。案：《太平御览》卷五十三地部一八“峡”条下所引《荆州记》文字与《水经注》略有不同，为“悬泉瀑布飞其间，清荣峻茂，良多雅趣。”中华书局1960年影印本，第259页。

⑤《晋书》卷九十四，中华书局1974年版，第2463页。

⑥余嘉锡笺疏《世说新语笺疏》，上海古籍出版社1993年版，第364页。

⑦余嘉锡笺疏《世说新语笺疏》，上海古籍出版社1993年版，第759页。

⑧《柳宗元集》卷三十四，中华书局1979年排印本，第873页。

⑨《唐文粹》卷八十五，台湾商务印书馆影印文渊阁《四库全书》本，第1344册293页。又传为王昌龄的《诗中密旨·诗有三得》曰：“一曰得趣；二曰得理；三曰得势。”可供参考。见胡问涛、罗琴注《王昌龄集编年校注》，巴蜀出版社2000年版，第356页。

⑩阮阅《诗话总龟》前集卷九“评论门”，人民文学出版社1987年版，第107～108页。《津逮秘书》本《冷斋夜话》卷一此条文字多有异，其中“奇趣”作“奇句”。又案：“日暮巾柴车”云云非陶渊明所作，乃江淹《杂体诗》中拟陶渊明《归园田居》句。

⑪苏辙《追和陶渊明诗引》引苏轼语，见《东坡全集》卷三十一，《四库全书》本。

⑫《沧浪诗话·诗辩》，何文焕辑《历代诗话》下册，中华书局1981年版，第688页。

⑬《叙陈正甫会心集》，见钱伯城《袁宏道集笺校》卷十，上海古籍出版社1981

年版，第 463 页。

⑭《高太史凫藻集》卷二，《四部丛刊》本。

⑮《四溟诗话》卷一，人民文学出版社 1961 年版，第 22 页。

⑯《四溟诗话》卷二，同上，第 45 页。

⑰《诗源辩体》卷一，人民文学出版社 1998 年版，第 2 页。

⑱《历代诗话续编》，中华书局 1983 年版，第 1411 页。

⑲《随园诗话》卷一，人民文学出版社 1982 年版，第 20 页。

⑳《丛书集成》初编本，第 25 页。

㉑卷六“山水林石”条，人民美术出版社 1963 年版，第 79 ~ 80 页。

㉒卷十五“论画”条，台湾商务印书馆影印文渊阁《四库全书》第 871 册 730 页。

㉓《画史会要》卷五《唐画》，台湾商务印书馆影印文渊阁《四库全书》第 816 册 582 页。

㉔《书画跋跋》卷一，台湾商务印书馆影印文渊阁《四库全书》第 816 册 22 页。

㉕《书画跋跋》卷二《昼锦堂记》，台湾商务印书馆影印文渊阁《四库全书》第 816 册 84 页。

㉖《书画跋跋》续卷一《苏长公三绝句》，台湾商务印书馆影印文渊阁《四库全书》第 816 册 119 页。

㉗《真迹日录》卷一，台湾商务印书馆影印文渊阁《四库全书》第 817 册 525 页。

㉘释惠洪《冷斋夜话》卷四，中华书局 1988 年版，第 32 页。

㉙崔敦礼《官教集》卷六，台湾商务印书馆影印文渊阁《四库全书》第 1151 册 828 页。

㉚《竹庄诗话》卷二十，中华书局 1984 年 5 月版，第 395 ~ 396 页。常振国等点校，题宋何汶著。

㉛见王琦注《李太白全集》下册卷三十三附录，中华书局 1977 年 9 月版，第 1500 页。

㉜《古诗源》卷十，中华书局 1963 年版，第 238 页。沈德潜又举出正面的例子：“次山诗自写胸次，不欲规模古人，而奇响逸趣，在唐人中另辟门径，前人譬诸古钟磬不谐俚耳，信然。”(《唐诗别裁集》卷三《元结诗总评》)

㉝《文选颜鲍谢诗评》卷二，台湾商务印书馆影印文渊阁《四库全书》第 1331 册 599 页。

㉞谢榛《四溟诗话》卷四，人民文学出版社 1961 年版，第 112 页。

㉟《苏平仲集》卷九，《丛书集成》初编本，第四册第 213 页。

㊱《胡仲子集》卷六，台湾商务印书馆影印文渊阁《四库全书》第 1229 册 72 页。

㊲《明文海》卷三四三，台湾商务印书馆影印文渊阁《四库全书》第 1457 册 26 页。

㊳《随园诗话》卷十四，人民文学出版社 1960 年版，第 482 页。

㊴王弼注本，上海古籍出版社1989年3月版，第6页。

㊵中国古代哲学家对天并没有统一的解释，有的把它解释为世界的精神本原，如《孟子·尽心上》："尽其心者，知其性也。知其性，则知天矣。"朱熹注："性则心之所具之理，而天又理之所从以出者也。"荀子主张利用天，使之服从人的需要。《荀子·天论》："大天而思之，孰与物畜而制之！从天而颂之，孰与制天命而用之！望时而待之，孰与应时而使之！因物而多之，孰与骋能而化之！思物而物之，孰与理物而勿失之也！愿于物之所以生，孰与有物之所以成！故错人而思天，则失万物之情。"

㊶王先谦注《庄子集解》卷三，上海书店1987年影印本，第65页。

㊷王先谦注《庄子集解》卷四，上海书店1987年影印本，第95页。

㊸王先谦注《庄子集解》卷二，上海书店1987年影印本，第41页。

㊹王先谦注《庄子集解》卷七，上海书店1987年影印本，第54页。

㊺（宋）魏庆之《诗人玉屑》卷十引释惠洪《冷斋夜话》，上海古籍出版社1959年版，第212页。

㊻吴乔《围炉诗话》卷一，郭绍虞《清诗话续编》本，上海古籍出版社1983年版，第475页。

中国诗学的特点与民族诗学的建立

一

中国是一个诗的国度。中国诗歌的历史源远流长,《诗经》中的篇什最早可以追溯到公元前十一世纪，与荷马史诗或印度史诗《罗摩衍那》相比，都是早的[1]。而且中国的诗歌传统，从《诗经》开始，从来没有中断过。诗歌对其他文学体裁有深远的影响。骈文是在诗歌的影响下形成的；唐传奇是诗化的小说；中国的戏曲是歌剧，曲词就是诗。夸大一点说，中国文学简直就是诗化的文学!

中国作为一个诗的国度，不仅诗歌创作十分繁荣，诗学也很繁荣。早在《尚书》中就有“诗言志”的说法，奠定了中国诗学的基础。孔子重视温柔敦厚的“诗教”，又有“兴”、“观”、“群”、“怨”之说，强调了诗歌的社会作用。孟子关于“以意逆志”、“知人论世”的说法，开启了诗歌阐释的方法论。《诗大序》所论“发乎情，止乎礼义”，将个人抒情与符合礼义两方面统一起来。以上这些说法奠定了中国诗学的基础，影响着后世诗学发展的道路。魏晋南北朝时期，诸如“文气”、“缘情”、“风骨”、“体性”、“隐秀”、“自然”，以及“言”、“意”、“象”三者关系的论述，在文学自觉的背景下，标志着诗歌理论的成熟。从唐代直至清代，各种诗论层出不穷，如“意境”、“穷而后工”、“神韵”、“性灵”、“格调”等等，显示了丰富多彩的面貌。足以证明，中国诗论是一笔十分宝贵的精神遗产。

中国的诗学具有自己的特点，与西方诗学有明显的区别。亚里士多德所谓“诗”并不限于诗歌，他的《诗学》是一部研究悲剧等艺术的美学著作。而中国所谓“诗”原来专指《诗》三百而言。汉代“经学”里关于《诗经》的部分，后来或称为“诗学”，但那是专指对《诗经》的研究，与此并列的还有“易学”、“春秋学”等等，与我们在这里讨论的诗学不完全一样。大约在魏晋时期，诗已成为一种文体的名称，如曹丕《典论·论文》所谓“诗赋欲丽”，陆机《文赋》所谓“诗缘情而绮靡”，其中的“诗”都是指文体而言。随着诗歌体裁的发展，诗包括了四、五、七言和杂言的古近体诗。当词兴起之时，或称曲子词，或称长短句，或称诗馀，本来是不和诗相混的，后来也纳入广义的诗的范围之内。然而在中国，“诗”的范围始终没有像亚里士多德所指的那样广泛。中国有不同于西方的诗的传统，也有不同于西方的独特的诗学。认真总结中国的诗学，既有助于理解中国的诗，也有助于丰富中国的文学理论，乃至世界的文学理论。

那么，中国的诗学有哪些特点呢？我在《中国诗学通论》的绪论中，曾经讲到以下三点：

一、实践性。所谓实践性是说，诗学密切结合诗歌创作和诗歌鉴赏的实践，既是创作活动和鉴赏活动的经验总结，又是指导创作和鉴赏的。中国的诗学常常是就具体的诗人或诗歌加以评论，或者是评论其风格，或者是评论其技巧，或者是评论其构思，或者是评论其遣词造句，或者是讲述有关的本事，或者是讲述其政治教化的意义，或者是讲述有关的诗歌发展史。读者只要熟悉作品或者有一些创作的经验，就不难理解，但真正深入理解又并不容易。我们甚至可以这样说，中国诗学就其主要部分而言，是为了教人创作和鉴赏的。离开创作和鉴赏实践的抽象理论并不多，即使有也不那么抽象。中国诗学虽有系统的理论，但缺少系统性很强的理论。最有系统性的就算《文心雕龙》了，它开了一个好头，但后来没有再出现这种著作。即使《文心雕龙》也是密切结合创作和鉴赏实践的，而且是用骈文的体裁写的，骈文容易显示作者的文采而不容易发挥论证，可以说刘勰写作《文心雕龙》也是当成文学创作的实践来对待的。实践性是中国诗学的长处，而理论的不够发达则是其不足。中国诗学的不足之处，需要我们加以补充。研究中国诗学不能满足于只介绍古人的说法，也不能硬是把古人的并不完全系统的理论说成是系统的理论。可以在介绍古人的说法之后，再结合古人的创作和鉴赏的实践活动由我们重新加以总结，提出我们今天的系统理论。

二、直观性。所谓直观的反面是推论和演绎，直观是一种印象式的把握，更多地靠妙悟。在表述时往往略去思考的过程，跳跃式地直接端出结论。说一首诗好，并不作详尽的分析，只是三言两语点到为止，读者也不习惯去看连篇累牍的评论，而是靠了那三言两语的启发，自己领悟其中的三昧。读者的领悟可能和批评家的说法不完全相同，这也没有关系。举例来说，钟嵘《诗品序》说："五言居文词之要，是众作之有滋味者也"②，什么叫滋味？五言诗为什么最有滋味，钟嵘并没有论证，其中的奥妙全凭读者自己体会。再如皎然《诗式》说诗有"二要"："要力全而不苦涩，要气足而不怒张。"③的确是经验之谈，作诗的人会觉得他说得好，但什么是力？什么叫苦涩？什么是气？什么叫怒张？力全和力不全有什么界限？气足和气不足又怎样区分？他都没说。又如司空图《二十四诗品》中有一品叫"沉著"，全文如下："绿杉野屋，落日气清。脱巾独步，时闻鸟声。鸿雁不来，之子远行。所思不远，若为平生。海风碧云，夜渚月明。如有佳语，大河前横。"④这段文字本身就是一首诗，从各个角度写出沉著的种种表现，全凭读者从中体会诗的沉著究竟是一种什么况味。又如敖陶孙的《诗评》评古今名人诗曰："谢康乐如东海扬帆，风日流丽。""孟浩然如洞庭始波，木叶微脱。"⑤没读过诗的人摸不到头脑，读过的人觉得说得好，但究竟说的是什么意思只能意会而不可言传。可见中国诗学批评是一种启示性的批评，研究它没有悟性不行，太死板也不行，把直观的感悟的印象式的语言转换成理论性很强的概念，或含义十分确定的语言，要特别小心，很容易失去其原意，也失去了原有的生动活泼的水灵灵的好处。我们尤其不可用西方文学理论的标准，看待中国这套诗学的话语，而视之为落后的东西，试图简单化地加以改造。诗学的落后与否，并不取决于话语体系，而是要看它与诗歌创作和鉴赏的关系，对诗歌创作和鉴赏所起到的作用。中国诗歌如此繁荣，中国的诗学是起到了很大作用的。由此看来，中国诗学的话语体系正是应该加以发扬光大，并作为精神财富向世界原原本本地加以介绍的。

三、趣味性。欧阳修的《六一诗话》是最早的一部诗话，他自称写这部诗话的目的是："居士退居汝阴，而集以资闲谈也。"[⑥]原来是为闲谈提供话题和数据的。因此，趣味性就成为十分必要的了。在中国的诗学资料里有不少趣闻，如贾岛推敲撞上韩愈的故事[⑦]，王安石修改"春风又绿（到、过、入、满）江南岸"的故事[⑧]等等，可以举出许多。中国诗学当然有严肃的探讨，甚至是激烈的辩论，也不乏剑拔弩张之势。但趣味性的闲谈毕竟是其一大特点，一种轻松的气氛，一种读者可以接受也可以不接受的豁达态度，我自说我的，信不信由你——这是常见的中国诗学的气度。

总结上面所说的特点，我们今天所谓"诗学"，应当是指中国自古以来关于诗的论述，以及品评、鉴赏的方法。

二

既然中国诗学具有不同于西方的特点，而且其传统悠久而深厚，那么就应当致力于民族诗学的建立，并用我们自己民族的诗学来梳理和阐释中国的诗歌史。对此，我有以下几点设想：

一、从中国诗歌创作的实际出发，结合作品来理解各种诗歌理论的背景及其针对性，进而把握其真正的含义；而不是从概念到概念，脱离创作实践作无端的演绎。这就要求研究诗学的人必须同时研究诗人、诗歌、诗体、格律和诗歌史。对诗人没有深入的研究，对诗歌没有艺术的领悟，对各种诗体的特点与格律没有切实的把握，对诗歌史没有系统的了解，就难以深入理解诗学理论。反过来说，研究诗歌史的人也应当研究诗学理论，不了解每个时期的诗学思想、诗学潮流，也不能深入理解诗歌创作。

中国诗学理论与诗歌创作并不是同步发展的。在诗歌创作的高潮期，诗学理论不一定繁荣；而在诗学繁荣的时期，诗歌创作的成就又不一定很大。诗学超前或滞后的现象都曾出现过。唐朝诗歌达到繁荣昌盛的顶点，但唐朝的诗学理论却比较沉寂；明朝诗歌创作成就不很高，但诗歌理论却很发达。这种状况我们也不能不考虑。

二、应当放到文化的大背景下进行研究，尤其需要具备中国哲学史、宗教史、艺术史的修养。许多诗学理论的概念出自哲学家之手，而且是以其哲学思想为根基的，或者说是从其哲学思想引发出来的，其表述的方法也往往是哲学式的；还有许多诗学理论就包含在哲学理论当中，甚至将哲学的命题直接引入诗学，所以如果不了解中国哲学思想和哲学思考的方式，就很难深入了解中国的诗学。例如言意之辨，本是哲学命题，引入诗学成为深刻的诗学理论。“自然”本来也是哲学命题，而且是老庄特有的概念[9]，引入诗学也成为深刻的诗学命题。研究这些诗学理论，不从哲学入手永远也搞不清楚。

佛教作为一种异质文化传入，所引起的震动之大，只有鸦片战争之后西学东渐的狂飙可以比拟。其影响波及思想、政治、经济、文学、绘画、建筑、音乐、风俗等许多方面，波及从帝王到平民各个阶层。以魏晋南北朝时期为例，佛教为文学营造了一种新的文化氛围和文化土壤，中国的诗学当然也深受影响。慧远在庐山与谢灵运、刘遗民、宗炳等许多文人有很密切的关系。谢灵运是一位笃信佛教并懂梵文的文学家，他受竺道生影响撰《辨宗论》，应慧远之请撰《佛影铭》，又撰《慧远法师诔》、《昙隆法师诔》、《维摩诘经中十譬赞》。据慧皎《高僧传》记载：谢灵运所著《十四音训叙》，“条列梵汉，昭然可了，使文字有据焉”[10]。《十四音训叙》是他参加佛经的“改治”，向慧叡请教后所撰。张野也是“学兼华梵”的文人[11]。四声的发现，与佛经翻译有关。竟陵王萧子良于齐武帝永明五年（487）在建康召集文士、名僧，讨论佛儒，吟诗作文，并造经呗新声。这件事对沈约等人开创永明体诗歌起了催化作用，而沈约本人也笃信佛教、精通内典。著名的文学理论著作《文心雕龙》的作者刘勰曾“依沙门僧祐，与之居处，积十馀年”[12]。编撰《玉台新咏》的徐陵与智者大师交往密切。从以上这段极其粗略的叙述中可以看出，佛教对魏晋南北朝文学和诗学的影响既广且深，这恰恰是诗学繁荣的时期。其他如“境界”等广泛用于诗学的一些概念，也是从佛经中借用的[13]。我们如果从两者的关系入手，是不是可以找到许多新的研究课题呢？我们如果熟谙内典，是不是可以对中国诗学产生一些新的看法呢？

中国的诗学理论和艺术理论也有许多相通的地方，诗论与书论、画论、乐论等互相参照才能有新的开拓。就诗论与画论的关系而言，就是很值得深入研究的。钟嵘有《诗品》，谢赫有《古画品录》，二者所用的方法相似。绘画上多有题诗，或者是画家自己的诗，或者是收藏者、观画者的诗，题画诗的数量很多，其中的佳作也很多，康熙《御定历代题画诗类》（陈邦彦编）一百二十卷，收诗 8900 多首。李白写过《当涂赵炎少府粉图山水歌》、杜甫写过《戏题王宰画山水图歌》，都是值得注意的作品。杜甫在这首诗里说：“尤工远势古莫比，咫尺应须论万里。”“咫尺万里”之说，是很好的画论，也是很好的诗论。古代的画论和诗论有许多相通之处，例如提倡自然，推崇天趣，注重“气韵”，可以互相发明。中国的绘画讲究诗意，诗歌讲究画意，苏轼所谓“味摩诘之诗，诗中有画；观摩诘之画，画中有诗”[14]，已成为一句经典性的评论。

三、要了解中国诗学的特殊思维方式和表达方式。研究者的大忌是将古人现代化！具体地说，就是不顾古人本来的意思如何，用现代人的一些概念比附古人的思想。把古人没有的东西强加给古人。特别是诗学中的一些概念，诸如“气”、“骨”、“意境”、“兴趣”，古人的用法很灵活，并不确定，在不同的人笔下有不同的重点，它们的含义相当模糊。我们当然希望有一种明确的解释，但应特别注意别把我们自己的东西加到古人身上。我们可以采用古人的某一概念结合当时的创作实际加以新的阐发，以构建我们自己的理论，但应当说明这是我们自己借鉴了古人的理论而形成的自己的理论。

四、要把中国诗学放到世界文学的大格局中来研究。有了世界的眼光才能更清楚地看到中国诗学的特点，包括长处和短处，才能进一步融汇外国的经验来发展我们民族的诗学理论。二十世纪前期英美意象派的理论，间接地受到中国诗歌的影响，而风靡一时。如果研究中国诗学的人对英美意象派有所研究，反观中国诗歌和诗论，便会有更深的体会。

五、加强中国诗学史的研究。目前，中国文学批评史的研究已经蔚为大观。其中，诗学占有相当大的比重。在此基础上，可以将诗学史作为文学批评史的一个分支进行专门研究，进而使之成为一个相对独立的学科。如上所述，中国诗学的数据十分丰富，而且很有特色，完全可以支撑起这个学科。中国诗学史的研究，要将诗论和诗史融合起来，用诗学的理论来阐述诗史的发展，用诗史的线索来阐述诗学的理论。要找出从诗歌创作（作为一种现象或存在）到诗歌理论（作为一种概念或范畴）之间的生长点，也就是蕴涵在诗歌作品中的活泼泼的，可以提升为理论的创作经验。要讲出古人是如何从诗歌作品中提炼出理论，又如何将理论渗透到创作之中。例如："气象"是从哪一类唐诗中（而不仅是前人的类似说法）提炼出来的？又如何影响着当时和后世的创作？可以在一定程度上打破朝代分期，按照诗歌理论和诗歌创作发展的内在逻辑重新划分时期，讲出每个时期新增加的带有标志性的因素。诗歌创作和诗学理论是多姿多彩的，一个时期可能有一种占主导地位的理论、一种占主导地位的创作倾向，我们既要找出主导的东西，也要呈现其丰富多彩的面貌。

诗学史的研究离不开文献考订，文献考订是研究工作的基础，弄清事实这项工作本身就有重要的学术价值。在这方面我们已经取得许多成绩，今后还要继续努力。《二十四诗品》作者的考订，就是一个很好的例证。随着新资料的发现，如《孔子诗论》的发现，以及文化史研究的开展，以及考订方法的进步，一定会出现更多新的成果。

六、诗学研究要贴近读者大众，引导大众去欣赏诗歌，学习写作诗歌，给大众以美的启示。我们有责任用理论性的语言把古代诗歌的美告诉读者，有责任用美的语言把古代诗论的深邃告诉读者，使他们感受我们自己曾经沉浸于其中的那种愉悦。诗学研究的繁荣不仅表现为论著的增多和水平的提高，也应当表现为广大读者的接受与欢迎。上面说过，实践性是中国诗学的一个特点，我们对中国诗学的研究成果也应具备这样的品格。这方面的工作同样具有学术价值，而且更具有现实意义，需要以高水平的研究为基础才能做好。

中国古代诗学有一个根本的理念，就是将诗置于崇高的地位，认为诗对自然、社会、人生起到近乎神秘的作用。《诗大序》所谓“正得失，动天地，感鬼神，莫近于诗”，就体现了这种理念。《诗》三百在汉代被尊为经，《离骚》在汉代也曾被称为经，钟嵘《诗品序》所谓“照烛三才，辉丽万有”，也都表现了古人对诗的尊崇。我们今天建立民族的诗学，当然不可完全沿袭古人的观念，但诗学的崇高地位仍然是应当确立的，这会使我们以一种虔敬的心情对待我们所从事的学术。

总之，中国诗学是伴随着中国诗歌的繁荣而发展起来的，具有浓厚的中国特点。有一些概念恰恰是西方诗学中没有的，如“意境”、“风神”、“气象”、“风骨”、“兴趣”、“神韵”，等等。一些批评的方法，如以诗论诗（论诗绝句），诗话、词话，以及品评、批点的体例，也值得西方注意。在借鉴西方的理论和方法以重新审视中国诗学的同时，向西方介绍中国诗学，使之成为全人类的精神财富，是我们的一个努力方向。

目前已经进入经济全球化和文化多元化的时代，中国能够贡献给世界的精神成果很多，但是世界对中国的了解相对说来还很不够。我们要认真地整理古代诗学这份遗产，以高度的自信心加以弘扬，并介绍给世界。我相信，建立在辉煌而悠久的诗歌创作基础上的中国诗学，一定能够在人类文明的天空中发出灿烂的光芒。我相信，香港中文大学召开的这次高端的研讨会，一定能够推动中国诗学向前发展。

（在香港中文大学举办的中国古代文学理论
国际学术研讨会上的主旨报告，2010 年 5 月）

---

①《荷马史诗》在公元前六世纪才被人用文字记录下来，《罗摩衍那》成书于公元前三、四世纪至公元二世纪。

②南朝梁·鍾嵘撰，陈延杰注：《诗品注》，人民文学出版社 1961 年版，第 2 页。

③唐·皎然撰，李壮鹰校注：《诗式校注》卷一，人民文学出版社 2003 年版，第 20 页。

④唐·司空图撰：《二十四诗品》，清·何文焕辑《历代诗话》本，中华书局 1981 年版，第 39 页。

⑤宋·魏庆之撰，王仲闻点校：《诗人玉屑》卷二《臞翁诗评》，中华书局 2007 年版，第 25 页。

⑥宋·欧阳修撰：《六一诗话》，《历代诗话》本，第 264 页。

⑦五代后蜀·何光远撰：《鉴诫录》卷八《贾忤旨》，《丛书集成初编》本，商务印书馆 1939 年版，第 58 页。

⑧宋·洪迈撰：《容斋续笔》卷八《诗词改字》，上海古籍出版社 1978 年版，第 317 页。

⑨“自然”二字不见于《论语》和《孟子》，是老庄哲学特有的范畴。参见拙文《陶渊明的哲学思考》有关论述，载于《陶渊明研究》，北京大学出版社 1997 年版，第 3 ~ 12 页。

⑩南朝梁·释慧皎撰，汤用彤校注：《高僧传》卷七，中华书局 1992 年版，第 260 页。

⑪东晋·佚名撰：《莲社高贤传·张野》，《丛书集成初编》本，中华书局 1991 年版，第 13 页。

⑫唐·姚思廉撰：《梁书》卷五〇《文学下·刘勰传》，中华书局 1973 年版，第 710 页。

⑬如三国魏康僧铠所译《佛说无量寿经》卷上即云：“比丘白佛，斯义弘深，非我境界。”日本高楠顺次郎等辑《大正新修大藏经》第十二卷《宝积部下》，第 360 册，大正一切经刊行会 1925 年版，第 267 页。

⑭宋·胡仔撰，廖德明校点：《苕溪渔隐丛话前集》卷一五《王摩诘》，人民文学出版社 1962 年版，第 97 页。

陶渊明与晋宋之际的政治风云

关于陶渊明的仕进与隐退，人们习惯于从一般社会思潮的角度去解释，也就是说比较重视他和魏晋希企隐逸之风的关系，他和儒、道两家思想的关系，这当然是应该的。但仅从这个角度考察，而忽视了他和当时各种政治势力之间的关系，他对当时一些重大政治事件的实际态度，以及他在从政期间真实的心理状态，仍然难以对陶渊明得到深刻的理解。本文试图寻找一个新的视角，将陶渊明放到晋宋之际的政治风云之中，就上述各点作一探索，进而希望对陶渊明得到一些新的认识。

问题还得从陶渊明的仕履谈起。陶渊明先后出仕共五次：第一次起为州祭酒[①]，第二次入桓玄军幕[②]，第三次为镇军参军[③]，第四次为建威参军[④]，第五次任彭泽县令[⑤]。第一次为州祭酒只有短暂的时间，因不堪吏职而辞去，对说明他的政治态度关系不大，本文不拟细考。第五次任彭泽令，仅八十余日。即赋《归去来兮辞》，永归田里。求为彭泽令这件事本身就是退出仕途的准备，而这八十余日他已脱离了政治斗争的旋涡，也可以不在本文细论。于是，本文把研究的重点放到陶渊明第二、三、四这几次出仕上，这几次出仕都是任职于军幕之中，投身于某种政治势力之下，对研究陶渊明的政治态度格外重要。

一

关于陶渊明和桓玄的关系，前人多有避讳，因为桓玄是逆臣，论者不愿把靖节先生和他拉扯到一起，这是很容易理解的。然而，陶渊明有三首诗足以证明他确实曾经投身于桓玄幕中。这三首诗是：《庚子岁五月中从都还阻风于规林》二首、《辛丑岁七月赴假还江陵夜行涂口》。后者更能说明问题，让我们先研究这一首：

> 闲居三十载，遂与尘世冥。诗书敦宿好，林园无世情。如何舍此去，遥遥至西荆。叩枻新秋月，临流别友生。凉风起将夕，夜景湛虚明。昭昭天宇阔，皛皛川上平。怀役不遑寐，中宵尚孤征。商歌非吾事，依依在耦耕。投冠旋旧墟，不为好爵萦。养真衡茅下，庶以善自名。

诗题中的“辛丑”，是晋安帝隆安五年，公元401年。“赴假还江陵”，陶澍释为“赴假还自江陵”[⑥]，增字为训，难以成立。而且细审诗的语气，应当是离家回江陵就职，而不是从任职的江陵还家。诗里说：“怀役不遑寐，中宵尚孤征。”怀役，意谓思念公事。陶渊明说自己因思念公事而无暇就寝，半夜还独自一人赶路。这哪里是回家的口吻？“赴假”二字，古直释为“急假”，他说：“‘假’与‘赴假’，其间有别。‘假’，常假。《晋书》‘徐邈并吏假还’，是其例。‘赴假’，急假。《世说》‘陆机赴假还洛’，是其例。”[⑦]古直是就陶澍的说法进一步加以申述，意谓陶渊明因急事而请假从江陵还家，他仍然是把“还江陵”解释为“还自江陵”。朱自清不同意古直的解释，他说：“此文见《自新篇》云：‘陆机赴假还洛，辎重甚盛。’此宁类‘急假’耶！抑机吴人，若云假还，何得向洛耶！足知‘赴假’当即今言销假意；渊明正是销假赴官，乃有‘投冠’‘养真’之语耳。”[⑧]朱自清的意思是，陶渊明在家休假完了以后，回归他任职的江陵去销假，途中写了这首诗。我认为，朱自清对古直的批评是正确的，“赴假”的确不可释为“急假”，但他把“赴假”释为“销假”，仍然缺乏根据，“赴”并没有“销”的意思。《说文》：“赴，趋也。”《左传》昭公二十五年：“故人之能自曲直以赴礼者，谓之成人。”孔颖达疏：“赴，谓奔走。”意思相近。“赴”意为“趋”，引申为前往、投入，如“赴官”、“赴职”、“赴命”、“赴战”等，它的意思恰恰和“销”相反。所以“赴假”的意思不但不是“销假”，反而是前往休假。所以，诗题《辛丑岁七月赴假还江陵夜行涂口》，意思应该是在辛丑那年七月因假由江陵前往家乡浔阳，假满从浔阳还江陵，夜间行至涂口作了这首诗。“赴假”是一件事，“还江陵”是另一件事。诗题可以这样标点：《辛丑岁七月赴假，还江陵夜行涂口》。“赴假”的时间和“还江陵”的时间可能都在七月。诗曰“叩枻新秋月”，“凉风起将夕”，这初秋的景象与诗题所标示的时间正相吻合。以“赴假”为前往休假，解释《世说》里那句话也很顺畅，“陆机赴假还洛”，意思是陆机因假南归，假满之后回洛阳。经过以上的考证可以肯定，陶渊明在辛丑岁七月曾因假从江陵回家，假满又匆匆还归江陵，那么陶渊明在辛丑岁七月前后必定任职于江陵无疑。据《资治通鉴》，桓玄于隆安三年（399）十二月袭杀荆州刺史殷仲堪，隆安四年（400）三月“表求领荆、江二州。诏以玄为都督荆、司、雍、秦、梁、益、宁七州诸军事、荆州刺史，……玄上疏固求江州，于是进玄督八州及扬、豫八郡诸军事，复领江州刺史”。陶渊明既然在隆安五年（401）七月赴假还江陵（荆州治所），则他必定是在桓玄幕中任职无疑。

再看《庚子岁五月中从都还阻风于规林》二首。庚子，晋安帝隆安四年（400）。所谓“从都还”，显然是从首都建康回来。回到哪里呢？从诗的内容可见是回到浔阳他的家里。到首都做什么？其二云：“自古叹行役，我今始知之。”《诗经·魏风·陟岵》：“予子行役，夙夜无已。”《礼记·曲礼上》：“大夫七十而致事，若不得谢，则必赐之几杖，行役以妇人。”孔颖达疏：“行役，谓本国巡行役事。”《周礼·地官·州长》：“若国作民而师田行役之事，则帅而治之。”孔疏：“行谓巡狩，役谓役作。”可见“行役”二字有固定的含义，专指因公出行。诗里又说：“静念园林好，人间良可辞。”也可见是因公出差。上面考证过，桓玄于隆安四年三月开始任荆州刺史，陶渊明于这年五月从首都出差回来，计算时间必定是回桓玄的幕府。归途中经浔阳省亲，随即抵江陵述职。次年（辛丑）七月又请假回浔阳，不久再还江陵。

以上三首诗确凿无疑地证明了陶渊明曾经在桓玄幕中任职，而且曾为桓玄出差到首都，看来他和桓玄并不是一般的关系，这是毋庸讳言的。

需要说明的是，陶渊明为什么会投入桓玄幕中为他服务？这得从桓玄和陶渊明两方面考察。

从桓玄方面来看，他出身于东晋第一流士族谯国桓氏，是桓温之子。桓温在晋穆帝永和元年为都督荆、司、雍、益、梁、宁六州诸军事，荆州刺史，集长江上游军政大权于一身。他曾进行三次北伐，废皇帝司马奕为海西公，立会稽王司马昱为帝，是为简文帝。桓温执掌大权近三十年，与士族地主有广泛的联系，辟举和拔擢了不少士族人物，包括王、谢二族子弟如王珣、谢安、谢玄，以及王坦之等。《资治通鉴》卷一〇一晋哀帝兴宁元年（363）："温以抚军司马王坦之为长史。坦之，述之子也。又以征西掾郗超为参军，王珣为主簿，每事必与二人谋之。府中为之语曰：'髯参军，短主簿，能令公喜，能令公怒。'温气概高迈，罕有所推，与超言，常自谓不能测，倾身待之；超亦深自结纳。珣，导之孙也，与谢玄皆为温掾，温俱重之。"当时的著名文士如袁宏、伏滔、罗含，以及画家顾恺之等人都在其幕中。正是因为父亲桓温的关系，桓玄才能一度得到士族的广泛支持或暂时中立。如王愉、王绥、王谧、王嘏、谢澹、羊孚、殷仲文、庾悦等人的态度就证明了这一点。正如余嘉锡在《世说新语·贤媛篇》第三十二条案语中所说："晋之士大夫感温之恩，多党附桓氏。"⑨

桓玄本人的气质与才学，也使文士愿意接近他并为他所用。他不仅以豪雄著名，而且以能文见称。《晋书·桓玄传》说他"形貌瑰奇，风神疏朗，博综艺术，善属文"。其著有《周易系辞注》二卷，集四十三卷，要集二十卷，今传尚有《凤赋》、《鹤赋》，以及论沙门应敬王者致慧远、桓谦、王谧等人的书信多篇，以及诗二首。

更重要的是桓玄在当时的政局中所处的地位，以及他在政治上的影响。晋孝武帝宁康元年（373）桓温病卒，其弟桓冲领其众，称温遗命以少子玄为嗣，袭封南郡公，那年桓玄五岁。桓冲虽代桓温执掌了大权，但他忠于晋室，以谢安素有众望，遂以扬州让之，自求外出。宁康三年（375）以安领扬州刺史，并加侍中，谢安很快掌握了军政大权，为晋朝造成一个相对稳定的局面。这局面大约维持了十年，孝武帝太元十年（385）谢安病卒，权力落入孝武帝之弟司马道子手中。孝武帝溺于酒色，日夕与道子以酣歌为事，“左右近习，争弄权柄，交通请托，贿赂公行，官赏滥杂，刑狱谬乱”。[10]司马道子重用佞臣王国宝，势倾内外，远近奔凑。孝武帝为了牵制他，便培植藩镇势力，太元十五年（390）以中书令王恭为都督青、兖、幽、并、冀五州诸军事，兖、青二州刺史，镇京口，控制京畿一带。太元十七年（392）又以黄门侍郎殷仲堪为都督荆、益、宁三州诸军事，荆州刺史，镇江陵，控制长江上游。这样虽然一时达到势力的均衡，但也埋伏下严重危机。太元二十一年（396）孝武帝死，其子司马德宗继位，是为安帝。安帝是个白痴，司马道子遂以太傅摄政，倚王国宝、王绪为心腹。王国宝，《晋书》卷七十五有传，他是王述的孙子，王坦之的儿子，出身士族，但少无士行。岳父谢安恶其倾侧，每抑而不用。其从妹为司马道子妃，因而接近道子，间毁谢安，得迁中书令、中领军。安帝即位，王国宝又引进其从祖弟王绪为琅琊内史，王绪亦以佞邪见知。王国宝遂参管朝权，威镇内外，迁尚书左仆射，领选，加后将军、丹阳尹。

朝中既然如此，藩镇怎样呢？王恭，《晋书》卷八十四有传，此人“少有美誉，清操过人，自负才地高华，恒有宰辅之望”。他是孝武帝王皇后之兄，因而深受钦重，被用为藩屏。安帝即位后，司马道子执政，与王国宝、王绪共谋诛王恭。王恭于是在安帝隆安元年（397）联合殷仲堪、桓玄抗表京师讨伐王国宝。司马道子大惧，斩王国宝、王绪，以谢愆失，王恭乃还京口。司马道子遂引谯王司马尚之及其弟休之为腹心，日夜谋议，欲消灭王恭等。安帝隆安二年（398）王恭与殷仲堪再次起兵。王恭素以才地凌物，与属下隔膜，又不善用兵，仗刘牢之为爪牙，却只以部曲将遇之，牢之深怀耻恨。刘牢之的儿子刘敬宣劝父倒戈反王，王恭虽有所闻但不相信，反拜他为兄，授以精兵坚甲命为前锋。刘牢之果然倒戈，王恭事败被害。殷仲堪，《晋书》卷八十四有传，他是著名的清谈家，每云三日不读《道德经》，便觉舌本间强。在荆州纲目不举，唯好行小惠。王恭第一次起兵，殷仲堪表面上答应合作，实际上抱观望态度，王国宝被诛后，始抗表兴师。王恭第二次起兵，殷仲堪命杨佺期为先锋，桓玄次之，自己率兵二万相继而下。王恭兵败，司马道子利用殷和杨、桓之间的矛盾加以分化，殷仲堪多疑少决，缺乏鉴略，安帝隆安三年（399）为桓玄所败，被逼自杀。如此看来，当时最重要的两个藩镇北府和荆州的首领王恭、殷仲堪都不是可以依赖的雄才大略式的人物。当初孝武帝欲委任他们的时候，王雅曾进谏曰："王恭风神简贵，志气方严；仲堪谨于细行，以文义著称。然皆峻狭自是，且干略不长；若委以方面，天下无事，足以守职，若其有事，必为乱阶矣。"[11] 果然被他言中了。

在当时混乱的政局里，朝中的司马道子、王国宝、王绪这一派既腐败无能，藩镇中的王恭、殷仲堪这一派又不足以成大事，欲挽救晋王朝的危机，必定会把希望寄托在那个出自元勋之门而又豪雄能文的年轻人桓玄身上。桓玄生于太和四年（369），王恭首次起兵时他才二十九岁，他积极劝说殷仲堪联合王恭一起讨伐王国宝，不为无见。王恭第二次起兵，殷仲堪派桓玄为前锋。刘牢之倒戈后，诏以玄为江州刺史，仲堪等皆被换易，乃各西还，屯于浔阳，共相结约，推玄为盟主。司马道子迫于他们的压力，以荆州还仲堪求得和解。隆安三年（399）桓玄火并了殷、杨。隆安四年（400），桓玄得为都督荆、司等七州军事、荆州刺史，这年他三十二岁。这时的政局可以简单勾勒如下：朝廷中以司马道子、司马元显为首的一派代表腐朽的宫廷势力，他们挟持着白痴皇帝，掌握中央政权，实际上已经虚弱不堪，他们不可能扭转晋朝覆灭的趋势。以京口为基地的北府军阀，在出身于低级士族的刘牢之的掌握下，表面上拥护司马道子，实际上是心怀异志，随时可能再次倒戈，这是一股强大而又不稳定的势力。以荆州为基地的桓玄的一派与司马道子两次对抗之后，已经占据了全国三分之二的地盘，他们打着拥戴晋王朝反对司马道子的旗号，随时可以沿江东下，进军首都建康。而欲挽救晋朝的危机，人们很自然地会把希望寄托在桓玄身上，至少他可以除掉腐败不堪的司马道子。他被推为对抗司马道子的盟主，就说明了这一点。

陶渊明入桓玄幕，从他自身考察，也有一些原因。他的外祖父孟嘉是他十分尊敬的人物，看他为孟嘉所写的《晋故征西大将军长史孟府君传》便可知道。而孟嘉为之服务并深受其赏识的桓温就是桓玄的父亲，《晋书》里他的传就附在桓温传后。因为有这层老关系，陶渊明入桓玄幕，是不难理解的。更重要的是陶渊明的思想中本来就有入世的一面，他对晋朝的存亡和时局的动荡并非漠不关心，他所在的江州地处长江中游，就战略地位而言仅次于荆州和京口，每次动荡必定波及这里，他想不闻不问也难做到，如欲有所作为这正是时候。陶渊明什么时候开始入桓玄幕呢？当桓玄依附于殷仲堪时恐怕不可能，而在隆安四年（400）五月陶渊明已为桓玄出使京都走上归途，所以只能在隆安二年或三年。隆安二年（398）九月，诏以桓玄为江州刺史，十月，桓玄在江州被推为盟主，陶渊明可能就是这期间仕玄的。陶渊明入桓玄幕担任什么职务、做了哪些事情，因数据不足就难以考证了。只知道他曾为桓玄出使京都，事毕于隆安四年庚子五月中从京都归来顺便回家省亲，然后再到江陵，有《庚子岁五月中从都还阻风于规林》二首为证。这次出使京都有什么任务？逯钦立说是为桓玄上疏请讨孙恩[12]，这是从史料中能找到的桓玄与朝廷交往的唯一线索，但也只可聊备一说，难以论定。可以肯定的是，陶渊明既被桓玄派往京都，则他必定是受到桓玄重视的。隆安五年辛丑（401）七月他曾回家休假，假毕再还江陵，这年冬天母亲病卒[13]，他理应奔丧并丁忧居家。陶渊明就是这时离开了桓玄，结束了他这一段前后三年的仕宦经历。

在这里应当简单交代一下陶渊明离开桓玄以后的政局。就在他回家的第二年，即安帝元兴元年（402）正月，安帝即下诏罪状桓玄，以尚书令元显为骠骑大将军、征讨大都督、都督十八州诸军事，又以镇北将军刘牢之为前锋都督，前将军谯王尚之为后部，开始了对桓玄的征讨。三月，刘牢之倒戈降桓玄。桓玄攻入京师，俘杀元显等，集军政大权于己一身，而以刘牢之为会稽内史，夺了他的兵权。刘牢之与其子刘敬宣等商议反桓玄，未成，自缢而亡。元兴二年（403）十二月桓玄篡晋，称楚。这时陶渊明正在家乡服孝闲居，他对这一连串事变作何感想抱何态度呢？这一问题是不可回避的。

二

陶渊明有一首诗题为《始作镇军参军经曲阿作》，可以回答上面提的问题，也可以进一步说明他在晋宋之际政治风云中的态度。不过论者对这首诗聚讼纷纭，我们必须先作一番考证和疏解。诗曰：

> 弱龄寄事外，委怀在琴书。被褐欣自得，屡空常晏如。时来苟冥会，宛辔憩通衢。投策命晨装，暂与园田疏。眇眇孤舟逝，绵绵归思纡。我行岂不遥，登降千里馀。目倦川途异，心念山泽居。望云惭高鸟，临水愧游鱼。真想初在襟，谁谓形迹拘。聊且凭化迁，终返班生庐。

所谓“镇军参军”即镇军将军的参军。那么这里的镇军将军指谁呢？陶澍《靖节先生年谱考异》：“惟东晋为镇军将军者，郗愔以后，至（刘）裕始复见此号。”梁启超《陶渊明年谱》沿袭其说，今人亦未提出疑义。但此说并不确实。略检文献资料，东晋为镇军将军者，至少有以下几人：武陵威王晞，见《晋书》卷六十四本传。范汪，见《晋书》卷八《穆帝本纪》。郗愔，见《晋书》卷九《孝武帝本纪》、《晋书》卷六十七《郗愔传》。王蕴，见《晋书》卷九《孝武帝本纪》、卷九十三《王蕴传》。还有王荟，见《晋书》卷六十五《王荟传》。

刘裕任镇军将军，见《晋书》卷十《安帝本纪》：元兴三年（404）三月壬戌“桓玄司徒王谧推刘裕行镇军将军，徐州刺史，都督扬、徐、兖、豫、青、冀、幽、并八州诸军事，假节”。[14]

如上所述，郗愔以后任镇军将军的不只刘裕一人，但以陶渊明的年龄推算，他只可能做刘裕的参军。《文选》李善注于此诗下引臧荣绪《晋书》曰“宋武帝行镇军将军”，是恰当的。

因为刘裕后来篡晋，建立了宋朝，论者以渊明耻事二姓为先入之见，于是硬说这里的镇军将军一定是别人。例如陶澍《靖节先生年谱考异》就认为是刘牢之，他说：“考《晋书·职官志》有左右前后军将军，左右前后四军为镇卫军。王恭、刘牢之皆为前将军，正镇卫军，即省文曰镇军，亦奚不可。”遂订陶渊明以隆安三年己亥（399）三十五岁参刘牢之军。古直《陶靖节年谱》从其说。但是陶澍这种说法有许多漏洞，镇卫军简称镇军之说尤其牵强。既然镇军将军已简称镇军，就不会再将镇卫军简称镇军，否则岂不造成混乱？朱自清《陶渊明年谱中之问题》也力驳陶澍之误，他说：陶澍根据《宋书·武帝纪》说己亥（399）牢之为前将军讨孙恩。但据《晋书·安帝纪》的记载，这年牢之是辅国将军，次年始以前将军为镇北将军。吴士鉴、刘承幹《晋书校注》十引丁国钧《晋书校文》一云：“以牢之传考之，则进号前将军在破孙恩后，此书所书官号为得其实，《宋书》误。”由此可见，隆安三年刘牢之并未任前将军，当然也就不可能简称镇军了。朱自清又指出，《晋书·职官志》“五校”条下有云“后省左军右军前军后军为镇卫军”，意即省并为一军；《陶考》截去“后省”二字，义便大异。朱自清认为这首诗题中的“镇军”肯定是刘裕，陶渊明曾仕刘裕无疑。朱自清的说法是可信的。至于梁启超在《陶渊明年谱》中说：刘牢之军号为镇北将军，镇军或许是镇北之讹，系此诗于隆安二年戊戌（398）。梁氏之说出于猜测，更难成立，就不必辩驳了。

上面所列的东晋一朝进号镇军将军的六个人，其身份地位都不同寻常。司马晞是元帝之子，封武陵威王。范汪曾任鹰扬将军，后进爵武兴县侯，又除都督徐、兖、青、冀四州、扬州之晋陵诸军事，安北将军，徐、兖二州刺史，假节。郗愔亦曾都督徐、兖、青、幽、扬州之晋陵诸军事，领徐、兖二州刺史，假节。他们都是位居藩镇的重臣。

王蕴是孝武帝皇后父，因此授都督京口诸军事、左将军、徐州刺史，假节。王荟是王导的儿子，曾任尚书，领中护军，复为征虏将军、吴国内史。刘裕的出身虽不如以上五人高贵，但他是在兴师讨伐桓玄攻入京师掌握了国家的军政大权之后，才进号镇军将军的。由此可见，在东晋镇军将军之号并不轻易授人。刘牢之虽然是一员猛将，但出身较低，没有强大的靠山，王恭仅以部曲将待之。以他这样一个人是不可能进号镇军将军的。

诗题中的"始作"二字，梁启超《陶渊明年谱》曰"正谓始仕耳"。这涉及此诗的系年，也涉及此前陶渊明是否曾仕桓玄，不可不略加辨析。"始作"二字连属下文"镇军参军"，显然是开始任镇军参军的意思，不可解释为开始入仕。从诗的内容看来，正是离家就镇军参军之职，行至途中所作。梁氏之说不能成立。

诗题中的"曲阿"也需要加以说明。"曲阿"，古县名，治所在今江苏丹阳，位于京口（今江苏镇江）之南，离京口很近。京口原是南兖州军府之所在，后来南兖州军府移至广陵（今江苏扬州）。广陵在首都建康之北，故称"北府"；而在建康之东的京口则称"东府"，这里原有尚书司马道子的府第，所以也就成了尚书府。刘裕于安帝元兴三年（404）三月攻入建康后数日即还镇京口东府[15]。陶渊明自家乡浔阳至京口，怎么会途经位于京口之南而又不在长江沿岸的曲阿呢？我认为陶渊明这次自浔阳赴京口，不一定非走长江不可，例如庚子岁他从建康回浔阳，途中有《庚子岁五月中从都还阻风于规林》诗，其中的规林虽难考定其位置，但诗里说"戢枻守穷湖"，就不像在长江中。乙巳岁自江州去建康经过钱溪，有《乙巳岁三月为建威参军使都经钱溪》诗，钱溪在今宣城南陵，并不靠近长江，可见此行也不是走长江。陶渊明任镇军参军自浔阳至京口，可以先向东走一段陆路，然后再向东北走一段水路，这样正好经过曲阿[16]。

安帝元兴三年（404）二月刘裕帅众讨桓玄，三月入建康，进号镇军将军。陶渊明就任镇军参军必在此后。而义熙元年乙巳（405）三月陶渊明已改任建威参军，有《乙巳岁三月为建威参军使都经钱溪》诗。则渊明任刘裕参军顶多一年的时间。

刘裕起自布衣，初为冠军孙无终司马，安帝隆安三年（399）被刘牢之征为参军讨伐孙恩。在讨伐孙恩的几年中屡建战功，升任建武将军、下邳太守。安帝元兴元年（402）桓玄入京师，二年十二月称皇帝，刘裕表面上服从桓玄，暗地却准备力量反对他。元兴三年（404）二月刘裕率众讨桓玄，三月入建康。三月壬戌行镇军将军，都督扬、徐等八州诸军事，“以身范物，先以威禁内外，百官皆肃然奉职，二三日间风俗顿改”[17]。五天后丁卯即还镇东府。这时桓玄挟安帝至浔阳，得到器用和兵力的补充后，继续西逃，四月至江陵。刘军在浔阳附近的桑落洲大破桓军，加刘裕都督江州诸军事。刘裕以刘敬宣为江州刺史。陶渊明参刘裕军，肯定就在这时。

元兴三年（404）前五个月是政局最动荡的一段时间，陶渊明的家乡浔阳又是动荡的一个中心，曾入桓玄军幕、正闲居在家的陶渊明为什么忽然又当了桓玄之敌刘裕的参军呢？我们可以从刘裕和陶渊明两方面来解开这个谜。

从刘裕方面看，他这次起兵是打着反对桓玄篡位、恢复晋王朝的旗号，在道义上似乎占据了有利的地位，再加上双方力量的对比和指挥的正误这些因素，所以在两三个月里就取得了决定性的胜利，一时之间似乎给国家带来新的希望。刘裕这时并没有流露篡位的野心，他也还不具备篡位的条件，跟着他起兵的只有北府的二十七位将领，一百多兵卒。起兵前桓玄逼死北府首领刘牢之，杀虏了高素等六个北府旧将，使北府将领人人自危。尽管如此，刘裕起兵前仍然很犹豫，必定等到桓玄篡晋之后才敢起兵。他的起兵带有孤注一掷的性质，胜利确实有几分侥幸的成分。刘裕起自行伍，掌权之初统治基础相当薄弱，而敌对势力仍然不小，如果没有多年的经营，树立几次像桓温北伐那样显赫的战功，他是不敢轻易篡位的。事实上，十六年之后即晋元熙二年（420）他才篡位，就证明了这一点。在这种情况下，陶渊明不可能预料他十六年后的篡位，而因忠于晋室拒绝入其幕府。另外，正因为自己立足未稳，刘裕特别注意延揽文武人才，作为江州名士的陶渊明得到他的青睐被征为参军，也就不奇怪了。陶渊明曾经仕桓的经历，不但不影响刘裕对他的征辟，如果他肯应征反而更能显示刘裕的大度与求贤若渴的态度。何况陶渊明此时已经脱离桓玄正丁忧在家。再说，陶渊明的入幕，代表了曾任晋朝大司马的陶侃这一家族对刘裕的态度。不论陶渊明实际上对刘裕有几分支持，他的入幕这一行动本身对刘裕争取晋朝旧臣、提高自己的形象就有意义。所以就刘裕而言，他当然是乐意征辟陶渊明为参军的。

从陶渊明这方面看来，他就任刘裕参军，心情是复杂的。上面说过，他入桓玄幕是对桓玄整顿晋朝纲纪抱有幻想，并不是要帮助篡位。虽然他因丁忧较早地离开了桓玄，没有赶上桓玄东下进京篡位这一重大事件，我们无法断定如果他仍在桓玄幕中会采取什么态度（幸亏他因丧母而未陷入这种尴尬的境地），但可以肯定的是他确实是应刘裕之辟离家赴任镇军参军了。这足以说明他对旧主桓玄的厌弃，和对一时挽救了晋朝的刘裕的支持。如果他支持桓玄的话，当桓玄东下和西还两次经过江州时他都可重新投入桓的幕中，但他没有这样做。然而陶渊明迈出走向刘裕的这一步并不容易，可以说是疑虑重重。他毕竟是桓氏之旧人，刘裕对他究竟会怎样，他不会不考虑，此其一。政局动荡，营垒分明，谁胜谁负难以预料，稍有不慎就会招祸，此其二。他性情刚介与物多忤，而刘裕又是一介武夫，能否与他合得来也很难说，此其三。但欲有所作为，这实在是一个绝好的机会，陶渊明不愿意放弃。所以他还是走上了东下的道路，在临近目的地京口的曲阿，写了这首《始作镇军参军经曲阿作》，诗里表达了这种矛盾的心情。诗一开头就说：自己自少即寄身事外，倾心于琴书之中，安贫乐道。那么为什么要就任镇军参军呢？他说："时来苟冥会，宛辔憩通衢。"《文选》李善注："卢子谅（谌）《答魏子悌》诗曰'遇蒙时来会'。'婉'，屈也。言屈长往之驾，息于通衢之中。'通衢'，喻仕路也。"案《文选》卷二十五有卢子谅《答魏子悌》诗云："遇蒙时来会，聊齐朝彦迹。"李善注："言富贵荣宠，时之暂来也。《汉书》蒯通曰：‘时乎时，不再来。’”“时”，指时机、运数。“冥会”，犹默会。郭璞《山海经图赞·磁石》：“磁石吸铁，瑇瑁取芥。气有潜感，数亦冥会。物之相投，出乎意外。”“时来苟冥会”，意思是说：时机运数之来与己相会，乃默然而来，不可明求而得之。“宛辔”，犹屈（曲）辔。陶渊明《饮酒》其九：“纡辔诚可学，违己讵非迷。且共欢此饮，吾驾不可回。”“宛辔”亦即“纡辔”，都是回驾的意思。陶渊明本非仕途中人，本欲遁世长往，现在忽然入仕了，竟然游憩于通衢（仕途）之中，这就是宛辔回驾改变初衷。陶渊明说自己从小就不想入仕，可是如果时机到来与自己默然相会，那么也不妨拨转车驾游憩于仕途之中。他于是放下平时所拄之杖，准备早行之装，暂时离开田园就任镇军参军去了。一路上心情很矛盾，自己乘的孤舟走得越远，归思越萦于心而难断绝。看到飞鸟和游鱼，又不免深感惭愧，鱼鸟各得其所，而自己偏偏违背本性。可是自然的本性仍像当初那样留存于襟怀之中，虽然进入仕途，自己的身体和形迹仍可不致受到束缚。既然时来与己冥会，那就姑且顺随时运的变化向前走去，不过将来终于还是要返回田园的。

实际的情况比陶渊明预料的还要差，他对刘裕失望了，不到一年就辞去镇军参军的职位离开了刘裕。有无直接的原因已不可考，我们只知道在这一年里刘裕主要是做了一件事情，即彻底消灭桓玄及其余党的势力。在这过程中刘裕的地位日益提高，权势也日益强大，不是刘裕嫡系的人在刘裕身边处境之困难可想而知。就连刘裕原先的上司刘牢之的儿子、在战场上替刘裕解过围的刘敬宣都深感自危（详见下），何况桓玄的旧部陶渊明呢！再说刘裕这时的注意力主要在军事上，还无暇顾及文治，陶渊明身为参军但在军事方面不可能有什么才干和建树，他一定会有冷遇之感。本来就不是很情愿前来而性情又过于刚直的陶渊明，当然只有抽身离开这个是非之地了。他采取了一种过渡的方法，先改任建威将军刘敬宣的参军，再求为彭泽令，最后找机会辞官归隐，这一切大约一年的时间里就做完了。

还有一个问题需要补充的，就是陶渊明和刘裕之间有哪些桥梁人物。陶渊明在《归去来兮辞序》里提到的那位“家叔”是一个引荐之人，《归去来兮辞序》曰：“会有四方之事，诸侯以惠爱为德。家叔以余贫苦，遂见用为小邑。”此所谓“诸侯”指刘裕。“家叔”或说指陶夔[18]，这是我们所能考知的陶渊明的唯一的家叔，虽不能肯定也不可轻易否定。但这里的上下文似乎不太连贯，是家叔用他为小邑彭泽的县令吗？当然不是。应该是家叔向诸侯荐举了他，先被辟为镇军参军，后来又转为小邑彭泽的县令。陶渊明故意含糊其词，不提担任参军那段不愉快的事情，是其行文巧妙之处。除了家叔之外，还有几个人值得注意，他们不是开始向刘裕引荐陶渊明的人，但在陶渊明退隐之后都和陶渊明有联系，有的还劝他再度出仕为刘裕效力。他们是陶渊明和刘宋王朝之间的桥梁，陶渊明如果愿意为刘宋效力，道路是畅通的。这些人包括：

王弘 据《宋书》卷四十二《王弘传》，王弘是王导的曾孙、王珣的儿子。“高祖为镇军，召补咨议参军。”可知他曾是陶渊明的同僚。他在刘裕麾下以功封侯，义熙十四年（418）任抚军将军、江州刺史，常以酒馈陶渊明[19]。宋永初二年（421）陶渊明有《于王抚军座送客》诗，这个王抚军就是王弘。

殷晋安 陶渊明有《与殷晋安别》诗，序云：“殷先作晋安南府长史掾，因居浔阳。后为太尉参军，移家东下，作此赠之。”殷居浔阳时与陶渊明结邻，友情甚笃。

颜延之 《宋书·陶潜传》：“颜延之为刘柳后军功曹，在寻阳，与潜情款。后为始安郡，经过，日日造潜，每往必酣饮致醉。临去，留二万钱与潜。潜悉送酒家，稍就取酒。”陶渊明去世后，颜延之作《陶征士诔》。

檀道济 萧统《陶渊明传》：“江州刺史檀道济往候之，偃卧瘠疾有日矣。道济谓曰‘贤者处世，天下无道则隐，有道则至。今子生文明之世，奈何自苦如此？’对曰：‘潜也何敢望贤，志不及也！’道济馈以粱肉，麾而去之。”据《宋书·文帝纪》，元嘉三年五月檀道济任江州刺史，次年秋陶渊明病卒，则他往候陶渊明必在这一年多的时间内。檀道济曾随刘裕讨桓玄，可能是陶渊明的故交。

有趣的是，陶渊明对以上四人的态度颇不相同。陶引为知己的是颜延之和殷晋安，可以接近的是王弘，反感拒斥的是檀道济。此中有没有值得注意的原因呢？我看有两点值得注意：第一，颜、殷、王三人都是以朋友的态度相待，而且对他很尊重，颜、殷自然不必说了，王弘身为江州刺史却也丝毫不摆架子，反而更加谦恭。檀道济则不然，他的话里有抱怨陶渊明不为新王朝效劳的意思；他的馈赠明显地带有怜悯和拉拢的意味。以陶渊明的性格，当然会采取不同于以上三人的态度。第二，颜、殷、王三人虽然效劳于刘宋，但都不是刘裕的亲信。颜延之出为边远的始安郡太守，是刘裕的第一号顾命大臣徐羡之排斥的结果，殷景仁对此事曾愤慨地说："所谓俗恶俊异，世疵文雅。"[20]王弘在刘裕建宋后虽任尚书仆射，在刘裕封功臣的诏书中名列第二，但刘裕并不信任他，刘裕临死，亦未予顾命。檀道济则是刘裕的亲信，是刘裕的顾命大臣，对刘裕十分效忠。陶渊明既毅然离开了刘裕，对刘裕的亲信当然不会有好感。他对他们所采取的两种不同态度，表现了他对刘宋新王朝的立场。

三

《宋书·陶潜传》云："复为镇军、建威参军。"看来任镇军参军和任建威参军是相连续的两件事。陶渊明有《乙巳岁三月为建威参军使都经钱溪》，诗云：

> 我不践斯境，岁月好已积。晨夕看山川，事事悉如昔。微雨洗高林，清飙矫云翮。眷彼品物存，义风都未隔。伊余何为者，勉励从兹役。一形似有制，素襟不可易。园田日梦想，安得久离析。终怀在归舟，谅哉宜霜柏。

乙巳，晋义熙元年（405）。建威参军，建威将军的参军。建威将军指谁呢？或曰刘怀肃，或曰刘敬宣，前人有异说[21]。刘怀肃任建威将军见《晋书·桓玄传》："玄故将刘统、冯稚等聚党四百人，袭破寻阳城。（刘）毅遣建威将军刘怀肃讨平之。"《资治通鉴》系此事于安帝元兴三年（404）五月。但《宋书·刘怀肃传》只说他任辅国将军，而不及建威将军。《晋书校注》："疑《怀肃传》失书，或辅国即建威之讹。"可见刘怀肃任建威将军之说本来就不甚可信。刘敬宣任建威将军见《宋书》卷四十七《刘敬宣传》："桓歆率氐贼杨秋寇历阳，敬宣与建威将军诸葛长民大破之，歆单骑走渡淮，斩杨秋于练固而还。迁建威将军、江州刺史。"又《晋书》卷八十四《刘敬宣传》："与诸葛长民破桓歆于芍陂，迁建威将军、江州刺史，镇寻阳。"《资治通鉴》系此事于安帝元兴三年（404）四月。把这些材料综合起来，可知：元兴三年四月，刘敬宣随诸葛长民破桓歆之后，即继诸葛长民任建威将军。但如果这年五月刘怀肃正任建威将军，难道同时有两个建威将军吗？或者刘敬宣任建威将军只有一个月吗？都不可能。此时的建威将军只能是刘敬宣。刘敬宣在被任命为建威将军、江州刺史时曾经固辞，而未得到允许。他到江州以后颇有战功，这年十月桓玄兄子亮自称江州刺史，举兵攻豫章，刘敬宣击败之。建威军驻守的地区就在江州一带，刘敬宣既已任江州刺史，必然同时任建威将军。刘怀肃之任建威将军，既然不见于《宋书》本传，则可以肯定是《晋书·桓玄传》的误记。至于《资治通鉴》，显然是根据《晋书》，并和《晋书》一样错了。

以上考证肯定了陶诗中所说的建威将军是刘敬宣，刘敬宣是刘牢之之子，曾赞助其父倒戈反对王恭，却反对其父倒向桓玄。桓玄得志后，以牢之为征东将军、会稽太守，夺了他的北府兵权。刘敬宣遂与其父共谋袭玄，未成，牢之自缢，敬宣奔洛阳，往来长安，求救于姚兴，又奔鲜卑慕容德。安帝元兴三年（404）因谋灭慕容德事泄，逃至淮、泗间，刘裕手书召为辅国将军、晋陵太守。刘敬宣之所以能受刘裕的器重，一来因为他是刘裕故主刘牢之的儿子；二来因为刘裕随刘牢之伐孙恩时，在一次战斗中刘敬宣援救了刘裕。但刘敬宣自知不是刘裕的嫡系，他身为原北府首领刘牢之的儿子，深怕当今掌握着北府兵权的刘裕疑忌，所以当刘裕任命他为建威将军、江州刺史时，他曾固辞。刘敬宣到江州后，刘裕的心腹刘毅果然进谗言，使刘敬宣更加不安。安帝反正，遂自表解职，终于得到允许。陶渊明为刘敬宣的参军出使京都正是在安帝反正的三月份，他负有什么使命呢？陶澍《靖节先生为镇军、建威参军辨》据《晋书·刘敬宣传》说：乙巳三月安帝自江陵反正，陶渊明使都当是奉贺复位，或并为刘敬宣上表解职。这是可能钩稽到的刘敬宣这时与京都发生联系的唯一史料，虽然此说过巧，但并非不能成立。陶渊明曾任刘裕参军，又是一个没有权力欲的人，刘敬宣派他去见刘裕，从中斡旋以解除刘裕的猜忌，是很合适的。这次上表要求解职得到允许，刘敬宣解除建威将军、江州刺史的职务，陶渊明当然也就离开了刘敬宣，解除了建威参军的职务，另外找个彭泽令去当。而这正是陶渊明所希望的。

诗题中的“钱溪”在由江州去京都建康的途中，今安徽境内。从诗的前四句看来，陶渊明曾到过这里，也许与庚子岁从江陵出使京都走的是同一条路线。他觉得几年来山川依旧，事事都和往年一样。仔细看看周围的一切，都尽情享受着微雨清风的化育，生机勃勃，各得其所，自己却受公事的牵绕而失去了自由，究竟图的是什么呢？自己的形体虽因入仕而似乎有所制约，但平素的襟怀却是不可改易的，每天都想着自己的田园，怎能长久离开？己之所怀终在归舟，而己之节操诚足以当松柏之坚贞。这首诗的思想感情和《始作镇军参军经曲阿作》很相似，但已没有“时来苟冥会，宛辔憩通衢”那样尚欲有所作为的意思了，他似乎已下定决心尽快返回田园。

陶渊明任建威参军的时间也不长，三月赴京，八月就改任彭泽令了。他在彭泽只有八十余日，即“自免去职”，永远结束了仕途生活，时间是乙巳岁晋安帝义熙元年（405）十一月，离晋朝灭亡还有十五年。

四

陶渊明从晋安帝隆安二年（398）开始入桓玄幕，到晋安帝义熙元年（405）冬辞彭泽令，前后八个年头。这正是晋末政局最动荡的八年。陶渊明不早不晚偏偏在这时出仕，先后入桓玄、刘裕、刘敬宣三人的军幕，置身于政治风云的旋涡之中，这不是很值得深思吗？

在晋宋之际的政治风云中，荆州兵和北府兵居于举足轻重的地位。荆州位居长江中游，历来是甲兵所聚之地，又是经济富饶的地区。荆州的镇将凭借地理、军事、经济三方面的优势，往往威逼居于下游的首都建康并伺机篡位。《通典·州郡典》曰："荆楚风俗，……杂以蛮僚，率多劲悍。南朝鼎立，皆为重镇。然兵强财富，地逼势危，称兵跋扈，无代不有。"东晋一代，王敦、桓温、殷仲堪、桓玄，都是据荆州握强兵威胁乃至篡夺王位的大军阀。与荆州军阀势均力敌的另一股力量是北府兵。这原是由谢安建立的一支新军，他为了加强长江下游的军事力量，北抗秦兵西防荆州兵以拱卫首都，便募集南徐州和南兖州的北来侨户编成这支新军。孝武帝太元二年（377），以谢安兄子谢玄为兖州刺史负责此事，谢玄募骁勇之士，得刘牢之等数人，以牢之为参军，常领精锐为前锋，战无不胜，时号"北府兵"。南兖州军府原来在京口（今镇江市），谢玄移至广陵（今扬州市）。孝武帝太元八年（383），北府兵取得淝水之战的胜利，实力和名声大震，成为东晋政局中一支举足轻重的力量。

陶渊明出仕做官，不到别处，恰恰入了荆州军府桓玄幕中，又入了北府将领刘裕幕中，接着又入了北府旧将刘牢之的儿子刘敬宣幕中，这难道是偶然的吗？陶渊明既选择了东晋政局最动荡的时候，又选择了最足以影响东晋政局的两个军府，这说明他还是关注于政治，并想在政治上有所作为的。虽然他一再说因为亲老家贫不得不出仕谋生，但这只是一方面的原因，而且不是主要原因。这八年并不是他最贫穷的时候，并没有穷到非出仕不可的地步。要出仕也不一定非往政治斗争的旋涡里跳不可，荆州和北府是什么地方，他不会不知道的。荆州的桓玄和北府的刘裕是动荡时局的导演人物，他在桓玄幕中至少有两年，曾为之出使京都；在家未满三年就东下赴京口做了镇军将军刘裕的参军。任刘敬宣参军时，又为之进京上表。这都不是一般的任务。参军之置始自汉末，曹操以丞相总揽军政，其僚属往往用参丞相军事的名义。此后，直至南北朝，凡诸王及将军开府者，皆置参军，为重要幕僚。晋宋人物，如王导曾参东海王越军事。陶侃曾为江夏太守，加鹰扬将军，后又加为都护，侃母死，去职。服阕，参东海王越军事；江州刺史华轶表为扬武将军。一个做过将军的人可以再做参军，做了参军又升为将军，可见参军的重要。平北大将军刘琨之妻是温峤的从母，琨对峤深礼之，请为参军。琨迁大将军，峤为从事中郎，上党太守，加建威将军、都护前锋军事。刘牢之早年为谢玄参军，领精锐为前锋。刘牢之任镇北将军，征讨孙恩，刘裕为其参军。谢玄镇京口时，殷仲堪也曾请为参军。由此可见，参军位虽不显，却是一个能参机要、颇多升迁机会的职务。陶渊明身为参军，本也有各种机会，但他始终未能升迁。这有几方面的原因：第一，仕宦生活不符合他崇尚自然的本性。他看不惯仕途中种种虚伪、欺诈的行径，不愿违背本性同流合污以换取高官厚禄；过惯了田园生活的他也难以习惯官场的约束和行役的奔波。所谓“深愧平生之志”（《归去来兮辞序》）以及“遂尽介然分，拂衣归田里”（《饮酒》其十九），就表达了这种思想。第二，政治旋涡里各种力量的争斗形成一种相当危险的局面，特别是当易代之际，稍有不慎就会遭杀身之祸。对魏末嵇康、阮籍的忧虑，陶渊明深有同感。“缯缴奚施，已卷安劳”（《归鸟》），就隐含着这样的心情。第三，就桓玄和刘裕这两个人而言，确实都不值得为之效力。特别是当进入他们的幕府，与他们有了较多的接触之后，他们的为人陶渊明不会毫无察觉，而一旦有所察觉，当然不愿意过深地卷入他们的活动。当晋末政局开始混乱的时候，陶渊明以为是施展才能的时机，想要有所作为，于是先后投身于桓、刘的幕中；可是当他真的投身其中，却又因以上缘故而急于退身了。陶渊明就是这样矛盾地度过了他的仕宦生涯。

五

在陶渊明辞官归隐十五年之后，刘裕终于篡晋建立了宋朝。他的手法和司马氏篡魏如出一辙，更有甚者是斩草除根，把那个已经乖乖让位于他的晋恭帝毒死了。陶渊明对晋朝究竟抱什么态度呢？

过去的学者对此有两种不同的意见。一种意见可称之为“忠愤说”，首创于沈约，他在《宋书·陶潜传》中说：“潜弱年薄宦，不洁去就之迹。自以曾祖晋世宰辅，耻复屈身异代，自高祖王业渐隆，不复肯仕。所著文章，皆题其年月。义熙以前，则书晋氏年号；自永初以来，唯云甲子而已。”萧统《陶渊明传》、《南史·陶潜传》因袭之。《文选》五臣注刘良改 “文章”为“诗”，曰“潜诗，晋所作者皆题年号，入宋所作者但题甲子而已。意者耻事二姓，故以异之。”朱熹力主耻事二姓之说，在其《楚辞后语》及《向芗林文集后序》中一再谈到。吴仁杰《陶靖节先生年谱》曰：“要之，集中诗文于晋年号或书与否，固不一概；卒无一字称宋永初以来年号者，此史氏所以著之也。”另一种意见否定忠愤说。宋代的思悦说：“岂容晋末禅宋前二十年，辄耻事二姓，所作诗但题甲子，以自取异者？”[22]清方东树《陶诗附考》曰：“陶渊明之不仕，其本量高致，原非为禅代之故。”[23]梁启超《陶渊明之文艺及其风格》曰：“只是看不过当日仕途的混浊，不屑与那些热官为伍，倒不在乎刘裕的王业隆与不隆。”“若说所争在什么姓司马的姓刘的，未免把他看小了。”[24]鲁迅在《魏晋风度及文章与药及酒之关系》中说：“再至晋末，乱也看惯了，篡也看惯了，文章便更和平。代表平和的文章的人有陶潜。”[25]

我认为陶渊明忠于晋室之说是难以成立的。晋之必亡已是有目共睹，而且灭亡的征象已非一日，陶渊明不会不明白。早先几乎亡于王敦、桓温之手。他的曾祖陶侃亦潜有窥窬之志。[26]而经过桓玄的篡位，晋朝已经亡了一次，刘裕篡晋已不是什么使人震惊的稀罕事了。

陶渊明离开刘裕不能证明他仍然忠于那个已不足援的晋朝。实际上陶渊明当时的皇帝又有什么值得为之尽忠的呢！晋哀帝在位不到三年，在二十岁时就驾崩了。接着是海西公，哀帝之弟，在位七年，桓温说他有痿疾，三男莫知谁子，将他废掉。简文帝在位不到一年就死了。其第三子孝武帝十岁登极，在位二十五年，算是较长的了。他即位之初谢安为相，政局相对稳定。谢安卒后，孝武帝之弟会稽王道子掌权，孝武帝唯以酣歌为事。官以贿迁，政刑谬乱。又崇信浮屠，用度奢侈，下不堪命。正如许营上疏所说："今台府局吏、直卫武官及仆隶婢儿取母之姓者，本无乡邑品第，皆得为郡守县令，或带职在内，及僧尼乳母，竞进亲党，又受货赂。"[27]晋朝从此开始大乱。孝武帝崩后，其子安帝即位。《晋书·安帝本纪》曰："帝不慧，自少及长，口不能言，虽寒暑之变，无以辨也。凡所动止，皆非己出。"安帝十五岁登极，在位二十二年，当了二十二年傀儡。他即位第二年，内战就开始了。从此王恭、王国宝、王绪、司马道子、司马元显、桓玄、刘牢之、刘裕这些野心家连年混战。安帝被桓玄挟持到江陵，几经周折才反正，最后被刘裕缢死。安帝死后，刘裕扶其弟恭帝即位。第二年傅亮就承裕密旨，讽帝禅位，并事先做好禅位诏书，让他照抄一遍。他欣然谓左右曰："晋氏久已失之，今复何恨！"乃书赤纸为诏。刘裕以帝为零陵王，迁之于秣陵，宋永初二年弑之。说陶渊明忠于晋室，究竟是忠于哪个皇帝呢？又有哪个皇帝值得去尽忠呢？是任凭弟弟和侄子乱政的孝武帝呢，还是白痴安帝呢？或者是只当了一年皇帝就毫无反抗欣然让位于刘裕的恭帝呢？不是连恭帝自己都说晋早已名存实亡了吗？或说陶渊明因为其曾祖是晋世宰辅，所以就必忠于晋朝，这也不能成立。陶渊明的曾祖陶侃虽然是晋之宰辅，但他的野心人人皆知，陶渊明不会不明白。怎么会因此而必忠于晋呢？如果他因曾祖之功得到荫封，或许有这种可能，但情况并非如此。在那个乱世里，他能独善其身，就不容易了，难道还有义务和能力去保那个白痴安帝和他的傻弟弟吗？何况，晋的天下是怎样得来的？魏的天下又是怎样得来的？不都是篡得的吗！陶渊明不是那种愚忠的人，鲁迅的话有道理。然而，陶渊明对国事的混乱也不会无动于衷，对刘裕的篡位也不会漠然视之，他有感叹，这感叹很深沉。但他的感叹不是出于对晋朝的愚忠，而是出于对国事的忧虑。陶渊明已经把当时的政治看透了，除了人的真诚自然和田园生活的淳朴宁静以外，他找不到任何慰藉，他诗里所描写的那片暧暧孤云就是他自身的写照。

研究陶渊明对晋朝的态度，《述酒》诗是不能放过的。本文没有篇幅详细讨论这篇作品。但有一点可以肯定，《述酒》是他在刘裕弑帝之后有感而作的，南宋汤汉的注释基本正确。从这首诗里我们可以得到以下几点认识：

第一，陶渊明对刘裕弑帝是不满的，但态度并不十分激愤。从诗中可以感到有些旁观者的意味，抱着无可奈何的心情。

第二，陶渊明的感叹，主要在于政治的混乱与可怕，而没有集中在刘裕一人身上。

第三，陶渊明由刘裕弑帝这一政治事件引出的结论，是更远地离开那污秽混乱的政局，避祸全身，洁身自好，而丝毫没有恢复晋室的意图。

所谓《述酒》，当然不是叙述酒的发明与制造，也不是一般的借酒抒怀，而是由晋宋易代引发的更深地逃于酒中的感慨。

总之，陶渊明虽然是一个本性恬静的人，但毕竟也像封建时代许多士大夫一样，怀有建功立业大济苍生的壮志。在晋末政治最动荡的时期，他自愿地投身于政治斗争的旋涡之中，作了几番尝试，知道已不可为，才毅然归隐。他在政治斗争中当然不是一个风云人物，但在政治风云中却也不甘寂寞。仅仅用亲老家贫解释他的出仕，显然是不够的；仅仅用生性恬淡解释他的归隐，也是不全面的。他在政治旋涡里翻腾过，他的进退出处都有政治原因。把他放到晋宋之际的政治风云之中，才能看到一个真实的立体的活生生的陶渊明的形象，并通过这个典型看到中国封建时代一类知识分子共同的幻想、彷徨和苦闷。

（原载于《中国社会科学》1990年第2期）

---

①沈约《宋书·陶潜传》："亲老家贫，起为州祭酒；不堪吏职，少日自解归。州召主簿，不就。"

②详见下文。

③详见下文。

④详见下文。

⑤沈约《宋书·陶潜传》："郡遣督邮至，县吏白应束带见之。潜叹曰：'我不能为五斗米折腰向乡里小人！'即日解印绶去职，赋《归去来》。"

⑥陶澍《靖节先生年谱考异》。

⑦古直《陶靖节年谱》。

⑧朱自清《陶渊明年谱中之问题》，《朱自清古典文学论文集》，上海古籍出版社1981年版，第478页。

⑨参看祝总斌《试论东晋后期高级士族之没落及桓玄代晋之性质》，《北京大学学报》1985年第3期。

⑩《资治通鉴》卷一〇七，中华书局点校本，第3390页。

⑪《资治通鉴》卷一〇七，中华书局点校本，第3394页。

⑫《陶渊明事迹诗文系年》，见《陶渊明集》附录二，中华书局1979年版，第268页。

⑬陶渊明《祭程氏妹文》云："昔在江陵，重罹天罚。"李公焕注："晋安帝隆安五年秋七月，赴驾（应作假）还江陵，是冬，母孟氏卒。"

⑭《宋书·武帝纪》曰："于是推高祖为使持节、都督扬徐兖豫青冀幽并八州诸军事、领军将军、徐州刺史。"所记有误，详见中华书局点校本校勘记第11条。

⑮《资治通鉴》卷一一三，安帝元兴三年三月己未刘裕入建康。八天后，"丁卯，刘裕还镇东府。"

⑯参看《中国历史地图集》第4册，中华地图学社1975年第1版。

⑰《宋书·武帝本纪》，中华书局点校本，第9页。

⑱陶渊明《晋故征西大将军长史孟府君传》，"渊明从父太常夔尝问耽"云云。太常即太常卿，官名。

⑲见《宋书·陶潜传》、《晋书·陶潜传》。

⑳见《宋书·颜延之传》。

㉑宋吴仁杰《陶靖节先生年谱》于元兴三年下云："是年怀肃以建威将军为江州刺

史，先生实参建威将军。”清吴瞻泰《陶诗汇注》云：“考《宋书·怀肃传》，其年为辅国将军，无建威之说。……实安帝元兴三年甲辰，则公为敬宣建威参军，未可知也，年谱失考。”此后两说并存，莫衷一是。

㉒《书陶集后》，见陶澍《靖节先生集》卷首《诸本序录》。

㉓《昭昧詹言》卷一三《陶诗附考》，人民文学出版社1961年版，第361页。

㉔见《陶渊明》，商务印书馆1934年版，第5页。

㉕见《而已集》，《鲁迅全集》第3卷，人民文学出版社1956年版，第394页。

㉖《晋书》卷六六《陶侃传》：“及都督八州，据上流，握强兵，潜有窥窬之志，每思折翼之祥，自抑而止。”中华书局点校本，第1779页。

㉗见《资治通鉴》卷一〇七，中华书局点校本，第3391页。

陶渊明的哲学思考

关于陶渊明的思想，前人早已有所论述，但所论大抵限于其所受儒家或道家之影响这个范围。如朱熹曰："渊明所说者庄、老，然辞却简古。尧夫辞极卑，道理却密。"[①] 真德秀则持异议："予闻近世之评诗者曰：渊明之辞甚高，而其指则出于庄、老。康节之辞若卑，而其指则原于六经。以余观之，渊明之学，正自经术中来，故形之于诗，有不可掩。《荣木》之忧，逝川之叹也；《贫士》之咏，箪瓢之乐也。"[②] 郎瑛又对真德秀持异议："真西山……以公之学在经术中来。予又以公非自经术，自性理中来。……可见陶公心次浑然，无少渣滓，所以吐词即理，默契道体，高出诗人，有自哉！"[③] 其实，这个问题原无可争论，陶渊明的思想中既有道家成分，又有儒家成分，还有他本人从生活中体悟出来的道理，三者并不互相排斥，不可执一端而非其他，所以本文不再纠缠这个问题。而且关于这个问题我在已发表的两篇论文中已经涉及[④]，本文就不重复了。

本文强调的是，陶渊明不仅是诗人，也是哲人，具有深刻的哲学思考，这使他卓然于其他一般诗人之上。也许因为他后来诗名太盛，反而把他的哲人的光辉掩埋了，这一方面至今还未得到应有的重视。我们不能因为他是诗人，以诗的形式表现其哲学思考，而忽视他在哲学史上的地位。当然也不能把盛行于东晋的玄言诗都看做哲学资料，因为其中绝大部分并没有独立的哲学思考。陶渊明的诗，不论是哲理性的，或者是抒情描写之作，常常透露着他特有的观察宇宙、人生的智慧，许多诗都可以看做一位哲人以诗的形式写成的哲学著作。他既熟谙老、庄、孔子，又不限于重复老、庄、孔子的思想；他既未违背魏晋时期思想界的主流，又不随波逐流；他有来自个人生活实践的独特的思考，独特的视点、方式和结论。这才是陶渊明之所以为陶渊明的地方。

真正把陶渊明当成具有独立思考的哲人看待，而对其思想又有所阐发的先有容肇祖，其《魏晋的自然主义》第七章专讲陶渊明，但所论不详[⑤]。此后陈寅恪著有《陶渊明之思想与清谈之关系》一文，其结论曰：

> 渊明之思想为承袭魏、晋清谈演变之结果及依据其家世信仰道教之自然说而创改之新自然说。惟其为主自然说者，故非名教说，并以自然与名教不相同。但其非名教之意仅限于不与当时政治势力合作，而不似阮籍、刘伶辈之佯狂任诞。盖主新自然说者不须如主旧自然说者之积极抵触名教也。又新自然说不似旧自然说之养此有形之生命，或别学神仙，惟求融合精神于运化之中，即与大自然为一体。因其如此，既无旧自然说形骸物质之滞累，自不致与周、孔入世之名教说有所触碍。故渊明之为人实外儒而内道，舍释迦而宗天师者也。推其造诣所极，殆与千年后之道教采取禅宗学说以改进其教义者，颇有近似之处。然则就其旧义革新，“孤明先发”而论，实为吾国中古时代之大思想家，岂仅文学品节居古今之第一流，为世所共知者而已哉！[⑥]

陈氏说陶渊明是“大思想家”，实乃卓识高见。然而他这篇论文重点在说明陶渊明与魏晋清谈的关系，并非全面探讨陶渊明的哲学思考，所以还有许多可以拓宽来深入讨论的地方。例如：陶渊明究竟思考过哪些关于宇宙、人生的大问题？关于这些问题他有哪些苦闷？得到怎样的解释和超越？即陶渊明的哲学思考涉及哪些哲学范畴。又如：陶渊明的哲学思考有哪些特点，与其诗歌创作有什么关系？本文拟就这些问题做一番深入的探讨。

一

陶渊明思考的第一个问题就是人如何保持自然，也就是人如何才能不被异化。

什么叫“自然”呢？笔者很有兴趣地注意到，“自然”二字不见于《论语》、《孟子》，是老庄哲学特有的范畴。《老子》曰：

> 人法地，地法天，天法道，道法自然。（二十五章）
>
> 道之尊，德之贵，夫莫之命而常自然。（五十一章）
>
> 以辅万物之自然而不敢为。（六十四章）

此所谓“自然”不同于近代所谓与人类社会相对而言的“自然界”，它是一种状态，意谓非人为的，本来如此的，天然而然的：世间万物皆按其本来的面貌而存在，依其自身固有的规律而变化，无须任何外在的条件和力量。老子认为道和德既不是什么力量使然的，也不有意地去作什么、为什么，而是处于一种自然而然的状态。它什么也不作、什么也不为，却什么都作了为了。人既然尊崇道德，就应该像它一样保持自然的状态，本来怎样就怎样，这又叫抱朴含真。庄子继承老子的学说，认为一切的人为不过是自扰，结果只能自受其害，只有“顺物自然”（《应帝王》），任其自然，天下才得以治，人生才得以安。郭象在《庄子注》里又对此作了进一步的发挥⑦。《庄子·知北游》：“有先天地生者，物邪？”郭象注曰：

> 谁得先物者乎哉？吾以阴阳为先物，而阴阳者即所谓物耳；谁又先阴阳者乎？吾以自然为先之，而自然即物之自尔耳。吾以至道为先之矣，而至道者乃至无也，既以无矣，又奚为先？然则先物者谁乎哉？而犹有物，无已，明物之自然，非有使然也。

老庄认为有一个先天地万物而生的道，虽然这个道是不可道、不可名的，但总是有那么一个东西。郭象则认为连这样一个道也不存在，之所以有万物，万物之所以如此，并不是由道产生的，也不是由道使然的，而是它们自然地如此。《庄子·齐物论》："夫吹万不同而使其自己也。"郭象注曰：

然则生生者谁哉？块然而自生耳。自生耳，非我生也。我既不能生物，物亦不能生我，则我自然矣。自己而然，则谓之天然。天然耳，非为也。

他认为我是块然自生的，是自己而然的，不取决于任何什么，也不依赖于任何什么，因而完全独立。他把这叫"独化"。《庄子·天运》："天有六极五常"，郭象注曰：

夫物事之近，或知其故。然寻其原以至乎极，则无故而自尔也。自尔则无所稍问其故也，但当顺之。

这就是说，人只能顺应自然的状态和变化，无所待，无所使，自然而然，从而可以进入自由自如的境界。

《庄子》的版本原来各异，郭象编辑的一种在唐以后成为定本，一直保存到现在，其他版本都佚失了[⑧]。郭注本在魏晋也是最流行的版本，陶渊明不可能没见过这个本子，他显然是通过郭象的注释来理解《庄子》的。因而他所思考的自然，明显地受到郭象的影响。

陶渊明诗文中，用"自然"一词共四次：

贵贱贤愚，莫不营营以惜生，斯甚惑焉。故极陈形影之苦言，神辨自然以释之。(《形影神序》)

久在樊笼里，复得返自然。(《归园田居》其一)

及少日，眷然有归欤之情。何则？质性自然，非矫厉所得。饥冻虽

切，违己交病。(《归去来兮辞序》)

又问听妓，丝不如竹，竹不如肉。答曰："渐近自然。"(《晋故征西大将军长史孟府君传》)

首先，陶渊明所谓"自然"不是近代所谓客观的物质性的"自然界"，而是一个来自老、庄、郭象的哲学范畴，指的是一种自在的状态。他希望返归和保持自己本来的、未经世俗异化的、天真的性情，犹如一座山、一株树、一只鸟那样自然而然地生存着。陶渊明说自己的"质性自然，非矫厉所得"。"矫"字语出《庄子·天下》："以绳墨自矫。"郭注："矫，厉也。"成疏："用仁义为绳墨，以勉励其志行也。"陶渊明的意思是说自己的质性天然如此，不受绳墨，只能依照自己的本性生活，保持自己本来的状态。

其次，陶渊明所谓"自然"，含有自由的意味。所谓"久在樊笼里，复得返自然"，就应该这样理解。在樊笼里不得自然也不得自由，归园田居才复得自然复得自由。或注"复得返自然"意谓返回大自然（自然界），恐失其原意。在陶渊明诗文中并没有近代意义上的自然界，而只有具体的山水、飞鸟、树木、云雨。因此不能把"返自然"直接理解为返回大自然，但在陶渊明看来只有返回山林田园，躬耕以谋生，而无求于世俗，才能真正得到"自然"，从而也就得到了自由。所以陶渊明所谓"返自然"又是以返回山林田园为前提的。

复次，陶渊明以"自然"为美。这从他以赞赏的态度转述其外祖父孟嘉的话"渐近自然"可以看出。为什么"丝不如竹，竹不如肉"呢？因为逐渐接近自然。在古代的美学理论中，孔子是强调美与善统一的，《论语·八佾》："子谓《韶》，尽美矣，又尽善也。谓《武》，尽美矣，未尽善也。"言外之意，把善放在首位。老子强调真而排斥美，《老子》八十一章："信言不美，美言不信。"庄子则以朴素为美，《庄子·天道》："朴素而天下莫能与之争美。"老、庄虽崇尚自然但并没有提出以自然为美，陶渊明转述的孟嘉这句话拈出"自然"二字，比较明确地表达了“自然”是美的极致的意思，这在中国美学史上是有特殊意义的。陶渊明既以“自然”为美，他的人生理想和文学理想当然也是这样的，他要的是自然的人生、自然的文学，也就是美的人生、美的文学。

最后，更重要的是陶渊明以“自然”化解人生的苦恼，以“自然”作为医治人生各种弊病的良药。在《形影神》里他让“神”辨“自然”以释“形”、“影”之苦，“形”苦于人生之短暂，“影”苦于修名之难立，“神”认为他们的苦恼都源于不明“自然”之义，因而表现为“惜生”。如能辨明自然之义，就没有这些痛苦了。形神问题，本是哲学上的重要问题之一，关于形神的讨论由来已久。《管子·内业》所谓“形”与“精”已经导始了形神的讨论。《荀子·天论》提出“形具而神生”的命题，肯定了神对形的依赖关系，但还没有详细论述。桓谭《新论·形神》用烛火比喻形神，成为一个有名的论点。王充《论衡》在桓谭的基础上，更详细地论证了精神不能脱离形体而存在。到了南朝，范缜著《神灭论》，提出形质神用的命题，认为精神只是形体的作用，于是形神问题才基本上解决了。陶渊明生活在范缜之前，那时形神问题仍是一个尚未解决的令人困惑的大问题。慧远著有《形尽神不灭论》，认为神有暗中转移的作用，可由一个形转移到另一个形，而保持不灭。陶渊明的《形影神》一方面针对慧远，认为形会灭，神也会灭。另一方面又不仅是针对慧远，陶渊明在形神这一传统的命题之外又加了一个“影”，使形、神这个二极的命题扩展成为形、影、神三极的命题，并使三者各有所指代。形，指代人求长生的愿望；影，指代人求立善名的愿望；神，指代人的理智。这样就突破了形神关系这个纯哲学的命题，使之更贴近人生的实际。形影神还有另外的意义：形，代表道教的思想；影，代表儒家的思想；而陶渊明则高高地站在自己的理智上对道教、儒家两方面都加以劝导。这个三极的哲学命题是首先由陶渊明提出来的，是他的独立思考。关于“影”，当然可以追溯到《庄子》中《齐物》、《寓言》所谓的“景”。罔两和景的问答这种形式也许对陶渊明有启发。但《庄子》中的“景”并不具有陶渊明所谓“影”的象征性，因而不能说它们是一回事。再进一步说，陶渊明所谓形影神三者，分别代表陶渊明自身矛盾着的三个方面，三者的对话反映了陶渊明人生观里的冲突与调和。《形影神》在这个意义上可以说是陶渊明对自己思想的积极反省，反省的结果乃归于“自然”，遂亦解除了苦闷——至少逻辑上是如此，至于生活中是否完全消除了苦闷又当别论了。

陶渊明诗文中用到“自然”这个词虽然只有四处，但表现自然之义的地方不止四处。如“万理自森著”（《形影神·神释》），“贞刚自有质”（《戊申岁六月中遇火》），“四时自成岁”（《桃花源诗》）。这些诗句都是强调事物自身的质性，不依赖外力的自然而然的规律。尤其值得注意的是陶渊明所谓的“天”，它们除了指“天空”、“天子”、“天气”以外，还有一部分其含义与“自然”相通。且看以下例句：

天道幽且远，鬼神茫昧然。……在己何怨天，离忧凄目前。（《怨诗楚调示庞主簿邓治中》）

承前王之清诲，曰天道之无亲。（《感士不遇赋》）

试酌百情远，重觞忽忘天。天岂去此哉，任真无所先。（《连雨独饮》）

天运苟如此，且进杯中物。（《责子》）

聊乘化以归尽，乐夫天命复奚疑。（《归去来兮辞》）

孝发幼龄，友自天爱。（《祭从弟敬远文》）

勤靡馀劳，心有常闲。乐天委分，以至百年。（《自祭文》）

上列各例句中的“天道”、“天运”、“天命”、“天爱”、“乐天”，以及单独使用的“天”字，都有与“自然”相通的意思。我们不妨先追溯其出处，再寻绎其含义。

“天道”虽早见于《论语·公冶长》：“子贡曰：‘夫子之文章，可得而闻也；夫子之言性与天道，不可得而闻也。’”但“天道”既不可得而闻，所以在《论语》里并未详言，“天道”这个词也只出现这一次。“天道”又是《庄子》的篇名，其开宗明义的第一句话就是“天道运而无所积，故万物成”。意谓自然规律不断运行而无停顿，所以万物生成。陶渊明正是在这个意义上使用“天道”一词并加以发挥的。在他看来，天道是不受人支配的、自然而然的，对人无亲疏之分，甚至是人所不能了解的，无可抱怨的，只有顺从它。顺从“天道”就是顺从“自然”。

“天运”也是《庄子》的篇名。其开宗明义曰：“天其运乎？地其处乎？日月其争于所乎？孰主张是？孰维纲是？孰居无事推而行是？意者其有机缄而不得已邪？意者其运转而不能自止邪？”陶渊明也正是在这个意义上讲天运的，天的运行有它自身的规律，表现为一种自然的力量，人在它面前无能为力。

“天命”多见于儒家言论。《论语·为政》：“五十而知天命。”其《季氏》曰：“君子有三畏：畏天命，畏大人，畏圣人之言。小人不知天命，而不畏也。”《中庸》曰：“天命之谓性。”儒家认为天能致人以命，决定人的命运。陶渊明说“乐夫天命”，其中“天命”二字虽然出自儒家的言论，但联系上文所谓“乘化以归尽”来看，其思想倒是与《庄子》一致的。《庄子·德充符》：“死生、存亡、穷达、贫富、贤与不肖、毁誉、饥渴、寒暑，是事之变，命之行也。”《庄子·秋水》：“无以人灭天，无以故灭命。”此所谓“天”和“命”都不是宗教所说的有意志的主宰者或上帝的命令，而是人力无可奈何的“自然”及其力量。

其他各用例大抵如此，不再一一诠释。唯“试酌百情远，重觞忽忘天”，尚须稍加说明。“百情”属于人，“百情远”则已忘人，但还未忘天。“重觞”则连“天”也忘了。这里的“天”乃是高出于人的不可抗拒的自然力量，可视为“天道”、“天运”、“天命”的总和。但“天”固然可以偶尔忘掉，却并没有失去控制自己的力量，并没有须臾离开，所以只能以“任真”为先。“真者，所以受于天也，自然不可易也。”（《庄子·渔父》）“任真”以保持自己天生的本性，也就是顺从那不可抗拒的“自然”。

可见，“天”往往是陶渊明对“自然”的另一种表述，它更清楚地表明陶渊明相信有一种超乎“人”的自然力量，左右着人的生活和命运，而人必须顺应“它”。顺应“自然”的方法是保持自己的自然状态，以达到自由的人生境界。在这一点上陶渊明和老、庄、郭象是一致的。然而陶渊明又有不尽同于老、庄、郭象的地方，他不仅认为人是自然的产物，而且认为人是万物之灵，人本来可以有很大的作为，是由于社会的原因，人的才智受到限制而不能有所为，于是一些有识之士不得不退而自保。《感士不遇赋》曰：

> 咨大块之受气，何斯人之独灵！禀神智以藏照，秉三五而垂名。……密网裁而鱼骇，宏罗制而鸟惊。彼达人之善觉，乃逃禄而归耕。

如此看来陶渊明还是想有所作为的。他的思想可以概括为，自然而非无为。顺应自然只是知其不可而不为的一种明智之举，是化解苦恼的一剂良药，是保持自身不被异化的一种方法而已。就顺应自然而言，他接近老子；就非无为而言他又接近孔子。此外还可以看到，陶渊明宣扬自然之义是有针对性的，是针对当时社会上种种虚伪狡诈的风气而发的感慨。他痛感“自真风告逝，大伪斯兴”（《感士不遇赋序》），“羲农去我久，举世少复真”（《饮酒》其二十）。怎样对抗庸俗的世风呢？只有坚守“自然”。世风颓废，任其颓废，而我自己不受影响，依然保持本来的自我。再进一步说，陶渊明崇尚自然固然与其所受老庄思想影响有很大关系，也和他的生活经历分不开；自然，是从其仕宦和躬耕两方面的经验中得出的人生理想。他深知仕宦生涯对人的拘束与牵制，那是一种违背自己本性的生活：“尝从人事，皆口腹自役，于是怅然慷慨，深愧平生之志。”（《归去来兮辞序》）“纡辔诚可学，违己讵非迷。”（《饮酒》其九）而归田躬耕隐居则如“羁鸟”返旧林，“池鱼”归故渊，得遂其自然之志。他认为躬耕隐居的生活最利于保持自然的状态，并得到真正的生趣。陶渊明安贫守贱，陶然于穷巷墟烟之间，正是这种自然之义的实践。

陶渊明思考的第二个问题是“顺化”。其所谓“化”细细区分包括三个方面：一是宇宙间事物变化迁徙的过程，如四时的运行，村邑的兴废，朝代的更替，等等。二是不可抗拒的万物自身变化的规律。三是人自身从幼至壮至老至故的变化过程。陶渊明常由前两点联想到第三点，并借前两点以消解第三点引起的悲哀。还是先看陶渊明诗文中使用“化”的例句：

表示第一层意思的：

目送回舟远，情随万化移。（《于王抚军座送客》）

万化相寻绎，人生岂不劳。（《己酉岁九月九日》）

聊且凭化迁，终返班生庐。（《始作镇军参军经曲阿作》）

在陶渊明看来，客观世界处在不断的变化之中，这变化是无所不在的，他称之为“万化”。人，作为世界万类中的一类，当然也要随着万化而变化。世界不断地变化更替，人生也在不断地变化更替，所以人生劳苦是必然的。人只能适应万化，而不能让万化牵就自己。人的感情会随着万化而变化；人的生活选择也要随着万化而变化。机遇未来时不必强求，机遇到来时也不必回避。

表示第二层意思的：

翳然乘化去，终天不复形。（《悲从弟仲德》）

聊乘化以归尽，乐夫天命复奚疑。（《归去来兮辞》）

我无腾化术，必尔不复疑。（《形影神·形赠影》）

形迹凭化往，灵府长独闲。（《戊申岁六月中遇火》）

前两处都用了“乘化”，而且都与人的死亡有关。前者是悼念从弟的死去；后者说到“归尽”，也就是死。“乘化”意谓因化，也就是第四例所谓“凭化”。“乘化”、“凭化”是与“腾化”相对而言的，“我无腾化术，必尔不复疑”。没有“腾化术”就必定要死亡。可见“化”是一种规律，具有不可抗拒的力量，只能“乘”之、“凭”之而不能“腾”之，只能顺从它而不能超越它。

表示第三层意思的：

纵浪大化中，不喜亦不惧。应尽便须尽，无复独多虑。(《形影神·神释》)

流幻百年中，寒暑日相推。常恐大化尽，气力不及衰。(《还旧居》)

一世异朝市，此语真不虚。人生似幻化，终当归空无。(《归园田居》其四)

既来孰不去，人理固有终。居常待其尽，曲肱岂伤冲。迁化或夷险，肆志无窊隆。(《五月旦作和戴主簿》)

运生会归尽，终古谓之然。……形骸久已化，心在复何言。(《连雨独饮》)

客养千金躯，临化消其宝。(《饮酒》其十一)

同物既无虑，化去不复悔。(《读山海经》其十)

识运知命，畴能罔眷。余今斯化，可以无恨。(《自祭文》)

穷通靡攸虑，憔悴由化迁。(《岁暮和张常侍》)

这些用例或讲“化”，或讲“大化”，或讲“幻化”，或讲“迁化”，或讲“化迁”，意思都一样，是指人由生到死的变化过程。陶渊明认为这个“化”的过程是不可逆转的，怎样养生也不能阻挡它，倒不如排除忧虑听其自然。“化”是有“尽”的，“化”的尽头是“空无”，死后一切都空了、无了，什么都不再存在，他并不相信更不期待彼岸世界。陶渊明认为“化去”就是“同物”，联系他所谓“咨大块之受气，何斯人之独灵”(《感士不遇赋》)，以及“死去何所道，托体同山阿”(《拟挽歌辞》)，可知在他看来，人本是“物”(“大块”、“山阿”)秉受了“气”而生的，死亡意味着返回“物”的状态，这就是“同物”(“同山阿”)。

“顺化”是陶渊明对生死的态度。从词句上看，他对死亡是很达观的，前人或认为他能超越对死亡的忧虑，如罗大经论《神释》曰："乃是不以死生祸福动其心，泰然委顺，养神之道也，渊明可谓知道之士。"[9]但是，陶渊明既然如此达观，为什么还要反反复复地讲到死亡这个问题呢？特别是他在中年生了一场重病之后。合理的解释是：陶渊明对生死问题本来就很关切，而且越来越关切，他的内心存有对死亡的恐惧和死后的困惑。他在《自祭文》末尾说的两句话："人生实难，死如之何？"足以代表他对生死问题总的态度。活着太难了，死后怎样呢？死和生相比怎样呢？死亡能够化解人生的种种难题吗？"人生实难"出自王粲《赠蔡子笃》："悠悠世路，乱离多阻。……人生实难，愿其弗与。"[10]那只是对人生的感慨。陶渊明更进一步，他问：死亡能不能解决人生的难题？死后会不会又有死后的难题等在那里？他对人生已经失望了，对死亡又感到困惑，努力驱赶死亡的阴影，用理性的思考说服自己、宽慰自己，于是找到了"顺化"。宇宙间万事万物无不处在"化"中，人也不能例外，这是不可抗拒的。既不能"腾化"便只好"顺化"，不必为死亡的到来而忧虑，也不必为死后的未知而困惑。死虽不可知，但生是可以由自己掌握的，以自然的态度对待生，以泰然的态度对待死，这就是陶渊明的生死观。

"化"作为一个哲学范畴，由来已久，而且儒道两家莫不讲"化"，都认为"变"是普遍存在的。《论语·子罕》曰："子在川上曰：'逝者如斯夫，不舍昼夜。'"《老子》曰："大曰逝，逝曰远，远曰反。"（二十五章）《荀子·天论》曰："四时代御，阴阳大化"，始有"大化"一词。《庄子·大宗师》曰"万化而未始有极"，则又有"万化"一词。宇宙间万物莫不在"化"之中，人当然也不能例外。《列子·天瑞》："人自生至终，大化有四：婴孩也，少壮也，老耄也，死亡也。"至于"大化"有无目的或外在的主宰呢，自老子以来多主张自然论，认为一切变化都是自然而然[11]。陶渊明的"顺化"思想也是符合这个总的思潮的。

人生短暂的感叹和对死亡的恐惧，是自汉末以来诗文中经常出现的主题。曹操曰：“对酒当歌，人生几何。譬如朝露，去日苦多。”（《短歌行》）“盈缩之期，不但在天。养怡之福，可得永年。”（《步出夏门行》）曹植曰：“存者忽复过，亡没身自衰。人生处一世，去若朝露晞。”（《赠白马王彪》）“惊风飘白日，光景驰西流。盛时不可再，百年忽我遒。生存华屋处，零落归山丘。先民谁不死，知命复何忧。”（《箜篌引》）孔融曰：“岁月不居，时节如流。五十之年，忽焉已至。”（《论盛孝章书》）阮籍曰：“一日复一夕，一夕复一朝。颜色改平常，精神自损消。……但恐须臾间，魂气随风飘。”（《咏怀》其三十三）这些都是典型的例句。陶渊明思考生死问题，并咏于诗中，也是符合这个总的诗歌潮流的。陶渊明不同于前人的是，他用“顺化”的思想去化解前人的生死困惑，而使他的诗有一种旷达的气度。至于他是否真的想通了又当别论，至少他主观上希望自己不再为死亡的到来而忧虑，并努力在诗里说服自己。他的许多诗便是这种哲学思考的真实记录。

陶渊明思考的第三个问题是“养真”。“真”是其哲学思想的一个重要范畴，它可以通向“自然”，但不完全等于“自然”，它带有人生价值判断的意义，既属于抽象理念的范畴，又属于道德的范畴。“养真”则是贯穿陶渊明全部生活的一种人生哲学。先看其诗文中“真”和“养真”的用例：

真想初在襟，谁谓形迹拘。聊且凭化迁，终返班生庐。（《始作镇军参军经曲阿作》）

山气日夕佳，飞鸟相与还。此中有真意，欲辨已忘言。（《饮酒》其五）

悠悠上古，厥初生民。傲然自足，抱朴含真。智巧既萌，资待靡因。（《劝农》）

试酌百情远，重觞忽忘天。天岂去此哉，任真无所先。（《连雨独饮》）

投冠旋旧墟，不为好爵萦。养真衡茅下，庶以善自名。（《辛丑岁七

月赴假还江陵夜行涂口》)

陶渊明所谓“真想”、“真意”，是关于“真”的想，关于“真”的意，这是涵盖其全部人生理想在内的抽象理念。他在赴任镇军参军的途中，“望云惭高鸟，临水愧游鱼”。明知是在向樊笼密网里走可又不得不走下去，他的内心矛盾而又惭愧。但他自有解脱的方法，那就是把心灵和形迹分开，以心灵的自由弥补形迹的不自由：“真想初在襟，谁谓形迹拘。”只要抱定“真想”，保持精神上的独立自由，虽然入仕仍不至受到拘束。反过来说，如果“以心为形役”，心为奴，形为主，那就失去了自由。“真意”和“真想”近似，联系各自的上下文来看，“真想”是陶渊明自己主观上早已抱定的一种坚守不放的思想，而“真意”乃是从客观景物中忽然悟出的、贯通宇宙和人生的一种“理”。

“含真”、“任真”、“养真”，此三者是崇尚“真”的态度。“含真”意谓抱着“真”不变。“傲然自足，抱朴含真”，是指上古生民而言，陶渊明认为上古生民保有人类的朴素与真淳，未经世俗的浸染，是最理想的人。《老子》曰：“见素抱朴”。河上公注：“见素者，当抱素守真”，意思相近。陶渊明显然是借上古生民寄托自己的理想。“任真”是以“真”为第一位的意思，其他都要服从于“真”，不能因其他而改变“真”，“真”是不可改变的。陶渊明“试酌”之后即已百情皆远，人世间的得失荣辱都淡化了；累觞之后忽焉连“天”也忘却了。在这里“天”指自然造化。《庄子·天地》：“忘乎物，忘乎天，其名为忘己。”然而“天”果真被忘却了吗？“天”果真离我而去了吗？并没有。“天”和我浑然合一而已。“天”就是我，我就是“天”。这种境地也就是“任真”的境地，没有什么比这更为先的了。能做到“任真”也就做到了与“天”合一。“真”不但要“含”要“任”，还要“养”，通过“养真”以求完善。“养”是后天的努力，“养真”须有一定的环境条件，“养真衡茅下”，说出了这必须的环境条件，就是要远离尘世，安于贫穷。曹植《辩问》曰：“君子隐居以养真也。”可以互证。“养真”可以概括陶渊明努力进德修养的人生态度。

在这里有必要对陶渊明所谓“真”的含义作一总结。笔者发现，“真”不仅作为哲学范畴不见于《论语》和《孟子》，而且作为一个一般的词也不见于这两部儒家经典。“真”是老庄哲学中独有的概念。《老子》曰：“孔德之容，惟道是从。道之为物，惟恍惟惚。……其中有精，其精甚真。”（二十一章）又曰：“修之身，其德乃真。”（五十四章）他把“真”作为道的精髓看待，又把道作为修身的极致。在《庄子》中“真”是一个特别突出的范畴，他对“真”有一番界定：“谨修而身，慎守其真，还以物与人，则无所累矣。……真者，精诚之至也。……真者，所以受于天也，自然不可易也。故圣人法天贵真，不拘于俗。愚者反此，不能法天，而恤于人；不知贵真，禄禄而受变于俗，故不足。”（《渔父》）意思是说：“真”是一种至淳至诚的精神境界，这境界是受之于天的，性分之内的，自然而然的。在庄子看来，每个人都有他的“真”，圣人和俗人的区别只在于能否守住自己的“真”。圣人不过是谨慎地守住这种精神境界，而不受外物的干扰而已。能守“真”的人就是“真人”。他说：“古之真人，不知说生，不知恶死；其出不䜣，其入不距，翛然而往，翛然而来而已矣。不忘其所始，不求其所终。受而喜之，忘而复之。是之谓不以心捐道，不以人助天，是之谓真人。”（《大宗师》）庄子所谓“真人”乃是没有世俗之喜怒哀乐的、保持其天性的人。就一个人来说，只有婴儿时期才能如此；就一个社会来说，只有未开化的原始社会才能如此。一个进入社会生活的成人，要想达到“真”，就只能重新返回儿童的状态。显而易见，陶渊明所谓“真”是和老、庄哲学一脉相承的。

陶渊明在讲“真”的同时也讲到“伪”：“夫履信思顺，生人之善行；抱朴守静，君子之笃素。自真风告逝，大伪斯兴。闾阎懈廉退之节，市朝趋易进之心。”（《感士不遇赋序》）这个“伪”从一般意义上理解是虚伪的意思，从哲学意义上理解是“人为”的意思，如《老子》曰：“大道废，有仁义；慧智出，有大伪。”（十八章）此所谓“伪”就是和自然相对立的人为[12]。陶渊明所谓“伪”兼有两方面的含义，联系上文看是人为的意思，联系下文看是虚伪的意思。

陶渊明还讲到“淳”：“羲农去我久，举世少复真。汲汲鲁中叟，弥缝使其淳。”（《饮酒》其二十）“望轩唐而永叹，甘贫贱以辞荣。淳源汩以长分，美恶作以异途。”（《感士不遇赋》）“奇踪隐五百，一朝敞神界。淳薄既异源，旋复还幽蔽。”（《桃花源诗》）“三五道邈，淳风日尽。九流参差，互相推陨。”（《扇上画赞》）“淳”有厚、清、朴等含义，与“真”正可以互相引发。在陶渊明看来，上古伏羲、神农、轩辕、唐尧之世，三皇、五帝之时，社会是淳朴的，后来渐渐失去淳朴，而有了九流之分，九流互相推陨，社会也就变得日益浇薄了。只有在桃花源那样的世界才保留着上古淳朴之风，而成为一个与世隔绝的神界。这样，陶渊明关于“养真”的哲学思考遂进入社会历史的范围，带上了对当时社会的批判色彩。

二

陶渊明的哲学思考具有鲜明的特点。其哲学思考虽然吸收了先哲的思想资料，但主要是从其本人的生活实践中来的，是他本人的生活体验的升华，因而较少纯思辨的色彩。如果把他的哲学思考比作一株树，那么这株树是连同其赖以生长的土壤一起呈现在我们眼前的，那土壤就是日常生活中的事物、山水田园的景色，等等。陶渊明的哲学思考有很强的实践性，他的哲学不是停留在头脑中或纸面上，而是诉诸实践，身体力行。他不但以其文字也以其整个人生展示他的哲学。所以他的人生体现为一种哲人的美。陶渊明的哲学思考是以诗的形式表现的，没有逻辑的论证，而只是若干智能的火花。这使它带有类似南宗禅的顿悟的特点。他当然没有接触过禅，为什么让人觉得他的诗中有禅意呢？就因为他常常是从生活里得到一点启示，忽然悟出一种道理，“此中有真意，欲辨已忘言”，点到为止，不加发挥。这种思考方式和表述方式都接近禅。陶诗和玄言诗不同，玄言诗并没有写出切身体验的哲理，只是抄录柱下之旨，也没有诗意。陶诗则是活生生的富有哲理性的诗。陶渊明的哲学思考以上述三个特点证明，他虽没有脱离魏晋思潮的主流，但有他自己的发明，在哲学上有其卓然独立的品格。陶诗并没有完全脱离玄言诗的影响，但已不再是玄言诗，在诗史上也有其卓然独立的品格。

陈寅恪说陶渊明持新自然说，与持旧自然说者不同，极有卓见。可以补充说明的是，持旧自然说者严格地说并不自然，佯狂任诞也是一种对人的自然本性的扭曲。自然，成为对抗名教的武器，这已经就不自然了。所谓旧自然说者，并没有从他们的学说中得到生的乐趣。从这个观点看来，只有陶渊明才是真的自然。陈寅恪称之为旧自然说者，不妨改称之为佯自然说；而所谓陶渊明的新自然说则是真自然说。然而陶渊明是否完全达到自然了呢？恐怕也未必。他还有痛苦，有矛盾。就其学说而言，可称之为真自然说，就陶渊明的实际而言，他也还没有达到完全的自然。如果真的那样就不用在诗里一而再再而三地表白其自然了。

陶渊明的哲学思考可以这样概括：通过泯去后天的经过世俗熏染的"伪我"，以求返归一个 "真我"，这个真我是自然的，也是顺化的。这里的关键在于"返归"，他所谓"养真"的目标就是返归于真。陶渊明看到了社会的腐朽，但他没有力量去改变它，只好独善其身，追求自身道德的完善。他看到了社会的危机，但没有正确的途径去挽救它，只好求救于人性的复归。这在他自己也许能部分地达到（特别是在他所创造的诗境中），但作为医治社会的药方却是无效的。

哲学和诗在低层次上大概是互相排斥的，哲学的抽象思维可能破坏诗的形象；然而层次越高就越可以互相补充交融。深刻的哲学思考和卓越的诗歌天才倘若集于一人，则两者都能臻于超乎寻常的境地。李白、王维、韩愈、苏轼、朱熹、龚自珍都是例证。陶渊明在两者交融的完美程度上则又有别人不可及处。

那么，深刻的哲学思考给了诗人陶渊明什么呢？

首先是一种异乎寻常的慧眼。在常人看来，南山就是具象的南山，归鸟就是具象的归鸟，青松就是具象的青松，秋菊就是具象的秋菊。而在陶渊明看来，它们既是具象的又是理念的。他能从中看到别人看不到的理趣和人生的真谛。于是，南山遂不仅是南山，归鸟遂不仅是归鸟，青松遂不仅是青松，秋菊遂不仅是秋菊。说陶渊明赋予它们某种象征性，似乎还不确切；这并不是有意为之的技巧，而是慧眼之慧见。他以哲人的智慧悟彻了宇宙和人生，才能随处见到常人见不到的"理"。陶诗源乎景，发乎事，缘乎情，而以理为统摄。以理为统摄，就是说他能从个别的景和事以及一般的情升华到带有普遍意义的理，而这理既不是游离于情景事之外的，也不是像玄言诗那样作为一个尾巴拖在诗的最后，而是融化在情景事之中，随遇而发，触处而生。陶渊明的赠答诗所言皆日常之情事，但在这些日常情事中很见理趣。例如《和郭主簿》其一：

> 蔼蔼堂前林，中夏贮清阴。凯风因时来，回飙开我襟。息交游闲业，卧起弄书琴。园蔬有馀滋，旧谷犹储今。营己良有极，过足非所钦。春秫作美酒，酒熟吾自斟。弱子戏我侧，学语未成音。此事真复乐，聊用忘华簪。遥遥望白云，怀古一何深。

此诗写闲居生活，在生活的细节中流露出对人生的理解：即超越对物质享受的追求，以达到精神的满足。在物质的享受方面，陶渊明的"园蔬"、"旧谷"、"美酒"算得了什么呢？但他有堂前的"清阴"，有善解人意为他开襟的"清风"，有偎在身旁正在学语的"弱子"，这些别人习以为常的不以为是享受的事物，陶渊明觉得已经是最高的享受，其所带来的快乐超过了高官厚禄。如果没有对人生的独特解会，怎能达到这种境界！

又如《饮酒》其五：

> 结庐在人境，而无车马喧。问君何能尔，心远地自偏。采菊东篱下，

模仿的对象是《定情赋》和《静情赋》。二、陶渊明认为这两篇赋的感情是由逸至澹，由荡至正，其主旨是抑流宕而助讽谏。三、奕代之继作皆广其辞义，也就是不离开原作的基本旨意而又有所发挥，自己的这篇赋也是如此。而且他明白地说出这篇赋不谬张衡、蔡邕之原意。四、这篇赋是在"园闾多暇"之际写的。总之，这篇序文至少说明了陶渊明写《闲情赋》的主观动机，是我们研究的重要依据。这里有一个问题应当首先明确，就是《闲情赋》的"闲"字的含义。《说文》："闲，阑也，从门中有木。"注："以木门也。"引申为"防"、"限"、"闭"、"正"。《广韵》："闲，阑也，防也，御也。"《广雅·释诂》："闲，正也。"正是其引申义。《春秋繁露·循天之道篇》："故君子闲欲止恶以平意，平意以静神，静神以养气。"可见"闲"就是防闲的意思。《闲情赋序》曰："始则荡以思虑，而终归闲正。"则"闲情"犹正情也，情已流荡，而终归于正。《序》又曰："将以抑流宕之邪心，谅有助于讽谏。""抑"者，止也，与"闲"义近。《闲情赋》末尾曰："坦万虑以存诚，憩遥情于八遐。""憩"者，止也，与"闲"亦义近。这些内证足以说明"闲情"意谓抑憩流宕之情使归于正也。这样解释与陶渊明在序中所说的张衡《定情赋》、蔡邕《静情赋》之"定"和"静"意思也是相符的。此外"闲"的意义还可以参看王粲《闲邪赋》，"邪"字已指明这类"情"的性质。孔子曰："《诗》三百，一言以蔽之，曰思无邪。"(《为政》)"邪"的意思是不正，"闲邪"，很明显是使邪归正之义。

其次，应当考察《闲情赋》的继承关系，在这个系列的赋中已知最早的是张衡《定情赋》，佚文见《艺文类聚》卷十八："夫何妖女之淑丽，光华艳而秀容。断当时而呈美，冠朋匹而无双。叹曰：大火流兮草虫鸣，繁霜降兮草木零。秋为期兮时已征，思美人兮愁屏营。"又见《文选·洛神赋注》："思在面为铅华兮，患离尘而无光。"蔡邕《静情赋》佚文见《艺文类聚》卷十八："夫何姝妖之媛女，颜炜烨而含荣。普天壤其无俪，旷千载而特生。余心悦于淑丽，爱独结而未并。情罔象而无主，意徙倚而左倾。昼骋情以舒爱，夜托梦以交灵。"又见《北堂书钞》

卷一百十："思在口而为簧鸣，哀声独而不敢聆。"从这些佚文已足以看出《闲情赋》确如陶渊明自己所说是它们的"继作"系列中的一篇。这个系列不止陶渊明《序》中提到的这两篇，可以举出的作品还有王粲的《闲邪赋》、陈琳的《止欲赋》、阮瑀的《止欲赋》、应玚的《正情赋》、曹植的《静思赋》、张华的《永怀赋》等。可见以赋的体裁抒写爱情的流宕最后归于闲正，乃是汉魏以来文人惯用的方式，很难说其中有什么政治的寄托，否则"闲邪"的"邪"字怎么讲？难到忠君是"邪"情吗！"止欲"的"欲"字又怎么讲？难道忠君之情应当"止"吗！"正情"的"正"字又怎么讲？难道忠君之情要加以纠正吗！正如我们不能说陶渊明以前那些赋都有政治的寄托一样，说陶渊明的《闲情赋》有政治寄托也缺乏根据。陶渊明本人既没有这样的提示，同类作品也无此先例，仅仅以陶渊明的其他部分作品加以推测是靠不住的。我们不如从作品本身出发，根据陶渊明本人对其作品的说明，参照同一系列的作品的内容，把《闲情赋》的写作视为陶渊明的一次爱情的遐想或冒险，心飞远了，最后还是收了回来，虽然收得无力。陶渊明不管多么清高，他总还是人，总还有人的情欲。清高表现在政治上不同流合污，并非连爱的能力和兴趣也没有。在读了前贤的《定情赋》、《静情赋》之后，兴之所至，仿作一篇，写出平时爱情的欲望，这本是很容易理解的。

从以上所论《闲情赋》的题目、承传关系、赋中的自白，可以断定陶渊明写作《闲情赋》的主观动机确实是防闲爱情流宕。然而赋之为体劝百讽一，不铺陈不足以为赋，亦不足以显示才华。而铺陈太过又难免失其主旨，客观效果与主观动机相悖，此乃赋体通常情况。渊明正是在这里给昭明等人留下话柄。《闲情赋》的问题主要出在中间一段：

愿在衣而为领，承华首之馀芳；悲罗襟之宵离，怨秋夜之未央。愿在裳而为带，束窈窕之纤身；嗟温凉之异气，或脱故而服新。愿在发而为泽，刷玄鬓于颓肩；悲佳人之屡沐，从白水以枯煎。愿在眉而为黛，随瞻视以闲扬；悲脂粉之尚鲜，或取毁于华妆。愿在莞而为席，安弱体于三秋；悲文茵之代御，方经年而见求。愿在丝而为履，附素足以周旋；悲行止之有节，空委弃于床前。愿在昼而为影，常依形而西东；悲高树之多荫，慨有时而不同。愿在夜而为烛，照玉容于两楹；悲扶桑之舒光，奄灭景而藏明。愿在竹而为扇，含凄飙于柔握；悲白露之晨零，顾襟袖以缅邈。愿在木而为桐，作膝上之鸣琴；悲乐极以哀来，终推我而辍音。

以上的十愿一共四十句，占了全赋的三分之一，可谓铺张之甚。但如果没有这一段铺张，还算是一篇标准的赋吗？赋本是以铺张为特点的，而六朝时期骈赋流行，用了骈骊就更扩充了篇幅。这是陶渊明适应赋体的特点而必须采用的写法。如果没有这一段情之流宕，所谓“抑流宕”也就无从谈起了。这一段招来种种批评，不但不公平，反而说明它的成功。

十愿是渊源有自的。张衡《同声歌》“思为莞蒻席，在下蔽匡床。愿为罗衾帱，在上卫风霜。”张衡《定情赋》：“思在面为铅华兮，患离尘而无光。”蔡邕《静情赋》：“思在口而为簧鸣，哀声独不敢聆。”王粲《闲邪赋》：“愿在环以约腕。”应玚《正情赋》：“思在前为明镜，哀既往于替□。”相比之下，陶渊明的《闲情赋》虽然是模仿之作，却大有超过前人之处。这段文字可谓一往情深，淋漓尽致。在华艳中流露出真情，带有几分天真，几分痴呆，却毫无玩弄女性的意味。试想，如无真切而炽热的爱情体验，笔下岂能有如此传情之词句？由此可以看到渊明并不枯槁的一面。昭明之所讥，正是此赋价值之所在。

二

爱情与闲情在辞赋中是先后出现的两种主题。《楚辞》中的《九歌》是祭神的歌辞，然而其中神与神的爱情、人与神的爱情，占了很大的比重。《九歌》可以看做这类作品的先河。《楚辞》中的《离骚》有一段求女的描写，如果不是孤立地看，而是联系全篇来看，其主题并不是爱情。但它的写法对后代以爱情为主题的作品确实有影响。此后，宋玉写了一组以爱情为主题的赋，即《高唐赋》、《神女赋》、《登徒子好色赋》。前二者实际上是先后相联系的姊妹篇，《高唐赋》写楚襄王与宋玉游于云梦之台，宋玉向襄王讲述怀王与神女相交的故事，着重描写高唐之险峻和登临之所见；《神女赋》写襄王听了宋玉讲的故事之后，其夜梦中与神女相遇之事（一说是宋玉梦与神女相遇，参见沈括《补笔谈》卷一及姚宽《西溪丛语》），着重描写神女的美容与美态，以及"搴帱请御"和"欢情未接"的曲折。这两篇合在一起乃是一个完整的爱情故事，从襄王对神女倾慕的原因写起，写到襄王梦中与神女相会，而以爱情未能实现为终结。《登徒子好色赋》写楚王与登徒子、宋玉、秦章华大夫三人之间的对话，围绕着谁为好色这个中心。写登徒子妻甚丑而好之，宋玉邻女甚美而不许，秦章华大夫"从容郑卫溱洧之间"，见美女而以诗挑之，但"扬诗守礼，终不过差"。这三篇赋显然没有什么政治寄托可言，都是纯粹以男女情爱为内容的，所以《昭明文选》录入"情"这一类。《九歌》是在民间祭祀歌曲的基础上加工而成的，以娱神和自娱为目的，爱情只不过是其间的穿插。真正以爱情为主题的赋，应当从宋玉这三篇开始。这三篇都有较大的篇幅描写女子的美，男子在美女前的恍惚与倾慕，而以悦怿而未交接（由于男方或女方之守礼）结束。这几乎成了一个模式，后人不断模仿学习。

据现有的数据，首先模仿宋玉的是司马相如，他的《美人赋》模仿《登徒子好色赋》，写他游于梁王，邹阳谗以好色，司马相如答曰：自己曾"朝发溱洧，暮宿上宫"，遇一美女百般挑逗他，而他"脉定于内，心正于怀"，以证明自己并非好色。[12] 赋中从体貌到仪态对美女描写得淋漓尽致。此后，以爱情为主题的赋还有一些。杨修《神女赋》脱胎于《高唐赋》，"余执义而潜厉，乃感梦而通灵"。梦中见一神女，于是"情沸踊而思进，彼严厉而静恭。微讽说而宣谕，色欢怿而我从"[13]。这种人神恋爱的模式始自《高唐赋》，但比前者稍稍多了一点曲折，其中多了一个男子对神女追求的过程。蔡邕有《协和婚赋》写男女和婚之礼仪，以及新婚之夜的欢爱[14]；蔡邕的《青衣赋》叙写与青衣婢女的情爱[15]。

这两篇赋脱离了人神恋爱的模式，转而写男女两性之间的欢爱（虽然没有脱离家庭的范围），是一个进展。可是这种写法并没有被继承下去，陈琳的《神女赋》又回到了人神交合的老路上去[16]。应玚有《神女赋》，仅存四句[17]。徐幹《嘉梦赋》已不存，仅有《序》中的两句可见："昔嬴子与其交游于汉水之上，其夜梦见神女。"[18] 这也都仍然是人神恋爱的老模式。

曹植的《洛神赋》是这类赋中的翘楚，其序文明言"感宋玉对楚王神女之事，遂作斯赋"，可见属于《高唐赋》的系列。这篇赋的特异之处并不在模式有什么变化，而在描写的细腻与生动，特别是对人神双方的心理活动有深入的刻画。先写途经洛水得见洛神，再写洛神的容貌、穿着、仪态、动作，从各方面形容她的美丽。然后又写对洛神的爱慕，与她的约会，以及怀疑是否受骗的心情。接着又写洛神受了爱情的感动，若往若还，转眄流精，种种的情态。最后终因人神道殊，不得交接，洛神满怀柔情地离去，而作者也顾望怀愁。关于这篇赋有以为感甄后而作者，有以为寄心文帝者，都不可信[19]。《昭明文选》将它列入"情"类，直视为爱情之作，最为合理。晋张敏有《神女赋》全文，见《艺文类聚》卷七十九，从序文看来，张敏是有感于一个神女和人恋爱的传闻而写的。这故事又见《搜神记》，神女名智琼，男子名弦超，且有智琼赠弦超的诗[20]。赋的内容是写神女下降主动向人求爱以及他们的欢情。这篇赋颇有小说的意味，在传统的爱情赋里可谓别开生面。

继承宋玉的三篇赋，还有另一个分支就是闲情。爱情赋虽然多数以不得交接结束，但双方毕竟发生了爱情，爱情不是自己压抑下去的。闲情则不然，有爱的发生，甚至发展到了不可扼止的地步，但还是压抑下去了。这往往是男方的单相思，就好像《洛神赋》写了一半，写怀疑能否得到洛神对爱的回报便把自己的爱强制地压下去了，文章也就到此打住。《洛神赋》的中段不是有这样两句话吗："收和颜而静志兮，申礼防以自持。"这两句话正好可以概括这类赋的主题。

这类赋的开端是张衡的《定情赋》，全文已不可见，只有佚文保存下来，佚文不长，抄录于下：

> 夫何妖女之淑丽，光华艳而秀容。断当时而呈美，冠朋匹而无双。叹曰：大火流兮草虫鸣，繁霜降兮草木零。秋为期兮时已征，思美人兮愁屏营。（见《艺文类聚》卷十八）
>
> 思在面为铅华兮，患离尘而无光。（见《文选·洛神赋》注）

从上引片断可见，《定情赋》对爱情有展开的描写，但主题在一个“定”字，通过自己的思虑而使已经躁动的感情安定下来。《定情赋》的继作有蔡邕的《静情赋》，也只有佚文保存下来，很像《定情赋》[21]。蔡邕写有《协和婚赋》和《青衣赋》，已如前所述，可见他是一位敢于大胆抒写爱情的作家，但《静情赋》的主题却在那个“静”字上。此后王粲写有《闲邪赋》，陶渊明《闲情赋》的“闲”字即源出于此。《闲邪赋》的佚文倒不仅是男子对美女的爱慕，也写到美女本人对爱的渴望。但终归是防闲邪情而回到正路上来[22]。王粲的《神女赋》仅看题目好像是爱情赋，但看今存的佚文“心交战而贞胜，乃回意而自绝”[23]，则是闲情主题。应玚有《正情赋》，所存佚文都是写对媛女的恋慕，思为媛女明镜的两句佚文，上承《定情赋》，下启《闲情赋》，上面已经引过了[24]。陈琳、阮瑀都有《止欲赋》[25]，叙写对美女的爱慕，希望通梦交神，但终不能如愿。曹植有《静思赋》，见《艺文类聚》卷十八“美妇人”类，也属于闲情一类。阮籍《清思赋》没有用这类赋通常用的“情”字，而用了“思”字，但从佚文看来实际上是写爱情的[26]。其中写到自己寐中一悟而自惊，意流荡、心震动，“岂觉察而明真兮，诚云梦其如兹”。但终于使爱情清静下来，末尾说：“既不以万物累心兮，岂一女子之足思。”此后，晋张华有《永怀赋》，写爱情从始结到终绝的变化，不得不“长收欢于永已”[27]，也含有收敛的意思。傅玄有《矫情赋》，仅存序中的四句佚文，不知其详。但“矫情”也是正情的意思。另外，《文选·江文通〈望荆山诗〉》李善注引枚叔《正情赋》，乃袁淑所作，也属于这一类[28]。陶渊明的《闲情赋》显然是上述《定情赋》这个系列中一篇保存最完整的赋文。

值得注意的是从爱情赋到闲情赋的转变。从宋玉开始的爱情赋，一直在不断发展，到曹植手里已达到相当成熟的地步，沿着这条路可以继续前进，使赋成为抒发和描叙爱情的很好的体裁。可是从东汉张衡开始，插进了另一种声音，以礼教之大防把爱情框了起来，虽然这个框子是肤廓的从外面硬套上去的，不妨碍作者照样发挥赋的铺张扬厉的特点淋漓尽致地描写爱情，但总算是符合了儒家所谓发乎情止乎礼义的原则了。闲情系列的赋始自东汉不是偶然的，汉代独尊儒术，礼教强化，当然不利于宋玉那种爱情赋的创作。从张衡以后，爱情和闲情两种主题的赋交相出现，前者以《洛神赋》为顶点，后者则以《闲情赋》为顶点。由此可以看出《闲情赋》在文学史上的重要地位。

有趣的是昭明太子对爱情赋的宽容态度，以及对《闲情赋》的苛求态度，他实际上是用了两种不同的标准来进行评论的。他在《文选》的赋类里特列了“情”这一分类，宋玉的三篇赋和曹植的《洛神赋》都收了，而且并无贬词。但在编了《陶渊明集》为之撰序时却以惋惜的态度说《闲情赋》是“白璧微瑕”。如果《闲情赋》是“瑕”，那么宋玉、曹植的赋又当怎样评论呢？我们不知道萧统为什么这样说，但有一点可以肯定，他推崇陶渊明，对陶渊明期望太高，在别人无妨的作品，在陶渊明就成为瑕疵了。我们理解萧统的心情，不必责备他。可是因为《文选》在后代的影响太大，《文选》编者萧统所编的《陶渊明集》的影响也太大，所以这句惋惜的话所产生的作用连他本人也始料不及。本来爱情赋即使不能以直抒爱情的方式来写，也仍然可以借着闲情的方式继续下去。“白璧微瑕”四字使后来的赋家有了顾忌，本来可能顺利发展的“情”类的赋从此受到挫折；再加上《闲情赋》之卓绝使后人的仿作已成为多余，所以后来没有产生重要的作品。赋这种体裁本来有希望成为抒发爱情的方便的形式，却就没有再在这个方向上有什么大的发展。本来可以充分发展的以赋为载体的爱情主题，终于未能发展起来，这是中国文学的损失。

钱锺书先生在《管锥编》中对《闲情赋》有精辟的论说，笔者曾经参考。所举后代“祖构或冥契”十愿之作不少，皆诗词中语，与余所谓情赋因昭明而受扼并不相悖。就爱情赋而言，《闲情赋》虽非空前亦乃绝后之杰作。

（原载于《北京大学学报》1992 年第 5 期）

---

①《东坡题跋》卷二《题文选》。

②《游记·兰亭记》。

③《古南馀话》卷五。

④《敬斋古今黈》卷七。

⑤《豫章诗话》卷一。

⑥张自烈辑《笺注陶渊明集》卷五。

⑦《东山草堂陶诗笺》卷五。

⑧《陶渊明闲情赋注》，《烟霞草堂遗书》本。

⑨《陶渊明集》，人民文学出版社 1956 年版。

⑩《陶渊明集校笺》，吴兴书局 1971 年版。

⑪《陶渊明集》，中华书局 1979 年版。

⑫见《艺文类聚》卷十八。

⑬见《艺文类聚》卷七十九。

⑭见《初学记》卷十四。

⑮见《艺文类聚》卷三十五。

⑯见《艺文类聚》卷七十九。

⑰见《太平御览》卷三八九。

⑱见《初学记》卷七。

⑲见尤袤所刻《文选》李善注所引，又见何焯《义门读书记》。

⑳见《艺文类聚》卷七十九。

㉑见《艺文类聚》卷十八。

㉒见《艺文类聚》卷十八。

㉓见《艺文类聚》卷七十九。

㉔见《北堂书钞》卷一三六。

㉕见《艺文类聚》卷十八。

㉖陈伯君《阮籍集校注》，中华书局 1987 年版。

㉗见《艺文类聚》卷十八。

㉘参看刘文典《三馀札记》卷一，黄山书社 1991 年版。

陶渊明享年考辨

享年问题是关于陶渊明的一大疑案，聚讼纷纭，由来已久，至今仍然没有圆满解决。其中以主六十三岁说者最为普遍，自（宋）王质《栗里谱》以来至（清）陶澍《陶靖节年谱考异》、今人逯钦立《陶渊明事迹诗文系年》，均主此说，当今许多学者以及许多中国文学史教材也采用此说，不必一一胪列；郭银田虽主此说而稍游移[①]。此外，还有倡七十六岁说者（张縯）[②]，倡五十一岁说者（吴挚甫）[③]，倡五十二岁说者（古直）[④]，倡五十六岁说者（梁启超）[⑤]，倡五十九岁说者（圣旦、邓安生）[⑥]等等。研究这个问题而有冀于发现新的数据几乎已不可能，但是如果能用更严谨的方法重新审视认真考辨，或许有希望得出较为公允切实的结论。所谓更严谨的方法，主要指以下四者：

一、对已有的全部数据加以系统的整理、通盘的考察，不以枝节害全体。

二、对有关其享年的数据依据可信程度加以分级，尽量使用可信程度高的数据，不以次要的数据轻易否定重要的数据。

三、陶渊明的作品应以各宋本为准，宋本互异者应考察其刊刻先后择善而从，也可以理校，但决不臆改。

四、以准确理解陶渊明的作品为基础，以对其作品的胜解求其享年的实际。

本文即运用以上方法，放弃成见，重新探讨，以期得到比较圆满的结论。

一、颜延之《陶征士诔》与沈约《宋书·陶潜传》

六十三岁说最有力的证据是沈约《宋书·陶潜传》："潜，元嘉四年卒，时年六十三。"[⑦]沈《传》当然是研究陶渊明生平的重要根据，但不可不加辨别一概轻易相信。就陶渊明享年而言，《文选》颜延之《陶征士诔》只说："春秋若干，元嘉四年月日，卒于寻阳县之某里。"[⑧]只言其卒年而未言其卒岁。颜延之是陶渊明生前好友，撰写诔文一定在陶渊明卒后不久，于其享年尚且阙疑，而晚于颜延之的沈约又从何得知？据《宋书·自序》，其书乃齐永明五年（487）春被敕撰，永明六年（488）二月毕功，此时距陶渊明去世已六十一年，其可信性当然在颜《诔》之下，两相比较，我们宁可相信颜《诔》而怀疑沈《传》。

《宋书》全部写作时间才一年，不能保证没有问题，在传抄刊刻过程中又会增加一些错误。梁启超先生《陶渊明年谱》首先指出其所记陶渊明享年之误，这种大胆怀疑的精神值得钦佩。虽然梁氏所倡陶渊明享年五十六岁之说多有主观牵强之处，难以服人，但他重视运用陶渊明诗文中的内证，是可取的。因为梁氏所倡五十六岁说，学术界多不能接受，连带着他不迷信《宋书》而另求内证的这种态度也没得到应有的重视。于是《宋书》所记陶渊明享年六十三岁之说仍然未能动摇。兹仅就我本人研究所及举例说明《宋书》所记人物享年多有可疑乃至错误之处，从而证明《宋书》所谓陶渊明享年六十三并非不可动摇的定论。

且看《宋书》卷九十三《雷次宗传》："（元嘉）二十五年（448）卒于钟山，时年六十三岁。"[⑨]以此推算，其生年为晋太元十一年（386）。但根据同传所录雷次宗《与子侄书》的内容推算，其生年和享年与《宋书》的记载出入很大。《与子侄书》说："暨于弱冠，遂托业庐山，逮事释和尚。……自游道餐风，二十馀载，渊匠既倾，良朋凋索，续以衅逆违天，倍尝荼蓼，畴昔诚愿，顿尽一朝，心虑荒散，情意衰损，故遂与汝曹归耕垄畔，山居谷饮，人理久绝。日月不处，忽复十年，犬马之齿，已逾知命。"由此可知，雷次宗于二十岁入庐山事慧远，在庐山二十馀年后，慧远逝世（“渊匠既倾”）。慧远逝世的年份是可以考证的，据谢灵运《庐山慧远法师诔并序》，慧远逝世在义熙十三年（417）[10]；据（梁）释慧皎《高僧传》卷六《晋庐山释慧远》[11]、《世说新语》刘孝标注引张野《远法师铭》[12]，其逝世在义熙十二年（416），相差只有一年。慧远逝世的年份（兹取416年），是我们推算雷次宗生年和享年的重要依据。根据慧远的卒年和雷次宗《与子侄书》所记他本人的行藏，可以有三种方法推算他的生年，推算的结果，《宋书·雷次宗传》所载其生年及享年深可怀疑。第一种算法：如果以《宋书》所记雷次宗生年为准，二十岁入庐山，时在晋义熙元年（405）。后二十馀年慧远逝世，此二十馀年倘若指二十一年，在宋元嘉二年（425），若指二十六年则在元嘉七年（430），均与慧远实际卒年（416）相差颇多。如果以慧远卒年为雷次宗四十一岁，则其生年在晋太元元年（376）。如果以慧远卒年为雷次宗四十六岁，则其生年在晋太和六年（371）。这与《宋书·雷次宗传》所载生年（386）相差也很多。第二种算法：《高僧传》卷六《晋庐山释慧远》：“彭城刘遗民、豫章雷次宗、雁门周续之、新蔡毕颖之、南阳宗炳、张莱民、张季硕等，并弃世遗荣，依远游止。远乃于精舍无量寿像前，建斋立誓，共期西方。乃令刘遗民著其文曰：“惟岁在摄提格，七月戊辰朔，二十八日乙未，法师释慧远，贞感幽奥，宿怀特发，乃延命同志息心贞信之士，百有二十三人，集于庐山之阴，般若台精舍阿弥陀像前，率以香华敬荐而誓焉。”[13]《尔雅·释天第八·岁阳》：“太岁在寅曰摄提格。”[14] 慧远建斋立誓在晋安帝元兴元年（402）壬寅。据雷次宗《与子侄书》，他于二十岁入庐山，参加建斋立誓或即在是年，则其生于太元五年（380），与《宋书》所记不合。若相信《宋书·雷次宗传》所载生年，他参加慧远等人建斋立誓的这一年才十七岁，年岁对不上。第三种算法：《与子侄书》说：慧远逝世后“良朋凋索，续以衅逆违天，倍尝荼蓼，畴昔诚愿，顿尽一朝。”于是携子侄“归耕垄畔”。既曰“续”，则距慧远逝世不会太久，姑以二年计算，时当418年。又经十年，于宋元嘉五年（428）雷次宗“已逾知命”。所谓“已逾知命”，如以五十一岁计算，其生年当在晋太元三年（378）；如以五十六岁计算，其生年当在晋宁康元年（373）。这都和《宋书·雷次宗传》所记生年（386）相差很多。综合以上三种算法所得出的结论，雷次宗生年当在371年到380年之间。《宋书》所记雷次宗卒于元嘉二十五年（448）当不致有误，因为元嘉二十五年有诏加雷次宗散骑侍郎，其卒年不会早于此。以元嘉二十五年计算，其享年当是六十九岁至七十八岁之间，不应当如《宋书》所记六十三岁。总之，无论以何种方法推算，《宋书》所记雷次宗享年都深可怀疑，倒是《南史》卷七十五《雷次宗传》所说：“（元嘉）二十五年，卒于钟山。”[15] 未言享年多少，态度更为审慎。

沈约《宋书》中人物享年有误，不止雷次宗一例。如《宋书》卷四十七《孟怀玉传》附其弟《孟龙符传》：“高祖伐广固，以龙符为车骑参军，加龙骧将军、广川太守，统步骑为先锋。……众寡不敌，遂见害，时年三十三。”[16] 张森楷《校勘记》云：“龙符是怀玉弟，怀玉于义熙十一年卒，年三十一。龙符卒于伐南燕，则更在前六年，不应年三十三，疑当是二十二之讹。”[17] 又，《宋书》卷六十六《王敬弘传》：元嘉“二十三年，重申前命，又表曰：‘……年向九十，生理殆尽，……’明年，薨于馀杭之舍亭山，时年八十。”[18]《南史》作“八十八”[19]。张森楷《校勘记》云：“按敬弘表自云年向九十，当以《南史》为正。”[20] 又，《宋书》卷七十二《始安王休仁传》：“其夜，遣人赍药赐休仁死，时年三十九。”[21] 孙彪《宋书考论》云：“当作二十九。”中华书局点校本《校勘记》曰：“按明帝是休仁之兄，同年明帝卒，年三十四，则休仁是弟不得是三十九，疑作二十九是。”[22] 又，《宋书》卷七十八《萧思话传》：“孝建二年卒，时年五十。”[23]《殿本考证》云：“按思话年十八，除琅琊王大司马行参军，逾年，父源之卒是为永初元年。至元嘉五年，任青州刺史，称年二十七是也。自元嘉六年己巳，至孝建二年乙未，又历二十七年。思话卒时，年五十四，今云五十，盖脱‘四’字。”孙彪《宋书考论》云：“按思话任青州，依本纪实元嘉三年，年二十七。若五年年二十七，则其年十八时，当晋恭帝元熙元年，琅琊王已为帝，何自除琅琊王大司马参军邪？以此推之，思话卒年盖五十六也。”中华书局点校本《校勘记》曰：“按《文帝纪》系思话任青州于元嘉三年，是，传云元嘉五年任青州刺史，实误。元嘉三年，思话年二十七，则其卒年亦当是五十六，而非五十或五十四。”[24] 尤可注意者，《宋书》关于宋武帝享年的记载也有问题，《宋书》卷三《武帝本纪下》：“癸亥，上崩于西殿，时年六十七。”据《御览》及《通鉴》为“六十”。

如上所述，《宋书》所记人物享年问题如此之多，《陶潜传》所记享年岂有必信之理！宗室、显宦之享年尚且有误，隐士（如雷次宗、陶渊明）之享年必更可怀疑。既然沈约《宋书》所记陶渊明享年并非不可动摇，我们就应当另找更可信的证据以作出更可信的结论。如果不相信陶渊明生前好友颜延之当时所撰《诔》文，又不考察陶渊明诗文本身所提供的更可信的内证，拘守《宋书》所谓享年六十三岁，凡不合此说者辄改易文字，或曲为之解，恐怕不是严谨的态度。

有没有这种可能：颜延之《陶征士诔》被昭明太子收入《文选》时，因年岁并不重要而将“六十三”简化为“若干”呢？这是不可能的。因为“六十三”化为“若干”于字数仅仅省略了一个，于笔画反而增加了三笔。而且享年决不是不关重要的文句，《文选》所录诔文有明言享年者，如潘安仁《杨仲武诔》：“春秋二十九，元康九年夏五月己亥卒。”[25]《夏侯常侍诔》：“春秋四十有九，元康元年夏五月壬辰寝疾卒。”[26] 不但说明年岁，而且说明卒月卒日。与颜延之同时的谢灵运所撰《庐山慧远法师诔》也明言“春秋八十有四，义熙十三年秋八月六日薨”。[27] 可见颜《诔》没有明说渊明年岁，并不是简化，而是不能确知。

《南史》成书虽在《宋书》之后，其《陶潜传》却没有因袭《宋书》，《南史》只载陶的卒年而不载陶的享年[28]，态度更为慎重。《莲社高贤传》成书年代待考，其《陶潜传》也是只载卒年而不载享年[29]。昭明太子《陶渊明传》见于曾集本《陶渊明集》所附者，虽有“时年六十三”的话，但校记曰“一无六十三字”[30]。这都值得注意。

还有一点必须交代，汲古阁藏《陶渊明集》十卷本及其以后的一些陶渊明集所附颜延之《靖节征士诔》，有“春秋六十有三”这样的话。但现存各种宋刻本《文选》所录《陶征士诔》是没有享年的。我们相信《文选》呢，还是相信陶集的附录呢？当然应当相信前者。因为《陶渊明集》所附的《靖节征士诔》中的享年很可能是根据《宋书》添加的。而《文选》所录《陶征士诔》删去“春秋六十有三”的可能根本没有。我们当然只能以《文选》为准，这是可以肯定的。宋云彬先生在论及陶渊明享年问题时说：“总之，渊明得年六十三之说，仅见于沈约《宋书》，盖无明据。颜延之《陶征士诔》只云‘春秋若干’，萧统收入《文选》；作‘春秋六十三’，乃后人据《宋书》改之。”[31]所论极是。

二、《游斜川》及其异文

上文说过，考证陶渊明的享年应将有关资料按重要程度加以分级，不能不分轻重笼统运用，更不能以次一级的数据否定前一级的资料。在各种数据中，最重要的是陶渊明自己的诗文，其次是陶渊明生前友人的叙述，复次是后人的说法。本文第一部分，取颜延之《陶征士诔》而舍沈约《宋书·陶潜传》，除了因为《宋书》本身所记人物享年不尽可信之外，也因为二者的重要性本来就不可等同。

在第一级数据中，重要性也不一样，有可以直接证明其享年者，有可作间接参考者，我们应当首先考察最重要的数据。这样的数据只有一条，就是《游斜川》。此诗全文如下：

辛丑正月五日，天气澄和，风物闲美。与二三邻曲，同游斜川。临长流，望曾城，鲂鲤跃鳞于将夕，水鸥乘和以翻飞。彼南阜者，名实旧矣，不复乃为嗟叹。若夫曾城，傍无依接，独秀中皋。遥想灵山，有爱嘉名。欣对不足，率尔赋诗。悲日月之遂往，悼吾年之不留。各疏年纪乡里，以记其时日。

开岁倏五十，吾生行归休。念之动中怀，及辰为兹游。气和天惟澄，班坐依远流。弱湍驰文鲂，闲谷矫鸣鸥。迥泽散游目，缅然睇曾丘。虽微九重秀，顾瞻无匹俦。提壶接宾侣，引满更献酬。未知从今去，当复如此不。中觞纵遥情，忘彼千载忧。且极今朝乐，明日非所求。㉜

序文开头说“辛丑正月五日”，诗的首句说“开岁倏五十”，辛丑年五十岁，卒于元嘉四年（丁卯），本来可以断定陶渊明享年七十六岁。张縯正是这样推算的，他说：“先生辛丑《游斜川》诗言‘开岁倏五十’，若以诗为证，则先生生于壬子岁。自壬子至辛丑，为年五十，迄丁卯考终，是得年七十六。”㉝ 但事情远不是这样简单，因为存在异文，“辛丑”一作“辛酉”，“五十”一作“五日”，何所依从？就成了大问题。张縯只根据“辛丑”年“五十”岁便说陶渊明享年七十六，而没有考察异文，此说又与沈约《宋书·陶潜传》不合，所以最不为人所重视，据我所知前人里仅清朝黄璋、蔡显两人从其说，而没有新的有力的论证。黄说在陶澍《陶靖节年谱考异》中曾提及，但未引述㉞，不知其详。蔡显曰：“《陶渊明集》：辛丑《游斜川》诗云：‘开岁倏五十’，则晋安帝隆安五年也。宋文帝元嘉四年丁卯考终，应得年七十六。若改‘五十’为‘五日’，则不应下接‘吾生行归休’也。序云：‘悲日月之遂往，悼我年之不留。各疏年纪乡里，以记其时日。’非年未及强仕者口气。《荣木》诗引‘四十无闻，斯不足畏。’非必其年四十也。自实以甲辰，便处处牵合生支节矣。不信自序，而据延之《诔》文，岂其然乎？《归去来辞序》后书‘乙巳岁十一月也’，是为安帝义熙元年，靖节年应五十四。《与子俨等疏》‘吾年过五十，少而穷苦，每以家弊，东西游走。性刚才拙，与物多忤。自量为己，必贻俗患。僶俛辞世，使汝等幼而饥寒’云云，或拟改‘五’作‘三十’以合甲辰，可笑。《辛丑七月赴假还江陵夜行涂口》云：‘闲居三十载，遂与尘世冥。’若年止三十七，便说不去。《戊申岁六月中遇火》云：‘总发抱孤念，奄出四十年。’计乙巳归田，戊申五十九岁矣。张縯云：‘以诗为证，则先生生于壬子岁。自壬子至辛丑，为年五十，迄丁卯考终，得年七十六。’”[35]至于今人则没有一位撰文表示赞成张说的。既然上述两个关键的地方都有异文，那就必须从版本学和校勘学的角度加以论证，以决定取舍，然后据以考证陶渊明的享年才有说服力。

先考察几种宋刻本陶集的情况。参考（日）桥川时雄《陶集版本源流考》[36]和郭绍虞《陶集考辨》[37]，加上我本人的调查，略述如下：

汲古阁藏《陶渊明集》十卷，初藏毛氏汲古阁，继归黄氏士礼居，后归杨氏海源阁，杨绍和《楹书隅录》定为北宋本[38]。又归周叔弢先生，今藏北京图书馆，乃周先生捐赠者。桥川氏和郭氏都定为南宋本，但他们都未获见此书原本。《北京图书馆善本书目》定为宋刻递修本。今观北图所藏，书末曾纮《说》云："亲友范元羲寄示义阳太守公所开陶集，想见好古博雅之意，辄书以遗之，宣和六年（1124）七月中元曾纮书刊。"曾集本《陶渊明集》在《读山海经》下所引曾纮《说》没有这个"刊"字，细细揣摩，"刊"字当系衍文。曾纮并没有刊刻陶集，他只是就义阳太守所开（刊刻）陶集写了一封书信给范元羲而已。义阳太守原先所开陶集，在曾纮写信之前已经刊成，是北宋本无疑。至于北图今藏附有曾纮《说》的这个本子，既然书末有宣和六年曾纮所写的《说》，那么其刊刻年代的上限不会早于此年。值得注意的是，曾纮《说》的字体与陶渊明诗文的字体显然不同，因而有可能陶渊明诗文是早刻的，曾纮《说》是后刻补入的。宣和六年距北宋灭亡只有两年半，补刻的时间可能在北宋末，也可能已经到了南宋。但汲古阁的这个藏本就其正文而言可能还是北宋所刻。总之，无论如何这是应当特别重视的一个版本。

绍兴本《陶渊明集》十卷，苏体大字。文嘉云是苏轼亲手所写[39]，恐难遽定。此本有佚名氏绍兴十年（1140）跋曰："仆近得先生集，乃群贤所校定者，因锓于木，以传不朽云。"没有明言苏轼，也没有说明群贤是哪些人，所以只能肯定是绍兴刻本，而不能定为据苏轼手写所刻。胡仔《苕溪渔隐丛话》后集卷三云："余家藏《靖节文集》，乃宣和壬寅王仲良厚之知信阳日所刻，字大，尤便老眼；字画乃学东坡书，亦臻其妙，殊为可爱。"[40] 王仲良宣和刻本今已不传，此绍兴本疑其覆刊。

曾集所编的《陶渊明文集》二册，不分卷。据书末曾集本人的题记，可知刊于宋绍熙壬子（1192）。题记还说："集窃不自揆，模写诗文，刊为一编，去其卷第与夫《五孝传》以下《四八目》杂著。"可见这是带有强烈个人见解的，经曾集重编的一种版本。

汤汉《陶靖节先生诗注》四卷，旧说因卷前有淳祐初元（1241）汤汉自序而为淳祐元年刻本，陈杏珍女士详加考证后认为是咸淳元年（1265）前后的刻本[41]，刊刻时间推迟了二十四年左右。汤汉注本只收诗不收文，所以只有四卷。汤汉在注释的同时，很可能也做了一些校勘，因此他的注本也是带有主观见解的。

以上对陶集版本的说明，是为了校勘《游斜川》的异文，现在就回到正题上来。就我所见四种宋本陶集，《游斜川》的正文（包括序文和诗），除了汤汉注本以外都作"辛丑岁正月五日"和"开岁倏五十"。只有汤汉注本于序文作"辛丑"而于诗作"五日"。汲古阁藏本和曾集本都有"一作酉"和"一作日"的校记，而绍兴本径作"辛丑"、"五十"，连异文也没有。

除了宋本陶集以外，还有台湾"中央"图书馆所藏黄州刊本《东坡先生和陶渊明诗》四卷，很值得注意。台湾《"国立中央"图书馆善本书目》将此书定为"宋庆元间（1195~1200）黄州刊本"。据刘尚荣先生考证，"此书原刊于北宋末年（宋钦宗时），后于南宋淳熙七年庚子（1180）第一次修版重刊，又在庆元元年乙卯（1195）再次补版印行。前后经过七十年，可谓两宋时代的畅销书之一"[42]。在这个重要的版本里，《游斜川》序文作"辛丑岁"，诗作"五十"，而没有异文。

高丽大学所藏宋遗民蔡正孙《精刊补注东坡和陶诗话》引眉山续

溪杨恪所撰陶渊明《年谱》云："此诗（案：指《游斜川》）首言'开岁倏五十'，公自纪年也。从此纪年则公当是永和八年壬子生，至此年为五十，乃大差异。一本'五十'作'五日'，然《陶苏唱和集》及余家旧藏坡公真迹皆作'五十'字，今晋、宋书及萧统、李延寿《传》皆不取，莫详所谓。"[43] 案：《精刊补注东坡和陶诗话》国内久佚，其所引杨恪《年谱》亦不见人提及。这条新发现的材料为陶渊明享年七十六岁说增加了新的有力佐证。

有趣的是李公焕《笺注陶渊明集》十卷所提供的线索。这部书收入商务印书馆《四部丛刊》，据云是用上海涵芬楼藏元翻宋本影印的。此外还有数本，郭绍虞先生在《陶集考辨》中都曾论及。郭氏曰："吴焯《跋》称'此编汇集宋朝群公评注，淳祐中又刻于省署，当时所称《玉堂本》者也'。此言不知其所据。使所言果确，则笺注原出宋人所辑，李公焕所集录，不过总论一卷耳。"我曾将此本与汤汉注本详加比较，李公焕笺注本显然是汤汉注本的扩充，在汤注之外又搜集了诸家的评析。吴焯说"淳祐中刻于省署"，显然是不确切的。因为汤刻在咸淳元年（1265）前后，笺注既然引用汤注，不可能刻在早于咸淳的淳祐年间（1241~1252），而必在汤刻之后，距南宋灭亡（1279）已不到十四年了。以我看来，李公焕的笺注本不仅是元朝所刻，而且编辑的时间恐怕也已到了宋末甚至元初了。所谓"元翻宋本"的说法是很可怀疑的。

考证了李公焕笺注本的时代后，再看其《游斜川》这首诗的正文和注解。序文作"辛丑正月五日"，诗作"开岁倏五日"。这和汤汉注本完全一样，但取消了汤汉注本的异文。在诗后有一段李公焕本人的按语："辛丑岁靖节三十七，诗曰'开岁倏五十'，乃义熙十年甲寅。以诗语证之，序为误。今作'开岁倏五日'，则与序中'正月五日'语意相贯。"从这里可以看出李公焕是如何在汤汉的基础上，按照《宋书》改动陶渊明原文的。李公焕笺注本流传广泛影响很大，有了他的这个按语，后来很少人再考虑陶渊明的原作究竟应当怎样了。

为使读者一目了然，姑且列表如下：

《东坡先生和陶渊明诗》	“辛丑”	“五十”
汲古阁藏《陶渊明集》	“辛丑” （一作酉）	“五十” （一作日）
绍兴本《陶渊明集》	“辛丑”	“五十”
曾集本《陶渊明集》	“辛丑” （一作酉）	“五十” （一作日）
汤汉《陶靖节先生诗注》	“辛丑” （一作酉）	“五日” （一作十）
李公焕笺注《陶渊明集》	“辛丑”	“五日”

就现存最初的几种刻本而言，我们可以说陶集中的《游斜川》原来是“辛丑”年“五十”岁，后来有人发现这不符合《宋书·陶潜传》所载陶渊明享年六十三岁的说法，于是渐渐按照《宋书》加以修改，于是出现了异文。开始还保留着原貌，只是用注出异文的方法使它不违背《宋书》。再往后就改动原文以牵就《宋书》，反过来将原文以异文的形式注出。最后索性连异文也不要了。退一步说，即使陶集在传抄过程中原来就有异文，也不能排斥确有一种作“辛丑”和“五十”。后人在刊刻的过程中，有将“辛丑”改为“辛酉”，“五十”改为“五日”以牵就《宋书》之理；而无将“辛酉”改为“辛丑”，“五日”改为“五十”以致与《宋书》相悖之理。我们究竟应当相信哪一种？当然是“辛丑”年“五十”岁。这样算来陶渊明享年七十六是可以成立的，张縯的说法并没有错。再退一步说，“五十”、“五日”或许都出自渊明之手，是他本人先后有所改动，于是出现异文。即使其定本不作“辛丑”而作“辛酉”，不作“五十”而作“五日”，也足以用曾作“辛丑”、“五十”以考证其年寿了。

张縯的说法见于他就吴仁杰的《陶靖节先生年谱》所作的《辨证》。吴仁杰登宋淳熙五年（1178）进士第[44]，张縯登宋隆兴元年（1163）进士第[45]，他们是同时代的人。他们生活的年代和曾集差不多，有可能见到曾集刻本；但比汤汉早了几十年，不可能见到汤注本，更不要说李公焕笺注本了。曾集本所注异文他们是否见到过不得而知。但吴仁杰作陶渊明年谱时只是根据《宋书》，没有细察陶渊明的诗文；张縯更注意陶渊明诗文的内证，而不相信《宋书》，他是一位细心的人。

马永卿《懒真子》卷一曰："世所传《五柳集》，数本不同，谨按渊明乙丑生，至乙巳岁赋《归去来》，是时四十一矣；今《游斜川诗》，或云'开岁倏五十'皆非也。若云'开岁倏五日'，则正序所谓'正月五日'，言开岁倏忽五日耳。近得庐山东林寺旧本作'五日'，宜以为正。"[46] 此东林寺旧本今已不传，但苏轼曾经见过。《东坡题跋》云："余闻江州东林寺有陶渊明诗集，方欲遣人求之，而李江州忽送一部遗余；字大纸厚，甚可喜也。每体中不佳，辄取读，不过一篇，惟恐读尽后无以自遣耳。"[47] 值得深思的是，苏轼本人所和陶诗并没有采用马永卿所说的那种江州东林寺本，其《和陶诗》于此首曰"虽过靖节年，未失斜川游"。[48] 可见苏东坡是采取年"五十"之说的。而且苏轼的儿子苏过的《小斜川引》说："今岁适在辛丑，而余年亦五十，盖渊明与余同生于壬子岁也。"[49] 明显是采取"辛丑"年"五十"岁的本子。这一点在陆游的《老学庵笔记》中得到了证实："陶渊明《游斜川》诗，自叙辛丑岁年五十。苏叔党宣和辛丑亦年五十，盖与渊明同甲子也。是岁得园于许昌西湖上，故名之曰'小斜川'云。"[50] 陆游《老学庵续笔记》曰："叔党宣和辛丑岁得隙地于许昌之西湖，葺为园亭。是年叔党甫五十，尝曰：'陶渊明以辛丑岁游斜川，而诗云"开岁忽五十"，是吾与渊明同甲子也。今吾得园之岁，与渊明游斜川之岁适同。因以"小斜川"名之。'或者谓叔党家本川人，而在元祐邪籍，故自名斜川，恐不然也。"[51] 据瞿镛《铁琴铜剑楼藏书目录》卷十六所载陆游幼子陆子遹跋语，《老学庵笔记》是陆游在淳熙、绍熙间所著[52]。陆游当时所看到的苏东坡及苏过的诗也明明是取"辛丑"年"五十"岁，而且陆游对这一点并没有提出疑问，这就更可以证明苏东坡、苏过，甚至陆游所见到的本子都是“辛丑”年“五十”岁，而且他们是相信这种本子的。至于马永卿所见东林寺本虽然是古本，但马的说法是否可信仍然值得怀疑，为什么同样见过东林寺本的苏东坡和很可能见过东林寺本的苏过偏不取其“五日”而另取“五十”呢？而且东林寺本是否在“五日”下注明一作“五十”，如同今传汤汉注本那样，也不得而知了。所以，马永卿的说法顶多只能证明他曾见过作“五日”者，但不能证明作“五日”为是，更不能根据马永卿的转述而遽取“五日”以怀疑“辛丑”年“五十”岁的说法。

再从《游斜川》本身来看，哪一种更合乎文理呢？细审“开岁倏五日，吾生行归休”，文义很不联贯。开岁忽然已经五日，不过五日而已，何致有我的生命行将终结的感叹呢！必定上文说年岁，下面接“吾生”，上面说一开春忽然就五十岁了，下面说我的生命行将终结，文义才能联贯。古人习惯于岁首增年岁，所以一开岁就长了一岁。而且进入五十，年已半百，当然比四十七、四十八、四十九更多一些感叹。两相比较，“辛丑”年“五十”岁文理才通顺。

逯钦立先生注《陶渊明集》及所附《陶渊明事迹诗文系年》，认为这首诗是陶渊明五十岁所作，但于原序取“辛酉”而不取“辛丑”，并说“辛酉”不是纪年而是纪日，“原文干支时日有窜误，应作正月五日辛酉”（霈案：原文是“辛酉正月五日”）[53]。这显然是以享年六十三岁为先入之见，而臆改原文，并无版本依据，是不能成立的。邓安生先生《陶渊明年谱》沿袭逯氏的思路，却另取“辛丑”，也以“辛丑”为纪日，说“正月五日”这几个字是陶渊明的“自注小字，后人翻刻误入正文”的。再从《二十史朔闰表》中查出，正月五日为辛丑的那一年是义熙十四年戊午（418），这年陶渊明五十岁，下推至元嘉四年丁卯（427），陶渊明终年五十九。[54] 邓氏的推断不仅缺乏版本依据，难以成立，而且序文果真像他所说的那样，“辛丑，天气澄和，风物闲美”，也不成文章了。

三、颜《诔》与《与子俨等疏》所记陶渊明病情

颜延之《陶征士诔》:“年在中身,疢维痁疾。视死如归,临凶若吉。”[55] 梁启超先生《陶渊明年谱》曰:“此用《无逸》‘文王受命惟中身’成语,谓五十也。若六十以外,不得言中身。”[56] 主六十三岁说者如游国恩先生反驳曰:“这不过叙他中年得痁疾,并未说他中年便死。下文云:‘视死如归,临凶若吉。’方说到他的死,文意极明。”[57] 朱自清先生曰:“然《诔》中四字衔接,亦可谓叙一时事,游君说固不必确凿无疑;惟用典原有泛指切指之殊,‘中身’即‘中年’,颜或泛用‘中身’,指五六十,亦未可知也。”[58] 以我之见:“中年”下四句是不是叙述同时的事情,仅就这四句而论难以确认,两说皆可,必须再求旁证。颜《诔》在这四句后即曰:“药剂弗尝,祷祀非恤。傃幽告终,怀和长毕。”可知渊明死前既不服药亦不祷祀,安然坦然地离开了人世。这是对上文“视死如归,临凶若吉”的具体说明。再看陶渊明的《与子俨等疏》:“疾患以来,渐就衰损。亲旧不遗,每以药石见救,自恐大分将有限也。”此《疏》说自己染疾的情形,并不是“药剂弗尝”,而且心情是“但恨邻靡二仲,室无莱妇。抱兹苦心,良独内愧”,“汝辈稚小家贫,每役柴水之劳,何时可免?念之在心,若何可言!”,与颜《诔》所写的截然不同。由此可以肯定不是同时的事,也就是说《与子俨等疏》所说的那次生病,和颜延之《陶征士诔》里所说的临死之前的那场病,不在同一时间。《与子俨等疏》所说的“吾年过五十”,这年纪正是颜《诔》所谓“中身”。两相对照可知颜《诔》所谓“年在中身,疢维痁疾”肯定是指渊明中年染疾的事,而不是临死前的情形。下面这两句,“视死如归,临凶若吉”才是临死前的情形。陶渊明自中年染疾,至老而病终,历经多年,有五言《答庞参军》诗序为证:“吾抱疾多年,不复为文。”“抱疾”以至不复为文,可见其病不轻;“抱疾多年”可见病程之长,这里所说的“抱疾”想必是从中年开始的,正是颜《诔》所谓“年在中身,疢维痁疾”。那时陶渊明很想将病治好,便靠亲旧赠药医病,又恐大限将至,便写了《与子俨等疏》。中年染病开始的时候或许相当

危险，后来渐渐好转，拖了好多年，以至“从老得终”，正因为拖得时间已经很长，年纪又已七十多岁，所以临终之前不愿再尝药剂，无牵无挂，安然去世。

梁启超先生和古直先生都认为《与子俨等疏》是陶渊明的遗嘱，这并无根据，上引雷次宗《与子侄书》与陶渊明《与子俨等疏》类似，雷文写于五十多岁，并不是遗嘱，可见陶文也未必是遗嘱。从这个并不坚实的前提出发，梁、古二氏复根据其中“吾年过五十”这一句，认为陶渊明享年不足六十，就更不能成立了。造成这种看法的原因之一，就在于没有区别中年染疾与临终病重这两种不同的情况，以致判断错误。

四、《自祭文》与《示周续之祖企谢景夷三郎》

《自祭文》是陶渊明逝世前不久所作，历来没有异议。因此，如果能考定它是陶渊明多大年纪所作，哪怕只是考出它是哪一个年龄段所作，也就可以帮助我们考证陶渊明的享年了。《自祭文》里有一段话很有助于考证，可惜一直没有被人注意：

> 识运知命，畴能罔眷。余今斯化，可以无恨。寿涉百龄，身慕肥遁。从老得终，奚所复恋！

这几句话显然是年寿颇高的老人口吻，特别是“寿涉百龄”和“从老得终”，这两句很值得注意。

《礼记·曲礼上》：“七十曰老，而传。”又“大夫七十而致事，……自称曰老夫”[59]。《说文》老部：“老，考也。七十曰老。”《晋书》卷二十六《食货志》曰：“又制户调之式：……十二已下，六十六已上为老小，不事。”[60] 这虽然是政府规定的户调式中的话，不是日常所说的“老”的年龄界限，也仍然可以作为晋人在什么年龄算“老”的重要参考。陶渊明《自祭文》既然说自己“从老得终，奚复所恋”，也就是说自己已经“老”了，恐怕不会在六十六岁以下，我们可以以此为根据，再参照《礼记》和《说文》，大致划定陶渊明享年在六十六岁以上。退一步说，即使《自祭文》关于“老”的用法不那么严格，但也不会相差太大，至少可以说享年六十岁以下的各种说法是难以成立的。

陶渊明还对朋友自称“老夫”，《示周续之祖企谢景夷三郎》：“老夫有所爱，思与尔为邻。”据《礼记》，七十才能自称“老夫”，即使不太拘泥，也不能相差过大。这首诗是写给三位朋友的，其中之一是周续之，据《宋书》本传，他生当太元二年（377）。他应江州刺史檀韶之请“讲《礼》校书”在哪一年也大致可考，萧统《陶渊明传》：“时周续之入庐山事释慧远，彭城刘遗民亦遁迹匡山，渊明又不应征命，谓之‘浔阳三隐’。后刺史檀韶苦请续之出州，与学士祖企、谢景夷三人，共在城北讲《礼》，加以雠校。”据《晋书·安帝纪》、《宋书·檀韶传》、《南史·刘湛传》，檀韶任江州刺史在义熙十二年（416）六月以后。如《宋书·檀韶传》曰：“十二年，迁……江州刺史，将军如故。有罪，免官。高祖受命，以佐命功，增八百户……”[61] 檀韶免官的年月记载不详，但据《宋书·王弘传》可知王弘于义熙十四年（418）迁江州刺史[62]，那么檀韶免去江州刺史不会晚于义熙十四年。而《宋书·周续之传》载：“高祖北伐，还镇彭城，遣使迎之，礼赐甚厚。……寻复南迁。”[63] 这件事也在义熙十四年。由此可知，周续之在江州城北讲《礼》，肯定在义熙十二年至十四年之间。也就是周续之四十岁至四十二岁之间。这时陶渊明写给他的诗里自称“老夫”，要比他年长一辈至少二十岁才合适，也就是说至少在六十岁。如果按照陶渊明享年六十三岁计算，这时陶渊明在五十二岁至五十四岁之间，比周续之才年长十二岁，就对周续之自称“老夫”是不合适的。如果按梁启超先生所倡五十六岁说，陶渊明这时在四十五岁至四十七岁之间；按古直先生所倡五十二岁说，陶渊明这时在四十一岁至四十三岁之间，与周续之年纪相若，自称“老夫”就更不合适了。

说到这里涉及梁启超先生和古直先生等人提出的另一个根据，不可不略加辨析。他们根据《拟挽歌辞》：“有生必有死，早终非命促。”认为陶渊明“早终”。但这两句是一般而论，不是讲自己。意谓人有生就必有死，即使早终亦不可怨恨命促。不能抓住这句诗证明渊明早终，而不顾《自祭文》所谓“从老得终”这句话。如果说七十六岁与“早终”不合，那么六十三岁也不合，就连梁、古所倡导的五十六岁、五十二岁，以及五十一岁诸说也都不得谓“早终”了。

五、《怨诗楚调示庞主簿邓治中》、《戊申岁六月中遇火》及《饮酒》

七十六岁说与渊明其他诗文中说到其年岁者都可以吻合，现在仅举最关紧要的四首诗为证。

《怨诗楚调示庞主簿邓治中》曰：“结发念善事，僶俛六九年。”“结发”，犹束发成童，十五岁以上，见《大戴礼·保傅》注和《礼记·内则》注。“六九年”，五十四年，自王质《栗里谱》即系此诗于五十四岁，相沿已久，梁谱也是如此。那是将这两句诗断开来读的结果，而且简单地将六九“年”看成五十四“岁”，并且把这一年当成了写这首诗的年龄。以我之见，“六九年”的前面加上“僶俛”二字显然不能解释为“努力了五十四岁”，而只能解释为“努力了五十四年”，更不能说从出生起就想做“善事”并僶俛为之，而只能说从“结发”时起想做“善事”并僶俛为之；这两句应当连读，意谓自己从“结发”的年纪起就“念善事”了，到现在已经努力了五十四年。就算取“结发”年龄的下限，从十五岁算起，经过五十四年，那么这首诗也应作于六十九岁。如果从十六七岁算起，这首诗应当作于七十岁或七十一岁。这样，除了七十六岁说，其他各说都不能成立。东坡先生和陶诗本在“六九”下是没有异文的，其他宋本均有“一作五十”。可以推断，作“结发念善事，僶俛六九年”是比较可信的，但是这样一来就和《宋书》所载享年六十三有矛盾了。于是有人就勉强将“六九年”当成写作这首诗的年岁；另有人就改“六九年”为“五十年”（古《谱》即取“五十年”），但即使如此陶渊明写这首诗也已到了六十五岁，仍然否定了六十三岁及五十六岁、五十二岁各说。

《戊申岁六月中遇火》："总发抱孤念，奄出四十年。"诗题有"戊申岁"，诗中有"总发"、"奄出四十年"，是证明陶渊明享年七十六岁的重要数据。凡主六十三岁说者自王质以下都系于四十四岁，那显然是将两句诗断开来读的结果，而且是将四十"年"解释为四十"岁"，为了凑合享年于是将"奄出四十年"解释为四十四岁。我认为这不妥当。孤立地看，"年"字固然可以释为年岁，但习惯上是置于数字之前，"奄出四十年"中的"年"字不可释为年岁。这两句诗也应当连读，四十"年"并不等于四十"岁"，更不就是写诗的年龄。"出"是超出的意思，"奄出四十年"，指四十一年，或稍多些如四十二年。这两句诗的意思是说，从"总发"的年纪起，就已抱定"孤念"，至今已经四十多年了。"总发"，犹束发，十五岁以上。如果"总发"按十六岁算，十六岁加上四十一年（"奄出四十年"），写这首诗是在五十七岁，此年为戊申。陶渊明于元嘉四年丁卯去世，享年正好七十六岁。诗题的纪年与诗中所记配合起来，一岁不差地证明陶渊明享年七十六岁，这决不是巧合所能解释的。如果说"总发"是十五岁，那么"奄出四十年"可以解释为四十二年，写这首诗也在五十七岁。梁启超先生倡五十六岁说，对这首诗无法系年，只好说"四十年"是"四九年"之讹。四九，三十六，系此诗于三十七岁[64]。梁氏毫无版本根据，以享年五十六之成见擅改正文，这种方法是不足取的。古直先生倡五十二岁说，系此诗于四十三岁，为了证成其说于是将诗题"戊申"改为"戊午"，并说："诸本作'戊申'，陶《考》引《江州志》作'戊午'，以本诗征之，良信。"[65] 但是《江州志》晚出，而且是孤证，不能根据它否定诸多宋本陶集，这是不言而喻的。

《饮酒》其十六、十九两首也涉及年岁。其十六曰："少年罕人事，游好在六经。行行向不惑，淹留遂无成。竟抱固穷节，饥寒饱所更。"

自（宋）吴仁杰《陶靖节先生年谱》系《饮酒》于三十九岁以来，陶澍《陶靖节先生年谱考异》、古直《陶靖节年谱》、逯钦立注，皆从之。他们都是以“向不惑”为三十九岁，而且将三十九岁断定为作《饮酒》诗之年龄。这是不能成立的。“行行向不惑，淹留遂无成”，是追叙往事，不是写这首诗时的事。这首诗从少年说起，说到“向不惑”之年，再说到后来之终于辞官归隐抱定固穷之节而饱经饥寒。从“行行向不惑，淹留遂无成”到“竟抱固穷节，饥寒饱所更”，还有一段时间一个过程，从“竟”和“饱所更”可以看出来。这首诗不是“向不惑”之年所写的，而是“饥寒饱所更”之后所写的。为什么特别提出“向不惑”来呢？因为这是陶渊明人生的一个转折点。参看《荣木》诗云：“先师遗训，余岂云坠：四十无闻，斯不足畏。脂我名车，策我名骥。千里虽遥，孰敢不至。”陶渊明于四十岁以前很想有所成就，并以四十为人生的界限。“行行向不惑，淹留遂无成”，不过是追叙并感叹那段时间仍无成就，未能遂兼济之志而已。据此判定《饮酒》即作于“向不惑”之年，未免失之粗略。又《饮酒》其十九曰：“畴昔苦长饥，投耒去学仕。将养不得节，冻馁固缠已。是时向立年，志意多所耻。遂尽介然分，终死归田里。冉冉星气流，停停复一纪。”“向立年”是接近三十岁，一纪为十二年。王质《栗里谱》系于四十岁，曰：“当在壬辰、癸巳为州祭酒之时，所谓‘投耒去学仕’。又云：‘冉冉星气流，停停复一纪。’至是得十二年。”[66] 以我看来王质的说法是有问题的。“向立年”，将近三十岁，是出仕州祭酒之时。陶渊明出仕州祭酒，“少日自解归”，所以“向立年”也就是他自解州祭酒之时。那时只是“多所耻”，虽然辞了州祭酒但还没有与仕途决绝，事实上，辞了州祭酒以后他又不止一次出仕。后来才“尽介然”之“分”，“终死归田里”。无论如何，辞州祭酒是不能说“终死归田里”的。“终死”，乃据东坡先生和陶诗本、汲古阁藏本、绍兴本、曾集本、汤注本（汲古阁藏本、绍兴本、曾集本有一作“拂衣”，东坡和陶本、汤注本无一作）。作“拂衣”很可能是为了牵就《宋书》陶渊明享年六十三岁而改的，这情形和《游斜川》“辛丑”

年“五十”岁被改动一样。既然说“终死归田里”则“归田里”之后再也没有出仕，所以“终死归田里”只能指乙巳年辞彭泽令的事。“一纪”是十二年，见《书·毕命》孔传、《国语·晋语四》韦昭注。自乙巳年又经过了“一纪”即十二年才是写作这首诗之年龄。按享年七十六岁计算，他出生于永和八年壬子（352），到乙巳年陶渊明五十四岁，又过了十二年，这首诗作于晋义熙十三年丁巳（417），陶渊明六十六岁。这样讲才符合这首诗的原意，而且也符合上述《饮酒》其十六的意思。如果先有一个享年六十三岁的成见横在心中，便不得不硬是将“终死归田里”讲成二十九岁辞州祭酒那件事，或者将“终死”改为“拂衣”，这都显得牵强。《饮酒》二十首是一组诗，当作于同时，即义熙十三年秋。这年九月，刘裕北伐至长安，次年六月为相国，封宋公，加九锡。后年七月刘裕晋爵宋王。大后年六月刘裕即篡位称皇帝。可见《饮酒》诗二十首正作于晋朝将亡、刘裕加紧篡位的时候。陶渊明曾任刘裕参军，当此刘裕权势日上之际，自然会有人劝他复出，再次投靠刘裕，陶渊明断然拒绝了。所以《饮酒》二十首中有“咄咄俗中愚，且当从黄绮”，“且共欢此饮，吾驾不可回”，“一往便当已，何为复狐疑”，“觉悟当念还，鸟尽废良弓”等语，且有“邵生”、“三季”、“伐国”等词以暗示晋之将亡。

这里涉及一个陶诗解读的重要问题，在上下两句中，凡是上句说到某个年龄如何，下句接着说多少年来如何，则上下句应当连读，也就是说应当从上句所说的年龄算起再加以下句的年数，而不能直接将下句的年数当成他写这首诗的年龄。有的诗是上下几句连续叙述一个过程，也应当按照这种方法解读。现将陶诗中这类句子列举如下：

结发念善事，僶俛六九年。（《怨诗楚调示庞主簿邓治中》）

自我抱兹独，僶俛四十年。（《连雨独饮》）

总发抱孤念，奄出四十年。（《戊申岁六月中遇火》）

是时向立年，志意多所耻。遂尽介然分，终死归田里。冉冉星气流，

亭亭复一纪。(《饮酒》其十九)

昔闻长老言，掩耳每不喜。奈何五十年，忽已亲此事。(《杂诗》共六)

以上各例有的已经解释过了，有的还没有解释，现在略作说明。“自我抱兹独，僶俛四十年。”这两句中有个“自”字，意思十分确切，只能连读，不容另作他解，只能是从“抱兹独”以来又努力了四十年，而不能解释为从出生以来努力了四十年。参考“总发抱孤念”，陶渊明“抱兹独”的年龄是在“总发”之年也就是十五岁以上。这首诗应当作于五十五岁或五十六七岁。“昔闻长老言，掩耳每不喜。奈何五十年，忽已亲此事。”所谓“五十年”不应从出生时算起，而应从听到长老的话掩耳不喜算起。

在我看来这类诗的解释是只能如此的，为什么许多注家偏不这样解释呢？还是因为绕不过享年六十三岁这一关。

还有两句诗很能证明上下句应当连读，见《归园田居》其一：

误落尘网中，一去三十年(一作十三年)。

不论取“三十年”还是取“十三年”，都不能仅仅根据其中所说的年数认为是三十岁或十三岁所作。其中的“年”不表示写此诗的年龄。主张陶渊明享年六十三或五十六的学者，都不得不将这两句连读，即从“误落尘网”算起，又经过了三十年或十三年。既然如此，为什么对陶集中涉及“年”字其他的诗句却偏不肯连读呢？如果不是先抱定享年六十三或五十六的成见，就不会这样了。显然我们应当从文本出发，而不能从某种成见出发。我们应当将正确理解作品放到首位，打破对《宋书》的迷信，那么这类诗句的解释就豁然贯通了。这才是我们应当采取的严谨的考证方法。

六、结语

从现有的文献数据出发，对其重要性加以区别，结合版本校勘，进行通盘的考察，所得出的最为圆满通达的结论就是陶渊明享年七十六岁，生于晋穆帝永和八年壬子（352），卒于宋文帝元嘉四年丁卯（427）。

（原载于《文学遗产》1996 年第 1 期）

---

①王质《栗里谱》，见其《绍陶录》，影印文渊阁《四库全书》册四四六。陶澍《陶靖节年谱考异》，见其《靖节先生集》附，清道光二十年刊本。逯钦立《陶渊明事迹诗文系年》，见其所注《陶渊明集》附，中华书局 1979 年版。郭银田《田园诗人陶渊明》第四章《陶渊明的生平及其生活》云："戊申岁六月中遇火诗说：'总发抱孤介，奄出四十年，形迹凭化往，灵府长独闲。……'按戊申是晋安帝四年（公元四〇八），从'奄出四十年'一语里，我可以断定陶潜是年最少是有四十一岁。戊申既然是四十一，那么上推生年是晋帝奕太和三年戊辰（公元三六八），下推卒年丁卯（公元四二七）得年六十岁。这是根据着他自己诗纪年所推算出来的结果，（注意，这诗的'戊申岁'，'奄出四十年'，是没有版本上的异文的。）在断定陶诗的年龄上，真是不可推翻的铁案。所以说在此'铁案'与梁任公所主张的陶潜年寿不过六十岁的对映比照里，是显得任公诸说是如何谬妄？在'戊申岁'与'奄出四十年'的配合推算里，是觉得张縯之主张是多么滑稽？假如'奄出四十年'的'出'字，是指的出两年，或出三年四年的话，陶潜的卒年不也就是六十一，六十二，六十三岁了么？所以说陶潜的寿年最少是有六十岁，传统的六十三岁的旧说，是有极大的可能的。"（台湾"桂冠丛书"八，第 41 页）一些关于陶渊明的论著介绍郭银田主六十一岁说，是误读郭文或未读郭文，以讹传讹所致。

②宋张縯《吴谱辨正》，见李公焕《笺注陶渊明集》卷首李氏所集录之《总论》。

③吴挚甫《古诗钞》卷二《饮酒》其十九注云："'归田里'在义熙元年，云'向立年'，是三十左右也，'复一纪'则四十矣，故前章云'行行向不惑'也。年谱以归为四十一者，因颜《诔》：'春秋六十三，元嘉四年卒'，逆推至义熙元年，为四十一耳。其实六十三乃传写字误。《诔》明云'年在中身'，明五十，非六十，东坡以告俨等疏为临终之作，疏云'吾年过五十'，尤为确证，知元嘉四年年过五十，则寿当止五十一。义熙元年年二十九，故云'向立'，若已三十一，不得云'向'矣，故知颜《诔》'六十三'三字亦误，当作'五十一'乃合。《怨诗楚调》：'僶俛六九年'，

‘六九’字亦误，当依别本作‘五十年’。彭泽之归在义熙元年，此云‘复一纪’，则赋此《饮酒》当是义熙十二、三年间。”见1928年武强贺氏北平刻本。

④古直说见其《陶靖节年谱》，中华书局1926年“隅楼丛书”本，1927年订正再版。赖义辉虽主五十二岁说，但只是“与《古谱》偶符”，并不同意古直的考证。他另据《始作镇军参军经曲阿》一诗，推算陶渊明享年五十二，证据单薄。见其《陶渊明生平事迹及其岁数新考》，《岭南学报》第六卷第一期，1937年出版。

⑤见其《陶渊明》所附，1923年商务印书馆出版。

⑥圣旦说见其《陶渊明考》一文，《文艺月刊》第六卷第四期，1934年出版。此文不长，且不见征引，兹录其结论如下：“从上面举出的作品研究，最重要的是，《辛丑岁七月赴假还江陵夜行涂口》和《戊申岁六月中遇火》两诗。《饮酒诗》第十六章‘行年向不惑’，以及‘亭亭复一纪’这三句，也同样的重要。因此，我们只须依据这点儿数据，便可考定靖节到底生于何年了。按《辛丑还江陵》一诗，乃靖节作于乞假归里时候，是年三十三岁。辛丑以前为庚子（400），己亥（399），考之史传，这时靖节在刘牢之军幕，则‘闲居三十载’云云，指戊戌（398）无疑。陶澍《陶靖节年谱考异》既然忽略过去，未曾加以注意，于是，后人便一误再误了，戊戌以前为丁酉（397），这时年二十九岁，即《饮酒诗》所谓‘是时向立年’，复由丁酉至丁未（407），又加一纪，为三十九岁，和《饮酒诗》‘是年向不惑’，‘亭亭复一纪’句适相吻合。丁未之后为戊申（408），证之《戊申岁六月中遇火诗》‘奄出四十年’一句，不是很符合的吗？那末，我们如果承认这样研究是能以成立的话，依戊申四十岁逆数上去便可证明。陶靖节先生生时为晋帝奕太和四年，己巳（369），至宋文帝元嘉四年，丁卯（427）卒，得年共五十九岁。”案：此说不能成立。其前提是《辛丑岁七月赴假还江陵夜行涂口》作于三十三岁，但对这一点毫无论证，也没有提出一条根据。前提既不成立，推论就全都没有意义了。邓说与圣旦说所据理由不同，见其《陶渊明年谱》，天津古籍出版社1991年版。

⑦《宋书》卷九十三，1974年中华书局点校本，第2286页。

⑧《文选》卷五十七，1974年中华书局影印宋淳熙八年尤袤刻本。

⑨1974年中华书局排印本，第2294页。

⑩见顾绍柏《谢灵运集校注》，中州古籍出版社1987年版，第263页。

⑪1992年中华书局汤用彤校注本，第211页。

⑫见《世说新语·文学》，1983年中华书局出版余嘉锡笺疏本，第240页。

⑬1992年中华书局校注本，第214页。

⑭《四部丛刊》本。

⑮1975年中华书局点校本，第1868页。

⑯中华书局点校本，第1408页。

⑰同上，第1419页。

⑱同上，第 1731 页。

⑲《南史》卷二十四《王裕之传》（案：裕之字敬弘，《宋书》避高祖讳称字），1975 年中华书局点校本，第 650 页。

⑳见《宋书》卷六十六，中华书局点校本，第 1739 页。

㉑《宋书》，中华书局点校本，第 1873 页。

㉒《宋书》，第 1888 页。

㉓同上，第 2016 页。

㉔同上，第 2022 页。

㉕《文选》卷五十六。

㉖同上，卷五十七。

㉗见顾绍柏《谢灵运集校注》，中州古籍出版社 1987 年版，第 263 页。

㉘见《南史》卷七十五《陶潜传》。

㉙见《说郛》宛委山堂本五十七，1988 年上海古籍出版社影印本，第 2669 页。

㉚见 2004 年北京图书馆出版社影印宋本。

㉛《新中华》复刊第六卷第三期。

㉜据东坡先生和陶诗本、汲古阁藏十卷本。

㉝李公焕笺注《陶渊明集·总论》引，《四部丛刊》本。

㉞ 1955 年文学古籍刊行社出版，第二册，《年谱考异》第 15 页。

㉟《闲渔闲闲录》卷一，嘉业堂刻本。

㊱ 1931 年日本文字同盟社刊本。

㊲见《燕京学报》第二十期。

㊳见清杨绍和《楹书隅录初编》卷四，1990 年中华书局影印本（《清人书目题跋丛刊》三）。

㊴见清钱谦益《初学集》卷八十五《跋东坡书陶渊明集》。

㊵ 1962 年人民文学出版社廖德明校点本，《后集》第 21 页。

㊶见《影印宋本〈陶靖节先生诗注〉说明》，1988 年中华书局影印本附。

㊷《宋刊〈东坡和陶诗〉略说》，《文史》第十五辑。

㊸参见金程宇《高丽大学所藏〈精刊补注东坡和陶诗话〉及其价值》，《文学遗产》2008 年第五期。

㊹宋淳祐《玉峰志》卷中："淳熙五年姚颖榜进士题名。"

㊺见清厉鹗《宋诗纪事》卷五十三，1983 年上海古籍出版社点校本，第 1336 页。

㊻影印文渊阁《四库全书》本，册八六三，第 406 页。

㊼见《苏轼文集》卷七十六《题跋》：《书渊明羲农去我久诗》，1986 年中华书局孔凡礼点校本，第 2019 页。

㊽《东坡先生和陶诗》卷二，宋黄州刊本。

㊾苏过（字叔党）《小斜川引》：“予近卜筑城西鸭陂之南，依层城，绕流水，结茅而居之，名曰‘小斜川’。偶读渊明诗‘辛丑岁正月五日，与二三邻曲，同游斜川，各赋诗.’渊明诗云：‘开岁倏五十’。今岁适在辛丑，而予年亦五十，盖渊明与予同生于壬子岁也。……感叹兹事，取其诗和之……”其和诗云：“年来五十化，逝水无停留。……亦复辛丑岁，与公更倡酬……”见清鲍廷博“知不足斋丛书”第二十六集。

㊿影印文渊阁《四库全书》本，册八六五，第62页。

51《永乐大典》卷二四〇一引陆游《老学庵续笔记》。

52瞿镛《铁琴铜剑楼藏书目录》(《清人书目题跋丛刊》三)，1990年中华书局影印本，第242页。

53 1979年中华书局印行，第280页。

54天津古籍出版社1991年出版。

55《文选》卷五十七，1974年中华书局影印宋淳熙八年尤袤刻本。

56见其《陶渊明》所附，1923年商务印书馆出版。

57《陶潜年纪辨疑》，见《国学月报汇刊》第一集。

58《朱自清古典文学论文集》，上海古籍出版社1981年印行，第489页。

59见《十三经注疏》，世界书局影印阮刻本，1232页。

60 1974年中华书局点校本，第790页。

61《宋书》卷四十五，中华书局点校本，第1372页。

62同上，卷四十二，第1313页。

63同上，卷九十三，第2281页。

64见其《陶渊明》所附，1923年商务印书馆出版。

65见其《陶靖节年谱》，中华书局1926年“隅楼丛书”本，1927年订正再版。

66王质《栗里谱》，见其《绍陶录》，影印文渊阁《四库全书》册四四六。

论和陶诗及其文化意蕴

和陶是一种很特殊的、很值得注意的现象，其意义已经超出文学本身。这种现象不仅证明陶渊明的影响巨大，而且表明后人对他有强烈的认同感。和陶并不是一种很能表现创作才能的文学活动，其价值主要不在于作品本身的文学成就，而在于这种文学活动的文化意蕴。在研究了大量的和陶诗之后，本文所要强调的是：陶渊明已经成为中国文化中的一个符号。和陶在不同程度上表明了对清高人格的向往，对节操的坚守，以及保持人之自然性情和维持真率生活的愿望。真实的陶渊明也许并不很单一，我们不能排除后人对他的认识有理想化的成分，而这正是符号的特点。至于和陶的人，大多数并不能达到陶渊明那样的人生境界，有的只不过是借以自我标榜而已。陶渊明不断地被追和，说明这个符号在中国文化中不断地重复、强化。研究和陶诗可以为我们提供一个研究中国文化的切入口。

和陶诗恰好弥补了陶渊明生前的寂寞，后人对其作品的追和，可谓蔚为大观，实在难以作出完全的统计。追和者中，既有隐士、遗民、僧人，遭贬的或不得志的士人，也有身居要位的大官僚，甚至还有九五之尊的帝王。即使在朝鲜和日本，也有不少热情的和陶者[①]。中国诗人当中，除了陶渊明，大概没有第二位获得如此殊遇了。

和陶诗的数据很多，可惜至今还没有得到系统的整理；对和陶诗的研究，至今也还局限于苏轼和陶之作等个别作家作品。本文在广泛搜集和陶诗的基础上，对其进行初步的梳理和论述，试图打开陶渊明研究的一个新领域，进而为中国文化的研究提供一个有趣的实例。本文所论以和陶诗为主，兼及散文、辞赋等其他文体的和作。

一

南朝宋鲍照有《学陶潜体》诗一首，是模拟仿效陶渊明诗歌的发轫之作。此后梁江淹《杂体诗》三十首中，有一首《拟陶征君田舍》(种苗在东皋)，因为被萧统收入《文选》，引起广泛注意。唐代这类诗歌多了起来，如崔颢有《结定襄郡狱效陶体》，韦应物有《与友生野饮效陶体》、《效陶彭泽》，白居易有《效陶潜体诗》十六首，司马扎有《效陶彭泽》等。宋代则有梅尧臣的《拟陶潜止酒》、《拟陶体三首》，刘敞的《效陶潜体》等。这些学陶、拟陶、效陶之类的作品，不在本文讨论的范围之内。

在模拟仿效的作品之外，还有大量和陶之作。苏辙在《追和陶渊明诗引》中引用苏轼信中的话说："古之诗人有拟古之作矣，未有追和古人者也，追和古人则始于东坡。"[②]苏轼在这段话中将模拟与追和区别开来，从中可以看出他追和陶诗是一种自觉的文学创作活动，而且是一种新的尝试。的确，追和与拟古不完全相同。拟古是学生对老师的态度，追和则多了一些以古人为知己的亲切之感。拟古好像临帖，追和则在临习之外多了一些自由挥洒、表现个性的空间。苏轼声称"追和古人始于吾"，后人多信以为然，例如元郝经《和陶诗序》："赓载以来，倡和尚矣。然而魏晋迄唐，和意而不和韵，自宋迄今，和韵而不和意。皆一时朋俦相与酬答，未有追和古人者也。独东坡先生迁谪岭海，尽和渊明诗，既和其意，复和其韵。追和之作自此始。"[③]清田雯《石楼和苏诗序》："昔人作诗有拟古者，无追和古人者；追和古人，见于苏公之和陶。"[④]然而，情况并非如此。早在晚唐，唐彦谦就写了《和陶渊明贫士诗》七首。据我所知，这才是在诗题中明确标出的和陶诗之始，而且是既和其意又和其韵的[⑤]。

唐彦谦早年坎坷，举进士十馀年不第。乾符末，携家避地汉南，后累官至阆、壁、绛三州刺史。长时间的贫困潦倒，使他与陶渊明发生共鸣。从诗的口气看来，其《和陶渊明贫士诗》七首应是早年所作。这七首诗总体风格接近陶诗，但少用比兴，内容也不像陶渊明那样吟咏古之贫士，而主要是写自己的贫困生活。例如其一："贫贱如故旧，少壮即相依。中心不敢厌，但觉少光辉。向来乘时士，亦有能奋飞。一朝权势歇，欲退无所归。不如行其素，辛苦奈寒饥。人生系天运，何用发深悲。"首二句说贫贱就像老朋友，从少壮之时就与自己相伴相随。中间几句言权势不如贫贱，末尾则以天运自慰。全诗使用白描的手法，质木无文。由于唐彦谦在诗坛上的地位并不显赫，其和陶诗数量又少，几乎没有产生影响，所以连苏轼也把他忽略了，他追和陶诗的首创之功也被剥夺了。

苏轼和陶诗共一百零九首，除见于其诗集外，另有宋刊《东坡先生和陶渊明诗》四卷[⑥]，各题之后，附有苏辙继和陶诗四十七首。苏轼所和陶诗始于哲宗元祐七年（1092）五十七岁，时知扬州，有《和饮酒二十首》，傅藻所编《东坡纪年录》系于此年七月[⑦]。其余和陶诗都是先后在惠州和儋州所作，其《和归园田居六首》作于绍圣二年（1095）六十岁，这应当是苏轼到惠州后最早的和陶诗。他再贬儋州后先有《和止酒》，接着他又和了许多陶诗，如《和还旧居》、《和连雨独饮》等等，直到元符三年（1100）六十五岁离开儋州，才停止了和陶诗的写作，六十六岁就去世了。这样算来，苏轼的和陶之作是从五十七岁到六十五岁这八年之间的作品，主要是六十岁之后在惠州和儋州的作品。

苏轼早年在政治上奋发进取，勇于建言，四十四岁遭乌台诗案，晚年更历尽坎坷。但他始终坦然处之，以固穷的态度和旷达的精神消解个人的不幸。晚年他写和陶诗，既表现了对陶渊明特有的崇敬，也是以陶渊明作为自己贬谪生活中的精神支柱和朝夕相伴的知音[⑧]。且看苏轼和陶诗中提到陶渊明时所表现出来的态度："我不如陶生，世事缠绵之。""江左风流人，醉中亦求名。渊明独清真，谈笑得此生。"（《和饮酒》）"但恨不早悟，犹推渊明贤。"（《和怨诗示庞邓》）这些诗句都对陶渊明摆脱世事保持清真表现了向往之情。更有甚者，苏轼在《和归去来兮辞》中竟然说自己是陶渊明之后身："师渊明之雅放，和百篇之清诗。赋归来之新引，我其后身盖无疑。"苏轼的和陶诗善于将深邃的人生思考贯穿在日常生活细节的铺叙之中，用议论的笔调统摄全篇，既不失陶诗的本色，也保持了苏轼自己的风格。由于其和陶诗多数写于惠州和儋州，其中不乏当地生活和风物的描写，因而具有相当浓郁的地方特色。

苏轼和陶诗在当时就引起了广泛的注意，甚至可以说带给诗坛一阵兴奋，从此和陶遂成为后来延续不断的一种风气。从这个意义上说，苏轼确有开创之功。几乎在苏轼和陶的同时，其弟苏辙就有继和。稍后，苏门学士们也各有继和之作，如晁无咎、张耒和《饮酒》，秦观、晁无咎、张耒和《归去来兮辞》等等，宋代邵浩所编《坡门酬唱集》二十三卷中就已收入了这些作品[9]。他们的这些和陶之作，一方面受陶渊明作品的影响，另一方面则步苏轼之后尘，兼有苏轼与陶渊明两人的风格。有的诗还就苏轼与陶渊明加以比较，例如晁无咎《饮酒二十首同苏翰林先生次韵追和陶渊明》其三："陶公群于人，而无人之情。诗岂世外语，世语不可名。东坡怜此翁，同调但隔生。形光来户屦，真处人不惊。得酒自醒醉，放意无亏成。"[10]其中所谓无常人之俗情、真和放意，都可以视为对苏轼与陶渊明两人人格的一种概括。黄庭坚为苏轼写了一首《跋子瞻和陶诗》，诗曰："子瞻谪岭南，时宰欲杀之。饱吃惠州饭，细和渊明诗。彭泽千载人，东坡百世士。出处虽不同，风味乃相似。"[11] 这也许可以视为对苏轼和陶诗的最早评论。

此后，对苏轼和陶诗的评论颇多，如宋人杨万里在《西溪先生和陶诗序》中评苏轼和陶诗曰："渊明之诗，春之兰，秋之菊，松上之风，涧下之水也。东坡以烹龙庖凤之手，而饮木兰之坠露，餐秋菊落英者也。"[12] 其用形象的比喻说明了原诗与和诗之间的关系。薛季宣《浪语集》卷六《读东坡和靖节诗》中有曰："我读渊明诗，颇识诗外意。坡公继逸响，个中有佳思。取友百世上，古来独二士。"此言可谓得东坡之用心。洪迈在《容斋随笔》卷十四中说“坡公天才，出语惊世。如追和陶诗，真与之齐驱”⑬，也给予苏轼和陶诗以极高的评价。刘克庄《后村集》卷三十一《跋宋吉甫和陶诗》将二苏与陶渊明对比：“士之生世，鲜不以荣辱得丧挠败其天真者。渊明一生，惟在彭泽八十馀日涉世故，馀皆高枕北窗之日，无荣恶乎辱，无得恶乎丧。此其所以为绝唱而寡和也。二苏公则不然，方其得意也，为执政侍从，及其失意也，至下狱过岭，晚更忧患，于是始有和陶之作。二公虽惓惓于渊明，未知渊明果印可否。”⑭ 这段话对二苏颇有微词，士大夫在失意之时向陶渊明认同是普遍的现象，这并不能成为责备二苏的理由。卫宗武《秋声集》卷五《林丹嵒吟编序》：“尝论坡翁有和陶篇，概亦相类，而卒不如优孟之学叔敖，何也？靖节违世特立，游神羲黄，盖将与造物为徒，故以其澹然无营之趣，为悠然自得之语，幽邃玄远，自诣其极，而非用力所到。犹庖丁之技，进于道矣。诗云乎哉？坡之高风迈俗，虽不减陶，而抱其宏伟，尚欲有所施用，未能忘情轩冕，兹其拟之而不尽同欤？”这段话也着眼于苏轼与陶渊明政治态度的不同，虽然有一定的道理，但在苏轼的和陶诗中很难找到“未能忘情轩冕”的意思，对苏轼的评论未免显得无的放矢。至于金人王若虚《滹南遗老集》卷三十九所说“东坡和陶诗，或谓其终不近，或以为实过之，是皆非所当论也。渠亦因彼之意，以见吾意云尔。曷尝心竞而较其胜劣邪？故但观其眼目旨趣之何如则可矣”⑮，元好问《遗山先生文集》卷四十《跋东坡和渊明饮酒诗后》所说“东坡和陶，气象只是坡诗。如云：‘三杯洗战国，一斗消强秦。’渊明决不能办此”⑯，则着眼于苏轼和陶诗中的个性，是很有见地的。元人张养浩赞赏苏轼和陶诗的独创性，其《归田类稿》卷三《和陶诗序》云：“余尝观自古和陶者凡数十家，惟东坡才盛气豪，若无所牵合。其它则规规模仿，政使似之，要皆不欢而强歌，无疾而呻吟之比，君子不贵也。”⑰

在苏轼和苏轼周围的诗人们中间掀起的这场和陶诗的热潮，以及后人对苏轼和陶诗的热烈响应，对于确立陶渊明的地位起了莫大的作用。众所周知，陶渊明在生前和去世之后相当长的时间内，其文学的价值并没有得到足够的认识。这种情况直到萧统为他编纂文集并为之撰序，才有所改变。此后不久，有北齐阳休之所编《陶渊明集》十卷本，可以证明陶渊明在北朝的影响。而在唐代，有些人提到陶渊明时，不免片面地夸张了他饮酒的一面，带着几分戏谑的口吻，似乎并没有普遍地真正理解他。到了宋朝，陶渊明的地位才提高起来，这和当时的社会政治文化背景有关。宋儒推崇陶渊明的气节，有建立人格典范的意义。陶渊明地位的提高，苏轼起了重要作用。苏轼对陶渊明诗文极力推崇，甚至有这样的话："吾于诗人无所甚好，独好渊明之诗。渊明作诗不多，然其诗质而实绮，癯而实腴。自曹、刘、鲍、谢、李、杜，诸人皆莫及也。"[18]《东坡题跋》中还有不少具有广泛影响的评论。除此之外，苏轼写作和陶诗的作用尤其不可低估。可以说，萧统为我们发现了一位伟大的诗人，而苏轼则为我们确立了这位伟大诗人不朽的地位。

二

苏门之后在宋代继续追和陶诗的大有人在。如陈与义有《诸公和渊明止酒诗因同赋》，从题目可知，当时有众人共和一题的情况。宋代和陶的人还有李纲、吴芾、王质、陈造、陈起、朱熹、赵蕃、张栻、释觉范、张镃、刘黻、舒岳祥、于石等。王质《雪山集》卷十一有《和陶渊明归去来辞》，小序曰："元祐诸公，多追和柴桑之辞。自苏子瞻发端，子由继之，张文潜、秦少游、晁无咎、李端叔又继之。崇宁崔德符、建炎韩子苍又继之。居闲无以自娱，随意属辞，姑陶写而已，非自附诸公也。"陈造《江湖长翁集》有《和陶渊明饮酒》二十首、《和陶渊明归田园居》六首、《和劝农》等。陈起《江湖小集》卷四十一有《晚年辟地为圃僭用老坡和靖节归田园居六韵》。朱熹《晦庵集》卷九有《和游斜川》诗。赵蕃《和陶渊明乞食诗》、《和陶渊明己酉岁九日诗》见《乾道稿淳熙稿》卷四。释觉范《石门文字禅》卷二十有《和归去来兮辞》。张栻《南轩集》卷三有《和游斜川》。张镃

《南湖集》卷一有《重九日病酒不饮而园菊已芳薄莫吟绕亦有佳兴因和渊明九日闲居诗一首聊见向慕之意云》。刘黻《蒙川遗稿》卷一有《追和渊明贫士诗》七首。舒岳祥《阆风集》卷一有《停云诗》，还有《和己酉九月九日》。于石《紫岩诗选》卷一有《和渊明诗》(《饮酒》其五)。此外，王质又编撰《栗里谱》，是今见最早的陶渊明年谱，见其《绍陶录》。

金朝和陶的风气仍然继续，赵秉文便是和陶较多的一位。元代和陶的人不少，如刘因、郝经、方回、牟巘、戴表元、王恽、安熙、吴莱、张养浩、汪克宽等。方回《桐江续集》卷五有《和陶渊明饮酒二十首》，卷十五有《和陶咏二疏为郝梦卿画图卢处道题跋作》。牟巘《陵阳集》卷一《九日》诗序论陶潜于王弘中路具酒食事，有自寓之意。《陵阳集》卷一有《和咏贫士》七首，是继东坡和陶的。戴表元《剡源文集》卷二十七有《和渊明贫士》七首。王恽《秋涧集》卷二有《九日和渊明诗韵》二首，卷五有《和渊明归田园》一首。安熙《默庵集》有《和渊明饮酒》、《和咏贫士七首》。吴莱《渊颖集》卷四有《和陶渊明咏贫士七首》。汪克宽《环谷集》卷二有《和归去来辞》。

明代和陶形成另一个高潮，梵琦禅师、张泐、童冀、李贤、陈献章、童轩、林俊、吴俨、孙承恩、黎民表、魏学洢、范文焕、归昌世、李廷昰、陈良谟等，都有或多或少的和陶之作。元明之际梵琦禅师有《西斋和陶诗》一编，见朱右《白云稿》卷四《西斋和陶诗序》。《御选宋金元明四朝诗·御选明诗》卷三十五录其《和渊明九日闲居诗》、《和渊明新蝉诗》二首。张泐也有和陶诗，见宋濂《文宪集》卷十二《题张泐和陶诗》。童冀有和陶诗四首，见《御选宋金元明四朝诗·御选明诗》卷十九，而不见于其《尚䌹斋集》。姚广孝云："中州才力老成，问学淹贯。二十年来奔走南北，虽涉历世故，乐天知命，有合于靖节之志趣。其和诗如茧抽泉决，略不见其艰窘，矧有牵强者邪？"[19] 李贤《古穰集》卷二十三、二十四有和陶诗多首。陈献章《陈白沙集》卷五有《和归园田居》六首、《己酉岁九月九日》、《庚戌岁九月中于西田获早稻》等。

童轩《清风亭稿》卷三有《和归园田居》，其三曰："偶影自成酌，知音相与稀。山深日将夕，坐看孤云归。疏柳荫前除，凉风吹我衣。衣单亦何恤，所恨愿多违。"诗的意境不凡。林俊《见素集·续集》卷一有《次何少宰燕泉和陶六诗》。吴俨《吴文肃摘稿》卷一有《国贤示和陶止酒诗因次其韵》。孙承恩《文简集》卷十四有《和止酒诗》。黎民表《瑶石山人稿》卷二有《和陶渊明饮酒》二十首。魏学洢《茅檐集》卷二有《和陶渊明饮酒》二十首，其一曰："庭菊无俗韵，好风徐拂之。澹然独自远，想见东篱时。吾骨本无媚，尔亦恒如兹。霜白花始黄，高卓良勿疑。对之冷人意，得酒欣相持。"表达了对陶渊明的敬仰之意。范文焕（仲彰）有《和陶诗》二卷，见王直《抑庵文集·后集》卷二十九《范仲彰墓志铭》。归昌世《和陶杂诗》，见《御选宋金元明四朝诗·御选明诗》卷三十四。李廷昰《和陶饮酒诗》，见《御选宋金元明四朝诗·御选明诗》卷三十五。陈良谟《和陶小稿》一册一卷，明嘉靖四十四年陈氏天目山房刻本，国家图书馆藏。其"和陶诗小引"云："余年迫桑榆，百念销歇，简编铅椠，都成长物。又性不饮酒，索居山中，无以自遣，偶展渊明诗读之，欣然会心，反复讽咏，恍若揖其人于柴桑栗里之间，而与之坐清风于北窗下也。于是信手捻出，倚韵而和之，旬日间遂得若干首焉。"戴良、周履靖、黄淳耀的和陶诗较多，下面还要专门介绍。明代著名的书画家祝允明有《和陶饮酒诗》，《石渠宝笈》卷十："明祝允明和陶饮酒诗一册，素笺本，凡二十首。第十六、十七二首草书，馀俱楷书。首幅序云：'仆本拙讷，缪干时名。两年之间，三谒京国。游趣既倦，风埃黯然。舟中有二苏和陶诗，夜灯独酌，读其《饮酒》二十篇，不胜怅慨，复倚和。"《和陶渊明饮酒》二十首见其《怀星堂集》卷三，诗中颇多人生的感慨和哲理，例如其一："昔者病斯世，庸人常扰之。百物安大化，甚似垂裳时。衮衮元化中，吾生托于兹。学道三十年，今辰聊寡疑。愿言戒迷涂，灵台亦有持。"明代和陶的人特别多，这与明代士大夫的追求和标榜有关，他们推崇人格的清高，注重生活的情趣，这在书法绘画、园林家具、茶道花道等方面都有所表现。和陶与这种人生的追求与艺术的趣味是相一致的。

清朝和陶诗数量很可观，难以作出完整的统计。著名诗人施闰章、查慎行都有和陶之作。施闰章《学馀堂诗集》卷三有《客中独酌偶和陶公饮酒》二十首，大都是写仕途的艰险，表达向往隐居生活之情。其一曰："人生若奔马，促促竟何之。崎岖逐所欲，宁似闲居时。得欢日已足，何为待来兹。彭殇等朝莫，下士心然疑。但当乐相乐，一觞聊共持。"其二曰："荒途遐且阻，虎豹嘑前山。驱车岂无感，客子故难言。时把坐上酒，仰首黄虞年。著书莫我知，吞声谁与传。"[20] 感慨是相当深的。查慎行《敬业堂诗集》卷二十六《杖家集》有《连雨不止独居小楼和陶杂诗十一首但借其韵不拟其体也》、《春分后大雪和陶连雨独饮韵》。《连雨不止独居小楼和陶杂诗十一首但借其韵不拟其体也》其一曰："檐空有馀滴，窗暗无隙尘。几榻随所设，颓然置我身。幸无俗客喧，聊与书卷亲。湿薪爇破灶，烟气迷四邻。明明际阳和，奈此晦昧晨。宁无好桃杏，寂莫伤游人。"[21] 由于他们本人诗歌创作水平很高，所以他们的追和之作从整体上提升了和陶诗的水平。

舒梦兰有和陶诗一百首，姚椿有和陶诗六十九首，孔继鑅有和陶诗一卷，都是数量较多而又各具特色的。舒梦兰，生于乾隆二十二年（1757），卒于嘉庆十五年（1835）；字香叔，又字白香，清嘉庆间秀才，在京入怡亲王幕府八年；有《白香词谱》、《天香词》等。其和陶诗共百首，收入《天香全集》中，前有嘉庆庚申南州曾煜敬修氏序，己未长洲王芑孙序。其和陶诗大都是酬答之作，如《戊午腊日映雪读陶诗有感因和饮酒廿首上弘双丰将军》、《和敬修拟渊明怀古田舍诗韵》；且说理较多，如《和陶诗连雨独饮怀杨丈少晦》："吾少本未学，赋诗特偶然。放心驰不收，乃在羲农间。坐此益枯寂，亦非希神仙。死生仅百岁，今古同一天。区区蟪蛄声，鼓翼争相先。斯人虽独酌，绝迹谁往还？杨子吾神交，识面须何年？名山共风雨，唔对应忘言。"姚椿，生于乾隆四十二年（1777），卒于咸丰三年（1853）；字春木，江苏娄县人；举孝廉方正不就，主讲开封彝山、湖北荆南等书院。其《通艺阁和陶集》

三卷，收和陶诗六十九首，有道光癸卯自序。姚椿终身未仕，以讲学为其事业，所写和陶诗多有人生的感叹，如《和乞食》："平世工闭门，艰难将安之？幸遇贤主人，不责我谀词。我久治生拙，无端千里来。未积籯底金，弗虑掌中杯。平生千万卷，知己惟陶诗。既乏固穷节，又非劝农才。以此重愧陶，作诗将谁贻？"孔继鑅生年不详，卒于咸丰八年（1858）；字宥函，号廊甫，山东曲阜人；道光十六年进士，任刑部主事等职。其和陶诗见《心向往斋集》之卷十四，有刘氏求恕斋刻本。清人和陶之作还有：莫友芝《和陶拟古》二首、《观南城获和陶丙辰岁八月中于下潠田舍获韵》、《正月五日观吴道子画壁水于柏林寺僭渊明游斜川韵》，见《续修四库全书》据上海辞书出版社图书馆藏清光绪刻本影印《郘亭遗诗》。郑珍《和渊明饮酒二十首并序》，见《续修四库全书》据浙江图书馆藏民国三年花近楼刻遵义郑征君遗著本影印《巢经巢诗集》。程寿保《续苏和陶诗》，清同治间刻本，国家图书馆文津楼分馆藏。

还有许多人的和陶诗见于记载，恐已不存，如前面提到杨万里为其和陶诗作序的西溪先生刘季游，字彦纯，安福人。周必大《文忠集》卷五十二有《刘彦纯和陶诗后序》。又如张北山，宋末元初人，有《和陶集》，见元人杨维祯所撰《张北山和陶集序》[22]。《序》曰："北山宋人也。宋革，当天朝收用南士，趋者澜倒。征书至北山，北山独阖关弗起。自称东海大布衣终其身。嘻！正士之节其有似义熙处士者欤？故其见诸和陶，盖必有合者，观其胸中不合乎渊明者寡矣。步韵倚声，谓之迹人以得诗，吾不信也。虽然世之和陶者不止北山也，又岂人人北山哉！"此书未见著录，亦不见其诗，杨《序》谓："张北山著和陶集若干卷，藏于家。其孙师圣，出其亲手泽，求余一言以传世。"似乎已经佚失了。又如雷思齐，字齐贤，临川人。宋亡之后，弃儒服为道士，居乌石观，后终于广信。事迹具袁桷所撰墓志铭。著有《易图通变》五卷、《易筮通变》三卷，前有揭傒斯序，称所著有和陶诗三卷，"与故淳安令曾公子良，今翰林学士吴公澄相友善。四方名士大夫慕其人，往往以书疏自通，或闻其讲学，莫不爽然自失”[23]。《四库全书总目》存其《易图通变》五卷、《易筮通变》三卷，《提要》卷三谓其他各书“今皆未见”。又如张养浩，有《和陶诗序》，见其《归田类稿》卷三，自谓年五十二，退居无事，日读陶诗，拟其题以发己意，得诗若干篇云云。可惜今集中未存。又如明孙蕡字仲衍，所著和陶集多佚不传[24]。

与仅仅阅读陶诗不同，人们在和陶的过程中自然拉近了自己和陶渊明的距离，可以更深切地理解陶渊明的思想、感情、人格、趣味。苏轼所开创的这种文学创作活动，使陶渊明更加深入人心，也使陶渊明的价值得到了最大的体现。

三

在这里有必要对和陶诗作者的情况进行一番考察。

首先我们会注意那些隐士的和陶之作。元代著名诗人刘因，字梦吉，号静修。至元十九年（1282）应召入朝，为承德郎、右赞善大夫，不久辞官归隐。元世祖再遣使召之，辞不赴。刘因出身于一个世代以儒学为业的家庭，他本人也是当时著名的理学家。他之辞官不仕，一方面是忠于金朝，坚守气节；另一方面也是因为看不惯仕途上种种附炎趋势的行径。他的性格及处世之道与陶渊明很相似。其和陶诗见《四部丛刊》影元至顺间刊本《静修先生文集》卷三，共七十六首，包括《和归田园居》五首、《和乞食》等。这些诗大都是描写自己隐居贫穷的生活，其中不乏生活的实际体验，如《和有会而作》序曰：“今岁旱，米贵而枣价独贱。贫者少济以黍食之，其费可减粒食之半。且人之与物，贵贱亦适相当，盖亦分焉而已。因有所感而和此诗。”也许因为刘因是理学家，他的和陶诗发展了陶诗说理的成分，诗中常有人生的感慨。如《和杂诗》其二：“胸中无全山，横侧变峰岭。不及灵椿秋，遂谓长春景。只见柏参天，岂知根独冷。井蛙见自小，夏虫年不永。天人互偿贷，千年如响影。廓哉神道远，瞬息苦驰骋。平生远游心，观物有深静。”刘因是元诗四大家之一，他写作和陶诗又影响到别人，有读其诗再和之作，例如安熙《病卧穷庐时咏静修仙翁和陶诗以自适辄效其体和咏贫士七篇非敢追述前贤聊以遣兴云尔》就是这样一篇作品[25]。

明代的陈良谟，《浙江通志》卷一百九十有传，曾任工部主事、刑部郎，后参政贵州。据《万姓统谱》卷十八，四十岁即致仕归。晚年有《和陶小稿》一册一卷，明嘉靖四十四年陈氏天目山房刻本，中国国家图书馆藏。和陶诗共五十九首，另有《和归去来兮辞》一篇，卷首《和陶诗小引》乃嘉靖乙丑（八年）八十四岁时所为。其为人及作品均明显表现出崇敬仿效渊明之意。周履靖，嘉禾人，字逸之，号梅墟，万历中布衣。筑舍鸳湖之滨，种梅百馀株，时咿唔其下。人呼为梅颠道人，自称螺冠子。著述甚富，其和陶诗见《夷门广牍》本《五柳赓歌》，共四卷，前有茅坤、屠隆等人序。《四库全书总目提要》在其《梅坞贻琼》下曰："履靖在隆万间号为隐士，而声气颇广。凡有著作，必请胜流为之题咏。序跋积久渐多，因集为此帙。并往来书牍附之，凡十一体一百六十馀篇。盖明季山人，例以标榜相尚也。"以山人隐逸标榜清高，是当时的习气。周履靖和陶诗中有不少佳作，如《和咏贫士》其一："蓬户绝炊烟，萧然无所依。亭午未成饷，颓檐照残晖。枫叶林杪落，愁云窗外飞。渔艇乘潮出，寒乌背日归。月临溪畔树，奈子腹尚饥。何肯移清操，睹此令人悲。"

还有一些易代之际的遗民，忠于旧朝，向慕渊明，写下一些感情深挚的作品。南宋末年的家铉翁《则堂集》卷六有《和归去来辞》，其小序曰："东坡、颍滨、元诚、了翁在迁谪时，皆尝和渊明此辞，久之皆得生还故郡。余羁留北方十有一年矣，客有持诸老和辞见示者，读之感慨不能已。因亦和成一篇，以见其引领南望之意。丙戌冬录，寄祖仁弟。"铉翁号则堂，眉州人，《宋史》卷四百二十一有传。以荫补官，赐进士出身。历端明殿学士，签书枢密院事。元兵至杭，"丞相吴坚、贾馀庆檄告天下守令以城降，铉翁独不署。元帅遣使至，欲加缚。铉翁曰：'中书省无缚执政之理！'坚奉表祈请于大元，以铉翁介之，礼成不得，命留馆中。闻宋亡，旦夕哭泣不食饮者数月。大元以其节高，欲尊官之，以示南服，铉翁义不二君，辞无诡对。……大元成宗皇帝即位，放还，赐号处士，锡赉金币，皆辞不受。”

元末明初的戴良，字叔能，浦江人，通经史百家暨医卜释老之说。元顺帝授江北行省儒学提举，良见时事不可为，避地吴中。洪武六年（1373）变姓名隐四明山，太祖物色得之。十五年（1382）召至京师，欲官之，以老疾固辞忤旨。明年四月暴卒，盖自裁也。良世居金华九灵山下，自号九灵山人。戴良和陶诗见《九灵山房集》卷二十四，共五十二篇，有明正统间刊本。其文集多有元明两朝的明宦所撰序赞，如中顺大夫秘书少监揭汯、翰林待制王祎、翰林学士宋濂、太常礼仪院博士郑涛、翰林学士周伯琦、太子少师姚广孝。为他撰写祭文的有翰林院编修苏伯衡。一位隐士得到这么多名人的推崇，可见其社会影响之不凡。关于他的诗，揭汯序曰：“词深兴远，而有锵然之音，悠然之趣，清逸则类灵运、明远，沉蔚则类嗣宗、太冲。”王祎序曰：“质而敷，简而密，优游而不迫，冲淡而不携。庶几上追汉魏之遗音，其复自成一家者欤！”后一段评论让我们想起苏轼评论陶诗的那段有名的话。戴良的这种诗风在其和陶诗中也有所表现，如《饮酒》其二：“好鸟不鸣旦，好水不出山。入冥而止坎，古亦有遗言。所以彭泽翁，折腰愧当年。不有酣中趣，高风竟谁传。”

黄淳耀，嘉定人，字蕴生，号陶庵。《明史》卷二百八十二本传曰：“为诸生时，深疾科举文，浮靡淫丽，乃原本六经，一出以典雅。名士争务声利，独淡漠自甘，不事征逐。崇祯十六年成进士，归益研经籍，缊袍粝食，萧然一室。京师陷，福王立南都。诸进士悉授官，淳耀独不赴选。及南都亡，嘉定亦破，忾然太息，偕弟渊耀入僧舍。……遂与渊耀相对缢死。”可见是一个独行特立、坚持操守之人。黄淳耀和陶诗见光绪刻本《陶庵集》卷十六，达九十二首之多。这些诗表现了他的刚正性格，但诗风却显得醇正平易。《和拟古》九首其一是有感而发：“严雪秀松柏，劲秋凋蒲柳。贞脆各有终，金石独坚久。郁郁复郁郁，起坐思亲友。出门无所见，入室斟吾酒。山川多白云，契阔两愧负。非无千黄金，不敌寸心厚。寸心岂云多，市道乃无有。”

明末清初方以智有《和陶渊明饮酒诗》二十首。方以智，字密之，号曼公，桐城人，明崇祯十三年（1640）进士。明亡抗清，事败为僧，法名弘智，字无可，号药地。有《通雅》、《物理小识》、《浮山文集》等。其和陶诗见《浮山后集》，题为《饮酒》二十首，此书藏于安徽省博物馆。台北故宫博物院藏有方以智手书和陶诗十首，题“旧和陶诗，书似又明老兄一笑，无道人知”。钤印二：愚者智，方外外人无可。其和陶诗中有一种孤独之感流露于字里行间，如《和饮酒》其一：“举世无可语，曳杖将安之？残生不能饿，乞食今何时。东篱一杯酒，遗风常在兹。赤松言辟谷，其事终然疑。容易一餐饭，此钵原难持。”

以上这些隐士、遗民的性格多有与陶渊明相近的地方，他们都坚守自己的人生准则，不肯同流合污，也不肯屈己干人，十分倔犟。他们的诗便是这种性格的真实体现。

有趣的是一些高官并没有隐逸的生活经历，他们的处境同陶渊明相去甚远，却也写了不少和陶诗。其中值得特别注意的有以下几个人：

李纲，字伯纪，号梁谿居士，邵武人。他是两宋间主战派的代表人物，将领如宗泽、韩世忠或得其扶掖，或在其麾下。他居相位虽然只有七十日，其谋数不见用，却不以用舍为语默，依然以中兴之业为己任，是一个刚正不阿、正气凛然的人。他写和陶诗，也正是因为欣赏和崇敬陶渊明的为人。其《梁谿先生文集》有《和陶渊明归田园居六首》（卷十二）、《和陶渊明归田园居六篇》（卷二十一）、《次韵和渊明饮酒诗二十首》（卷十二）、《陶渊明尝设形影神问答赋诗三首读之有感因次其韵》（卷十五）、《次韵渊明读山海经》、《和渊明拟古九首》、《秋雨初霁天高气清独游山间意欣然乐之因和渊明游斜川诗以纪其事》（卷二十一）等，数量相当多[26]。这些追和之作，大多表现向往归隐之意，《和陶渊明归田园六首序》曰：“予家梁谿，粗有田园可归。方谋筑室惠山下，娱意泉石，忘怀世味，谪官羁束，未获遂心。因读陶渊明《归田园诗》，嘉其辞旨平淡高远，次韵和之，以寓意焉。”其二曰：“秋风动梁谿，何日理归鞅。放逐正拘囚，寤寐劳梦想。新诗聊慰今，旧事那追往。缅怀故山居，杞菊苗应长，挂冠神武门，便欲学疏广。躬耕南亩云，实报无卤莽。”《次韵和归去来集字十首》（卷十三）之十曰：“处世若大梦，吾生感行休。何须缚轩冕，且复傲林丘。云木千岩秀，烟波万壑流。忘机齐物我，鱼鸟与君游。” 可见其心中的感慨是很深的。其《次韵和渊明饮酒诗二十首》之二十末尾曰：“我读古人书，独与渊明亲。北窗傲羲皇，桃源将问津。膝横无弦琴，头著漉酒巾。我醉君且去，为已非为人。”其《和渊明拟古九首》之六曰：“吾怜靖节翁，食少衣不完。弃禄缘束带，贵身遂抛冠。箪瓢有馀乐，不惭陋巷颜。成趣园日涉，息交户常关。返观富与贵，一尘集毫端。素琴久无弦，适意自可弹。处心慕黔娄，抗志同伯鸾。斯人骨已朽，霜霰时方寒。”其《和陶渊明采菊东篱下二首》（卷十二）之一很有陶渊明的风格：“九日但孤坐，悄然无世喧。菊花殊未开，始知气候偏。开轩寓远目，相对惟青山。昏鸦已接翅，独鹤何时还。且尽杯中物，此外无足言。”一位抗金的著名人物，竟然引陶渊明为知音，一再写作和陶诗，说明陶渊明的意义已经远远超出隐士或隐逸诗人的范围了。

吴芾，字明可，台州仙居人。宋高宗绍兴二年（1132）进士，历删定官，秘书正字。以不附秦桧，罢。后通判处、婺、越三州，知处州。三十一年，召为监察御史，迁殿中侍御史、户部侍郎，出知婺州。孝宗即位，知绍兴府，未几，召权刑部侍郎，迁给事中，以敷文阁直学士知临安府。以事提举太平兴国宫。乾道三年起知太平州。五年，改知隆兴府。六年，以年老奉祠。淳熙元年，以龙图阁学士致仕。十年卒，年八十。谥康肃，自号湖山居士。吴芾虽然没有隐居的经历，但是他因不附秦桧而罢官，可见其刚正不阿的性格。正是在这一点上他和陶渊明相契合，他之喜爱陶诗并追和陶诗也就不难理解了。吴芾也是和陶较多的人，周必大辑吴芾《湖山集》，序中说有和陶诗三卷，但原本已亡佚，《四库全书》据《永乐大典》采辑编订厘为十卷[27]，所收和陶诗达四十馀首。所和有《停云》、《劝农》、《归鸟》、《形影神》、《与殷晋安别》、

《悲从弟仲德》、《始作镇军参军经曲阿作》、《咏贫士》、《读山海经》、《拟挽歌诗》等，题目相当广泛。如《和陶示周续之祖企谢景夷韵寄朱元晦》（卷一）："我爱朱夫子，处世无戚欣。渊明不可见，幸哉有斯人。奈何不苟合，进用苦无因。夫子于此道，妙处固已臻。尚欲传后学，使闻所不闻。顾我景慕久，愿见亦良勤。第恨隔千里，无由往卜邻。安得缩地杖，一到建溪滨。"在这首诗里将朱熹和陶渊明相提并论，表示对朱熹的倾慕之情。又如《和陶庚戌岁九月中于西田获早稻》（卷一）："东风才解冻，农事已开端。田夫竞力作，不获须臾安。渊明于是时，亦岂容坐观。日出负耒去，入夜乘牛还。宁不惮劳苦，要得逃饥寒。顾我独何幸，虽知稼穑难。逢秋但一饱，此外了不干。回首视渊明，已是增汗颜。那堪万事拙，只得长掩关。诵公获稻句，倍为公兴叹。"其中的感喟的确是出自肺腑的。《四库全书总目提要》说吴芾："年几八十乃渐趋平淡，和陶诸诗当作于其时，亦殊见闲适清旷之致。"朱熹《龙图阁直学士吴公神道碑》论吴芾曰："自当涂及是凡六上章，丐问不允。三和陶公归来之章以见意。为诗平淡，慕乐天而浑厚庄栗，又自类其为人。"[28]

金朝赵秉文，大定二十五年（1185）进士，历官翰林侍读学士，拜礼部尚书。著《易丛说》十卷、《中庸说》一卷、《扬子发微》一卷、《太玄赞》六卷、《文中子类说》一卷、《南华略释》一卷、《列子补注》一卷、删集《论语》、《孟子》说各十卷、《资暇录》十五卷，是一位著名的文士。其《闲闲老人滏水文集》卷四有《和渊明拟古》九首、《和渊明归田园居送潘清容》六首，卷五有《和渊明饮酒二十首》[29]。其中多有赞誉陶渊明之辞，如《和饮酒》其十一："千载渊明翁，谁谓不知道。闲赋责子诗，调戏乃娱老。杜陵盖自况，亦岂恨枯槁。壶觞清浊共，适意无丑好。归来五柳宅，守我不贪宝。长啸天地间，独立万物表。"针对杜甫所谓"陶潜避俗翁，未必能达道"[30]提出自己的见解，而又没有责备杜甫的意思，很耐人寻味。

郝经，字伯常，陵川人。《元史》卷一百五十七有传。官至翰林侍读学士，赠昭文馆大学士，荣禄大夫，追封冀国公，谥文忠。经以中统元年使宋，为贾似道所拘留，居仪真者十六年，于使馆著书七种。《四库全书总目提要》曰：“其生平大节，炳耀古今，而学问文章，亦具有根柢。”其《陵川集》六、七两卷都是和陶诗，数量达一百多篇。

齐召南，字次风，号琼台，晚号息园，浙江天台人。生于康熙四十二年（1703），乾隆元年（1736）举博学鸿词科，改庶吉士，官至礼部侍郎，乾隆三十三年（1768）卒。有《和陶百咏》一册二卷，光绪间云石轩刻本，国家图书馆文津楼分馆藏，有光绪十九年癸巳冬十月赵时桐序。

以上高官之所以能与陶渊明发生共鸣，是因为他们所具有的气节，这并不奇怪。但有人并没有气节可言，却也写作和陶诗，例如南宋周紫芝有《太仓稊米集》七十卷[31]，其卷四十二有《和陶彭泽归去来词》紫芝字少隐，号竹坡居士、静观老人、蝇馆主人，宣城人。早年两次赴礼部试，不第。高宗建炎元年，曾应诏上书。绍兴十二年，以廷对第三释褐，时年六十一。历官枢密院编修官，出知兴国军。约卒于绍兴末，年近八十。紫芝为诗推崇梅尧臣、苏轼，强调当先严格律然后及句法，在南宋初年是相当杰出的诗人。其《和陶彭泽归去来词》小序中说明是继苏轼和陶之作：“陶元亮《归去来词》妙绝古今，非后人所能追逐。惟东坡诸人笔力可到，乃有和章，自是而作者益众矣。仆不自量，敢效西子之颦，固自可笑，况余未尝从仕，夫复何归？然而收少年随俗之心，念老日林泉之趣，以稍安衰暮，是亦归也。何必弃官投绂，以反林泉，然后谓之归哉？”由此看来，这是他尚未出仕时的作品。一个未尝出仕的人也有归去来的想法，这种归去来不是形迹上的辞官归隐，而是在精神上寻找一个归宿。但他的人品与陶渊明大相径庭，其集中多有谄谀秦桧父子之诗，《四库全书总目提要》斥为“老而无耻，贻玷汗青”。这样一个人也会和陶，就只能说他是故作标榜了。

特别有趣的是清朝皇帝乾隆，他居然也有和陶诗，《御制诗》三集卷七十二载《和陶二首用其韵兼效其体》，其中一首竟然是《咏贫士》：

“浮浮出岫云，飘飘何所依？胡不去虞廷，为彼纠缦辉。良禽栖幽林，亦欲一奋飞。择木苟未得，逝宁故枝归。君子不忧贫，风人咏乐饥。尔希陋巷贤，予怀首阳悲。”另一首是《读山海经》：“汲古如食饮，一日不可疏。暮春苦午炎，习静坐精庐。精庐敞以庳，插架有古书。牙籤分四部，芸帙富五车。是时颇望雨，园人送新蔬。井灌故自佳，麦塍安能俱。破闷翻奇经，有书亦有图。亦不求甚解，渊明趣颇如。”[32]身为皇帝居然也咏起贫士来了，他哪里能够体会贫士的生活和心情呢！他所写的读书生活，和陶渊明相比也大异其趣。

如上所述，隐士、遗民和那些有气节的士人，他们心仪渊明，追和陶诗，是寻找同调并有借以自励的意味。而那些并无节操的人追和陶诗，在一定程度上则是弥补和疗救自己心灵的缺憾，或者借以粉饰自己。这两种情况恰好从正反两个方面显示出陶渊明巨大的影响。从这个意义上说，陶渊明好像是一面镜子，映照出那些追和者各自的精神面目、人格情趣和生命的价值。

四

在拙作《陶诗主题的创新》一文中，我将陶诗中具有创新性的主题分为五类[33]，其中四类是后人追和较多的：

首先是表现回归主题的作品，《归园田居》和《归去来兮辞》是后人追和最多的。中国的士大夫总是在出与处之间徘徊，也就是在兼济和独善这两条道路上变换身份。所谓“达则兼济天下，穷则独善其身”，这两句话因为说出了士大夫这种普遍的情况而引起广泛的共鸣。士大夫在仕途上遇到坎坷时，便很自然地想到退隐，也就是回归到出仕之前的状态。当他们想要回归之际或已经回归之后，便自然和陶渊明发生了共鸣，因此追和回归主题的作品也就特别多。如刘因《和归园田居》便是感情真挚之作。不过，陶渊明的回归并不是简单地回归到田园，还带有回归自我的意思，也就是回归到未经世俗沾染的人之本性的哲理意味。这一点在后世的和作中虽没有得到普遍的认识和表现，但在苏轼的《和归去来兮辞》中却有比较深刻的表现。其《引》曰："子瞻谪居昌化，追和渊明《归去来辞》。盖以无何有之乡为家，虽在海外，未尝不归云尔。"其辞有曰："藩垣虽缺，堂室故存。挹我天醴，注之窪樽。饮月露以洗心，餐朝霞而眩颜。混客主以为一，俾妇姑之相安。知盗窃之何有，乃掊门而折关。廓圜镜以外照，纳万象而中观。"苏轼原是一位富有哲学思考的人，他对陶渊明的理解毕竟更深入一层。

其次是表现饮酒主题的作品，如《饮酒》二十首。陶渊明的《饮酒》内容本来相当广泛，和诗可以借此表现种种复杂的感受。《己酉岁九月九日》因为写到重阳节和菊花，很容易引发后人追和的兴趣。

第三类是固穷安贫主题的作品，如《咏贫士》七首、《乞食》等。固穷安贫主题是陶诗的特色之一，和陶者当然会注意到这类作品。但要和得好需要生活的体验，追和这类诗的作者有的是真贫，如唐彦谦、刘因、戴良，他们的作品真切感人。有的并不贫，甚至很阔气，连乾隆皇帝也在咏贫士，他们的作品就显得做作了。

第四类是表现生死主题的诗歌，如《形影神》、《拟挽歌辞》等。如何生存是每个人都要思考的问题，死亡是每个人不可避免的结局，借着和陶表现自己对生死的态度很方便。但是能达到陶渊明那样高度的诗却不多见。陶渊明的作品所具有的深刻意义，在于其对人生价值的思考以及对人和自然关系的思考上，也正是在这两方面陶渊明具有现代意义。他的回归、安贫、饮酒，都统一在这种深刻的思考之上，回归和安贫是他进行了深刻的思考之后所采取的人生态度，饮酒是他安顿自己灵魂的一种手段。对比陶诗与和陶诗，恰恰在这一点上，后人难以真正追随到他，也很难达到他的境界。

在众多的和陶之作中，若论其内容和风格，有模仿陶渊明而与他比较接近的，可以唐彦谦为代表，如《和咏贫士》其三："松风四山来，清宵响瑶琴。听之不能寐，中有怨叹音。旦起绕其树，魂砢不计寻。清阴可敷席，有酒谁与斟？由来大度士，不受流俗侵。浩歌相倡答，慰此霜雪心。"这首诗富有生活的情趣和理趣，诗人自己的形象也更鲜明，立意、遣词、造句都接近陶渊明。刘因是元诗四大家之一，他的和陶诗风格也很接近陶渊明，例如《和拟古》九首之一：“郁郁岁寒松，濯濯春风柳。与君定交心，金石不坚久。君衰我不改，重是平生友。相期久自醉，中情有醇酒。义在同一家，何地分胜负。彼此无百年，几许相爱厚。持刀断流水，纤瑕固无有。”在各家的和陶诗中，戴良努力学习陶诗的风格，几乎是亦步亦趋，例如《和陶渊明咏贫士七首》之一：“乌鹊失其群，栖栖无所依。岂不遇良夜，谁共星月辉。两翮已云倦，何力求奋飞。遥见青松树，决起一来归。孤危正自念，复虑岁晚饥。苟遂一枝托，安知沟壑悲。”而陈良谟则对和陶有独到看法，其《和陶小稿·和陶诗小引》云：“余直取其胸次流出，不为雕镂绮绘语，而又非近体排比拘束之严可以置思易就，因得宣志适情以永日焉耳矣。初无学之之心，固不知孰为陶孰为我也，亦不知吾之诗平淡与否。如必一一而求其似焉，则是优孟抵掌效孙叔敖，政可作一笑柄耳，非吾意矣。兴阑阁书，爰事此以谂观者云。”

苏轼的情况有所不同，有的诗接近陶诗，洪迈将陶渊明《拟古》其一与苏轼的和诗相比较：“二者金石合奏，如出一手。何止子由所谓遂与比辙者哉！”[34] 苏轼这首诗的确得陶渊明之神韵：“有客扣我门，系马庭前柳。庭空鸟雀噪，门闭客立久。主人枕书卧，梦我平生友。忽闻剥啄声，惊散一杯酒。倒裳起谢客，梦觉两愧负。坐谈杂今古，不答颜愈厚。问我何处来，我来无何有。”另有一些诗虽带有陶诗的平淡自然，但更多地表现苏轼自己的旷达诙谐，例如《和丙辰岁八月中于下潠田舍获》：“聚粪西垣下，凿泉东垣隈。劳辱何时休？宴安不可怀。天公岂相喜，雨霁与意谐。黄菘养土羔，老楮生树鸡。未忍便烹煮，绕观日百回。跨海得远信，冰盘鸣玉哀。茵陈点脍缕，照坐如花开。一与蜑叟醉，苍颜两摧颓。齿根日浮动，自与粱肉乖。食菜岂不足，呼儿拆鸡栖。”这首诗写他自己的日常生活，当看到树上长出木耳等菌类，便把鸡窝拆除，表示甘于素食。诗中使用“聚粪”、“树鸡”、“土羔”等过去从不用于诗中的词语，造成生涩的效果[35]。宋人舒岳祥从独创性的角度评论苏轼，其《阆风集》卷十《刘正仲和陶集序》曰："自唐以来，效渊明为诗者皆大家。数王摩诘得其清妍，韦苏州得其散远，柳子厚得其幽洁，白乐天得其平淡。正如屈原之骚，自宋玉、景差、贾谊、相如、子云、退之而下，各得其一体耳。东坡苏氏和陶，而不学陶，乃真陶也。"这的确是中肯之论。

在数量众多的和陶诗中，有许多诗是既和原韵又和原意的，还有不少诗只和原韵不和原意，诗人只是借了陶诗的原韵任意地抒写自己想要说的内容。如果作者不标出是和陶诗，读者难以发现它们和陶诗的关系。这种现象从一个侧面说明和陶这种文学创作活动本身，已成为一件雅事，至于跟陶渊明距离的远近倒在其次了。如翁方纲《复初斋诗集》卷十三《宋芝山以所摹罗浮画册廿八幅属题捡箧中辛卯旧岁草和陶诗韵与此册同题者录之》二十八首[36]，吟咏飞云顶、青羊石、凤凰谷等罗浮景致二十八处，诗义与陶诗毫无关系。又如孔继鑅的和陶诗题目与一般的和陶诗有区别，标明用陶诗原韵，如《用有会而作韵》、《述往十章用命子韵》，至于诗的内容与陶渊明的原诗往往有较大的距离。很有趣的是他有一首诗是道光辛丑所写，与时事有密切的关系，竟然也以和陶为题，即《道光辛丑夷犯浙江舟山失守王锡朋郑国鸿葛云飞三总兵同日战殁诗以哀之用咏三良韵》，诗曰："战抚两失驭，外患谁实遗。吁嗟大难端，其来亦云微。舟山孤无援，若为地所私。得失委三镇，遥策拱旌帷。四山合死力，士气无所亏。碧血溅海水，三忠同一归。举世竞高论，临难觍从违。武人耀国乘，闻见今所希。一一食人禄，念之中心悲。寄语大将坛，毋轻短后衣。"道光辛丑时当公元1841年，所谓夷犯浙江是鸦片战争中的事情，可见他是一位关心现实的诗人。孔继鑅和陶诗中有些景物描写颇为精彩，如："平野带村市，风景昼清绝。官舍似贫居，日高门尚闭。门前长淮水，莹彻比深雪。曲折汇江流，在远同一洁。"（《寄予人兄长沙用从弟敬远韵》）"荒鸡号断垣，昏鸦聚高柳。门前万古月，形影谁当久？"（《用拟古九首韵寄山阳潘四农师》其一）

平心而论，和陶并不是一种很能表现创作才能的文学活动，和陶而欲达到陶诗的水平是一件很难的事情。在众多的和陶诗中，称得上佳作的并不很多。它们的价值主要不在于这些作品本身的文学成就，而在于这种文学活动所包含的文化意蕴。和陶这种文学活动所标示的主要是对清高人格的向往和追求，保持人之自然性情和维持真率生活的愿望。真实的陶渊明也许并不很单一，我们不能排除后人对他的认识有理想化的成分；和陶的人大多数未能达到陶渊明那样的人生境界，有的只不过是借以自我标榜而已。但是不可否认，因为有了大量的和陶诗，陶渊明作为一种文化符号的意义更加鲜明了。陶渊明不断地被追和，说明这个符号在中国文化中不断地重复，不断地强化。因此，研究和陶诗可以为我们提供研究中国文化的一个切入口。陶渊明的作品流传了一千六百多年，至今仍然能够赢得广大读者的喜爱，并且超越国界成为具有世界性的文化财富，其中必有一种常读常新的经得起不断开掘的元素，有一种象征着中国传统文化永恒魅力的东西，有一种能够给全人类以启迪的智慧。关于这些，在拙著《陶渊明研究》一书中已经有所探讨，本文不必重复。从这个角度研究和陶诗，将它们作为对陶渊明这个文化符号不断认同的一种宣示，我们可以对陶渊明得到更深一层的认识。

（原载于《中国社会科学》2003 年第 6 期）

---

①吴绍九、陈彩娟《论朝鲜诗人金时习的和陶诗》曰："在国外的和陶诗人中，15 世纪的李朝诗人金时习是颇有成就的。"（《延边大学学报》1998 年第 2 期）李寅生《日本和陶诗简论》曰："十六世纪，日本汉诗诗坛出现和陶高潮。"（《江西社会科学》2003 年第 1 期）

②见拙著《陶渊明集笺注》附录二苏辙《追和陶渊明诗引》（据宋刊施元之、施宿、顾禧注《东坡先生诗》残本），中华书局，2003 年；又见《四部丛刊》影明蜀府活字本《栾城后集》卷二一。

③北京大学图书馆藏《郝文忠公陵川文集》卷六，明正德刻本。

④《古欢堂集》卷二四，《四库全书》本。

⑤《全唐诗》卷六七一，中华书局，1960 年，第 7677 页。

⑥宋刊《东坡先生和陶渊明诗》四卷，原本藏于台北故宫博物院。

⑦《集注分类东坡先生诗》附《东坡纪年录》一卷，《四部丛刊》影南海潘氏藏宋刊本。

⑧苏轼与朋友唱和的诗作不少，但唱和古人的诗除了和陶诗之外，只有《和李白并序》一篇，见《全宋诗》第十四册，卷八〇六，北京大学出版社，1993年，第9343页。

⑨此书编辑刊刻年代，据邵浩《引》及张叔椿《序》都是绍熙元年。

⑩《鸡肋集》卷四，《四部丛刊》影明诗瘦阁仿宋刊本。

⑪《豫章黄先生文集》卷七，《四部丛刊》影嘉兴沈氏藏宋乾道刊本。

⑫《诚斋集》卷八〇，《四部丛刊》影缪氏艺风堂藏影宋写本。

⑬《容斋随笔》卷一四，《四库全书》本。

⑭《后村集》卷三一，《四库全书》本。

⑮《滹南遗老集》卷三九，《四部丛刊》影旧抄本。

⑯《遗山先生文集》卷四〇，《四部丛刊》影乌程蒋氏密韵楼藏明弘治戊午刊本。

⑰《归田类稿》卷三，《四库全书》本。

⑱苏辙:《追和陶渊明诗引》。

⑲《明诗综》卷八引，《四库全书》本。

⑳《施愚山集》第二册，何庆善、杨应芹点校，黄山书社，1992年，第42页。

㉑《敬业堂诗集》中册，周劭标点，上海古籍出版社，1986年，第715页。

㉒《东维子集》卷七，《四库全书》本。

㉓见朱彝尊《经义考》卷四八，《四库全书》本。

㉔见《明史》卷一七三《文苑传》。

㉕《默庵集》卷一，《四库全书》本。

㉖北京大学图书馆藏《梁谿先生文集》一百八十卷，清抄本（何秋涛据宋本校）。

㉗参见《四库全书总目提要》卷一五八。

㉘《晦庵集》卷八八，《四库全书》本。

㉙《四部丛刊》影湘潭袁氏汲古阁精写本，又北京大学图书馆藏焦循校清抄本。

㉚《遣性五首》其三，《杜诗详注》卷七，中华书局，1979年，第563页。

㉛北京大学图书馆藏清抄本《太仓稊米集》七十卷，共十六册，徐时栋及李木斋跋，有抄补。

㉜《御制诗集》三集，《四库全书》本。

㉝详见拙著《陶渊明研究》（北京大学出版社，1977年）第111页。

㉞《容斋三笔》卷三“东坡和陶诗”条，《容斋随笔》，《四库全书》本。

㉟韩愈有《答道士寄树鸡》诗，但诗中不见此二字。

㊱《复初斋诗集》七十卷，《续修四库全书》影清刻本。

陶渊明影像

——文学史与绘画史之交叉研究（摘录）

明末清初遗民笔下的陶渊明

清代绘画中关于陶渊明题材的作品依然很多，其中最值得注意的是明末清初遗民画家的作品。

张风《渊明嗅菊图》是一幅陶渊明的肖像画，纸本墨笔，今藏北京故宫博物院。渊明弯腰侧身，捧菊花一朵作嗅闻状，表情专注，几近陶醉。头戴风帽，帽半透明。衣袂褒博，袍长及地。人物无背景，亦不傅彩，纯用白描手法。整幅画的线条包括衣褶都极其简练，与传为梁楷减笔画法的《李白行吟图》有异曲同工之妙。

左上方题诗："采得黄花嗅，唯闻晚节香。须令千载后，想慕有陶张。"署"上元老人写渊明小炤（案同照）庚子"。上元老人即张风，庚子当清顺治十七年（1660）。诗的末句"陶张"二字，陶当然是指陶渊明，张者何所指？久不得解。近检明彭大翼撰《山堂肆考》，卷一百九十九《花品》"菊花""陶张各爱"条曰：

> 刘蒙《甘菊论》："陶渊明、张景阳、谢希逸、潘安仁等或爱其香，或咏其色，或采之于东篱，或泛水于酒斝，疑皆今之甘菊也。"

始知所谓"张"盖指张景阳，即西晋诗人张协。陶张并称，渊源有自也。张风言自己千载后所想慕者，乃陶渊明、张协。张协，《晋书》卷五十五有传：曾任中书侍郎，"转河间内史，在郡清简寡欲。于时天下已乱，所在寇盗，协遂弃绝人事，屏居草泽，守道不竞，以属咏自娱。……永嘉初，复征为黄门侍郎，托疾不就，终于家”。其《杂诗》第三首有句曰：“寒花发黄采，秋草含绿滋。”“寒花”即菊花。张风所题诗中“晚节香”三字亦见《山堂肆考》，上引“陶张各爱”条后紧接着有“香晚节”条曰：

> 宋韩魏公在北门，九日燕诸僚佐诗（案此诗又题《九日水阁》）：“不羞（一作虽惭）老圃秋容淡，犹有寒花晚节香。”识者知其晚节之高。

韩魏公，即北宋韩琦，封魏国公。至于张风所题诗的首句，或许也有出处，明杨基《眉庵集》卷七《句曲秋日郊居杂兴》十首其二：“自采黄花嗅，谁知独步心。”或即张风所本。

渊明爱菊，人所共知。昭明太子萧统《陶渊明传》曰：“尝九月九日出宅边菊丛中坐，久之，满手把菊。忽值弘送酒至，即便就酌，醉而归。”此事传为美谈。其《饮酒》其五曰“采菊东篱下，悠然见南山”，乃千古名句。于是菊花遂成为渊明高洁人格的象征。但值得注意的是，在他的传记中既没有“嗅菊”之事，在他的诗文中也没有提到“嗅菊”二字。古人虽有诗中写到嗅菊的，如宋范纯仁、王十朋、谢翱等，已在渊明之后①。

张风所绘渊明嗅菊，乃出于他本人的想象，或者说是把别人的雅事融入到渊明的身上了。又，渊明著风帽亦未见记载，其所著者乃葛巾也，萧统《陶渊明传》曰：“郡将常候之，值其酿熟，取头上葛巾漉酒。漉毕，还复著之。”前人所绘陶渊明像，如元钱选《柴桑翁像》、元何澄《陶潜归庄图》卷等，大都着葛巾，长带飘然。可能张风绘《渊明嗅菊图》时并未深究，采用了他自己那个时代比较普遍的装束。

再深入一层看，张风《渊明嗅菊图》是一幅寄托遥深之作，其中不仅融入了他自己的感情，或许还融入了他自己的形象。张风是明遗民画家，字大风，上元（今南京）人。关于他的事迹，周亮工《读画录》卷三记载较详：少时为诸生，甲申后遂焚帖括，绝意仕进，走北都，出卢龙、上谷，览昌平、天寿诸山。“大风画无所师授，偶以己意为之，遂臻化境。潇然澹远，几无墨路可寻。”又说他著有《双镜庵诗》、《上药亭诗馀》、《楞严纲领》、《一门反切》，惜未传。周亮工与张风有交往，所记当可信[②]。清秦祖永《桐阴论画》首卷将他列入“书画大家”，论曰：

> 山水既臻化境，即间写人物，亦恬静闲适，神韵悠然，无一毫妩媚习气。盖由其摆脱尘鞅，另开蹊径。

结合张风的身世，再看《渊明嗅菊图》及其题诗，便会觉得渊明的形象和张风本人的形象，在某种程度上仿佛已经合而为一了。李凯先生在《中国绘画全集·清代绘画概论》中说：“张风所作的人物画，显然是有所寄托的。”所论为是。

周亮工《尺牍新钞》收录张风书札四通，其中三通是论画的，见解精辟。如谓：

> 画要近看好，远看又好，此则仆之观画法，实则仆之心印。盖近看看小节目，远看看大片段。(《与郑汝器》)
>
> 善棋者，落落布子，声东击西，渐渐收拾，遂使段段皆赢，此弈家之善用鬆也。画亦莫妙于用松，疏疏布置，渐次层层点染，遂能潇洒深秀，使人即之有轻快之喜。(《与程幼洪》)

所论有助于绘事以及绘画鉴赏，姑录于此，以供参考。

明末清初画家陈洪绶（1598 ~ 1652）不止一次画陶渊明像，以寄托自己的向往之情。陈洪绶所绘陶渊明的画像，《博古叶子》中的“空汤瓶”是很有独创性的一幅。

上文讲到，今存陶渊明画像，如元钱选绘《柴桑翁像》、何澄绘《陶潜归庄图》卷，明初王仲玉绘《靖节先生像》轴，其中的陶渊明形象大都是同一类型。翁万戈先生概括说："那定型是一位面容丰满，眉目清秀，胡子在口角下垂，两耳下及颔上三绺长须，头罩纱巾，肩披兽皮，一手持杖，两袖飘举。"[③]我们可以取古代题画诗中诗人们对自己所见陶渊明画像的描述加以对照，如北宋谢薖《陶渊明写真图》：

渊明归去浔阳曲，杖藜蒲鞋巾一幅。

……

此公闻道穷亦乐，容貌不枯似丹渥。

其中提到手中所用的藜杖、脚上穿的草鞋，以及头上戴的头巾，还提到他的容貌红润而不枯瘠，与上面所说的画像大体相同。此外，元倪中书《题赵集贤行书归来辞卷》云：

书后有白描渊明像，带葛巾，鹤氅衣，手执杖，童子背负酒榼，手捧竹笈，束书卷约十馀。

从这番描述中可见陶渊明的形象也是同一类型，不过有随行的童子，而且童子还携带了酒和书，作为陶渊明的陪衬。元贡师泰《题渊明小像》：

乌帽青鞋白鹿裘，山中甲子自春秋。

呼童检点门前柳，莫放飞花过石头。

明高逊志《题陶渊明像》：

玉山颓兮葛巾偏，老仆扶持步不前。

莫道先生浑不醒，醉中犹记义熙年。

看来贡师泰和高逊志所见渊明小像，也属于同一类型。只是倪中书和贡师泰关于陶渊明身穿“白鹿裘”与“鹤氅衣”的描述，乃是画家主观的想象，陶渊明恐怕不会有这样的穿着。明于谦《渊明像》：

杖屦逍遥五柳庄，一辞独擅晋文章。
黄花本是无情物，也共先生晚节香。

于谦所见此像写到杖和屦，大体上也是同一类型，不过多了五柳与菊花作陪衬而已。

上述陶渊明的画像如此定型，让笔者想起今人的标准像，在人们的心目中，似乎陶渊明也有一幅标准像，一直沿袭下来。

陈洪绶的《博古叶子》“空汤瓶”，与“标准像”相比，既有一致的地方，也有不一致的地方。首先，这是坐像，陶渊明斜倚在一片石边，箕踞而坐，他的藜杖放在左前方的地上，这与我们常见的杖藜而行的陶渊明不同。石上置酒瓶一（似盂）、酒勺一、酒盏一。既然陈洪绶题曰“空汤瓶”，画中的酒瓶应当是空的。陶渊明面目清秀，首略颔，目微闭，身子有一点前倾。整个画面透露着一种闲适、从容的气氛。画家所要强调的是陶渊明的精神世界，虽然无酒可饮，但神情怡然。正如他在画幅右侧的题辞中所说：

其卧徐徐，其觉于于。瓶之罄矣，其乐只且。

前两句出自《庄子·应帝王》：“其卧徐徐，其觉于于。”成玄英疏：“徐徐，宽缓之貌；于于，自得之貌。”“瓶之罄矣”语出《诗·小雅·蓼莪》：“瓶之罄矣，维罍之耻。”“其乐只且”，语出《诗·王风·君子阳阳》，“只且”，语助词。这幅画的线条十分流畅，如行云流水，而且没有多余的笔墨，是典型的陈氏画法[4]。

别的画像大都画陶渊明饮酒，甚至行走中也有童仆为他背着酒壶。陈洪绶的这幅像偏画他无酒可饮，这一点也与众不同。关于这个情节，在陶渊明的《五柳先生传》中是有记载的："性嗜酒，而家贫不能恒得。"其《九日闲居序》中说："秋菊盈园，而持醪靡由。空服其华，寄怀于言。"沈约《宋书·陶潜传》中说："尝九月九日无酒，出宅边菊丛中坐久，值弘送酒至，即便就酌，醉而后归。"陈洪绶画这幅陶渊明像显然是取材于这些记载。在陈洪绶的笔下，陶渊明不但无酒可饮，而且在无酒的情况下仍然很快乐，一副无所谓的样子，这就更能表现他的潇洒与高雅。在我所见的陶渊明画像中，这一幅是很特别的，也是很传神的。

这幅画还有一个特别之处，就是印在叶子上。陈洪绶《博古叶子》，木刻，画四十八页，书二页，翁万戈先生有藏。据翁氏《陈洪绶》一书著录，乃1651年所绘，应当是根据序言中所记甲子"辛卯"推算的。"博古"二字表明这些画广泛取材于古代的故事。"叶子"则是一种酒筹，行酒令的时候所用。明杨慎《丹铅续录》卷九"六赤打叶子"条：

> 叶子，如今之纸牌酒令。《郑氏书目》有南唐李后主妃周氏编《金叶子格》。此戏今少传。

对照《红楼梦》第六十三回"寿怡红群芳开夜宴"的描述，可以想见其使用情况的大概。怡红院所用的酒筹乃"象牙花名签子"，签子上刻有前人的诗句，以此决定该谁饮酒。而陈洪绶的这些博古叶子是木刻印刷品，用叶子左侧所标明的话语决定谁人饮酒，画陶渊明的这一幅是"白衣各送执者一杯"，意谓穿白衣的人各送执此陶渊明画像叶子的人一杯酒。白衣送酒，典出檀道鸾《续晋阳秋》：

> 陶潜尝九月九日无酒，宅边菊丛中摘菊盈把，坐其侧久，望见白衣

至。乃王弘送酒也，即便就酌，醉而后归。⑤

陈洪绶所画其他陶渊明像，也都明显地表现出他的艺术独创性，与宋元以来陶渊明的标准像有所不同。台北故宫博物院所藏《隐居十六观》册之第十四页，题曰《孤往》，纸本淡着色，纵21.4厘米，横29.8厘米。款题“迟老”，钤印“章侯”。陶渊明《归去来兮辞》有句曰：“怀良辰以孤往”，画题当出于此。此图没有背景，只有一人向左独行，着冠，手执纨扇，怡然中透着高傲之气，在陶渊明的肖像画中当属上品。

台北故宫博物院还藏有陈洪绶的《玩菊图》，纸本设色，纵118.6厘米，横55.1厘米。题“洪绶仿李希古玩菊图，似抑之贤弟清教”，钤印“章侯”。收传印记：“三希堂精鉴玺”、“宜子孙”、“石渠宝笈”、“宝笈三编”、“嘉庆御览之宝”、“嘉庆鉴赏”、“宣统御览之宝”。图中一人持杖，坐于凳上，面对菊花一瓶，花瓶置于石上。人物造型高古，大耳，高鼻，表情与神态均显出拔俗之气。

另外，美国火奴鲁鲁美术馆（Honolulu Academy of Arts）藏有《归去来图》卷，共十一段，题跋署：“老迟洪绶”。可参看翁万戈《陈洪绶》（上海人民出版社，1997年版）、吕晓《陈洪绶的陶渊明故事图——兼论陈洪绶与周亮工的交往》（《荣宝斋》杂志2004年第3期第182～189页）。又，台湾石头书屋所藏陈洪绶《人物图卷》中有《陶渊明簪花图》，绘陶渊明头簪菊花，前后有仕女相伴，十分特殊，谨录以备考。

陈洪绶的遭遇和性格都有与陶渊明类似之处。他的祖父陈性学曾任广东、陕西布政使；父亲陈于朝没有出仕，在陈洪绶九岁时就去世了。陈洪绶一生在功名上无所成就，又经历了明朝的覆亡，一度逃入山中为僧。后来回到城市中卖画为生，衣食不能自给，但不肯阿附权贵。周亮工《读画录》卷一载：

人所致金钱随手尽，尤喜为贫不得志人作画周其乏，凡贫士藉其生者，数十百家。若豪贵有势力者索之，虽千金不为搦笔也。

这种遭遇和性格的陈洪绶，必然会对陶渊明表现出格外的认同，他的这幅陶渊明画像就是一个很好的例证。

清初画家石涛（1630 ~ 1707），姓朱，名若极，明宗室，广西人。少年出家为僧，法名原济，字石涛，号苦瓜和尚、大涤子、清湘老人、瞎尊者等。青少年时期曾漫游长江中游各名胜，中年住南京，晚年定居于扬州，靠卖画为生。他所绘《陶渊明诗意》册页十二开，今藏北京故宫博物院，纸本着色。各开均有石涛本人所书陶渊明诗句，加钤“清湘石涛”或“瞎尊者”印记，有的钤潘德隅收藏印“曾在潘德隅家”。各开内容如下：

“狗吠深巷中，鸡鸣桑树巅”，取自《归园田居》；

“悠然见南山”，取自《饮酒》；

“若复不快饮，空负头上巾。但恨多谬误，君当恕醉人”，取自《饮酒》；

“一士长独醉，一夫终年醒。醒醉还相笑，发言各不领”，取自《饮酒》；

“带月荷锄归”，取自《归园田居》；

“遥遥望白云，怀古一何深”，取自《和郭主簿》；

“平生不止酒，止酒情无喜”，取自《止酒》；

“饥来驱我去，不知竟何之”，取自《乞食》；

“虽有五男儿，总不好纸笔”，取自《责子》；

“连林人不觉，独树众乃奇”，取自《饮酒》；

“东方有一士，被服常不完”，取自《拟古》；

“清晨闻叩门，倒裳往自开。问子为谁欤，田父有好怀”，取自《饮酒》。

各开对面均有王文治题诗，其首开在诗后题识曰："元亮以喧嚣之境，写至静之机，此中三昧，匪石老其谁参之？"其末开又题识曰：

> 石涛写渊明诗意十二帧，旧为秋史太史所藏，今扬州寓斋属余题识，录以请正。同馆弟王文治记。

这本册页虽然笔墨粗率，但是妙趣横生。

例如"狗吠深巷中，鸡鸣桑树巅"这一幅，鸡鸣狗吠不见痕迹，只有几椽茅屋坐落在荒野之中，陶渊明拱手立于屋内，脸部的五官都省略了，却很巧妙地表现了陶渊明田园生活之闲适。

"遥遥望白云，怀古一何深"这一幅，背景是远山白云，山下几座农舍，濒临水边，陶渊明兀立岸上，翘首远望，长袖稍向后垂，体态极其生动。背后一条小溪，一座小桥。布局错落，设色高雅。

"一士长独醉，一夫终年醒"这一幅，画茅屋前两人相对而立，露顶者两臂高举似是醉者，着帽者两臂倒背似是醒者，可以感受到彼此互不理解的样子。

"虽有五男儿，总不好纸笔"这一幅，陶渊明独坐屋下，看着屋前五个小孩在玩耍，人物脸部的五官统统省略，给读者留下许多想象的余地。也有画五官者，如"悠然见南山"、"若复不快饮，空负头上巾。但恨多谬误，君当恕醉人"、"带月荷锄归"，但也只是寥寥几笔，粗具轮廓而已。末幅"清晨闻叩门，倒裳往自开"，在树木掩映中几间茅舍，门前小桥溪水，陶渊明与田夫拱手相向，野趣盎然。这些画用墨、着色都很自然，随意写来，便成妙趣，从中可以看出石涛本人内心的世界。

戴本孝的《陶渊明诗意图》屏，共十二条，绢本设色，纵 169.1 厘米，横 54.2 厘米，今藏南通博物苑。这些绘画有一个明显的特点，就是以山水为主，人物点缀其间，人物所占篇幅不但很小，而且人物的色调与山水也没有明显区别，人物和山水融合无间。另一个特点是每一条屏上各写有陶渊明的一首诗，如《读山海经》其一、《和郭主簿》其二等。各诗之下，戴本孝又写有自己的一段题识，可以看出他对陶渊明的理解，值得研究文学史的人注意。例如《饮酒》“故人赏我趣”这一幅，戴本孝题识中有这样的话：

酒中深味，知之者希，非世之沉湎者流所可借口也。渊明《饮酒》诗诸作中多见道之语，如“不觉知有我，安知物为贵”，非圣贤大公至正之学，何以臻此？乐天知命，与时偕行，渊明有焉。

从道学的角度对陶渊明所作的解释，代表了当时人对陶渊明的理解。戴本孝（1621 ~ 1693），字务旃，安徽和县人。其父戴重，明亡绝食死，本孝以布衣隐居鹰阿山中。他与陶渊明在思想和性格上颇有相似之处，所绘陶渊明诗意图，表示了他对陶渊明的强烈认同感。王士禛《池北偶谈》卷十一曰：

戴本孝，字务旃，和州人。诗画皆超绝。尝在京师，夜与友人谈华山之胜，晨起，即幞被往游，其高旷如此。弟迻孝，字无忝，四十不娶，亦有诗名，皆老于布衣。本孝贻予画，自题诗云：

丛薄何蓊蔵，乔木无馀阴。
斧斤向天地，悲风摧我心。
不知时荣者，何以答高深。

又云：

草木自争荣，攀援与依附。
凌霄桑寄生，滋蔓尚可惧。
惜哉不防微，良材化枯树。

这两首诗兴寄与说理兼备，颇有陶诗的风格。

以《桃花源记》为题材的作品

历代以《桃花源记》为题材的作品很多，这些画中并没有陶渊明的形象，但是因为这篇作品表现了陶渊明的理想，而这理想反映了一种带有普遍性的愿望，深受历代读者喜爱，所以也成为画家常用的题材，本书将之单独提出来加以评述。

唐代韩愈所作七古《桃源图》，已经提到根据《桃花源记》绘图的情况：

流水盘回山百转，生绡数幅垂中堂。
武陵太守好事者，题封远寄南宫下。
南宫先生忻得之，波涛入笔驱文辞。
文工画妙各臻极，异境恍惚移于斯。

由此可知，这幅画是在生绡上所绘，是武陵太守某人寄给南宫某官的，南宫先生在画上题了诗，韩愈这首诗也许就是赓和之作[⑥]。至于绘图的人已不可考其姓名了。明杨慎《丹铅续录》“桃源图”条曰：

唐人画桃源图，极为工妙。舒元舆作记云：“烟岚草木，如带香气。熟视详玩，自觉骨戛青玉，身入镜中。”韩退之亦有《桃源图》盖题此画也。予及见元人临本。

南宋赵伯驹（1120 ~ 1183）有《桃源图》，著录见《御定佩文斋书画谱》卷九十八历代鉴藏八，又见《石渠宝笈》卷六：“宋赵伯驹《桃源图》一卷，素绢本，著色画，款署伯驹。幅前有秋碧、吴新宇珍藏印二印。”赵伯驹弟赵伯骕也绘有《桃源图》，图后有高宗书渊明诗文真迹，见明张丑《清河书画舫》卷一下。李唐绘有《桃源图》，见《清河书画舫》卷七上。此外，据记载，宋王十朋、魏了翁，元王恽、钱选、赵孟頫、吴澄、揭傒斯、黄溍，明文嘉、朱彦昌、沈周等人都有题桃源图的诗作，见《御定历代题画诗类》卷三十一。元钱选《桃源图》，见明郁逢庆《书画题跋记》卷九。明文徵明《桃源图》，见《书画题跋记》卷十二。明仇英摹赵千里《桃源图》，见《佩文斋书画谱》卷八十七。明陈洪绶《桃源图》见《石渠宝笈》卷三十八。凡此种种，难以尽列。

南宋马和之《桃源图》，今藏台北故宫博物院。纸本水墨，纵 30 厘米，横 349.6 厘米。有“和之”款。收传印记有：“图书”（半印）、“珍秘”、“稀世之宝”、“子孙宝之”、“清和珍玩”、“晋府书画之印”、“石渠宝笈”、 “御书房鉴藏宝”、“乾隆御览之宝”、“嘉庆御览之宝”、“晋国奎章”、“冰壶”等。图绘桃花源故事，最右端溪水中停泊一小船，从右至左依次展开五组人物，有渔人与桃源中人对话的情景，众人下棋的情景，也有众人聚饮的情景。中间点缀以树木、屋舍、溪水、耕牛、小犬等，全是农家景色。但左端云雾中露出楼台，楼顶巍峨，又是仙境。农家景色和仙境二者看起来不相协调。台北故宫博物院《渊明逸致》图版说明曰：“世传马和之擅‘蚂蟥描’，笔笔使转，不肯作一直径板重之笔。线条形态粗细变化，颇具动势。……本画墨色浓重，人物造型稍为板滞，并非出于马和之笔。”所论为是。我们还可以将此图与马和之传世真迹《鹿鸣之什图卷》、《后赤壁赋图卷》（北京故宫博物院藏）对比，后二者笔法飘逸（元汤垕《画鉴》曰“马和之作人物甚佳，行笔飘逸”），使转自如，与前者显然不同。此图虽有“和之”款，但不是马和之真迹⑦。

台北故宫博物院所藏李唐《四时山水》第一幅，从所画内容看来是取材于《桃花源记》，绢本设色，纵 8 厘米，横 26.5 厘米。图的左侧是屋舍，屋旁有巨松二株，枝干繁茂。松下数人拱手作礼。右侧溪旁山石下停泊一船，只露出一半，船边水中立一桨。无款印。收传印记有：“周甲延禧之宝”、“石渠宝笈”、“宝笈三编”、“嘉庆御览之宝”。图后副页有董其昌跋。《石渠宝笈三编》有著录。李唐是两宋之间著名画家，元夏文彦《图绘宝鉴》卷四：

> 李唐字晞古，河阳三城人。徽宗朝曾补入画院，建炎间太尉邵渊荐之，奉旨授成忠郎，画院待诏，赐金带，时年近八十。善画山水人物，笔意不凡。尤工画牛，高宗雅爱之，尝题《长夏江寺卷》，上云："李唐可比唐李思训。"

李唐所绘《桃源图》，明张丑《清河书画舫》卷七上亦有线索可寻："盱眙陈明之，官至尚书，收藏书画甚富，每有李长沙题跋。吾家江贯道《江山图》、李唐《桃源图》，皆陈氏物也。此卷最矣。董其昌题。"关于李唐取材陶渊明所作绘画，明郁逢庆《续书画题跋记》卷二著录《李唐虎溪三笑图》，有绍兴庚午季春十一日陈寿题跋，明汪砢玉《珊瑚网》卷二十九亦载。上述两图虽未得见，但从文献记载中至少可以证明李唐对陶渊明是有兴趣的[⑧]。

台北故宫博物院藏《桃花源图》，绢本设色图轴，纵174厘米，横89.4厘米。无款印，收传印记有："三希堂精鉴玺"、"宜子孙"、"石渠宝笈"、"宝笈三编"、"嘉庆御览之宝"、"嘉庆鉴赏"、"宣统御览之宝"。著录为宋院本画，画家姓名年代无考。此图截取渔人与桃花源中人拱手见面的一刻，置于画面中心，人物体态自然，颇有动感。背景是屋舍，一妇女正在推开柴门。右下角有半截小舟停在洞口，右上部则是崇山峻岭。整个画面的布局规整严谨，处处点缀以粉红色的桃花。

据《石渠宝笈》卷三十九著录，王蒙绘有《桃源春晓图》。王蒙（1308 ~ 1385）是元四大家之一：

> 字叔明，吴兴人，号黄鹤山人，赵松雪之外孙也。素好画，得外氏法，然不妍求于时，惟假笔意以寓其天机之妙。为文章不尚矩度，顷刻数千言可就，君子咸以豪士目之[⑨]。

洪武中官泰安知州，坐事卒[10]。

台北故宫博物院藏有王蒙所绘《桃源春晓图》轴，素笺本设色，纵157.3厘米，横57.8厘米。构图以一条山溪纵贯上下，两岸重岩叠嶂，桃花盛开。下部一渔舟缘溪而上，渔夫正在划棹。右上方题诗曰：

空山无人瑶草长，桃花满□流水香。
渔郎短棹花间发，两岸飞飞赏香雪。
花飞烟暝正愁人，一溪绿水流明月。
明月团团如有意，春夜沉沉花下宿。
月明风细衾枕寒，天风吹佩玉珊珊。
白云洞口千峰碧，流水桃花非世间。

题款："洪武庚□春二月黄鹤山樵王蒙画桃源春晓图。"下钤"王叔明印"。收传印记有："易安轩珍藏印"、"乾隆御览之宝"、"乾隆鉴赏"、"三希堂精鉴玺"、"宜子孙"、"石渠宝笈"等。王蒙的绘画在《石渠宝笈》中著录的还有《坐听松风图》、《双松渔隐图》、《秋林万壑图》、《秋山读书图》、《花溪渔隐图》、《谷口春耕图》等，都让人仿佛可以想象陶渊明的世界。王蒙《闲适》诗曰：

绿杨堪系五湖舟，袖拂东风上小楼。
晴树远浮青嶂出，春江晓带白云流。
古今我爱陶元亮，乡里人称马少游。
不负平生一杯酒，相逢花下醉时休。[11]

明白地说出他对陶渊明的向往之情。

另据莫友芝《郘亭书画经眼录》载：赵孟頫次子赵奕（仲光）绘有《桃源图》，绢本，高一尺二寸，长二丈六尺一寸强。胡子何旧藏，郑珍审定为赵奕所绘。郑珍跋曰："此卷至今垂五百年，而墨色分明，无稍损蚀，诚稀世之珍哉。至其笔法高雅，纤毫毕具，尘外意表，缘情叠出，赵伯骕、伯驹所图，当不是过。"⑫

明周臣《桃花源图》(徐邦达名之《桃源问津图》)，绢本设色，纵161.5 厘米，横 102.5 厘米。右下款"嘉靖癸巳岁夏仲姑苏周臣写"，是年当嘉靖十二年，公元 1533 年。今藏苏州博物馆。古代书画鉴定小组所编《中国古代书画目录》著录，但傅熹年认为："画过于精，与年龄不相应，疑是弟子辈代笔。"此图右下角一渔舟泊于洞口，画面遂向左上方伸展。一带山坡上错落有致地长着几组松树，占据了画面的中心位置。再向左上看去则是桃花源中景色，屋舍俨然，良田美池，一渔人正与桃源中人对话。右上方山峰屹立，用笔刚劲，杳不可测。画面桃树上点缀以丛丛桃花，形成许多亮点。此图的布局十分匀称，疏密错落，巨细有致，远景与近景的安排符合透视的原理。周臣是明代著名画家，仇英尝师事之。明韩昂《图绘宝鉴续编》曰：

周臣，字舜臣，东吴人，山水人物俱清致，能诗。

明朱谋垔《画史会要》卷四：

周臣，字舜卿，号东村，吴县人。山水人物俱清致，评者谓峡气岚厚，古面奇妆，有苍苍之色。亦能诗。

明文徵明（1470 ~ 1559）所绘《桃源别境图》卷，清卞永誉《式古堂书画汇考》卷五十八有著录：

文衡山《桃源别境图》并题卷，纸本，三截，长一丈四尺，高八寸。著色。重山迭水，酒肆渔村，繁桃细柳，古松修竹，备尽诗意。闲堂展对，不啻身入武陵源也。

并录图后文徵明行书王维《桃源行》，而且在“惊闻俗事客争来集”句下注曰“原迹衍一字”（案衍一“事”字）。又录文徵明题识：

右桃源行，嘉靖甲申二月十日偶得佳纸，遥想桃源别境，遂作是卷。民望持去，隔数年复来索书，录此终之。衡山居士文徵明识。

台北鸿禧美术馆藏题为文徵明的《桃源别境图》，纸本设色。长700厘米，高28.5厘米。文徵明所绘图卷及题诗恰为三截，与卞永誉所著录者相同。唯其长度比卞永誉所著录者为长，乃是因为其后又有延伸之跋尾，乃光绪辛卯邵松年所书陶渊明《桃花源诗并记》。而其高度正合卞永誉所著录之八寸，而且有式古堂印记，鸿禧美术馆所藏或即《式古堂书画汇考》所著录者。

此图拖尾文徵明行书王维《桃源行》，以及嘉靖甲申跋语，亦均与《式古堂书画汇考》著录相合。收传印记有：“乾隆御览之宝”、“乾隆鉴赏”、“三希堂精鉴玺”、“宜子孙”、“石渠宝笈”、“戴铨和印”、“张伯驹父珍藏之印”等。图卷外有玉别，上镌“乾隆御赏文徵明桃源别境图”。

文徵明《甫田集》有《桃源图》诗：

桑麻鸡犬自成村，天遣渔郎得问津。
世上神仙知不远，桃花只待有缘人。

可见他对桃花源的兴趣，但不知此诗所谓“桃源图”是不是他本人所绘。《桃源别境图》虽有文徵明所书王维《桃源行》，但并没有将桃花源画为一个仙境，其中画有小舟、山洞、渔人，也画有渔人与桃花源中人相遇的情景。更多的是桃源中人劳动的情形，如担柴、耕田之类。王维《桃源行》是一首七言古诗，十九岁时所作，全诗如下：

渔舟逐水爱山春，两岸桃花夹去津。

坐看红树不知远，行尽青溪不见人。
山口潜行始隈隩，山开旷望旋平陆。
遥看一处攒云树，近入千家散花竹。
樵客初传汉姓名，居人未改秦衣服。
居人共住武陵源，还从物外起田园。
月明松下房栊静，日出云中鸡犬喧。
惊闻俗客争来集，竞引还家问都邑。
平明闾巷扫花开，薄暮渔樵乘水入。
初因避地去人间，更闻成仙遂不还。
峡里谁知有人事，世上遥望空云山。
不疑灵境难闻见，尘心未尽思乡县。
出洞无论隔山水，辞家终拟长游衍。
自谓经过旧不迷，安知峰壑今来变。
当时只记入山深，青溪几度到云林。
春来遍是桃花水，不辨仙源何处寻。

陶渊明在《桃花源诗》中虽然有“一朝敞神界，旋复还幽蔽”这样的话，但在《桃花源记》中所描写的情形，只不过是一处避难之地，其中都是普普通通的一群避难的人，而不是神仙。他们只是比世人多保留了天性的真淳而已；他们的和平、宁静、幸福，都是通过自己的劳动取得的。古代的许多仙话，描绘的是长生和财宝，桃花源里既没有长生也没有财宝，只有一片农耕的景象。王维的诗将桃花源称为“仙源”，又说其中人已“成仙”，这是王维的艺术再创造。

此图可以分为四大段。

第一段只画群山、溪水、桃花，乃是进入洞口之前的那一段路。在一巨石之下、倒挂着的桃树掩映之中一小船停泊其间，暗示那附近便是洞口，但并没有画出山洞，更没有在山洞中画出一个渔人，这是文徵明含蓄巧妙之处。画面由小船向左展开，依然是变化无端的山脉、溪水，点缀着瀑布和红色的桃花。

第二段从一座桥开始，渐次进入桃花源中。桥的上方，山坳中一道曲折的篱笆，几椽茅屋，屋门敞开着，里面空无一人。复向左，出现一组人物，共五人，体态各异，其中最右边的着白衣者似乎是那渔人，他正张开臂膀似乎在询问着什么。再向左隔开一段距离，一人持手杖，像是老者。这组人物的上边，竹林中是一道篱笆，围着几间草房，似乎就是这些人的住处。

第三段还是从一座桥开始，但这是平桥，与右边的那一道桥的形状不同。在这一段里屋舍和人物比较集中，人物中有担柴的农夫、水田中耕作的农人，也有闲坐的老者。还有一只小犬在篱笆前面，增加了画面的生动性。桥的左侧有几处屋舍，点缀一些人物。

第四段还是从一座桥开始，上面是一道瀑布，将左右的画面明显地划分开来。桥上站着一位正在观瀑的高士，身后跟着一个书童，腋下夹一张琴，让人联想到陶渊明本人。右面还出现了一个女性，似乎是刚刚晾晒了衣物，颇有生活气息。画的最左端是几道大瀑布，下面激起层层浪花，气势非凡。

这幅画虽然可以分为四段，但有一条弯曲的小道将整幅联系在一起，给人以一气呵成之感。在今天所能见到的所有桃源图中，这一幅对内容的取舍最具匠心。其构图之细腻精美，虽然宛如文徵明，但看笔法仍有可斟酌之处。虽钤有“石渠宝笈”印，但检《石渠宝笈》，却未见著录，存疑。此图曾经张伯驹收藏，不仅有张氏收藏印，而且在其所著《丛碧书画录》中有一段著录：“文徵明《桃源别境图》卷，纸本，着色。山峦层迭，石桥长溪，桃花满树，间以苍松翠柳，竹篱茅舍，人家比邻，鸡犬相闻，足称世外别境。后小楷书《桃源行》。定王府旧藏，内府所赐。”其所言此图的流传过程，可供参考[13]。

明丁云鹏（1547～约1627）《桃源图》扇叶，洒金笺设色，纵16.2厘米，横50.7厘米，款署“壬午春日，为纯吾尊叔写。云鹏。”钤“南羽”朱文长方印。壬午年丁云鹏三十六岁。今藏上海博物馆。

画面中部偏右一山，山洞前停泊一渔舟。山左楼阁屋舍掩映于树木之间，左端水中一桥，桥上三人，其中一人在前，肩扛船桨，便是渔人。桥右树下一小犬，体态生动。周克文解说曰："用笔精到，画山以晕染为主，画石极富质感。点叶点苔，均以中锋攒簇而成，富有层次。"⑭

明宋旭《桃花源图》卷，今藏重庆市博物馆。绢本设色，纵 26.3 厘米，横 384 厘米，是一巨幅长卷。此图先是画出一段山溪，两岸点缀以桃花，溪水尽头停一小舟，山间一小洞，再向左展开则是良田美池，阡陌交通，充分表现了人物的怡然自乐。渔人手持船桨，正与桃源中人对话，虽不见其面目，但看体态已觉得古意盎然。款题："吕心文避世长林中，余以此卷归之。万历庚辰春日宋旭识。"下钤"初阳"、"石门山人"、"檇李宋旭"三印，万历庚辰当公元 1580 年。案：《江南通志》卷一百七十二：

> 宋旭，字初旸，崇德人，以画名。万历初居云间，与陆树声、莫如忠、周思兼结社赋诗，年八十无疾而逝。

沈季友编《檇李诗系》卷十四收宋旭诗二首《卧云楼与莫若江郭礼亭夜坐》、《赋得五峰秀色》，小传曰：

> 旭字初旸，崇德人，家石门，号石门山人。隆万间布衣，好学，通内外典，能诗，善八分，尤以丹青擅名于时。层峦叠嶂，邃壑幽林，独造神逸，海内竞购之。年七十有八，苕上诸名流招致绘白雀寺壁，时称妙绝。与云间莫廷韩、同邑吕心文友善。晚入殳山社。所作偈颂多透脱生死语，非区区一艺之士也。

明仇英（约 149 ~ 约 1552），字实父，号十洲，江苏太仓人，寓居苏州，主要活动于嘉靖年间。其《桃源仙境图》轴，绢本设色，纵 175 厘米，横 66.7 厘米，图的右下角款署"仇英实父为怀云先生制"，下钤

“仇氏实父”朱文方印，今藏天津市艺术博物馆。

此图布局分三部分，上部云山缭绕，右下点缀以楼台；中部承上，楼台居于更加突出的位置，一片苍松几与楼齐；下部三位高士临清溪而坐，右侧的一位正在弹琴，中间的一位凝神聆听，左侧的一位两手举起，似乎在作评论。他们的对面一玄衣童子提篮侍立，右下有一童子手捧书卷正走在桥上。桥后的山坡上三三两两盛开着粉色的桃花，十分艳丽。整幅画以石青石绿为主，秾丽典雅。人物虽然并未占据主要位置，在高山的衬托下也显得比较小，但生动传神，他们衣服的白色在山峦青绿色的反衬下十分显眼。

这幅画笔触细腻，风格秀丽，明显带有赵伯驹的作风，在关于桃花源的作品中堪称佳作。图中所绘与陶渊明的《桃花源记》相去甚远，《桃花源诗》中虽然有“一朝敞神界”的话，但图中人都是劳作的农人，而不是仇英图中的高士。仇英的这幅仙境图，只能说是仇英根据自己的想象画出来的一个士大夫的理想世界。

美国圣路易斯艺术博物馆（The Saint Louis Art Museum）藏有题仇英《桃源图》卷，绢本，着色，纵 34.3 厘米，横 332.7 厘米。画面重岩叠嶂，点缀以桃花，右部溪水中隐约一船，中部和左部绘桃源景色，屋舍俨然，良田美池，往来种作。构图精美，笔法细腻。与其《桃源仙境图》相比，更接近《桃花源记》原作的内容。拖尾有楷书“陶元亮桃花源记”并诗，署“觐堂大人命书。己未暮春田人熙”。

明文徵明次子文嘉（1501 ~ 1583）也曾画过《桃源图》，今藏美国旧金山亚洲艺术博物馆（Asian Art Museum of San Francisco），纸本，浅着色，纵 79.3 厘米，横 31.3 厘米。右下方溪水中一渔人舍舟登岸，正欲入山洞中。上方山坳中良田、树木、屋舍相映成趣。文嘉截取这样一个片段入画，强调渔人尚未进入桃花源的情景，也就是桃花源尚未被人发现的情景，立意很有特色。此图的风格疏朗隽秀，笔墨简练，意境闲静。右上方题七古一首，乃王安石所作《桃源行》。下署“丁丑人日茂苑文嘉”，钤白文印二,一为“文休承氏”。案丁丑为公元 1577 年，是年文嘉七十七岁。

吴伟业（1609 ~ 1671）绘有《桃源图》卷，纸本设色，纵 29.2 厘米，横 376 厘米。今藏北京故宫博物院。卷末自书王维《桃源行》，后识："丙申春日，石翁老先生属写桃源图并书摩诘长句，弟吴伟业。"下钤白文"吴伟业印"、朱白文"骏公"二印。案：丙申当顺治十三年（1656），吴伟业四十七岁，当时吴伟业已经仕清三年。

吴伟业是明末清初著名的诗人，字骏公，号梅村，江苏太仓人。他在明朝以会元、榜眼、复社领袖，主持湖广乡试，为海内贤士大夫领袖。明亡里居，清顺治十年（1653）被迫出仕，任秘书院侍讲，迁国子监祭酒，三年后丁嗣母忧南还，居家而殁。吴伟业效忠明朝，入清后本不想出仕，但又违心仕清，成了"两截人"，深感愧疚。他的诗歌有两方面的主题：一是以明末清初的历史现实为题材，反映社会的变动和人生的动荡，感慨朝代的兴亡。有的诗学习杜甫"三吏"、"三别"，具有诗史的意义。著名作品有《永和宫词》、《洛阳行》、《松山哀》、《圆圆曲》、《临淮老妓行》、《楚两生行》、《捉船行》、《芦洲行》、《马草行》、《直溪吏》等。二是痛失名节的悲吟。这类诗多写于清顺治十年仕清以后。吴伟业为了苟全性命，失节辱志，以诗歌表白心迹，哀伤缠绵。所谓"误尽平生是一官，弃家容易变名难"，便是他的自我写照。代表作有《自叹》、《过吴江有感》、《过淮阴有感》、《遣闷》等。

吴伟业画《桃源图》卷是应石翁老先生之属，曲折地表现了他对陶渊明的一种向往之情。这幅画的构图虽然还是沿袭了前人的画法，在右侧画一山洞，洞口停一小舟。穿过山洞展现一片农村景色，但没有渲染《桃花源记》中所记述的故事细节，也就摆脱了连环画的模式，只是以苍润之笔描绘山水，在几处略微点缀以桃花。吴伟业似乎着重表现桃源作为仙境的面貌，表现王维《桃源行》中"峡里谁知有人事，世上遥望空云山"的境界。吴伟业是诗人，他以诗人的想象画为此图，使之具有浓厚的诗意，这是不同于其他专工绘事画家的地方。吴伟业有《画中九友歌》，仿杜甫《饮中八仙歌》写了"思白"（董其昌）、"烟客"（王时敏）等九位画家，表现他对绘画的理解，可以视为他的一篇画论。

美国纳尔逊美术馆（The Nelson-Atkins Museum of Art）藏有明末清初查士标（1615 ~ 1698）《桃源图》卷，纸本淡彩，高35.2厘米，长312.9厘米。查士标，休宁人（今属安徽），字二瞻，号梅壑。明亡后以书画为生，画学倪瓒、吴镇，为新安派四大家之一。此图右下方一带山水云烟缭绕，点缀以桃花，巨石下露出半只小船。隔山则是一片良畴，一渔人持桨，与桃源中人对话，间有屋舍俨然。笔墨清秀，构图疏朗，堪称查士标的代表作。

清萧晨（1658 ~？）所绘《桃花源诗意图》轴，绢本设色，纵193厘米，横65.5厘米，今藏扬州博物馆。关于萧晨的生平，谢彬《图绘宝鉴续纂》卷二曰："字灵曦，江南扬州人。善诗赋，精绘事。山水人物，师法唐宋，名重江淮。"此图自识曰：

> 《桃花源记》画家之黄绢幼妇也。天水赵氏伯驹、伯骕二卷，遂擅名千载。仇实甫虽秀润过之，然终属依样葫芦耳。是幅亦借径于卷，师其笔意，不泥其景物，自谓善学前人者矣，识者定之。壬午清和萧晨并识。

壬午为康熙四十一年（1702），萧晨时年四十五岁。赵伯驹所绘真迹未见，但清人王炳有《仿赵伯驹桃源图》卷，纸本设色，纵35.2厘米，横378.9厘米，今藏台北故宫博物院。

王炳，乾隆年间供职于宫廷画院。款题："臣王炳奉敕恭仿赵伯驹笔意。"钤："臣"、"炳"双连印。收传印记有："石渠宝笈"、"乾隆御览之宝"、"石渠定鉴"、"宝笈重编"、"嘉庆御览之宝"、"养心殿鉴藏宝"等。乾隆《御制诗集》中有多首题王炳山水画的作品，可见对他的推重。此图为青绿山水，设色秾艳。小洞外停一小舟，洞中一渔人，洞外远处重岩叠嶂，桃花遍开，近处则屋舍俨然，良田美池，男女往来种作，是描写桃花源比较逼真的一幅。笔墨淋漓酣畅，色彩极富层次，构图错落有致，人物体态十分传神，堪称王炳的佳构。

再以萧晨所绘《桃花源诗意图》轴与王炳所绘《仿赵伯驹桃源图》卷对比，可知萧晨将赵伯驹卷改为轴，减低了故事的连续性，而只截取同一时间内的故事的一个片段加以凸现。王炳所绘桃花源中人物分为几组，有立谈的、有耕田的、有划船捕鱼的，最突出的是延请渔人到家中宴饮的一组，那渔人手中持桨，很容易分辨。萧晨所绘渔人头戴斗笠作拱手相见或拱手道别状。王炳所绘屋舍是瓦房，甚至有楼阁，而萧晨所绘却是简陋的草房。至于设色，这两幅画都是青绿山水，只是王炳那幅随处可见桃花，而萧晨却只是略加点缀而已。萧晨自称“师其（案指赵氏）笔意，不泥其景物”，看来确实如此。萧晨在自识中还提到仇英所绘桃花源图，说仇英所作是“依样葫芦”。笔者因为未见赵伯驹原作，不敢作出判断，然而萧晨用“秀润”二字概括仇英是准确的。萧晨此图虽然想突破赵伯驹、仇英以来桃源绘画的传统，但继承的成分还是更多一些，都是将桃花源画成仙界，以山水为主，其间点缀以人物，气局深厚蕴藉。

清王翚有《桃花渔艇图》，藏于台北故宫博物院，见《清恽寿平王翚花卉山水合册》第七幅。王翚（1632 ~ 1717），字石谷，号耕烟散人、乌目山中人，清初“四王”之一。所绘《桃花渔艇图》册，纸本设色，纵 28.5 厘米，横 43 厘米。此图重心偏在左侧，一条山溪自左上方斜流而下，愈下愈宽。溪中波纹极富动态，与天空之浮云相呼应，笔法也相同。设色以青绿为主，溪岸点缀以桃花、松树、芳草。一渔艇自上顺流而下，艇上坐一渔人。右侧上方云烟浩渺，款题：

> 曾见鸥波老人《桃花渔艇图》，设色全师赵伯驹。偶在房仲书斋背临，似与神合。乌目山中人王翚。

钤印“石谷”。所谓鸥波老人指赵孟頫，此图乃背临赵作，但又说赵孟頫设色全师赵伯驹，则王翚此图的渊源也间接地出自赵伯驹了，但与自称师法赵伯驹的萧晨、王炳所绘，差别相当大。此图左侧由几个大的色块组成，十分醒目，而右侧则仅施以淡彩，几近空白，给人留下许多想象的空间。这种大胆的构图与其《春山飞瀑图》（上海博物馆藏）有类似之处。而在色块的运用方面又与其《仿古山水图·仿张僧繇》（无锡市文物商店藏）有类似之处。王翚此图堪称历代桃花源图中的上上之作。

翁万戈先生所藏王翚、王时敏《仿古山水册》中有一幅王翚的画，题识为："春来遍是桃花水，不辨仙源何处寻。"[15]款印有"王翚之印"、"石谷子"。图的下部用大块的青绿色表现山石，点缀以松树、杏花、茅舍，中部是一道溪水，溪岸上部桃花盛开，远处则是淡淡的青山。此图虽未题"桃源图"，没有画渔人，也没有画桃源中人，但实际上画的就是桃花源，从画的右下角那只小船，仍然可以看出传统的桃源图的痕迹。王翚在这幅画的题识后面还有一行字曰"仿赵承旨设色法"，赵承旨即赵孟頫。

清代扬州八怪之一黄慎（1687 ~ ？）所绘《桃花源图》卷，今藏安徽省博物院。纸本设色，纵 38 厘米，横 349 厘米。图后有黄慎草书《桃花源诗并记》全文，款题"乾隆甲申冬月录，黄慎"，钤"黄慎"朱文方印，"瘿瓢"白文方印。案乾隆甲申为公元 1764 年，时黄慎七十八岁。此卷有吴昌硕所题卷首"古春一记"，并跋。

这幅《桃花源图》的主体部分是渔人与桃源中人见面的情景，人物形象的勾勒，笔墨简练，十分传神。人物分成几组，错落有致，布局也颇见匠心。黄慎又以狂草著称，图后有其草书《桃花源诗并记》。其草书自成一格，多用方笔，以粗细均匀的短线条构成，笔画之间断多连少，节奏感和力度都很强。对照此画中的人物，皆以短线条画成，与其草书的笔意十分相似。可见黄慎是以画法作书，也可以说是以书法作画，书与画相互渗透，达到完美的地步。

关于黄慎的数据比较多，较早的数据是郑板桥所写的《绝句》二十三首，见于卞孝萱所编《郑板桥全集》[16]，诗后郑板桥跋曰：

凡大人先生，载之国书，传之左右史。而星散落拓之辈，名位不高，各怀绝艺，深恐失传，故以二十八字标其梗概。

这二十三人中包括高凤翰、李鳝，都在“扬州八怪”之中。有一首题为《黄慎》，诗前小序曰：“字恭懋，号瘿瓢。七闽老画师。”诗曰：

爱看古庙破苔痕，惯写荒崖乱树根。
画到情神飘没处，更无真相有真魂。

由此看来，黄慎的绘画不求形似而追求神似，画中寄托了他本人的精神。国家图书馆藏有黄慎《蛟湖诗抄》，抄本，不分卷，袁行云《清人诗集叙录》卷二十三有著录，曰：

慎字公懋，又字恭寿，号瘿瓢，福建宁化人。布衣。善书工画。出游豫章，历吴越。雍正元年，至扬州鬻画。以母垂老，乃奉居扬州。乾隆三十五年八十四尚在，卒年不详。诗学晚唐，雷鋐评如“巉岩绝巘，烟凝霭积，总非凡境。”[17]

黄慎对《桃花源记》的兴趣，可参看台北故宫博物馆藏黄慎绫本设色山水（李石曾捐赠）。此图并不是画桃花源，但有桃源意境，右侧溪水、小桥、渔舟、杨柳、桃花，左侧则水天渺渺。题诗曰：

外看杨柳障鱼汀，内必桃花闭武陵。
曝网张鱼等闲事，且登岸上逐花行。
君去新过五月时，都门日近火云移。
赠君数叶迎风物，并入高帆一道吹。
送客之燕上马时，图花满册各成诗。
河桥杨柳如教见，应喜相饶赠万枝。
去后重来访碧山，当时曾比狎云鬟。

但看流水依然绿，要见桃花如此难。
凡心勿悔出天台，一见桃花一度回。
若使仙人知此意，还教流水引郎来。
高髻阿那长袖垂，玉钗仿佛拂罗衣。
折得花枝向宝镜，比妾颜色谁光辉。
早起春晴香雾肥，独依残月出墙围。
洛滨仙子波心立，虢国夫人马上归。
轻风吹雾散朱门，影落凭谁写素魂。
万里晓天微有晕，终宵明月欲无痕。

在这首诗里，黄慎将桃花源与天台山相提并论，显然是视之为仙界的。《蛟湖诗抄》有许奇卓所撰《小传》，应是可信的黄慎生平资料。

以《桃花源记》为题材的绘画，也有出自朝鲜画家之手的，李朝的安坚（1419 ~ 1494）就画过一幅《梦游桃源图》，今藏日本天理图书馆。安坚字可度，池谷人。李朝世宗画院画师，画风学习北宋郭熙。此图乃奉世宗第三子安平大君李瑢之命而画，据大君跋，世宗二十九年四月二十日梦游桃源，遂命安坚绘之。此图乃绢本设色，纵 38.6 厘米，横 160 厘米，是一幅长卷。图中奇峰耸然，红色的桃花点染其间，俨然是神仙世界。从这幅图可见陶渊明以及中国以陶渊明为题材的绘画对朝鲜的影响何其深远。

在这里顺便说一下，陶渊明的诗文很早就传到日本，九世纪日本藤原佐世《本朝见在书目录》第三十九“别集家”著录了《陶潜集》十卷，此乃日本古文献关于陶渊明集的最早记载。从那时以后，日本诗人多有引用陶渊明诗文典故，或模仿陶渊明诗文的作品出现，例如唐玄宗天宝十载（751），即日本孝谦天皇天平胜实三年，日本编纂了第一部书面文学集《怀风藻》，其第九十二首式部卿藤原朝臣宇合所作《游吉野川》题目就是模仿陶渊明的《游斜川》，有句曰：“天高槎路远，河回桃源深。”这便是陶渊明的作品出现在日本古代文学的最早记载[18]。而日本画家也喜欢以陶渊明为题材进行创作，例如藏于京都大德寺聚光院的桃山时代长谷川等伯所绘《四爱图衡立》，藏于京都东福寺的桃山时代传云谷等颜所绘《归去来图袄》，藏于宫城县东北历史博物馆的江户时代东东洋所绘《归去来图屏风》等。

（原书由中华书局2009年出版）

---

①宋范纯仁《零陵重阳》有句云："扪杯难举酒，嗅菊不知丛。"王十朋《九日寄昌龄弟》第十三首有句云："嗅菊谩劳三，赐萸安得一。"宋谢翱《九日韶卿子善有约不至子静亦归桐庐与景云饮瀑下作》诗有句云："嗅菊知吾事，那能更问津。"

②关于张风，还可参看周亮工《印人传》；饶宗颐《张大风及其家世》，文载香港中文大学《中国文化研究所学报》第八卷第一期，1976年。

③见《陈洪绶·文字编》，上海人民美术出版社1997年版，第103页。

④《博古叶子》的四十八幅画，所绘人物各种各样，有石季伦、陶朱公、吴王濞、梁孝王、董贤、董卓、虬髯客、卓王孙、朱买臣、杜甫等等，不知道陈洪绶为什么将这样一些人放到一起，至少可以说其中的故事都是当时流传颇广的，所以才能用在叶子上。这些画的水平参差不齐，在我看来，陶渊明和杜甫这两幅是最出色的。杜甫那一幅题为"一文钱"，引杜甫《空囊》中的两句诗："囊空恐羞涩，留得一钱看。"注明"盏空者各饮一杯"。杜甫的神气活灵活现，可以跟陶渊明这一幅媲美。

⑤见《艺文类聚》卷四《岁时中》引。

⑥钱仲联《韩昌黎诗系年集释》引陈景云曰："武陵太守，疑是窦常。""南官先生，疑是卢库部汀。韩卢倡和甚多，……尚书诸曹，唐代统称南宫。"上海古籍出版社1984年版，第914页。

⑦户田祯佑、小川裕充编《中国绘画总合图录续编》第一卷，著录有南宋马和之《渊明抚松图》，绢本，水墨着色，纵155.4厘米，横97.5厘米。藏于耶鲁大学艺术博物馆（Yale University Art Gallery）。图绘一人立于半山，手抚孤松，松向前斜出。右下一童子携琴而上。编号为A12—077。据查耶鲁大学所藏，虽有此图，但未确定为马和之所作。

⑧今传李唐真迹，据《中国绘画全集》著录，有《晋文公复国图卷》（美国大都会艺术博物馆藏）、《万壑松风图轴》（台北故宫博物院藏）、《江山小景图卷》（台北故宫博物院藏）、《长夏江寺图卷》（北京故宫博物院藏）、《清溪渔隐图卷》（台北故宫博物院藏）、《采薇图卷》（北京故宫博物院藏）。

⑨见明朱存理编《珊瑚木难》卷一。

⑩见明文徵明《甫田集》卷二十三《溪山秋霁图跋》。

⑪见清朱彝尊编《明诗综》卷十四。

⑫清莫友芝著、张剑点校《宋元旧本书经眼录·郘亭书画经眼录》，中华书局2008年版，第363页。

⑬见北京故宫博物院编、钱九如主编《捐献大家张伯驹》，紫禁城出版社2007年版，第186页。

⑭见《中国绘画全集》第十五册，第26页。

⑮见《艺苑掇英》第34期封三。

⑯卞孝萱编《郑板桥全集》，齐鲁书社1985年版，第98～104页。

⑰袁行云《清人诗集叙录》，文化艺术出版社1994年版，第789～790页。

⑱参见严绍璗编著《日藏汉集善本书录》下，集部别集类《笺注陶渊明集》十卷附录，中华书局2007年版，第1400页。

唐诗风神

“风神”本指人的风采神态，如《晋书·裴楷传》称裴楷“风神高迈，容仪俊爽，……时人谓之玉人”。后来也用以评论文艺作品，如唐孙过庭《书谱》：“凛之以风神，温之以妍润，鼓之以枯劲，和之以闲雅。”宋黄休复《益州名画录目录》评赵公祐曰：“用笔最尚风神骨气。”至于以“风神”论诗者也不少见，如明胡震亨《唐音癸签》卷二：“作诗大要不过二端：体格声调、兴象风神而已。体格声调有则可循，兴象风神无方可执。”卷三：“次及盛唐，王、岑、孟、李，永之以风神，畅之以才气，和之以真澹，错之以清新。”卷十：“盛唐绝句，兴象玲珑，句意深婉，无工可见，无迹可寻。中唐遽减风神，晚唐太露筋骨。”王士禛《渔洋诗话》附清刘大勤编《师友诗传录·续录》：“问：孟襄阳诗，昔人称其格韵双绝。敢问格与韵之别。答：格谓品格，韵谓风神。”

大体说来，“风神”乃是文艺作品内在特质之艺术外现，是文艺作品给人的一种总体艺术感觉，偏重于言外象外的、能给读者以无限想象余地的艺术感发力量。本文论唐诗，以“风神”二字概括，意在探讨唐诗的艺术精髓所在，指出唐诗之所以成为唐诗的原因。中国传统诗学一向将形与神对举，唐诗之所以成为唐诗主要乃在于神，而不在于形。从“风神”切入研究唐诗，与此传统也是相吻合的。

一

那么唐诗之所以成为唐诗，其内在特质的艺术外现，究竟从何说起呢？或者更直截了当地问：什么是“唐诗”呢？深究起来，所谓“唐诗”至少有两层含义：

第一，它是唐朝的诗。凡是唐朝人写的诗都可以叫唐诗，凡是其他朝代的人写的诗则不能叫唐诗，这是从诗史上划出的一个断代，着眼于唐朝的起迄年代。这是唐诗的基本含义，我们通常就是在这层意义上谈论唐诗的。

第二，它是一种具有特定内质和风神的，以唐朝的诗为基础但又超越了唐朝这个朝代年限的诗。也就是说，“唐诗”不仅是唐朝人的诗，而且是某一类诗的代称。钱锺书先生《谈艺录》曰：

> 唐诗、宋诗，亦非仅朝代之别，乃体格性分之殊。天下有两种人，斯分两种诗。唐诗多以丰神情韵见长，宋诗多以筋骨思理见胜。严仪卿首创断代言诗，《沧浪诗话》即谓“本朝人尚理，唐人尚意兴”云云。曰唐曰宋，特举大概而言，为称谓之便。非曰唐诗必出唐人，宋诗必出宋人也。故唐之少陵、昌黎、香山、东野，实唐人之开宋调者；宋之柯山、白石、九僧、四灵，则宋人之有唐音者。①

其实，关于唐宋诗之分，此前已不乏论述，如明胡应麟《少室山房集》卷一百十八《与顾叔时论宋元二代诗十六通》其二：“南渡尤、杨、范、陆时号大家，而才远出苏黄下。诗率唐调寡，而宋调多。至永嘉四灵，虽跬步不离唐人，而调益卑。卑才具琐尾，无足论矣。”清汪由敦《松泉集》卷九《香树轩诗集序》：“时海内二三巨公，以唐音、宋调树坛坫赤帜。”汪琬《尧峰文钞》卷二十七《国朝诗选序》：“今且区唐之初、盛、中、晚而四之，继又区唐与宋而二之，何其与予所闻异也！且宋诗未有不出于唐者也，杨、刘则学温、李也；欧阳永叔则学太白也；苏、黄则学子美也；子由、文潜则学乐天也。宋之与唐，夫固若埙篪之相倡和，而驱蛩之相周旋也审矣。”胡应麟既然说宋南渡四大家唐调寡，则还是承认他们有唐调，就已经含有不完全以朝代区分唐音、宋调的意思了。钱先生也是如此，他不仅是以时代限定“唐诗”，而更强调从“体格性分”上认定“唐诗”。他没有给“体格性分”加以说明，但我们知道那是用《文心雕龙·体性》的意思，“体格”是指作品的体制风格，如“典雅”、“远奥”之类；“性分”是指作者的性情才分。钱先生所论重点在唐诗和宋诗的区别，他认为唐宋诗的区别不仅是时代的区别，更是体格性分的区别：“唐诗多以丰神情韵见长，宋诗多以筋骨思理见胜。”钱锺书先生所谓“丰神情韵”，大体上也就是本文所说的“风神”。他在《谈艺录》中还说：“高明者近唐，沉潜者近宋。”[②]这样说来，唐诗和宋诗是两种不同人所写的不同的诗。他还用了“唐音”、“宋调”这两个词，认为“唐音”不一定出自唐人之手，“宋调”不一定出自宋人之手。这是对唐诗和宋诗的更宽泛的理解，也就是唐诗的第二层含义。

关于唐诗的这种理解是很值得注意的。试以相同题材和体裁的具有代表性的两首诗为例加以比较。先看唐代温庭筠的《商山早行》：

> 晨起动征铎，客行悲故乡。鸡声茅店月，人迹板桥霜。槲叶落山路，枳花明驿墙。因思杜陵梦，凫雁满回塘。[③]

再看宋代黄庭坚的《早行》：

> 失枕惊先起，人家半梦中。闻鸡凭早晏，占斗辨西东。辔湿知行露，衣单觉晓风。秋阳弄光影，忽吐半林红。[④]

温庭筠的诗写早行之所见，以景物表现秋天清晨的气氛，衬托游子的悲哀，全是感性的，重点在把握和表现一种感觉。“鸡声茅店月，人迹板桥霜”是景物的单纯表现，只是并列了几种景物，却极见丰神情韵。黄庭坚的诗也是写秋晨早行之所见，他不仅将景物单纯地呈现出来，而且带上判断的成分、理性的成分：凭着鸡声判断早晚，靠了北斗辨别方向，辔湿了于是知道有露水，衣带飘摇于是知道早晨刮风。

这首诗也好，但不是好在丰神情韵的深长上，而是好在写出了诗人细微的思考脉络，不是凭着丰神情韵唤起读者共鸣，而是以其筋骨思理取胜。末尾两句“秋阳弄光影，忽吐半林红”，写光和色的突然变化，尤有趣味。

再如唐代贺知章的《咏柳》“碧玉妆成一树高，万条垂下绿丝绦，不知细叶谁裁出，二月春风似剪刀”，一片天真稚气，极具丰神情韵。宋代曾巩的《咏柳》“乱条犹未变初黄，倚得东风势便狂。解把飞花蒙日月，不知天地有清霜”，讽刺依仗权势自鸣得意的人，颇见思理筋骨。

当然唐人的诗也有入宋调的，宋人的诗更不乏带唐音的。唐音宋调的差别只是就其主流而言，不能绝对化。何况艺术感受带有一定的主观性，不是可以用量化的方法或者实证的方法来验证的。如果我们跟钱先生抬杠，他说唐诗以丰神情韵见长，你偏在唐朝人的诗中找一些缺少丰神情韵的反驳他，他也没有办法，只好不与之争论了。

然而，以上所讲的两个方面应当结合起来，才能对唐诗作出全面的说明，只讲任何一个方面都难免偏颇。唐诗毕竟是在唐朝那个特定的时代背景下产生的，带有鲜明的时代特点。此后虽然可以模仿唐音，也可能写出一些很像唐诗的“唐诗”，但从总体看来，唐诗已经随着那个时代过去了，诗歌的主流已经不再是唐音。这就像绘画，一个时代有一个时代的风格，明朝的绘画，不同于宋朝的绘画，清朝的绘画又不同于明朝的绘画，绘画鉴定的一个重要依据就是时代风格。家具也是如此，明式家具、清式家具，风格各异，行家一眼就可以分辨出来。诗歌又何尝不是如此呢？

下面我就将上述这两方面合起来对“唐诗”加以说明，我想着重说的是，中国诗歌艺术演进到唐朝究竟发生了什么重大的变化，以至一提起唐朝就要想到诗歌，一提起诗歌就想到唐朝，诗歌成了唐朝的一个标志。这种变化当然主要不是在诗歌数量的增长上，而是在另外一些更重要的方面。

唐诗是中国诗史上一个特定时期所产生的诗，也就是公元 618 年至907年这将近三百年间的诗。着眼于中国诗史作宏观的考察，这正是中国诗歌发育健全完善的时期。中国诗歌有三个源头：《诗经》、《楚辞》和汉乐府。接下来的魏晋南北朝主要是延续汉乐府而盛行着五言古诗，七言古诗虽然已经出现但还未流行；诗的题材、风格和各种表现手法也还未充分发展起来。这时期的诗犹如三峡中的江水，可以看到力量的积蓄，但还看不到阔大雄壮的景象。到了唐朝则如长江出了三峡流入江汉平原，“山随平野尽，江入大荒流”（李白《渡荆门送别》），才有了崭新的气象。在唐朝，诗歌的各种体裁已经齐备，它们所特有的表现力已发挥到极致，各种风格也都出现了，而且诗的作者和读者也已相当广泛，诗和日常生活结合得相当紧密。正如胡应麟所说：“甚矣，诗之盛于唐也！其体则三、四、五言，六、七、杂言，乐府、歌行、近体、绝句，靡弗备矣。其格，则高卑、远近、浓淡、浅深、巨细、精粗、巧拙、强弱，靡弗具矣。其调，则飘逸、浑雄、沉深、博大、绮丽、幽闲、新奇、猥琐，靡弗诣矣。其人，则帝王、将相、朝士、布衣、童子、妇人、缁流、羽客，靡弗预矣。”⑤

再进一步说，诗到了唐朝其重要性不仅在于发展到完备的地步，更重要的是诗的规范已确立下来，此后的诗只有遵循这规范和有意偏离这规范两条路。明诗的主流是遵循这规范，宋诗的主流是偏离这规范，清诗有所遵循也有所偏离，但不管怎样都是围绕着唐诗所建立的规范来转。直到五四以后，诗人才另外从西方找到了师承，从西方找来了新的形式，从而开始了诗歌创作的新路。但七十多年的创作实践恐怕还未能证明这条道路的畅通，不少写新诗的人到老年往往又回归到中国古典诗歌的路上来，其中有什么道理值得我们研究。

中国诗歌的发展，可以简明地概括为“发源—延续—规范—偏离—回归—偏离……”这样一个过程。下一个时期对于上一个时期来说，不是延续它就是偏离它。延续当中有发展，发展原有的某些因素，发展到极致就形成规范。偏离则是脱离主流另辟蹊径，当偏离到一定程度时又出现回归的趋势，再回到主流上来。当然，延续和回归不是简单的复制，偏离也不是全盘的否定，其中还有许多错综复杂的情况，但大体的路线是如此。《诗经》、《楚辞》、汉乐府是中国诗歌的源头，魏晋南北朝是延续期，唐朝是规范期也是高潮期，宋朝是偏离期，明朝是回归期，清朝特别是到了晚清又是偏离期。这样看来，在整个中国诗歌史上，唐诗居于中心的地位就十分清楚了。

需要交代的是，我所谓偏离和回归并不带有价值判断的意思，并不是说只有沿袭唐诗之路才好。宋诗偏离唐诗，致力于创新，所取得的成就是无论如何也不能低估的。而明诗的主流是模仿唐诗，其成就反而不如宋诗。至于唐诗本身发展的阶段性，以及初唐、盛唐、中唐、晚唐四个阶段各自的特点，当然应当注意。例如林庚先生强调“盛唐气象”，他的许多精辟论述已被许多学者接受[⑥]。我本人也有关于初唐、盛唐和晚唐诗歌特点及发展趋势的论述[⑦]。此所谓“风神”，乃是着眼于整个唐代的诗歌，着眼于一个时代的特色，而不拘泥于唐代的某一个阶段。如上所述，前人对唐诗的时代特色已多有探讨，这种探讨是有意义的。

二

唐诗之所以能取得这样的地位，和唐诗确立了自己的内在特质有很大的关系。我在《中国文学概论》里说过：“唐诗之不可及处在气象之恢宏、神韵之超逸、意境之深远、格调之高雅。唐人首先是培育起诗情才写诗。或者说只写那些适宜于用诗来表达的东西，而且力求显示美的性情，追求美的意境。唐诗的美是一种空灵的美，如镜中花、水中月，宛在目前，却又不可凑泊。唐诗的美是一种健康的美，好像天生的健美体魄，无一点矫揉造作之态。唐诗的美是一种内在的美，其魅力在于其所表现的生活之丰富多彩，性格的天真率直，而不在字句饾饤之间。”[⑧]这里讲到“气象”、“神韵”、“意境”、“格调”、“性情”，讲到“空灵”、“健康”、“内在的天真率直”，在这些方面唐诗都达到极致的地步。我之所以这样说，一方面是承认钱锺书先生关于“丰神情韵”的概括，另一方面又不为其所限制，而更强调唐诗之丰富多彩。

但是，我不想在以上这些方面多加发挥，因为这些方面都带有太多感悟的成分，如果能够感悟得到不用我讲也已明白，如果感悟不到讲得再多也没有用。我要进一步说明，唐诗是创造性地运用了意象以构成意境的诗。所谓“意象”，本是中国古代文艺理论固有的一个概念和词语，但是没有确定的含义和用法。我在《中国诗歌艺术研究》一书中试着结合中国诗歌创作的实际，对古人所谓“意象”这个概念的含义加以整理、引申和发展，为“意象”作了新的界定：意象是附着在词和词组上的、融入了主观情意的客观物象，是构成诗歌意境的具体细小的单位。所谓意境则是指诗人的主观情意与客观物象互相交融而形成的，足以使读者沉浸其中的想象世界。意象是形成意境的材料，意境是意象组合之后的升华[9]。我说唐诗是创造性地运用了意象——意境的诗，意思是：诗歌发展到唐朝已经创造了众多的意象，并且善于将丰富的意象组合成意境，给读者以新的美感。

意象可分为五大类：自然界的，社会生活的，人类自身的，人的创造物，人的虚构物。自然界的意象在中国诗歌里占有显著的位置。从中国诗史看来，唐以前的诗里已经出现了意象，如《诗经·小雅·采薇》：“昔我往矣，杨柳依依；今我来思，雨雪霏霏”中的“杨柳”。《诗经·秦风·蒹葭》：“蒹葭苍苍，白露为霜。所谓伊人，在水一方。”其中的“蒹葭”。《楚辞·九歌·湘夫人》：“袅袅兮秋风，洞庭波兮木叶下。”其中的“木叶”。刘桢《赠从弟》其二“岂不罹凝寒，松柏有本性。”其中的“松柏”。陶渊明《饮酒》其五：“采菊东篱下，悠然见南山。”其中的“菊”。但在唐朝以前诗人创造和运用意象的自觉性还不够明确。唐诗作为中国诗歌的规范和极致，意象的丰富与新鲜特别是自然意象的丰富与新鲜，远远超过了前代，成为它的一个重要标志。我在《中国诗歌艺术研究·自序》里说：“有唐三百年，自然景物意象化的过程十分迅速，同时诗歌创作也达到了高峰。意象还有一个比喻化、象征化的过程。比喻化和象征化使意象的蕴涵丰富，是意象成熟的标志；但也会使意象凝固，而成为意象衰老的标志。唐诗之富于艺术魅力，原因之一就是多姿多彩的意象层出不穷，这些意象既已成熟尚未衰老，正处在最富有生命力的时候。”[10]关于这一点，我们可以用《河岳英灵集》对诗人的品评加以印证。唐人殷璠《河岳英灵集》是讲“兴象”的，他所谓“兴象”是指富有比兴意义的意象。借着《河岳英灵集》我们可以看出唐朝当时的人是如何重视意象的创造。且看他所举的佳句：

> （常）建诗似初发通庄，却寻野径百里之外，方归大道。所以其旨远，其兴僻，佳句辄来，唯论意表。至如“松际露微月，清光犹为君。”又“山光悦鸟性，潭影空人心。”此例十数句，并可称警策。[11]

“松际”二句见《宿王昌龄隐处》，写王昌龄隐处的景色。透过浓密的松林露出了“微月”，她的清光也好像是为您这隐者而发。那“微月”好像是王昌龄的知己，洒下她的清光为王昌龄作伴。这里的“微月”就是一个很好的意象。“山光”二句见《题破山寺后院》，山光使鸟性喜悦，潭影使人心空灵。山和潭的光影成为拨动诗人禅悦的契机，而人心的空灵也正如鸟性的喜悦，都是自然的赐予。佛教以“空”为宗旨，“空”方能通向“悦”。这里的“山光”、“潭影”，都是含义丰富的意象。

此外，唐诗中带有象征意义的意象，如张九龄的“丹橘”，王维的“幽篁”，孟浩然的“幽人”，李白的“大鹏”、“明月”、“槛中虎”、“鞲上鹰”、“剑”与“侠”，杜甫的“凤凰”、“瘦马”、“病菊”，李贺的“秋坟”，李商隐的“春蚕”，等等，不胜枚举。我有一系列的论文讨论诗歌的意象，例如《中国古典诗歌的意象》、《李杜诗歌的风格与意象》等。我提出“意象群”的概念，并且比较了李白和杜甫两人的意象群，可以参考。

沈德潜说：“诗至于宋，性情渐隐，声色大开，诗运一转关也。”[12]从性情与声色消长的角度，也可以为唐诗定位。严羽说：“盛唐诸人，惟在兴趣；……近代诸公乃作奇特解会，遂以文字为诗，以才学为诗，以议论为诗。”[13] 所谓文字、才学、议论，此三者重点是“学”，或者说是“学力”，即学问上的造诣。从兴趣与学力消长的角度，也可以为唐诗定位。中国诗歌艺术其实就是在性情、声色、兴趣、学力这四者的相互作用中发展的。我们如果能揭示它们之间的关系，也就可以把握中国诗歌的艺术流变了。

不论是言志还是缘情，诗总是人之性情的艺术表现。此所谓性情，包括人格、品性、才调、志趣、情感等内心世界的各个方面。诗之性情犹如人之资质，而声色则如人之修饰。仅有声色之美并不是诗，但声色的恰当运用可以增加诗的感染力。另外，诗歌创作离不开诗的审美观照和审美体验，所谓兴趣就是指诗人的创作冲动，兴致勃发时那种欣喜激动的美感。这是由审美观照而产生的一种强烈的心灵震撼，伴随着愉悦、醒悟、超越而来的一种非诉诸语言不可的冲动。学力不能引发这冲动，却可以增强这冲动的力度、深度与幅度。中国诗歌艺术的奥妙，说穿了就是调节性情、声色、兴趣、学力这四者的关系，四者的最佳配合就是诗的极致。

大体说来，唐以前是性情、声色的错综交替，唐以后是兴趣、学力的错综交替。唐诗正是处在四者相统一的关节点上，而且是唯一的关节点。

《诗经》虽然也有声色的修饰，但总的看来是性情的自然流露，是一片纯真朴素的天籁。正如朱熹所说：“三百篇，情性之本。”(《诗人玉屑》卷十三引)《诗经》之美，美在性情，美在本色，它的魅力是一个天真儿童所具有的魅力。和《诗经》相比，屈原诗歌声色就丰富多了。它的魅力除了来自性情的深邃与坚强，还来自眩人耳目的声色。班固评之为“弘博丽雅”(《离骚·序》)，刘勰评之为“惊采绝艳”(《文心雕龙·辨骚》)。具体地说，它的美乃在瑰奇雄伟、绚丽璀璨、流动回旋、微婉隐约。屈原“好修以为常”，他的“好修”既包括对人格美的追求，也包括对艺术美的追求。他的诗歌之奇伟、瑰丽，代表着战国时代一种新的审美观念。从西汉到东晋是以性情为主的时期，这中间虽有曹植的华茂、陆机的赡丽，但总的看来，无论是汉魏乐府、《古诗十九首》，还是阮籍、嵇康，都是以古朴为特色的。卓立于东晋的陶渊明便是这种古朴诗风的集大成者。而到了南朝，以二谢为代表的一批新的诗人开创了一股新的诗潮。陆时雍说：“诗至于宋，古之终而律之始也。体制一变，便觉声色俱开。谢康乐鬼斧默运，其梓庆之鐻乎？”⑭ 恰当地指出了这一变化。至于谢灵运所代表的新诗潮的特点，刘勰说得好：“俪采百字之偶，争价一句之奇。情必极貌以写物，辞必穷力而追新。”（《文心雕龙·明诗》）继谢灵运之后，齐、梁、陈三代兴起的新体诗，其主要特点就是讲究声律。齐永明年间，周颙发现汉语有平上去入四种声调，同时的著名诗人沈约根据四声研究诗句中声、韵、调的配合，指出八种应当避忌的声律上的毛病，叫作“八病”。务求“一简之内，音韵尽殊；两句之中，轻重悉异。”（《宋书·谢灵运传论》）声律的技巧与由来已久的对偶技巧相配合，就形成具有格律的新体诗。齐、梁、陈三代是新体诗盛行的时代，也是声色重于性情的时期。南朝诗人对声色的追求不能一概否定，这是诗歌艺术发展的必由之路。他们充分认识并利用了汉语语音的特点，发展了诗歌的语言艺术，还是值得肯定的。

诗歌的发展历程经过重性情与重声色两个时期之后，到唐朝达到创作的顶峰。唐朝三百年诗歌的发展仍然呈现出阶段性，初盛唐以李白、杜甫为高峰和终结，是性情与声色逐渐融合的过程，一方面是南朝的声色技巧被继承下来，而又充实以诗人各具个性特色的性情；另一方面，由新体诗开始的近体诗的格律逐渐定型，形成律诗和绝句这两种富有巨大生命力的诗歌形式，诗人得以运用这新的形式去抒写他们的性情。经过一百多年，到了盛唐，性情和声色就十分巧妙地融合在一起了。

在性情与声色统一的过程中，兴趣和学力也渐渐显露出重要的作用。到了盛唐，兴趣的作用越发明显，诗人们在生活中有所感触，自然而然地发为吟咏，达到浑然天成的境地。正如严羽所说：“盛唐诸人，惟在兴趣；羚羊挂角，无迹可求。故其妙处，透彻玲珑，不可凑泊。如空中之音，相中之色，水中之月，镜中之象，言有尽而意无穷。”[15] 严羽说“惟在兴趣”，似乎盛唐诗人不重学力，其实不尽然。试看盛唐最重要的三位诗人——王维、李白、杜甫，哪一位没有深厚的学力？王维除了一般进士们所通晓的学问之外，还精佛学和艺术；李白“五岁诵六甲，十岁观百家”（《上安州裴长史书》）；杜甫“读书破万卷”（《奉赠韦左丞丈二十二韵》）。他们不但有学力，而且也把学力用到了诗歌创作上，王维诗歌的禅意，李白诗歌中纵横家的雄辩性，杜甫诗歌对典故广泛而灵活的采用，都证明了这一点。不是“惟在兴趣”，不重学力，只是他们的学力使用得不露痕迹而已。“兴趣”如果没有“学力”作支持，如何能写得出好诗！应当说性情、声色、兴趣、学力，这四者在盛唐达到完美的统一，盛唐诗歌遂亦达到登峰造极的地步。

宋代以后，诗人们或宗唐或尊宋，唐宋诗之争，实际上就是重兴趣与重学力之争。在南朝和初唐是性情与声色之争，争的结果，争出个盛唐来把二者统一在一起。可惜宋以后兴趣与学力之争，始终没有争出能把两者统一起来的另一个伟大的诗歌高峰，这是诗歌史上一个难解的谜。

三

唐诗又是诗化到极点的诗。所谓诗化，是相对于散文化而言的，主要是相对于散文的语言而言的。诗的语言是散文语言的变异，诗化到极点也就变异到了极点。汉魏古诗的语言离散文比较近，到了南朝，声律、对偶等艺术技巧发展和广泛运用的过程也就是语言更加诗化的过程。到了唐朝近体诗确立，近体诗的格律进一步逼出一系列新的适合于这种新的诗体的句法，这些新的句法连同种种新的语言表达的技巧，造成新鲜的艺术效果，从而开创了一片新的诗歌天地。为什么说是逼出来的呢？因为要符合新的格律，就必须改变常规的词法和句法，创造一些新词，或者写一些倒装句，或者省略一些句子成分。在初唐时期当格律建立之初，语言难免被格律所束缚，而当进入盛唐，诗人们运用格律已经纯熟时，语言就可以反过来驾驭格律了。不管是格律束缚语言还是语言驾驭格律，近体诗的语言都有了创新。这表现在以下几个方面：

一、改变词性。这在古诗中就已经出现了，但在近体诗里出现更频繁，其灵活的程度也更大。例如：“高鸟黄云暮，寒蝉碧树秋。”（杜甫《晚秋长沙蔡五侍御饮筵送殷六参军归澧州觐省》）“暮”字本是名词，名词不能单独作谓语，必须在前面加上系词。但此处的“暮”字作为“黄云”的谓语，已改变为形容词。“秋”字本也是名词，但在此处作为“碧树”的谓语，也已改变为形容词。诗的意思是说：“黄云”怎样呢？已带上了暮色。“碧树”怎样呢？已带上了秋色。杜甫用改变“暮”字、“秋”字词性的方法，取得了新鲜的风神。“暮”字、“秋”字的同样用法又见于李嘉祐的《同皇甫冉登重玄阁》：“孤云独鸟川光暮，万井千山海色秋。”不说“川光”是明是暗，却用了一个并不表示亮度而能使人联想到某种颜色的“秋”字，读者便可以在更广阔的范围内展开想象，得到欣赏的乐趣。以上两例都是“暮”和“秋”字搭配使用，再看“秋”字改变词性单独使用的例子。戎昱《秋月》：“江干入夜杵声秋，百尺疏桐挂斗牛。”李嘉祐说“海色秋”，用“秋”形容色；戎昱说“杵声秋”，用“秋”形容声，俱臻妙境。一到秋天，妇女们就又开始捣衣了，那杵声几乎成了秋所专有的音响。李白说“秋风吹不尽，总是玉关情”，杜甫说“白帝城高急暮砧”，都是描写这同一声音的佳句。但直接将杵声连上一个“秋”字仍有一种奇警的效果。

形容词改变为动词，动词改变为副词，也是常见的。前者如李白《秋登谢朓北楼》：“人烟寒橘柚，秋色老梧桐。”其中的“寒”、“老”都是形容词作动词用，使橘柚寒，使梧桐老。又如常建《题破山寺后禅院》：“山光悦鸟性，潭影空人心。”其中的“悦”、“空”都是形容词作动词用，使鸟性悦，使人心空。后者如杜甫《发潭州》：“夜醉长沙酒，晓行湘水春。岸花飞送客，樯燕语留人。”岸花飞着送客，樯上的燕子呢喃着想把人留下不走。“飞”字、“语”字都是动词，在这里当副词用。

二、化整为缺。在古诗里有时虽然也可以省略某些句子成分，造成不完全句，但远不如唐诗之普遍。在唐诗里常常省略的是虚词，如王维《汉江临眺》："江流（于）天地外，山色（在）有无中。"杜甫《旅夜书怀》："名岂（因）文章著，官应（因）老病休。"实词也可以省略，如温庭筠《商山早行》："鸡声茅店月，人迹板桥霜。"这两句诗里都省去了动词，省略的是哪一个动词，只能指出一个范围而很难确指。可以说"鸡声（鸣于）茅店月，人迹（印于）板桥霜"。也可以说是"啼"、"留"或其他。有的句子省略的不是词而是整个谓语，如杜甫《春日忆李白》："渭北春天树，江东日暮云。"意谓渭北的春景使我想起远在江东的您，但是这两句只有主语没有谓语，春天树怎样呢？日暮云怎样呢？都没说。还有一些诗句明知它不完整，却很难说出省略了什么。诗人本来就只是把一些句子成分拼合在一起，没有想造出一个完整的句子。如杜甫《旅夜书怀》："细草微风岸，危樯独夜舟。"这类句子根本没法补充，不补充很活脱，一补充反而呆滞了。

化完整为残缺，或避免完整追求残缺，是诗歌语言区别于散文语言的一个重要标志。唐诗离开散文比较远，化整为残的情况较之以前就更明显。这也就成为唐诗区别于以前诗歌的一个特点。

三、紧缩句式。在散文里比较复杂的意思用一句话说不清，可以说两句或更多句。但在诗中遇到这种情况，由于篇幅和格律的限制，不能用增加句子的方法而只能用紧缩句式的方法。例如杜甫《咏怀古迹五首》其三："画图省识春风面，环佩空归月夜魂。"意思既很丰富，句式也很紧缩。上句是说汉元帝看了昭君的画像，就不再注意昭君本人美如春风的面容了，以致误以为她不美而远嫁她于呼韩邪单于。下句是说昭君羁留塞外，本人永不能归，只有她的魂魄可以在月夜之中回到汉廷，但这又有什么用呢！上句，"画图"这个词所在的位置似乎是"省识"的主语，其实不是。主语应当是元帝，但已省略了。谓语是"识"，"画图”是“识”的宾语，元帝只识画图而省识春风面。下句，“环佩”这个词的位置似乎是“空归”的主语，其实也不是。环佩未归而徒然归来了昭君的魂魄。杜甫显然是把几个句子紧缩成两句，为了对仗又颠倒了词序。在散文中不允许的句子，在诗中却成为佳句。杜甫不愧为这方面的圣手，他的《客至》：“盘飧市远无兼味，樽酒家贫只旧醅。”这两句的主干是“盘飧无兼味，家贫只旧醅。”为了说明其原因，遂用“市远”和“家贫”这两个主谓结构的句子形式，分别插入这两句诗的主语和谓语之间。意谓因为离集市远，购物不方便，所以盘中的菜肴很单调；因为家里贫穷，所以樽中的酒只有旧醅而没有新酿。唐诗中紧缩句式的例子很多，又如“晓镜但愁云鬓改，夜吟应觉月光寒。”（李商隐《无题》）“看尽好花春卧稳，醉残红日夜吟多。”（谭用之《山中春晚寄贾员外》）

四、模糊主宾。模糊主语和宾语是唐诗语言变型的一种主要方式。有的词语处于主语的位置，实际上却是宾语。而另一些词语处于宾语的位置，实际上却是主语。主语和宾语常常难以分辨清楚。如王维《山居秋暝》：“竹喧归浣女，莲动下渔舟。”上句的动词是“归”，下句的动词是“下”。“归”和“下”前面的“竹喧”和“莲动”这两个主谓结构的句子形式，处于主语的位置却不是真正的主语，而是一种关系语，说明环境状态。真正的主语是后面处于宾语位置的“浣女”和“渔舟”。但说“归浣女”、“下渔舟”意味远比“浣女归”、“渔舟下”委曲。又如杜甫《暮春陪李尚书李中丞过郑监湖亭泛舟得过字》：“春日繁鱼鸟，江天足芰荷。”“鱼鸟”和“芰荷”处于宾语的位置，实际上却是主语。“春日”和“江天”处于主语的位置，实际上却是状语，分别表示时间和地点。这两句互文见义，是说在春天的江上有许多鱼和芰荷，天上有许多鸟。意思本来很平淡，但是经过诗人的调度安排，便诗意盎然了。

四

唐诗具有新的抒情模式。大体说来，唐以前诗歌的抒情模式主要是线性的，随着事件的进程或者是旅行沿途之所见抒写感情的变化发展，用传统的说法是“感于哀乐，缘事而发”。哀乐之情离不开事，既是缘事而发，又往往是缘事来写。这种模式可以如下表述：事——情；或景——情。例如汉乐府《艳歌行》：

翩翩堂前燕，冬藏夏来见。兄弟两三人，流宕在他县。故衣谁当补，新衣谁当绽。赖得主人贤，览取为吾绽。夫婿从门来，斜柯西北眄。语卿且勿眄，水清石自见。石见何累累，远行不如归。[16]

此诗的叙事性很强，写兄弟二三人在外流浪，受到一位好客的主妇的关照，却引起她丈夫的猜疑。感情随着事件的发展而发展，缘事而发，并且沿着事件的发展过程写出来。又如汉乐府《步出城东门》：

步出城东门，遥望江南路。前日风雪中，故人从此去。我欲渡河水，河水深无梁。愿为双黄鹄，高飞还故乡。[17]

前面是写沿途所见，最后抒情。再如陆机的《拟明月何皎皎》：

安寝北堂上，明月入我牖。照之有馀晖，揽之不盈手。凉风绕曲房，寒蝉鸣高柳。踟蹰感节物，我行永已久。游宦会无成，离思难常守。[18]

由景至情的线索表现得很分明。谢灵运、谢朓的山水行旅诗也是如此。谢灵运的山水诗往往像一篇旅行日记，从清早出游写起，随着时间的顺序，写到傍晚归来，最后几句是议论。如谢灵运《石门岩上宿诗》：

朝搴苑中兰，畏彼霜下歇。暝还云际宿，弄此石上月。鸟鸣识夜栖，木落知风发。异音同至听，殊响俱清越。妙物莫为赏，芳醑谁与伐？美人竟不来，阳阿徒晞发。[19]

唐诗有了新的抒情模式，这并不是说老的模式完全抛弃，而是说有了新的富有创造性的表现方法。这种新的方法就是隐去或者说略去那个由事至情、由景至情的过程，让情和事、景一起交融着表现出来，而且是集中在一点上加以突破，然后向四周放射，犹如投一颗石子在湖水上，围绕着那入水的一点形成一圈圈无尽的波纹，我姑且称之为放射型的模式。这种抒情模式可以出现浑成的艺术效果。例如李白的《子夜吴歌》：

长安一片月，万户捣衣声。秋风吹不尽，总是玉关情。何日平胡虏，良人罢远征。[20]

一二句从月下的捣衣声入手，三四句点明这捣衣声所包含的情，最后两句表达捣衣声之中所包含的思妇的愿望。这就是从一点突破，展开一个感情世界。再如杜甫的《春望》：

国破山河在，城春草木深。感时花溅泪，恨别鸟惊心。烽火连三月，家书抵万金。白头搔更短，浑欲不胜簪。[21]

第一句就是国恨家仇的呼号，由此突破，通过不同的生活细节揭示了国恨家仇的具体感受。杜甫的《月夜》：

今夜鄜州月，闺中只独看。遥怜小儿女，未解忆长安。香雾云鬟湿，清辉玉臂寒。何时倚虚幌，双照泪痕干。[22]

从看月入手，写异地的老妻如何看，小儿女如何不懂得看，老妻如何在月下久看而云鬟湿了、玉臂寒了，最后再写希望将来和老妻一同看。好像剥笋，一层一层写来，层层深入。又如王昌龄的《从军行》：

琵琶起舞换新声，总是关山旧别情。撩乱边愁听不尽，高高秋月照长城。[23]

第一句就点出那伴舞的琵琶声，接下来说这琵琶声表达了“关山旧别情”，那个“总”字让人感觉到不管曲子怎样换来换去，表达的感情是不变的，那“别情”萦绕在征人的心头，挥之不去，此所谓“撩乱边愁听不尽”。最后荡开去，描写秋月长城，也就是边关的景色，带着雄壮悲凉和无限的历史感慨。又如孟浩然的《宿建德江》:

移舟泊烟渚，日暮客愁新。野旷天低树，江清月近人。[24]

“泊烟渚”的“泊”字，也就是题目中《宿建德江》的那个“宿”字，全诗就是为围绕着这个字展开的，写他自己泊舟建德江边之所见所感。那是一种羁旅之愁，景色变化了，客愁也随着变化了，又添了一番新的愁绪。孟浩然不是先写景，然后抒情，而是先抒情，然后再补上周围的景色。

这些诗例都说明唐人抒情有了新的方法，从而得到新的风神。

宋人当然也学会了唐人的这种方法，但他们不止于此，他们还要加进“理”。“理”的加入或者在事、景、情的中间，相伴而来；或者置于诗的末尾，作为总结。唐诗有的也不乏“理”在，但通常是暗含其中，不愿道明的。宋诗则刻意追求这“理”，似乎不达到某种“理”就没有完成诗的表现。

还不止如此，宋人写诗常常是一半从生活中来，一半从书本中来。读书有感，印证生活，写下他们的诗。或有意针对前人的诗写自己翻案的诗，改一个意思，或换一个角度，或换一些字眼。黄庭坚称之为“换骨法”和“夺胎法”[25]，钱锺书称之为“在诗歌的‘小结裹’方面有了发明和成功的尝试”[26]。完全从书本中来，难以写出好的诗，还必须有生活体验，所以我说一半从生活中来，一半从书本中来，当然不是正好一半对一半，只是说来自两方面。

总之，通常我们说“唐诗”这个词的时候并不深究，只是指唐朝的诗。如果深究起来应当说唐诗是在唐朝形成的具有唐人风神的一种诗。唐诗的风神不一定唐朝以前就绝对不具备，更不能说唐朝以后就已失去，但说它在唐朝这个特定的时期成熟，从而成为唐诗的内在特质的外现。林庚先生强调唐诗“富于生气”，具有“充沛的精神状态”，具有“最鲜明的艺术感染力”，这是很准确的概括，又是很有艺术感悟的说法[27]。本文拈出“风神”二字论唐诗，或不至于违背我们对唐诗的感受。

（原载于《北京大学学报》2004年第5期）

---

①《谈艺录》，北京：中华书局1984年第1版，第2页、第3页。

②同上。

③《全唐诗》卷五百八十一，北京：中华书局1960年版，第6741页。

④《山谷集·外集》卷十三。

⑤《诗薮·外编》卷三，上海：上海古籍出版社1979年版，第163页。

⑥见《唐诗综论》，北京：人民文学出版社1987年版。

⑦见《百年徘徊——初唐诗歌的创作趋势》，原载《北京大学学报》，1994年第6期；《盛唐诗歌与盛唐气象》，原载《光明日报》1999年3月25日；《在沉沦中演进——试论晚唐诗歌创作趋向》，原载《中华文史论丛》第48辑，上海：上海古籍出版社1991年版。

⑧《中国文学概论》，香港：香港三联出版社1990年版，第166页。

⑨《中国诗歌艺术研究》（增订本），北京：北京大学出版社1996年版，第45页、第3页。

⑩《中国诗歌艺术研究》（增订本），第3页。

⑪唐殷璠编《河岳英灵集》卷上“常建”。

⑫《说诗·语》，《清诗话》下册，上海：上海古籍出版社1978年版，第532页。

⑬《沧浪诗话·诗辩》，见清何文焕辑：《历代诗话》下册，北京：中华书局1981年版，第688页。

⑭《诗镜总论》，见丁福保辑：《历代诗话续编》下册，北京：中华书局1983年版，第1406页。案：《庄子》有“梓庆削木为鐻”事，故“鑢”应作“鐻”，今改之。

⑮《沧浪诗话·诗辩》，见清何文焕辑：《历代诗话》下册，北京：中华书局1981年版，第688页。

⑯《玉台新咏笺注》卷一，北京：中华书局1985年版，第13页。

⑰《古诗纪》卷二十，明万历刻本，第7页。

⑱《文选》卷三十，北京：中华书局1977年影印本，第435页。

⑲逯钦立编《先秦汉魏晋南北朝诗》宋诗卷二，北京：中华书局，1983年版，第1167页。

⑳《子夜吴歌四首》其三，清王琦《李太白集注》卷六，北京：中华书局1977年排印本，第352页。

㉑清仇兆鳌《杜诗详注》卷四，北京：中华书局1979年排印本，第320页。

㉒同上，第209页。

㉓《全唐诗》卷一百四十三，北京：中华书局1960年版，第1442页。

㉔同上，卷一百六十，第1668页。

㉕释惠洪《冷斋夜话》引庭坚之语，见宋魏庆之《诗人玉屑》卷八"夺胎换骨"条。

㉖《宋诗选注·序》，北京：人民文学出版社1958年版，第14页。案元方回云："盛唐律诗体浑大，格高语壮；晚唐下细工夫，作小结裹，所以异也。学者详之。"见《瀛奎律髓》卷十五于陈子昂《晚次乐乡县》诗后。

㉗见《唐诗综论》，北京：人民文学出版社1987年版，第2页、第222页。

百年徘徊

——初唐诗歌的创作趋势

诗歌史上所谓初唐时期，始自唐朝开国之初，即高祖武德元年（618），这是没有问题的。至于其下限应划在何时，一般的说法是玄宗开元初，即公元713年，此后就进入盛唐。这是迁就历史上关于开元盛世的习惯说法，固然未尝不可。然而，唐诗的分期应当着眼于诗歌本身的发展，如果政治上的重要事件和转折与诗歌本身的发展阶段相吻合，两方面可以兼顾当然最好。如果不便兼顾，那就应当首先考虑唐诗本身。若从唐诗本身考察，713这一年实在没有划时代的意义。所以我想最好将初唐的下限定在玄宗开元八年（720），而把盛唐的开始定在开元九年（721）。在720这一年之前，初唐的诗人如陈子昂、苏味道、杜审言、宋之问、沈佺期均已去世。而721年王维进士及第，李白二十一岁，杜甫十岁。随后723年崔颢及第，724年祖咏及第，726年储光羲、綦毋潜、崔国辅及第，李白出蜀。大致上说，从721年即8世纪20年代开始，盛唐的诗人们相继登上诗坛施展才华，这才出现了一个“群才属休明，乘运共跃鳞”的新局面。所以将721年作为盛唐的开始也许是更为恰当的（盛唐的下限通常定在代宗大历初，公元766年。我想不如定为公元770年，即杜甫的卒年，杜甫的逝世结束了盛唐时代。这个问题将另文论述）。从公元618到720年，初唐共102年，举其成数为百年。

如果沿着诗歌史的顺序进行研究，进入盛唐时候再回顾初唐，不禁会感到初唐只是一场序幕，正戏要等盛唐的诗人们搬演，初唐只不过为盛唐诗歌的大繁荣作了准备而已。然而百年的准备岂不是太久了吗？

中国历史上几个大朝代总是在开国后几十年就进入了文学繁盛的局面。汉朝建于公元前 206 年，经过大约三五十年就有贾谊、司马相如等作家出现，从而开始了散文和辞赋的繁荣局面。宋朝建于公元 960 年，经过五六十年就有欧阳修、柳永等作家出现，在诗、词、文等各方面都开创了繁荣的局面。元朝于公元 1279 年灭南宋，此前关汉卿已活跃于戏曲舞台，此后大约二十年又出现了王实甫，他们造成杂剧的繁盛局面。明朝建于公元 1368 年，明朝初年就有罗贯中和施耐庵这样著名的小说家。清朝建于公元 1644 年，二三十年后就有蒲松龄、洪昇、孔尚任、王士禛等大作家，小说、戏曲和诗文都臻于繁荣。相比之下，唐朝前一百年的文坛反而显得冷落多了，唐朝开国四五十年才有“四杰”，六十年才有陈子昂，而论成就和地位他们都难与上述作家相比。因此我们可以说唐诗作为中国诗歌史的高峰，它的起点是并不高的。唐朝三分之一的时间，诗坛竟如此平平淡淡地过去了。经过一百年之后，在玄宗当政的时候几乎是一下子涌现出一大批才华横溢的大诗人，使唐诗迅速地登上了高峰。

我们还可以对初、盛、中、晚四个时期加以比较，初唐 102 年，盛唐 50 年，中唐 65 年，晚唐 72 年。初唐时间最长，可是无论诗歌的数量还是质量都是最差的。而且一百年间竟然没有出现一位第一流的诗人，缺少异峰的突起。本来，统一的唐帝国的崛起、南北文风的交流、太宗二十几年的贞观之治所带来的安定和繁荣，有可能促使诗歌迅速发展，但事实却不是这样。那么，初唐究竟是怎么过来的？初唐为盛唐作了哪些准备？初唐诗歌的发展为何如此缓慢？研究唐诗的人有必要对这些问题作出回答。

一

这一百年走过了三代诗人。

第一代诗人活跃于高祖、太宗年间，其中有的是由隋入唐的，有的还是由南北朝经隋入唐的。如虞世南（558 ~ 638）[①]、陈叔达（？～635）[②]、袁朗（生卒年不详，贞观初卒于官）[③]、褚亮（564～647）[④]、谢偃（？～643）[⑤]，都是三朝元老。杨师道（？～647）[⑥]、许敬宗（592～672）[⑦]、孔绍安（生卒年不详，约卒于高祖武德中）[⑧]、陈子良（575～632）[⑨]、李百药（565～648）[⑩]，都是两朝元老。此外，魏徵（584～643）[⑪]虽然是由隋入唐但在隋未曾入仕，和上述诸人不同。这批人有的是政治家，甚至居宰辅之尊；有的是皇帝的文学侍从，他们为皇帝或太子起草文书，以文章翰墨见称。他们原有的文集卷帙浩繁，如杨师道有集十卷，许敬宗有集八十卷，孔绍安有集五十卷，其中多有应制应诏之作，在当时是文名胜过诗名的。从今存诗歌看来，写诗似乎并不是他们自身的需要，而是应帝王之需以显示自己的学问和技巧并博取帝王欢心的手段。例如许敬宗，今存诗二十七首，其中二十首是奉和之作。又如，唐太宗有一首《正日临朝》，奉和此诗的有颜师古、魏徵、岑文本、杨师道、许敬宗、李百药等多人。唐太宗的《秋日望海》、《秋日即目》等诗也多有和作。这一代诗人普遍具有的这种御用品格，使他们在写诗时难有个性流露，更难唱出宏伟的声音。趣味往往小巧而细腻，如："归云半入岭，残滴尚悬枝。"（虞世南《初晴应教》）"翻飞未肯下，犹言惜故林。"（孔绍安《落叶》）"隔巷遥停幰，非复为来迟。只言更尚浅，未是渡河时。"（陈子良《七夕看新妇隔巷停车》）他们自然不可能开拓出诗歌创作的新局面。他们有时也在自己家里雅集酬唱，如安德郡公杨师道在他的安德山池举行过宴会，参加者有李百药、刘洎、岑文本、许敬宗等七人，各有《安德山池宴集》五言排律，也都是一般的应酬之作。这一代诗人虽不乏政治的才能和文学的才华，但是缺少诗人所必需的激情。辞藻的繁富和性情的贫乏形成很大反差。他们的生活圈子狭窄，诗歌的题材受到很大的局限。《新唐书·文艺传赞》云"唐兴，诗人承陈隋风流，浮靡相矜"，指的正是这一代诗人。此间虽有魏徵《述怀》诗，"变前代纤艳之习"

（沈德潜《唐诗别裁集》卷一），毕竟是个别现象，并未形成风气。

在这一代诗人中王绩（585 ~ 644）是一个例外。他在隋末任秘书正字、六合县丞，因嗜酒被劾，还乡隐居。唐初以原官待诏门下省，后弃官归隐。他常以阮籍、陶潜自比，以朴素自然的语言表现自己的生活和感情，代表作有《野望》、《田家》等五言古诗。但他在当时才高位下，不处于诗歌创作的主流之中，未能产生较大的影响。

第二代诗人生于隋末或唐初，活跃于太宗、高宗年间，可以说是唐朝新兴的一代诗人。这一代诗人可分为两类：

第一类仍然是侍从之臣，他们在上一代诗人的阴影之下，太多地因袭了前辈作为一个侍从之臣成功而作为诗人却多有缺陷的品格，诗歌在他们手上可以变得更加精细，但难有突破。这一类诗人的代表可以举上官仪（约 608 ~ 664）[12]，《全唐诗》录存其诗一卷，二十首。其中七首是奉和、应诏、应制之作，一首是从驾时所作，一首是入朝途中所作，四首是应酬唱和之作，四首是达官贵人的挽歌，此外只有《王昭君》、《咏画障》、《春日》三首可算有个人的抒情成分。他的诗以"绮错婉媚为本"，当时多有效其体者，时人谓之"上官体"。他将六朝以来的对仗技巧程序化，提出"六对"、"八对"等名目，成为后人属对的一种规范。《隋唐嘉话》卷中有一段文字相当生动地记载了"上官体"在当时独领风骚的局面：

> 高宗承贞观之后，天下无事。上官侍郎仪独持国政，尝凌晨入朝，巡洛水堤，步月徐辔，咏诗曰："脉脉广川流，驱马历长洲。鹊飞山月晓，蝉噪野风秋。"音韵清亮。群公望之，犹神仙焉。

从这段话可以看出上官仪在朝中地位之尊崇，其诗之受尊重，以及他自己之雍容高贵。但就这首诗以及上官仪其他的诗而言，不过是齐梁宫体诗的更加精致的翻版而已。杨炯在《王勃集序》中对以上官仪为代表的龙朔文风描述道："尝以龙朔初载，文场变体，争构纤微，竞为雕刻，糅之金玉龙凤，乱之朱紫青黄，影带以徇其功，假对以称其美。骨气都尽，刚健不闻。”这段话颇能帮助我们加深对“上官体”的认识。

第二类诗人离权力的中心较远，以骆宾王（626？～684？）[13]、卢照邻（634～686）[14]为代表。他们二人生年虽稍有先后之分，但骆宾王于高宗永徽（650～655）年间为道王李元庆府属，卢照邻永徽年间为邓王李元裕府属，此为二人出仕之始，足见其身份相若，可以划归一类。骆宾王，《全唐诗》录存其诗三卷，在初唐诗人中算是多的了。以骆宾王的诗和他以前的其他唐朝诗人的诗相比，最大的不同在于增加了个人抒情的成分，有许多诗是写他个人的或为他个人而写的，流露着他的真性情。这本是对诗歌的一种基本要求，但在他之前的唐朝诗人恰恰背离了这个要求，也就背离了诗，而骆宾王才使诗又回到了诗。他的名作《于易水送人》：“此地别燕丹，壮士发冲冠。昔时人已没，今日水犹寒。”若与前引上官仪诗相比，真有天壤之别。另一首名作《在狱咏蝉》虽然是一首咏物诗，但已不同于南朝以来传统的咏物之作，而融入了个人的身世和悲哀，是咏物诗中别开生面、显示了新的创作趋向的作品。卢照邻今存诗一百零四首，在初唐诗人里是比较多的。他因病而在仕宦上无成，为了自己抒情的需要而写的诗也就比较多。如《赠益府群官》、《失群雁》都是感情深沉之作。卢、骆的诗有一个特点就是：乐府诗较多，特别是长篇七言歌行较多，他们的好诗多半属于这一类，如骆宾王的《帝京篇》、《畴昔篇》、《艳情代郭氏赠卢照邻》、《代女道士王灵妃赠道士李荣》等，卢照邻的《结客少年场行》、《失群雁》、《行路难》、《长安古意》、《明月引》、《怀仙引》等。这些诗里寓有较深的人生感慨，和在他之前的诗歌及同时的“上官体”相比是一个大的突破。卢照邻《乐府杂诗序》自述其乐府歌行的特点云：“其有发挥新题，孤飞百代之前，开凿古人，独步九流之上，自我作古，粤在兹乎。”正好说明其七言歌行的创造性。

第三代诗人数量较多，他们生于唐太宗贞观末年、高宗永徽初年，活跃于高宗、武后在位时期。以他们的生活经历和身份，可以分为两类。

第一类的代表诗人有杜审言（645？～748）[15]、苏味道（648～745）[16]、崔融（653～706）[17]、阎朝隐（？～712）[18]、李峤（645？～714？）[19]、宋之问（656？～711？）[20]、沈佺期（？～713）[21]、乔知之（？～690）[22]等。他们大都经历了武后带来的政治上的变动，不少人在仕途上也有升沉，官职的调动和贬徙使他们走过不少地方，和前两代长期在宫廷里养尊处优的诗人不同，有可能在诗歌创作上作出较大的突破。他们诗歌的题材确实也有所拓展，不再限于侍宴、应制、咏物的狭窄范围，贬谪羁役、咏怀感遇的成分增加了，相对于他们的前辈而言这是一个大的进步。可是他们当中许多人都有谄事张易之兄弟、攀附武后而进入宫廷的经历，多少带有政治投机者的特点。他们受到自己人格的局限，未能唱出更宏亮的声音。例如杜审言今存诗三十九首，应制之作占四分之一，《和晋陵陆丞早春游望》、《渡湘江》，虽是抒写性情之作，可惜这类诗数量太少。苏味道今存诗十六首，除《正月十五夜》以精巧见长外，其余未见佳处。崔融以文章之华婉典丽见称，朝廷诸大手笔多手敕为之，有文集六十卷。今存诗十八首，未见精彩。阎朝隐今存诗十三首，多应制之作。

在这一类诗人中，值得格外注意的是李峤、沈佺期、宋之问。李峤今存诗二百零九首，是不应忽视的一位诗人。他有不少应制诗，这些诗并无特出之处。更值得注意的是以下两类诗：一类是七言歌行，如《汾阴行》、《倡妇行》；另一类是咏物诗。他的七言歌行颇有类似卢照邻之处，在初唐是具有开拓性意义的作品。他的咏物诗数量很多，举凡天文、地理、器物、文体、动物、植物，都有涉及，似乎是把一部类书拿来按照类别一项项作下去，而且全是五律，总数达一百二十首。这些诗也许可以说是李峤为练习五律这种新的诗体而从事的习作，从而也可看出五律的形式到李峤手上已经相当成熟了。沈、宋有大致相同的经历，都是武后的宠臣，都因谄事张易之而在中宗神龙元年被贬。他们在贬谪前并没有开拓出新的题材和境界，但贬谪后的诗歌脱离了宫廷的气息，抒写个人的感怀，有了新的面貌。另外，律体在他们手上得以定型，成为初唐诗歌发展的一个重要标志。《新唐书·宋之问传》曰：“魏建安后迄江左，诗律屡变，至沈约、庾信以声韵相婉附，属对精密。及之问、佺期又加靡丽，回忌声病，约句准篇，如锦绣成文。学者宗之，号为沈宋。”王世贞《艺苑卮言》曰：“五言至沈宋始可称律。”

第三代诗人的另一类，代表诗人有王勃（650？～676）[23]、杨炯（650～693？）[24]、刘希夷（651～680？）[25]、陈子昂（661～702）[26]、崔湜（671～713）[27]等。张若虚生卒年不详，在没有进一步的考证之前仍按习惯算作初唐诗人，也属于这一类。

以王绩、骆宾王、卢照邻为代表的抒发个人情怀的创作趋向，在这一类诗人中得以强化，并蔚为风气。王勃虽然一度任沛王府修撰，杨炯一度任太子李显府中的詹事司直，又曾任弘文馆学士，但他们都不能算是宫廷诗人。因为他们今存的诗中，只有杨炯的《奉和上元宴应诏》这一首属于宫廷诗。他们的诗歌源自宫廷之外广阔的社会生活，是写自己真实的感情。王勃的《送杜少府之任蜀川》、《滕王阁诗》，杨炯的《从军行》、《骢马》，便是这方面的代表作。

刘希夷是应该特别注意的一位诗人。《全唐诗》录存其诗三十五首，比杨炯还多一首。《大唐新语》说他“特善闺帷之作，词情哀怨，多依古调，体势与时不合，遂不为所重”。又说“后孙翌撰《正声集》，以希夷为集中之最，由是稍为时人所重”。从今存诗看来，《大唐新语》对其诗的评介是不错的。他的诗多五七言歌行，只有三首五言律诗。据《唐才子传》：“希夷美姿容，好谈笑，善弹琵琶。饮酒至数斗不醉，落魄不拘常检。”似乎他并没有做过官，更没有机会进入宫廷，也许可以说是一位专业诗人，而且是一位颇具豪情的诗人。初唐不少诗作让我们觉得诗人的感情好像裹在一个锦制的套子里，没有完全向读者打开。读刘希夷的诗不会有这种感觉，他的心敞开了，把心的搏动呈现在读者眼前。那首著名的《代悲白头翁》固不必说，其他如《孤松篇》、《捣衣篇》、《故园置酒》也都是颇见性情之作。

陈子昂富有政治才干，早年曾受到武则天激赏，后半生却备受武氏集团的压制与迫害，生活阅历丰富坎坷。他痛切感到齐梁以来诗坛“采丽竞繁，兴寄都绝”的弊病，试图以自己的创作改变这已久的积习，恢复汉魏风骨。他的以复古为革新的诗歌主张和以《感遇》三十八首为代表的创作实践，对积重难返的初唐诗坛来说，确实有振聋发聩的作用。卢藏用说他“卓立千古，横制颓波，天下翕然，质文一变”(《陈伯玉文集序》)。杜甫说他“有才继骚雅，……名与日月悬”(《陈拾遗故宅》)。元好问说：“沈宋横驰翰墨场，风流初不废齐梁。论功若准平吴例，合著黄金铸子昂。”(《论诗三十首》之八）但在我看来，他的历史地位与其说是引导诗歌回到汉魏风骨的传统，不如说是强化了诗歌的抒情功能，特别是强化了写作政治抒情诗的趋向，这是初唐诗歌的一大转折。

纵观初唐三代诗人，我们可以说，初唐诗歌的演化，就是从御用的路线转向个人抒情的路线。诗歌的御用性曾经束缚了齐、梁、陈、隋四代诗人的才能，在初唐仍然是诗歌发展的障碍。而初唐诗人由于身份发生变化，而逐渐摆脱了这种御用性，诗歌遂得以缓慢地发展。诗人身份的变化对他们个人的生活而言也许是不幸的，但对初唐诗坛而言却是一件幸事。

二

性情和声色的统一，是盛唐诗歌超出于前代而又使后代不可企及的关键所在。而这正是初唐诗人在一百年间为盛唐所做的主要准备。

所谓“性情”、“声色”是借用沈德潜《说诗晬语》中的说法：“诗至于宋，性情渐隐，声色大开，诗运转关也。”所谓“性情”包括诗人的人格、品性、才调、志趣、情感等各个方面，都是内在的。诗中的性情犹如人的本质，声色则如人的修饰。南朝诗歌性情渐隐声色大开，两者未能统一，诗歌的成就受到很大的局限。但若仅就声色而言，在南朝已发展得相当完备，初唐诗人本应在继承南朝表现声色技巧的同时，努力培养和表现性情，并使性情和声色统一起来。但是初唐的诗人在相当长的时间里因循南朝诗人的老路，继续追求声色，而未能在诗里表现足够的性情。他们沉迷于声律、用事、属对等技巧，确立了精致的五律的规范，但诗歌创作的整体水平并没有因此而迅速提高起来。至于初唐的诗歌理论则又以复古为主调。唐太宗一方面要他的臣子们与他唱和，点缀升平，扮演御用的角色；另一方面也注意到诗风华靡可能产生的不良影响，他在《帝京篇序》中表达了追慕古雅的意思，他说："予追踪百王之末，驰心千载之下，慷慨怀古，想彼哲人。庶以尧舜之风，荡秦汉之弊。用咸英之曲，变烂漫之音。"这虽然是就整个文教措施而言，但诗风显然包括在内而且占据重要的地位。然而情况并没有因此而发生根本变化。后来杨炯在《王勃集序》里讲到高宗龙朔初载的文坛时又说："争构纤微，竞为雕刻。糅之金玉龙凤，乱之朱紫青黄，影带以徇其功，假对以称其美，骨气都尽，刚健不闻。"可是这种情况也并没有因为"四杰"的出现而有根本的变化。所以后来陈子昂又大声疾呼改革诗风："文章道弊五百年矣。汉魏风骨，晋宋莫传，然而文献有可征者。仆尝暇时观齐梁间诗，彩丽竞繁，而兴寄都绝，每以永叹。思古人常恐逶迤颓靡，风雅不作，以耿耿也。"(《与东方左史虬修竹篇序》）但他过于强调性情的一面，而忽略了性情与声色的统一，所以他并没有真正解决问题。清人姚范《援鹑堂笔记》卷四十评其《感遇诗》说："风骨矫拔，而风韵犹有未充。讽诵之次，风调似未及跌荡洋溢之致。"确是中肯之论。因为解决问题的方法并不是回到汉魏，仅仅回到汉魏风骨并不能带来一个盛唐，而顶多是重复一次建安。如果不能将汉魏风骨和南朝声色统一起来，就不可能开创一个新的局面。

然而声色和性情的融和乃是诗歌发展的大势所趋。这个过程在初唐虽然缓慢，但还是进行着。这种融合是以南朝的声色为基础，加入诗人的性情，以构成意蕴丰富的意象。具体地说，初唐时期性情和声色的融和是通过以下三种方式逐渐进行的：

一是继承南朝山水描写的技巧，在自然景物中更多地融入诗人自己的感情和个性，结合着声律的技巧，构成诗中的意象。王绩的《野望》可以说是这种努力的先驱：

> 东皋薄暮望，徙倚欲何依。树树皆秋色，山山唯落晖。牧童驱犊返，猎马带禽归。相见无相识，长歌怀采薇。

这首律诗的首尾两联抒情，中间两联写景。首尾是感情的主干；中间是景物的描写，也是感情的渲染。那树树的秋色，山山的落晖，衬托出诗人的迟暮之感。而牧童的“返”，猎马的“归”，则暗示着诗人归隐的心情，性情和声色已达到统一的地步。

又如王勃的《滕王阁诗》：

> 滕王高阁临江渚，佩玉鸣鸾罢歌舞。画栋朝飞南浦云，珠帘暮卷西山雨。闲云潭影日悠悠，物换星移几度秋。阁中帝子今何在，槛外长江空自流。

此诗虽属七古，但不乏律句，可以看出融合性情与声色的努力。诗人的人事沧桑之感，是通过一系列有声有色的景物衬托出来的。“南浦云”、“西山雨”经王勃用过之后，已经成为带有特定感情色彩的诗歌意象，不断为后代的诗人所运用。

又如沈佺期的《杂诗》其三：

> 闻道黄龙戍，频年不解兵。可怜闺里月，长在汉家营。少妇今春意，良人昨夜情。谁能将旗鼓，一为取龙城。

沈佺期的《古意呈补阙乔知之》：

> 卢家少妇郁金堂，海燕双栖玳瑁梁。九月寒砧催木叶，十年征戍忆

> 辽阳。白狼河北音书断，丹凤城南秋夜长。谁为含愁独不见，更教明月照流黄。

这两首诗一是五律，一是七律，不仅具备声色之美，也融入了深厚的性情。“可怜闺里月，长在汉家营”，那轮兼照闺阁与军营的月亮；“九月寒砧催木叶，十年征戍忆辽阳”，那摧落木叶的九月寒砧，都是意蕴丰富的意象。所以何仲默推许沈佺期的《古意》为唐代七律的压卷之作。(《艺苑卮言》卷四)

此外，如“况属高风晚，山山黄叶飞”(王勃《山中》)，“开襟坐霄汉，挥手拂云烟”(宋之问《登禅定寺阁》)，“云霞出海曙，梅柳渡江春”(杜审言《和晋陵陆丞早春游望》)，也都是性情和声色兼备的佳句。

二是吸取南朝咏物的经验，更多地融入诗人自己的感情和个性，结合着声律的技巧，构成诗中的意象。如杨炯的《骢马》：

> 骢马铁连钱，长安侠少年。帝畿平若水，官路直如弦。夜玉装车轴，秋金铸马鞭。风霜但自保，穷达任皇天。

这首诗所吟咏的是一匹骢马，这骢马的意象同时也体现了任侠少年的豪爽气概。“秋金铸马鞭”一句声情具备，已是盛唐气象。

又如骆宾王的《在狱咏蝉》：

> 西陆蝉声唱，南冠客思侵。那堪玄鬓影，来对白头吟。露重飞难进，风多响易沉。无人信高洁，谁为表予心。

借蝉自喻，风格深沉，已脱离南朝咏物诗的旧习。

三是继承南朝宫廷宴游诗的写作技巧，换上诗人自己的经历和感受，表现诗人自己的性情。有的诗是由宫廷移入日常的友朋之间，有别于那些侍宴应制之作，而呈现出一种新的转机。如刘希夷《秋夜宴临津郑明府宅》：

> 行止皆无地，招寻独有君。酒中堪累月，身外即浮云。露白宵钟彻，风清晓漏闻。坐携馀兴往，还似未离群。

这首诗虽然是写一次“夜宴”，但一反通常的写法，很少涉及酒宴本身，却刻画了主客两方面的情趣。这就和宫廷中热闹的宴集形成鲜明的对比，而别开生面。

有的诗是将宫中的宴游移向市井，诗人也由参与其中的身份改换为身居事外冷眼旁观，如卢照邻的《长安古意》：

> 长安大道连狭斜，青牛白马七香车。玉辇纵横过主第，金鞭络绎向侯家。龙衔宝盖承朝日，凤吐流苏带晚霞。百丈游丝争绕树，一群娇鸟共啼花。游蜂戏蝶千门侧，碧树银台万种色。复道交窗作合欢，双阙连甍垂凤翼。梁家画阁中天起，汉帝金茎云外直。楼前相望不相知，陌上相逢讵相识。借问吹箫向紫烟，曾经学舞度芳年。得成比目何辞死，愿羡鸳鸯不羡仙。比目鸳鸯真可羡，双去双来君不见。生憎帐额绣孤鸾，好取门帘帖双燕。双燕双飞绕画梁，罗帷翠被郁金香。片片行云著蝉鬓，纤纤初月上鸦黄。鸦黄粉白车中出，含娇含态情非一。妖童宝马铁连钱，娼妇盘龙金屈膝。御史府中乌夜啼，廷尉门前雀欲栖。隐隐朱城连御道，遥遥翠幰没金堤。挟弹飞鹰杜陵北，探丸借客渭桥西。俱邀侠客芙蓉剑，共宿娼家桃李蹊。娼家日暮紫罗裙，清歌一啭口氛氲。北堂夜夜人如月，南陌朝朝骑似云。南陌北堂连北里，五剧三条控三市。弱柳青槐拂地垂，佳气红尘暗天起。汉代金吾千骑来，翡翠屠苏鹦鹉杯。罗襦宝带为君解，燕歌赵舞为君开。别有豪华称将相，转日回天不相让。意气由来排灌夫，专权判不容萧相。专权意气本豪雄，青虬紫燕坐春风。自言歌舞长千载，

自谓骄奢凌五公。节物风光不相待，桑田碧海须臾改。昔时金阶白玉堂，即今唯见青松在。寂寂寥寥扬子居，年年岁岁一床书。独有南山桂花发，飞来飞去袭人裾。

此诗以热色重彩淋漓尽致地描写长安达官贵人的骄奢生活，末尾却以冷峻的笔调点破富贵荣华之难久。以贵族的豪奢与书生之寂寞这两种生活对照，暗示后者更有意义。此诗对长安的繁华极尽铺陈之能事，最后的冷嘲不过寥寥几笔，却让人觉得有千钧之力。这首诗显然是从六朝的宫体诗演化出来的，诗题中“古意”二字已透露了这消息。但卢照邻的态度不再是沉缅于声色的娱悦，而是清醒地洞察着人世的沧桑，探寻着人生真正的价值。这种写法上承左思的《咏史》其四，而又具有更大的容量和更强的力度。

三

向来研究初唐诗歌，都重视五律的形成，这当然是很重要的。五律的形成使诗歌的体裁更加多样化，从一个方面为盛唐诗歌的繁荣作了准备。在初唐也确实出现了性情与声色兼备的五律，如骆宾王的《咏蝉》，王勃的《送杜少府之任蜀川》。但总的看来，五律并没有为初唐诗歌的创作带来新的气象。五律的丰收，以及五律带动整个诗坛走向繁荣，要等到王维、杜甫才得以实现。在初唐，诗歌创作的突破主要是由七言歌行承担的，七言歌行带动了一个新的创作方向，对盛唐诗歌新局面的打开，起了重大的作用。

据《全唐诗》加以统计，初唐诗歌中七言诗所占比例并不大，但其地位却不能低估。我们如果仔细比较可以发现，初唐的五言诗和七言诗具有不同的品格，五言诗有较强的御用性，适合应制，今存初唐的应制之作多是五言。而七言诗则少有御用性，初唐的七言诗也少有应制之作，七言诗更多用来供个人抒情之用。这当然不是说初唐的五言诗没有佳什，只是强调，兴起较晚的七言诗还没有被驯化为庙堂上的祭物，所以还留有较大的空间供诗人自己驰骋。在初唐的七言诗里，有一些是具有里程碑性质的，卢照邻的《长安古意》就是一篇划时代的作品，因上文已有分析，兹不赘叙。此外可以举的诗例还有很多：

如宋之问的《明河篇》：

八月凉风天气清，万里无云河汉明。昏见南楼清且浅，晓落西山纵复横。洛阳城阙天中起，长河夜夜千门里。复道连甍共蔽亏，画堂琼户特相宜。云母帐前初泛滥，水精帘外转逶迤。倬彼昭回如练白，复出东城接南陌。南陌征人去不归，谁家今夜捣寒衣。鸳鸯机上疏萤度，乌雀桥边一雁飞。雁飞萤度愁难歇，坐见明河渐微没。已能舒卷任浮云，不惜光辉让流月。明河可望不可亲，愿得乘槎一问津。更将织女支机石，还访成都卖卜人。[28]

此诗是由银河引出一串联想，有对银河的描写也有对天上宫阙的向往，两者交融得恰到好处。从这首诗已经可以感受到张若虚《春江花月夜》的气息了。

李峤的《汾阴行》：

君不见昔日西京全盛时，汾阴后土亲祭祠。斋宫宿寝设储供，撞钟鸣鼓树羽旗。汉家五叶才且雄，宾延万灵朝九戎。柏梁赋诗高宴罢，诏书法驾幸河东。河东太守亲扫除，奉迎至尊导銮舆。五营夹道列容卫，三河纵观空里闾。回旌驻跸降灵场，焚香奠醑邀百祥。金鼎发色正焜煌，灵祇炜烨摅景光。埋玉陈牲礼神毕，举麾上马乘舆出。彼汾之曲嘉可游，木兰为楫桂为舟。棹歌微吟彩鹢浮，箫鼓哀鸣白云秋。欢娱宴洽赐群后，家家复除户牛酒。声明动天乐无有，千秋万岁南山寿。自从天子向秦关，玉辇金车不复还。珠帘羽扇长寂寞，鼎湖龙髯安可攀。千龄人事一朝空，四海为家此路穷。豪雄意气今何在，坛场宫馆尽蒿蓬。路逢故老长叹息，世事回环不可测。昔时青楼对歌舞，今日黄埃聚荆棘。山川满目泪沾衣，富贵荣华能几时。不见即今汾水上，唯有年年秋雁飞。

汾阴县曾因汉武帝到那里祭祀后土而一度繁荣，后来就零落了。此诗上半铺陈昔日祭祀的盛况，并不见佳。下半写今日的荒凉，颇见情性。宋计敏夫《唐诗纪事》卷十载："天宝末，明皇乘春登勤政楼，命梨园弟子歌数阕，有唱歌至'富贵荣华能几时'以下四句。帝春秋衰迈，问谁诗，或对李峤，因凄然涕下，遽起曰：'峤真才子也！'及其年幸蜀，登白卫岭，览眺良久，又歌是词，复曰：'峤诚才子也！'高力士以下挥涕久之。"

郭震的《古剑篇》：

君不见昆吴冶铁飞炎烟，红光紫气俱赫然。良工锻炼凡几年，铸得宝剑名龙泉。龙泉颜色如霜雪，良工咨嗟叹奇绝。琉璃玉匣吐莲花，错镂金环映明月。正逢天下无风尘，幸得周防君子身。精光黯黯青蛇色，文章片片绿龟鳞。非直结交游侠子，亦曾亲近英雄人。何言中路遭弃捐，零落飘沦古狱边。虽复尘埋无所用，犹能夜夜气冲天。

宝剑要逢上战争时期才会派上大用场，在和平时期它只能为君子防身，这似乎有生不逢时之意。但诗人仍然赞扬宝剑在遭弃捐的情况下气冲九天，并希望有朝一日大展雄图。这首诗以宝剑暗喻英雄，语言之豪放，情调之昂扬，都已接近盛唐。

骆宾王的七言歌行佳什颇多，如《从军中行路难》二首，上承鲍照，下启高、岑，其中的佳句如"昔时闻道从军乐，今日方知行路难"、"且乐清笳杨柳曲，讵忆芳园桃李人"都是具有真切体验的话语。《帝京篇》、《畴昔篇》极尽铺张之能事，在铺张中时有真情流露。《艳情代郭氏答卢照邻》、《代女道士王灵妃赠道士李荣》写男女之间的相思之情淋漓尽致。

刘希夷的《代悲白头翁》、《捣衣篇》、《公子行》也都是性情声色交融之作。特别是《代悲白头翁》历来传为佳篇：

洛阳城东桃李花，飞来飞去落谁家。洛阳女儿好颜色，坐见落花长叹息。今年花落颜色改，明年花开复谁在。已见松柏摧为薪，更闻桑田变为海。古人无复洛城东，今人还对落花风。年年岁岁花相似，岁岁年年人不同。寄言全盛红颜子，应怜半死白头翁。此翁白头真可怜，伊昔红颜美少年。公子王孙芳树下，清歌妙舞落花前。光禄池台开锦绣，将军楼阁画神仙。一朝卧病无相识，三春行乐在谁边。宛转蛾眉能几时，须臾鹤发乱如丝。但看古来歌舞地，唯有黄昏鸟雀悲。

它的突出之处在于对生命意识的出色描写，“今年花落颜色改，明年花开复谁在”、“古人无复洛城东，今人还对落花风。年年岁岁花相似，岁岁年年人不同”已成为震撼人心的佳句。

乔知之的《羸骏篇》、《绿珠篇》、《和李侍郎古意》都是七言歌行中的佳作，今录《羸骏篇》如下：

喷玉长鸣西北来，自言当代是龙媒。万里铁关行入贡，九重金阙为君开。蹀躞朝驰过上苑，趁趕暝走发章台。玉勒金鞍荷装饰，路傍观者无穷极。小山桂树比权奇，上林桃花况颜色。忽闻天将出龙沙，汉主持将架鼓车。去去山川劳日夜，遥遥关塞断烟霞。山川关塞十年征，汗血流离赴月营。肌肤销远道，膂力尽长城。长城日夕苦风霜，中有连年百战场。摇珂啮勒金羁尽，争锋足顿铁菱伤。垂耳罢轻齑，弃置在寒谿。大宛蒲海北，滇壑旧崖西。沙平留缓步，路远闇频嘶。从来力尽君须弃，何必寻途我已迷。岁岁年年奔远道，朝朝暮暮摧疲老。扣冰晨饮黄河源，拂血夜食天山草。楚水澶豀征战事，吴塞乌江辛苦地。持来报主不辞劳，宿昔立功非重利。丹心素节本无求，长鸣向君君不留。只应漫漫归田里，万里低昂任生死。君王倘若不见遗，白骨黄金犹可市。

这首诗写一匹曾经立过功劳的羸马被弃置不用的悲哀，以马喻人，其意自明，使我们想到杜甫的《病马行》。

张若虚的《春江花月夜》是初唐七言歌行中的翘楚：

春江潮水连海平，海上明月共潮生。滟滟随波千万里，何处春江无月明。江流宛转绕芳甸，月照花林皆似霰。空里流霜不觉飞，汀上白沙看不见。江天一色无纤尘，皎皎空中孤月轮。江畔何人初见月，江月何年初照人。人生代代无穷已，江月年年只相似。不知江月照何人，但见长江送流水。白云一片去悠悠，青枫浦上不胜愁。谁家今夜扁舟子，何处相思明月楼。可怜楼上月徘徊，应照离人妆镜台。玉户帘中卷不去，捣衣砧上拂还来。此时相望不相闻，愿逐月华流照君。鸿雁长飞光不度，鱼龙潜跃水成文。昨夜闲潭梦落花，可怜春半不还家。江水流春去欲尽，江潭落月复西斜。斜月沉沉藏海雾，碣石潇湘无限路。不知乘月几人归，落月摇情满江树。

此诗从月生写到月落，把客观的实境和诗中人物的梦境结合在一起，写得迷离惝恍，整首诗的感情也像一场梦幻，随着月下景物的推移逐渐展开。亦虚亦实，忽此忽彼，而其中自有深邃的人生哲理。“江畔何人初见月？江月何年初照人？”似乎是在探索宇宙的开始、追溯人生的开端。“人生代代无穷已，江月年年只相似。不知江月待何人，但见长江送流水”，把人和月的关系以这等笔墨写出，性情和声色的统一可以说臻于完美了。

总之，初唐的七言歌行上承鲍照，下启盛唐，是很值得注意的体裁。其重要性可以和赋体在汉代的地位相当，唐代之有七言歌行犹如汉代之有大赋，汉、唐两代各有一种文体与之共荣。在盛唐诗歌里，如张说的《邺都引》、李颀的《古从军行》、《送陈章甫》、《听董大弹胡笳弄兼寄语房给事》，王维的《老将行》、《洛阳女儿行》、《桃源行》，李白的《远别离》、《蜀道难》、《梁甫吟》、《将进酒》、《行路难》、《庐山谣》、《梦游天姥吟留别》、《宣州谢朓楼饯别校书叔云》，高适的《燕歌行》，岑参的《白雪歌》、《走马川行》，杜甫的《兵车行》、《丽人行》、《茅屋为秋风所破歌》等等，都是代表着盛唐诗歌成就与特色的作品。如果抽去这些作品盛唐还成其为什么盛唐？而这些七言歌行正是对初唐同类体裁诗歌的继承与发展。

四

诗歌经过初唐一百年的历程，三代人的传承，才进入了盛唐。诗歌的发展如此缓慢，步履如此艰难，究竟是什么原因呢？这是一个很难回答的问题。一个时期的文学为什么发展迅速，另一个时期的文学为什么发展缓慢，起作用的因素实在太复杂，而且有些偶然性，不像数学那样可以总结出若干公式。关于这个问题，本文在描述初唐诗歌的发展过程时，已经零星地讲到一些，现在再试着集中地从诗人本身的角度扼要地加以说明。

首先，我们会注意到诗人的身份、经历、品格、性情等方面的不足，对他们的诗歌创作的影响。换句话说就是初唐没有出现统领一代风骚、开辟崭新局面的大诗人，而诗歌的迅猛发展是很需要这类大诗人的。这并不是说初唐没有人才，而是说初唐的人才仅以余事为诗，没有将他们的才能放在诗歌的创作上，更没有将他们的才能放在诗歌的创新上。在南朝，文学掌握在少数贵族的手里，未能普及。经过隋末的战争，到唐朝建国之际，文人的数量必定又在下降。这少数的文人遂成为宫廷笼络的对象，而他们一旦进入宫廷，在政事之余所从事的诗歌创作也必然会延续南朝宫廷诗人的老路，以适应帝王的趣味。诗人对宫廷的依赖以及诗歌的这种御用品格，是初唐诗歌难以迅速有所突破的一个重要原因。初唐前两个时期的诗人多数供职于宫廷，或在一生的一段重要时期供职于宫廷，是宫廷中掌管翰墨、起草文书的朝臣。宫廷的生活限制了他们的视野，写诗成为他们陪侍帝王讨好帝王的一种带有实用性的能力，在这种情况下，当然不可能突破诗歌创作的困境。到了第三代，一批出身于中下层的诗人登上诗坛，才使情况有所改变，但他们之中有不少人又谄事张易之兄弟，暴露了个人品格上的缺陷，因此也未能根本改变宫廷诗歌的旧习。随着文人的进一步扩大，到了开元年间，一大批中下层的诗人，特别是那些在野的遗才，如孟浩然、李白、杜甫等人涌向诗坛，才从根本上改变了情况。

其次，初唐的诗人因袭南朝诗歌的传统太重，在相当长的一段时间里继续南朝诗人的老路，醉心于完善南朝诗人未竟的工作。他们对诗歌的写作技巧如声律、属对、用事等倾注了太多的注意，而在诗歌理论上则又过于反对南朝诗风，强调复古，复汉魏之古，甚至复尧舜之古，理论与创作互相脱节。他们未能迅速找到并形成自己这一朝人的独特的诗歌发展的目标。整个初唐诗坛显出太多的盲目性，这也严重影响了诗歌创作的进展。

第三，除了陈子昂等少数诗人之外，从总体看来，初唐诗人未能注意那些有关国家政治、民生的重大的诗歌题材，没有用他们的诗歌反映当时社会普遍关心的重大问题，并引起社会的轰动，社会当然也就没有对诗歌创作报以足够的良性回馈（如盛唐李、杜的诗歌，或者中唐白居易的诗歌所得到的那种广泛关注）。诗歌创作只是诗人自己的事，或者是宫廷中的事，没有走向广阔的社会和广大的读者，没有唱出时代的声音，因此不可能有突破的力量。

然而，初唐毕竟是诗歌史上一个相当重要的时期。我们不能想象，如果没有初唐的过渡，从梁、陈如何直接进入盛唐。如果没有初唐的过渡，那个辉煌的盛唐时代也不会到来，虽然百年的过渡太长了。但即使以一百年迎来一个盛唐，也是值得的。从这个意义上说，初唐诗人的历史功绩仍然不可泯没！

（原载于《北京大学学报》1994年第6期）

---

①虞世南，字伯施。早年以文章见称于徐陵，在陈除西阳王友，入隋官秘书郎，入唐为秦府记室参军。太宗即位历弘文馆学士、秘书监。《全唐诗》录存其诗三十二首。

②陈叔达，字子聪。陈宣帝之子，在陈封义阳王。十余岁即侍宴赋诗，入隋为内史舍人、绛郡通守。归款于唐，授丞相府主簿，掌机密，敕令文诰多其所为。贞观中拜礼部尚书。《全唐诗》录存其诗九首。

③袁朗，在陈为秘书郎，被陈后主召入禁中，迁太子洗马。仕隋为尚书仪曹郎，入唐授齐王文学，转给事中。《全唐诗》录存其诗四首。

④褚亮，字希明，在陈以诗为后主赏识，官至尚书殿中侍郎。入隋，为东宫学士，迁太常博士。唐兴，任太宗秦王府文学，贞观中累迁散骑常侍，《全唐诗》录存其诗三十二首。

⑤谢偃，本姓直勒氏，仕北齐为散骑常侍，改姓谢。在隋为散从正员外，唐太宗贞观初引为弘文馆直学士。《全唐诗》录存其诗四首。

⑥杨师道，字景猷。隋宗室，入唐尚桂阳公主，封安德郡公，任吏部侍郎、太常卿。贞观中拜侍中，迁中书令。《全唐诗》录存其诗二十一首。

⑦许敬宗，字延族。隋时即入仕，贞观中为著作郎兼修国史，改中书舍人，累转给事中，太子右庶子。高宗时官至中书令。《全唐诗》录存其诗二十七首。

⑧孔绍安，隋末为监察御史，归唐拜内史舍人，恩礼甚厚。《全唐诗》录存其诗七首。

⑨陈子良，仕隋为杨素记室，入唐官右卫率府长史、隐太子学士。《全唐诗》录存其诗十三首。

⑩李百药，字重规。隋时为太子通事舍人兼学士，迁礼部员外郎。唐太宗重其名，拜中书舍人、授太子右庶子。《全唐诗》录存其诗二十六首。

⑪魏徵，字玄成。早年从李密，入唐为太子洗马，太宗即位拜谏议大夫、秘书监，拜特进，仍知门下省事。《全唐诗》录存其诗三十五首。

⑫上官仪，字游韶。唐太宗贞观初擢进士第，召授弘文馆直学士，迁秘书郎，太宗每属文遣仪视稿，私宴未尝不预。后见恶于武则天，下狱死。

⑬骆宾王，字观光。少时落魄无行，好与博徒游。曾任武功、长安主簿，升侍御史，寻得罪入狱，贬临海丞。光宅元年徐敬业在扬州起兵后，属宾王为府署，作《讨武氏檄》，同年兵败亡命，不知所终。

⑭卢照邻，字昇之。高宗永徽中入邓王府为典签，龙朔中调新都尉，后因疾居阳翟之具茨山。病既久，乃自沉颍水死。

⑮杜审言，字必简。高宗咸亨进士，为隰城尉。坐事贬吉州司户，武后召还令赋《欢喜诗》，甚见嘉赏，授著作佐郎。中宗神龙中坐交张易之兄弟，流峰州，寻入为国子监主簿、修文馆直学士，卒。

⑯苏味道，高宗乾封进士，武后延载中历凤阁舍人、检校侍郎，圣历初居相位，中宗神龙时坐张易之党贬。还为益州长史，卒。

⑰崔融，字安成。中宗为太子时曾为侍读，武后长安中授著作佐郎，迁右史，进凤阁舍人。坐附张易之兄弟，贬袁州刺史，寻召拜国子司业。

⑱阎朝隐，字友倩。少负盛名，连中进士、孝弟廉让科，为武后所赏，累迁给事中，圣历中转麟台少监，坐附张易之，徙岭外。景龙时还为著作郎。先天中除秘书少监，后贬通州别驾，卒。

⑲李峤，字巨山。弱冠擢进士第，高宗时迁给事中，武后时官凤阁舍人，累迁鸾台侍郎、知政事、封赵国公。睿宗、玄宗时被贬。

⑳宋之问，字延清。上元二年进士，甫冠，武后召与杨炯分直习艺馆，累转尚方监丞。谄事张易之，坐贬泷州。中宗景龙中迁考功员外郎，谄事太平公主，故见用。及安乐公主权盛，复往谐结，故太平深疾之。中宗将用为中书舍人，太平发其知举贿赂狼藉，下迁越州长史。睿宗立，流钦州，赐死。《全唐诗》录存其诗三卷。

㉑沈佺期，字云卿。上元二年进士，授协律郎，迁考功员外郎，又迁给事中，会张易之败，乃坐阿附，流驩州。中宗神龙中召拜起居郎，加修文馆直学士。常侍宴宫中，以《回波》舞辞悦帝，受赏。后历中书舍人、太子詹事。开元初卒。《全唐诗》录存其诗三卷。

㉒乔知之，武后时累除右补阙，迁左司郎中，为武承思所害。《全唐诗》录存其诗一卷，十八首，其中只有两首是应制之作。他和刘希夷一样擅长七言歌行，《绿珠篇》、《和李侍郎古意》、《羸骏篇》都很见才情。

㉓王勃，字子安。六岁善属辞，未冠应举及第，授朝散郎。沛王召府属修撰，为高宗所斥。后补虢州参军，坐事复除名。往交趾省父，渡海溺水卒。《全唐诗》录存其诗二卷。

㉔杨炯，年十一举神童，授校书郎，为崇文馆学士，迁詹事司直。武后时左迁，卒于盈川令。《全唐诗》录存其诗一卷。

㉕刘希夷，高宗上元二年进士，未及三十岁而亡。《全唐诗》录存其诗一卷。

㉖陈子昂，始以豪家子，驰侠使气，至年十七八未知书。二十四岁中进士，为武则天所赏识，擢为麟台正字，屡上书指论政事。三十五岁擢为右拾遗。三十八岁随武攸宜东征契丹，不得志。四十岁辞官回乡，四十二岁被诬害而死。《全唐诗》录存其诗二卷。

㉗崔湜，附武三思、上官昭容，由考功员外郎骤迁至中书侍郎、检校吏部侍郎，同中书门下平章事。一度贬官，睿宗景云中又为中书令，玄宗赐死。《全唐诗》录存其诗三十八首。

㉘《本事诗·怨愤第四》："宋考功天后朝求为北门学士，不许，作《明河篇》以见其意，……则天见其诗，谓崔融曰：'吾非不知之问有才调，但以其有口过。'盖以之问患齿疾，口常臭故也。之问终身惭愤。"此说是否可信姑存疑。

盛唐诗歌与盛唐气象

一、潮平两岸阔，风正一帆悬

——盛唐的时代风貌

盛唐指唐玄宗在位的开元、天宝年间，大致相当于公元八世纪上半叶。这时国家统一，经济繁荣，政治开明，文化发达，对外交流频繁，社会充满自信。盛唐不仅是唐朝的高峰，也是中国封建社会的鼎盛期。

盛唐在大约五十年间涌现出以李白、杜甫、王维、孟浩然、高适、岑参、张九龄、王昌龄、王之涣、李颀、崔颢等等为代表的一大批诗人。他们以各具特色的诗歌，开辟了一个气象恢宏的诗歌的黄金时代。这种盛况正如李白在《古风》五十九首的第一首里所形容的“群才属休明，乘运共跃鳞。文质相炳焕，众星罗秋旻”。

以“气象”论诗，唐皎然的《诗式》已见端倪，后因宋人严羽在《沧浪诗话》中加以提倡而得到广泛注意，明清以来尊崇盛唐诗歌的人往往标举气象。林庚先生在1958年发表了《盛唐气象》一文，对它做了精辟的论述，在学术界影响深远。所谓“盛唐气象”，着眼于盛唐诗歌给人的总体印象，诗歌中呈现的时代风格。当然，盛唐诗人并不只是一种风格，而是多种风格百花齐放。然而，这众多的风格汇合在共同的时代精神之中。博大、雄浑、深远、超逸，充沛的活力、创造的愉悦、崭新的体验，以及通过意象的运用、意境的呈现，性情和声色的结合而形成的新的美感——这一切合起来就成为盛唐诗歌与其他时代的诗歌相区别的特色。盛唐诗人王湾有一首《次北固山下》，当时的宰相张说称赞不已，将颈联抄录在自己官署的墙壁上，作为诗歌的楷模。（见殷璠

《河岳英灵集》）这诗的中间两联正好可以用来形容那个时代："潮平两岸阔，风正一帆悬。海日生残夜，江春入旧年。"那三个形容词：平、阔、正，还有那高悬的风帆，从残夜中生成的海日，进入到旧年里的江春，都让人感受到盛唐时代的气息以及盛唐诗歌的风貌。再看以下这些盛唐诗人的歌唱：

欲穷千里目，更上一层楼。（王之涣《登鹳雀楼》）

气蒸云梦泽，波撼岳阳城。（孟浩然《望洞庭湖赠张丞相》）

会当凌绝顶，一览众山小。（杜甫《望岳》）

孰知不向边庭苦，纵死犹闻侠骨香。（王维《少年行》）

登高壮观天地间，大江茫茫去不还。（李白《庐山谣》）

俱怀逸兴壮思飞，欲上青天揽明月。（李白《宣州谢朓楼饯别校书叔云》）

天生我材必有用，千金散尽还复来。(《李白《将进酒》）

莫愁前路无知己，天下谁人不识君。（高适《别董大》）

功名只向马上取，真是英雄一丈夫。（岑参《送李副使赴碛西官军》

在这些诗句里洋溢着一股涵天盖地的雄浑之气，那种充分的自信、开阔的胸襟、追求的勇气，构成盛唐诗歌的主旋律。千载之下仍能令懦者勇、弱者壮。

盛唐诗人并不是没有忧愁，李白就经常把愁字挂在嘴边，诸如"愁疾"、"愁颜"、"愁容"、"愁心"、"愁发"、"愁肠"，不一而足。但我们只要将李白和中唐的孟郊、李贺，晚唐的温庭筠、李商隐比一比，和宋词里那种锁在小楼深院的闲愁比一比，就可以感到李白愁得来有力、愁得来气派。正如他的名句："抽刀断水水更流，举杯消愁愁更愁"（《宣州谢朓楼饯别校书叔云》），显示的是强者之愁，在愁中有一股浩然奇气。杜甫也写愁，那是一片忧国忧民的伟大之愁、健康之愁："忧端齐终南，澒洞不可掇。"（《自京赴奉先县咏怀五百字》）他的忧愁竟像终南山那样，广大无边不可收拾，有一股凛然正气充溢其间。

集中地体现了盛唐气象的诗人，往往是富有魅力的人物，他们那些带有传奇性的故事，无论在当时还是后世都吸引着人们。例如王维，那个时代培育出来的全才，便是这样一个人。他的佛教造诣很深，而且能将禅意融会到诗里。他是著名的书法家，擅长草、隶；又是著名的画家，融会了吴道子和李思训两人的画法，创造出水墨山水，被后人推崇为文人画的始祖。他的画迹，据《宣和画谱》著录，仅宋朝宫廷里就收藏有一百二十六件。他对自己的画很自负，有诗曰："宿世谬词客，前身应画师。"（《偶然作》其六）王维九岁就会作诗属文，成年后无论政治感遇诗、山水诗、边塞诗、赠别诗，无不是第一流的。苏轼评论他"味摩诘之诗，诗中有画；观摩诘之画，画中有诗"（《书摩诘蓝田烟雨图》），确实道出了王维的特点。他又是一位大音乐家，擅长弹琵琶，做过大乐丞。新、旧《唐书》的《王维传》都有这样一段记载：有人拿一幅《奏乐图》给他看，他熟视而笑，说画的是正在演奏《霓裳羽衣曲》的第三迭第一拍。好事者召集乐工演奏这支曲子加以验证。竟然一点也不差。李白的魅力更是无人可以匹敌，他简直像一股狂飙、一阵雷霆，带着惊天动地的声威，以一种震慑的力量征服了同代的读者。他十岁就阅读了诸子百家；十五岁观看了一些奇书，而且学习了剑术。他二十五岁离开四川开始漫游，在十几年里游历了许多地方。他不甘心走当时一般士人的科举之路，要凭借自己的才能和声誉直取卿相。他常自比为大鹏，不受任何束缚，任意地遨游于天地之间。他的为人以及他的诗歌也是如此地自由、飘逸，以致秘书监贺知章在长安初遇李白，诵其《蜀道难》，竟呼为"谪仙人"，解下身上的佩饰金龟换酒为乐。唐玄宗也降辇步迎，御手调羹以招待他。杜甫在赴长安应试的途中与离开长安东下漫游的李白相遇，竟然改变路线，放弃考试，跟随李白漫游了许多地方，"醉眠秋共被，携手日同行"（杜甫《与李十二同寻范十隐居》），一直到第二年才分手。别后杜甫对李白仍然念念不忘，写了许多诗怀念他，称赞他“笔落惊风雨，诗成泣鬼神”（《寄李十二白二十韵》）。还有一个叫魏万的人，崇拜李白到了入迷的地步，为了一睹李白的风采，从嵩宋出发，追踪李白几千里，终于在广陵见到了李白，称赞李白的诗“鬼出神入”。

盛唐诗人的魅力，既是属于他们个人的，又是属于那个时代的。只有辉煌的时代，才能为辉煌的人物提供成长的土壤。我们喜欢盛唐，喜欢盛唐的气象，就像喜欢一个体魄健全、朝气蓬勃、胸襟开阔、敢于创造的年轻人。年轻人读这些诗，可以听到自己的心声；中老年人读这些诗，可以重新点燃或已逝去的青年时代的激情。

盛唐气象作为盛唐时代精神的反映，不仅呈现在诗歌里，也呈现在书法、绘画、音乐等其他艺术门类之中。张旭的草书狂放不羁，是激情的自然流露。李颀在《赠张旭》中形容他写字时的神态：“露顶据胡床，长叫三五声。兴来洒素壁，挥笔如流星。”颜真卿的楷书在庄重严整之中透露出凛然而不可犯的气势。吴道子的绘画轰动长安，他在兴善寺绘画时，“立笔挥扫，势若风旋，人皆谓之神助”（朱景玄《唐朝名画录》）。他所画的一片屏风就“值金二万”（张彦远《历代名画记》）。吴道子在洛阳曾遇到书法家张旭和舞剑名手裴旻，裴请吴在天宫寺为他亡故的双亲作壁画，吴不受金而请裴舞剑以壮气。“舞毕，奋笔，俄顷而就。”张旭也在那里写了一壁字。洛阳人都说：“一日之中，获睹三绝。”（朱景玄《唐朝名画录》）当时还有专擅画马的曹霸、韩幹、韦偃等。杜甫在《丹青引》中称赞曹霸的画“有神”；说他为玄宗的御马画像，“斯须九重真龙出，一洗万古凡马空”。董庭兰善弹胡笳，李颀在诗里描写他的音乐所产生的效果：“川为净其波，鸟亦罢其鸣。”（《听董大弹胡笳声兼寄语弄房给事》）公孙大娘善舞剑器，当她舞蹈时，“观者如山色沮丧，天地为之久低昂”（杜甫《观公孙大娘弟子舞剑器行》）。这些艺术家的出现，以及他们有若神助的艺术创作活动，也同样反映了盛唐那个时代的气象。

二、盛唐诗歌的新趋势

盛唐可以分为前后两期。在前期，盛唐气象主要表现为：投身于社会和政治的热情，跃跃欲试的参与意识，强烈的自信自尊，昂扬奋发的精神面貌。到了盛唐后期，李林甫、杨国忠等奸相当政，敏感的诗人们便及时地预感到繁荣下面包藏的危机，用诗歌大声疾呼发出警告。这时盛唐气象主要表现为敏锐的洞察力，暴露社会矛盾的勇气，对国家的责任感，以及对社会危机即将到来的优虑。例如李白在安史之乱爆发之前就预感到暴风雨的来临，在《古风》其二十四中痛斥宦官和斗鸡小儿，在《答王十二寒夜独酌有怀》中揭露了政治的腐败。又如杜甫，在安史之乱前夕揭示了"朱门酒肉臭，路有冻死骨"这样尖锐的问题(《自京赴奉先县咏怀五百字》)。尽管如此，他们还是对社会充满信心和责任感。李白六十一岁时还请求参加李光弼的军队，去讨伐安史叛军。杜甫虽然忧国忧民，但不是悲观主义者。写于安史之乱期间的《北征》，一方面忠实地记录了战乱中民生的疾苦，另一方面仍然相信国家不久就会中兴。他漂泊西南之际所写的《登楼》，一方面痛心"万方多难"，另一方面又把大唐比作北极星，相信它不会沉沦。他在《江汉》中说："落日心犹壮，秋风病欲苏。"在《凤凰台》中说："再光中兴业，一洗苍生忧。"在《洗兵马》中说："安得壮士挽天河，净洗甲兵长不用。"正是在安史之乱那些最阴霾的日子里，他唱出了时代的最强音。

从诗歌创作的角度看，盛唐和前代相比有一些新的趋势。这些新的趋势也反映了盛唐气象：

首先是面向外部世界。初唐诗歌的发展脉络是从宫廷御用的路线转向个人抒情的路线，这是很大的进步。如果感情只是沉溺在个人感情的纠葛中，而不能面向外部世界，通过抒写一己之哀乐反映时代，那还不是一条广阔的道路。盛唐诗人既不把诗当成御用品去讨好帝王，也不把诗当成只供个人玩赏的小摆设，而是把一己之情融入带有普遍性的主题之中。这普遍性的主题就是政治主题，希望尽自己的力量创造出国治民安的局面。李白抱着宏伟的理想，欲“济苍生”、“安社稷”，“使寰区大定，海县清一”，然后像鲁仲连、范蠡、谢安那样功成身退（《代寿山答孟少府移文书》）。杜甫更是关心政治，他突破了“穷则独善其身，达则兼济天下”的思想，虽然一生未达，却始终以天下为己任。

其次是表现新的体验。盛唐诗歌的题材都是旧有的，无非是感遇、咏怀、咏史、山水、田园、离别、闺怨、边塞、从军、宴饮，等等。若问盛唐诗人在题材方面有哪些新的开拓，简直找不到。明代张之象《唐诗类苑》收有1472位诗人的28245首诗，占《全唐诗》的五分之三。此书按题材分为39类，没有哪一类是前代所未曾写过的。可见盛唐诗人的贡献并不在开拓了新的题材，而在于他们就原有的题材，找到并表现了新的体验。例如边塞诗早在汉魏就有了，此后一直没有中断过。可是许多人写边塞诗未必有边塞生活的体验，不过是模仿而已。盛唐的边塞诗，多数是建立在亲临边塞的生活基础上。高适以政治家的眼光议论边防之得失，王维和岑参以诗人的敏感描绘边塞奇异的风光，王昌龄以战士的口吻诉说内心复杂的感情。例如：“战士军前半死生，美人帐下犹歌舞。”（高适《燕歌行》）“大漠孤烟直，长河落日圆。”（王维《使至塞上》）“轮台九月风夜吼，一川碎石大如斗，随风满地石乱走。”（岑参《走马川行奉送出师西征》）这样真切的诗句都是前所未见的。

第三是大眼光、大格局。初唐以精细为美，盛唐以阔大为美。李白的眼光简直是宇宙眼光，他说：“吾将囊括大块，浩然与溟涬同科。”（《日出入行》）又说：“黄河落天走东海，万里写入胸怀间。”（《赠裴十四》）他与宇宙处于平等的地位，也可以说他心里装着整个宇宙，并以这种气魄看待社会与人生。这是一种全新的眼光和格局，正如皮日休所形容的，李白是“言出天地外，思出鬼神表”（《刘枣强碑》）。此外如张九龄的“海上生明月，天涯共此时”（《望月怀远》），王维的“江流天地外，山色有无中”（《汉江临眺》），王之涣的“黄河远上白云间，一片孤城万仞山”（《凉州词》），杜甫的“岱宗夫如何，齐鲁青末了”（《望岳》），“星垂平野阔，月涌大江流”（《旅夜书怀》），这些盛唐诗歌的代表作都表现了大眼光、大格局，站得高、看得远，具有雄伟的气魄。

三、开明与开放

——盛唐气象的根基

盛唐气象的形成有诗歌艺术方面的原因，例如性情与声色的统一，意象的运用与意境的呈现等等，这在拙作《中国诗歌艺术研究》一书以及其他一些论文中已从多方面做过论述，本文限于篇幅不再重复了。下面仅从历史、文化的发展以及当时的社会背景方面做一番探讨。

从历史、文化的发展这个角度看来，有两点值得注意：

首先是南北文化的交融。晋室东渡之后，中国经历了二百多年的分裂和战乱。在这期间，南北双方的文化，包括学风、文风和艺术风格都呈现相当明显的差异。南方喜庄老、尚清谈，注重抽象名理的论辩；北方流行汉儒的经学，注重人的行为准则。南方的文风华靡，北方的文风质朴。南方的书法多见于帖，南帖飘逸；北方的书法多见于碑，北碑凝重。《隋书·文学传序》论南北之不同说：“江左宫商发越，贵于清绮；河朔词义贞刚，重乎气质。气质则理胜其词，清绮则文过其意；理深者便于时用，文华者宜于咏歌，此其南北词人之大较也。”很显然，单一的南方文化或单一的北方文化，都有局限性，如果不能融合就不能蔚为大观。隋朝统一全国，以及大运河的通航，已经开启了南北文化互补的过程。唐朝继隋之后，经过太宗贞观之治，文化交融的过程大大地加速了。南朝的“文”装点了北朝的“质”，北朝的“质”充实了南朝的“文”，“各去所短，合其两长，则文质彬彬，尽善尽美矣”（《隋书·文学传序》）。这个过程从隋初开始，经过初唐，到了盛唐已是收获的时期。一种融合了南北文化之长的，与唐帝国的政治、经济形势相适应的新文化达到了成熟的地步。盛唐气象正是这种富有深厚内涵的新文化的升华。它不是建立在某一个地域性的文化之上，而带有兼容并蓄的性质。它不是建立在某一家学说或某一种风格之上，而是博采众家之长，互补共享。北朝的政治制度，南朝的文学艺术，儒、释、道三家的思想资源，都综合地利用了。我们常说战国时代是一个百家争鸣的时代，文化在百家争鸣中得以发展。我们也可以说盛唐是一个百花齐放的时代，文化在百花齐放中得以发展。就以盛唐诗人为例，李白带有蜀地的浪漫与豪情，杜甫带有中原的纯朴与厚重；王维信佛，李白崇道，杜甫尊儒。他们各以自己的特色，共同丰富了盛唐的诗坛。盛唐的许多诗人都有一段漫游的经历，这只有在国家统一的时候才有可能。南朝的诗人足未涉黄河，身未登泰山，没有机会领略中原的风光。而北朝的诗人，亦未能见到南方新开发的水乡，以及那烟水笼罩下变幻莫测的胜景。若论眼界、胸襟和见识，他们就差多了。盛唐的诗人则可以读万卷书行万里路，考察各地的风情，丰富自己的经历。李白的足迹遍及大半个中国，他五岳寻仙，四海为家。杜甫也有一段壮游时期，黄河上下、长江南北都留下他的足迹。当时的东越即现在浙江东部地区风光奇丽，许多诗人都到那里寻幽探胜，觅得诗歌的灵感。就连大半时间隐居在家的孟浩然，也有浙东之行。至于高适、岑参、王昌龄等写过出色边塞诗的人，他们远走东北、西北边陲，充分体验了军旅的生活，目睹了边塞的风光，他们的眼界就更不一般了。

其次是中外文化的交流。盛唐文化不仅相容南北，而且贯通中外。当时的长安、洛阳、扬州、广州等大都市，都是中外文化交汇的地方。长安是当时世界上最大的国际性的都会，在八世纪前半叶人口已经达到一百万之多，除了中国人之外，还居住着许多外国的王侯、供职于唐朝的外国人、留学生、学问僧、求法僧、外国的音乐家、舞蹈家、美术家，以及大量外来的商贾。至于外国的使臣更是络绎不绝，如大食、波斯、天竺、真腊、狮子、高丽、新罗、百济、日本等许多国家都有使臣往来。在宗教方面，除了佛教之外，伊斯兰教、祆教、景教和摩尼教也都得以流行。敦煌石窟中所存《摩尼光佛教法仪略》是开元十九年翻译的汉文摩尼教经典。在音乐、舞蹈、美术等方面，中外文化的交流也给盛唐社会注入新的气息。早在唐太宗时就设立了十部乐，其中四部来自唐朝境内少数民族，四部来自国外，其中尤以龟兹部最盛。盛唐时期外来的乐舞也很流行，著名的胡旋舞就是这时传入的。敦煌石窟中盛唐的壁画和雕塑，以雄浑的气魄、卓绝的造型、丰富的色彩，显得远远高出于其他的时期。中外文化的交流，打开了盛唐人的眼界，开阔了他们的胸襟，这对气象的形成无疑起了积极的作用。

归根结底，盛唐气象的出现是由大一统的局面下经济繁荣、政治开明、社会安定所决定的。无法想象，在一个民生凋敝、战乱频仍、国家分裂的时代会有什么气象可言。

关于盛唐经济繁荣的局面，文献不乏记载，如："人家粮储，皆及数岁。"（元结《问进士》三）"四方丰稔，百姓殷富。……路不拾遗，行者不囊粮。"（郑綮《开天传信记》）据两《唐书》、《唐六典》、《通典》、《资治通鉴》、《唐会要》等书记载，从中宗神龙元年（705）到玄宗天宝十四载（755），短短的五十年间，人口就从37140000，增加到52919309，增幅达40%。人口激增说明社会安定、经济富裕。可是在这种情况下，物价反而有所下降，开元初年，"米斗之价钱十三，青、齐间斗才三钱。绢一匹钱二百"（《新唐书·食货一》），天宝年间人均粮食达到700斤。正如杜甫在《忆昔》里所说："忆昔开元全盛日，小邑犹藏万家室。稻米流脂粟米白，公私仓廪俱丰实。九州岛道路无豺虎，远行不劳吉日出。"

盛唐前期政治开明。玄宗诛除了韦后、太平公主等腐朽势力后，任用一批贤相，如姚崇、宋璟等，在他们的辅佐下，革除弊政、整顿吏治、检括田户、改善财政、改革兵制，有力地推动了社会进步和经济发展，并为文化的发展创造了广阔的可能性。在这里有必要特别提一下被称为"救时之相"的姚崇，以及宋璟。姚崇为人豪爽，崇尚气节，为政简肃，掊断如流。开元元年（713），玄宗不顾某些大臣的激烈反对，毅然任命姚崇为相。姚崇提出"十事要说"，针对当时存在的问题，从稳定政局、整顿吏治、改善财政这三个大的方面申述了自己的施政纲领，得到玄宗的支持。姚崇于开元四年（716）罢相时推荐宋璟继任相位。宋璟耿介无私，直言急谏，而且工于文翰。在三年多的时间里，继续贯彻姚崇的政策，使得赋役宽平，刑罚清省，百姓富庶。盛唐时期能够出现姚崇、宋璟这样的人物，而玄宗又能发现和任用他们，这对盛唐安定繁荣局面的形成起了很大的作用。

在安定的局面下，儒、释、道三教得以并用，思想界出现比较自由的气氛，这是形成盛唐气象不可忽视的原因之一。儒家在唐朝的地位不断提高，玄宗很重视在官学里研习儒家经典，并允许民间立私学以弘扬儒家学说。对于佛教，玄宗在开元初期曾经采取一些限制的政策，但总的看来他对佛教还是尊重的，对于开元年间传入的密宗尤有兴趣。玄宗的崇道更有甚于尊儒，他在科举中设立了道举；在两京设立崇玄馆；还亲自注释《道德经》颁示天下。在思想比较自由的气氛中，诗人们可以从各方面汲取营养。李白信仰道教，杜甫是淳儒，王维则是谙熟禅学的佛教徒。李白、杜甫、王维三人不同的信仰，对于形成他们不同的诗歌风格起了重要的作用。

人才发展空间的扩大是一个起了直接作用的因素。由于从唐朝初年就实行了打击门阀士族的政策，以科举取士，打破了南朝以来门阀士族垄断政治的局面，使大批中下层庶族文人登上政治舞台。与此同时，文化也从少数士族文人手中转移到中下层庶族文人手中。这批在唐朝建国后成长起来的新人，有丰富的生活阅历，比较了解社会的实际、政治的利弊和民生的疾苦。他们有抱负、有见识、有能力，在文化的各个领域敢于冲破旧的藩篱，开拓新的局面。盛唐文化实际上主要是这批新人创造出来的，盛唐气象也就是这批新人的气象。

盛唐文人之间有一种融洽的、健康的、友善的关系，这对文化的发展起了重要的作用。杜甫在《忆昔》中回忆开元年间的情况说“天下朋友皆胶漆”，反映了当时的状况。他们觉得某个人受了委屈，就为之大声疾呼，有担待、不世故。杜甫为郑虔鸣不平：“诸公衮衮登台省，广文先生官独冷。甲第纷纷厌粱肉，广文先生饭不足。先生有道出羲皇，先生有才过屈宋。德尊一代常坎坷，名垂万古知何用。”（《醉时歌》）李白为王十二鸣不平：“君不能狸膏金距学斗鸡，坐令鼻息吹虹霓。君不能学哥舒横行青海夜带刀，西屠石堡取紫袍。吟诗作赋北窗里，万言不值一杯水。”（《答王十二寒夜独酌有怀》）而当他们佩服一个人时，又出自真心地褒之扬之。贺知章和杜甫对李白的推崇，上文已经讲到，这也许可以归之于贺知章提携后辈，或杜甫为人谦逊。而李白是傲气十足的人，他对年长的孟浩然的称颂，就不能这样解释了。其《赠孟浩然》曰：“吾爱孟夫子，风流天下闻。……高山安可仰，徒此揖清芬。”敬佩之情溢于言表。其《黄鹤楼送孟浩然之广陵》又是那么一往情深。其实李白和孟浩然诗歌的风格相去甚远，孟诗恬淡孤清，李诗飘逸豪放。李白却如此推崇孟浩然，不但显示了李白胸怀宽广，也可由此看出盛唐文坛那种良好的气氛。杜甫的《饮中八仙歌》描绘贺知章、李白、张旭等八人醉后的狂态，欣赏和钦佩之情溢于言表。盛唐诗人之间不是没有艺术上的较量和竞争，但伴随着较量和竞争的是互相切磋、互相学习。“旗亭画壁”的故事说王昌龄、高适、王之涣三人以梨园的伶官演唱谁的诗歌最多，最漂亮的伶官演唱谁的诗歌，来决定彼此的高下，结果王之涣因《凉州词》而获胜。这个故事见于唐人薛用弱的《集异记》，虽有太多浪漫的色彩，未必可信，但至少提供了一种参考，可以帮助我们想象盛唐诗人那种多姿多彩的生活，相亲相敬的关系，以及赢得起也输得起的胸怀，而这正是酝酿佳作的良好环境。李白登黄鹤楼而发诗兴，可是见到崔颢的题诗遂敛手搁笔，说：“眼前有景道不得，崔颢题诗在上头。”李白为此另写了《登金陵凤凰台》，暗中或有与崔颢较量之意。这个见于宋人计有功《唐诗纪事》的故事，有多大的可信度姑且不去考证，其中所反映的盛唐文坛的氛围是不可忽视的。还有一个人值得特别提出来说一说，这就是张说，他是从初唐过渡到盛唐的关键人物。他的诗还带着初唐的拘谨，未能挥洒自如，也不具备盛唐诗歌那种浏亮与光彩。但是他“前后三秉大政，掌文学之任凡三十年”。朝廷的“大手笔”都是由他撰述，“天下词人咸讽诵之”（《旧唐书·张说传》）。他特别奖掖后进，重视文化和学术，使一批中下层出身的文人得以进身。他所奖掖的文人，能考知的有张九龄、贺知章、徐坚、王翰、王湾、吕向等三十余人。还有一些是曾以文学受知于张说，日后以政绩著称的，如房琯、李泌、刘晏等。这种奖掖后进的做法已经形成传统，贺知章和张九龄受到张说的拔擢，他们又再奖掖后进，如贺之对李白，张之对王维。从以上所举的种种事例可以看出，盛唐文人是怎样的大度，而在大度中又包含着怎样的自尊和自信。盛唐文坛的情况可以借用曹丕《典论·论文》里的两句话来形容：“咸以自骋骥騄于千里，仰齐足而并驰。”

总之，开明与开放是盛唐气象的根基。唯开明才能革旧布新云蒸霞蔚，唯开放才能百川汇海博大深邃。盛唐不过短短的五十年，其国势之强盛，气象之恢宏，不但在中国历史上是一个亮点，放到世界历史上也是值得我们骄傲的一片辉煌。

（原载于《光明日报》1999年3月25日）

在沉沦中演进

——晚唐诗歌的创作趋向

一

大致说来，九世纪三十年代是中唐和晚唐交替的时间，而文宗大和九年（835）的“甘露之变”可以看做一条分界线。在这之前不久，中唐诗坛的主将孟郊、韩愈、柳宗元、元稹、李贺等人均已去世。白居易已经六十四岁，开始自编他的文集，诗歌创作进入尾声，再过十一年就逝世了。而新一代的诗人，如杜牧三十二岁，李商隐二十二岁，温庭筠二十三岁，正进入其诗歌创作的盛期，韦庄、皮日休、聂夷中在这年前后出生。所以从诗坛本身的情况来看，这也正是新旧两代交替的时候。

“甘露之变”在诗歌中并未得到充分的反映，但“甘露之变”带来的政局的变化：宦官擅权乃至操纵皇帝的废立，朝士的软弱无方，唐王朝所呈现出来的颓败倾覆之势，对新一代诗人心理的影响却是十分深远的。这种影响表现在以下方面：（一）由于对政治的恐惧和失望而对政治与时事渐渐疏远；（二）倾心于日常生活中的趣味、声色的愉悦和个人感情的体验；（三）失落感和屈辱感。这种影响投射到诗歌创作中，给诗坛带来不同于唐诗前三个时期的面貌，概括地说就是气象的颓唐、情思的幽深和境界的狭小。初唐时期经过四杰等人的努力，诗歌冲破宫廷的苑囿而面向广阔的外部世界，沿着这条路继续往前走，出现了盛唐的繁荣局面。从中唐开始诗歌创作又渐渐收缩，一部分作品回到个人身边的日常生活。而到了晚唐这种趋势更强化了，结合着委屈的内省，走进一条幽狭的小径。与此相关的是诗歌在社会上的轰动效应减弱了。当年王之涣、王维、李白、杜甫、元稹、白居易等人的一些作品曾在读者中造成强烈反响。到了晚唐，社会对诗似乎已开始漠然，诗歌创作既然是诗人个人的需要，社会便降低了对它的热情。

这时诗人的身份也发生了不同于前三个时期的变化：一些有才华的诗人已经很难凭借他们的才华进入政治结构的上层，如李商隐、温庭筠、李群玉、司空图、杜荀鹤、罗隐都是终身抑郁。杜牧、许浑算是仕途比较顺利的，但也难以有所作为。而位极人臣的宰相们缺乏诗的才情，牛僧孺仅存诗五首；李德裕擅为文，有《会昌一品集》二十卷，但《全唐诗》存诗亦仅一卷，他们似乎忙于党争而无兴致于诗的创作。做了多年宰相的白敏中仅存诗三首；令狐绹仅存诗一首，竟要温庭筠代笔写词进献宣宗。像初唐的上官仪、李峤，盛唐的贺知章、张说、张九龄，中唐的韩愈、白居易、元稹，这样一些官居高位而又领导诗坛的人物几乎不见了。而像陈子昂、李白、杜甫、高适、柳宗元、刘禹锡这样具有宏大政治抱负、高度政治激情和强烈政治使命感的大诗人也几乎不见了。晚唐诗人相比之下在政治上显得软弱、平庸，逃到个人生活的琐事之中寻求一时的快慰，或陷入个人的感情纠葛之中品咂自己的哀愁。虽然也有牢骚、讽刺和愤激，但常带着那么一点冷眼旁观的无可奈何的口吻。晚唐的诗人们多少都有点恓惶无主的神气，好像是政治生活中多余的人。

经历了二百多年的发展并掀起了不止一次高潮的唐诗，到这时终于沉沦了！

二

在这里有必要对“沉沦”二字作一界定。所谓“沉沦”当然包含创作水平下降的意思，这是就总体水平而言，不排斥有李商隐这样超水平的诗人出现。但“沉沦”主要是指诗人和诗歌地位的下降，诗歌的题材、境界趋向狭小，以及对儒家诗歌传统的背离。而这三者又是相互关联的。

关键是关于诗歌的观念，儒家把诗歌与政治教化的目的和关乎国计民生的题材联系在一起，因而诗歌和诗人取得崇高的地位。陈子昂、元结、白居易等人大声疾呼的无非是这么一个意思，杜甫一生的创作也就是在实践这个主张。

但是晚唐的情况发生了变化，儒家论诗的声音已变得衰弱。著名的诗人里只有皮日休坚守着儒家诗论，但看其《正乐府序》、《文薮序》、《和鲁望诗》、《论白居易荐徐凝屈张祜》等诗文中的诗歌理论并无超过白居易之处，不过是重复着白氏的老调而已，论气势和力量已经远逊于白氏了。值得注意的是另外一种声音。杜牧首倡“以意为主”[①]，悄悄地代替了韩门以圣人之“道”为主的主张，但还没有排斥圣人的“道”，只是强调了作者的“意”而已。李商隐则更明确地说道：“夫所谓道，岂古所谓周公、孔子者独能邪？盖愚与周、孔俱身之耳。以是有行道不系今古，直挥笔为之……”[②]他又说：“呜呼！孔子于道德仁义外有何物？百千万年，圣贤相随于涂中耳。……孔氏固圣矣，次山安在其必师之邪？”[③]则强调了作者自身的意。至于司空图这位晚唐的著名诗论家，虽然在《与李生论诗书》中也讲过“诗贯六义”这样的话，但他所强调的乃是“直致所得，以格为奇”。所谓“直致”就是从胸中自然流出，以形成个人独具的风格。他强调诗之韵味，“辨于味，而后可以言诗也”。他所谓“味”，显然不是儒家讲的美刺那类政治内容，而是指艺术的感染力和启示力，可以令人反复体会、咀嚼，并加以再创作的东西[④]。他的《二十四诗品》所列的“雄浑”、“冲淡”等二十四种诗的品，就是二十四种“味”。苏轼说“自列其诗之有得于文字之表者二十四韵”[⑤]，最接近司空图的原意。这二十四品的名目以及司空图对它们的解释，与儒家所谓的“道”都是有距离的。

总之，从代表晚唐主流的杜牧、李商隐、司空图等人的诗论来看，这个时期的诗歌思潮是：试图离开儒家提倡的政治教化的目标，追求诗歌自身的美学价值。从儒家立场看来这无疑是诗的沉沦。

然而更能生动地说明晚唐诗歌发展趋向的方法是举出诗人的典型

加以剖析，上面提到晚唐诗人和政治的关系趋向疏远，有人被排斥在政治权力之外，有人是自愿地避开政治。在这总的趋势下，有三位诗人值得格外注意，这就是李商隐、陆龟蒙和温庭筠。李商隐沉向个人感情的旋涡，陆龟蒙沉向个人身边的日常琐事，温庭筠沉向市井。

李商隐曾写过一些政治诗，也有学习杜甫的《行次西郊一百韵》。但代表李商隐诗歌风格的并不是这类作品，而是那些寄寓了个人身世之感的诗歌，以及那些广为流传的爱情诗，这些作品的数量最多也最具有李商隐个人的特色。他有一肚子委屈，无处倾诉，只能隐约曲折地吞吞吐吐地说出来。他像一个后母跟前受气的孩子，像一个被打入冷宫的欲一见龙颜而不得的宫女，又像一只寻不到自己的归巢的孤鸟。他需要主人但找不到主人，需要归宿但没有归宿，一种远被隔离、彷徨无依之感，诉之于哀伤幽怨、向慕祈求之音，真可以说把中国封建社会失志的知识分子的委屈心态表现得再充分不过了。《回中牡丹为雨所败》二首以为雨所败的牡丹为题，寄寓自己的身世之感：以今日移来回中之牡丹与往日下苑旧圃之牡丹对照，极言其可悲；又以日后花瓣落尽之牡丹与今日正在落蕊之牡丹对照，反觉今日之可贵。同时陪衬着章台的柳树、不及春的榴花，从不同角度作出不同的对比，把回中为雨所败的牡丹之凄凉哀怨连同诗人自己的形象一并写了出来。

李商隐《无题》诗的意蕴远不像以上两首诗那样容易寻绎，却更能代表李商隐的诗风。对《无题》诗历来有各种解释，莫衷一是。窃以为，“无题”二字本身就提示了一种诠释的方法。“无题”不等于失题，因为它们写法与风格如此相近，不可能偏偏把这些相近的诗作的题目丢掉。合理的推断是李商隐当初就没有给它们加上题目。这又有两种不同的情况：不需要题目或者加不上合适的题目。不需要题目又有两种情况：（一）内容太明显，无需题目来提示——以诗衡量显然并非如此；（二）本不欲示人，不需要别人明白，因而不愿用题目加以提示。排除那些不可能的推断，李商隐写《无题》诗只可能是以下两种情况：或者本不欲示人以真意；或者本来就加不上合适的题目。不欲示人，可能是诗人自己明白而不欲别人明白；加不上合适的题目，则诗人自己也未必明白，这些诗只是表现了时常萦绕于诗人心间的一种莫名的愁绪而已。在诗人方面既然如此，读者似乎只要把握住这些诗的总体感情内涵，找出那些构成《无题》诗特色的，既属于李商隐个人又属于李商隐那个时代的东西，这样也许更能接近原作[⑥]。笔者认为这是解释李商隐《无题》诗这团乱麻的一种直截了当的方法。

李商隐的《无题》诗，有一种共同的感情内涵，就是因失去了原应属于自己的美好的东西而无限迷惘。这种迷惘是带有女性特点的男性的迷惘，是浓得化不开的哀愁，是既不甘心又无可奈何的惆怅。因有这等迷惘、哀愁与惆怅，所以他只能在自己所创造的幻想的诗境中寻找一点精神的慰藉和补偿。试看：

> 来是空言去绝踪，月斜楼上五更钟。梦为远别啼难唤，书被催成墨未浓。蜡照半笼金翡翠，麝熏微度绣芙蓉。刘郎已恨蓬山远，更隔蓬山一万重。

此诗与其他三首《无题》（飒飒东风细雨来、含情春晼晚、何处哀筝随急管）编在一起，它们体裁既异，口吻角度也不同，不必视为同时之作。关于这首诗的口吻，有男性、女性两种理解。作为男性口吻，则“刘郎”指自己，“蜡照”二句可释为想象对方居处。作为女性口吻，则“蜡照”二句指自己的居处，“刘郎”二句可释为女子想象对方正有这样的遗憾。这两种讲法都可通。就此诗的内容而言，前人的解释无非两派：一派认为是牵情寄恨的艳诗，李商隐爱上了主人家的姬妾，但得不到。如贺裳、黄白山、何焯等均主此说。另一派认为是以男女之情比喻令狐绹和诗人自己的关系，所谓令狐绹作相，义山屡启陈情，不之省。吴乔、徐得泓、冯浩以及张采田、周振甫均主此说[⑦]。两说各有所长，但都还缺少确凿的铁证，估计今后也很难得出定论。与其如此，不如索性从整体的感情上把握它。我看其中至少包含着以下感情：（一）有一个美好的对象，本来是属于自己的，或者已得到某种许诺归于自己，但是又失去了；（二）因失去这美好的对象而痛苦不堪；（三）伴随这痛苦而来的是一种迷惘之感，连寻觅的方向也失去了（“去绝踪”）。而这一切正是李商隐在其诗里反复诉说的，是典型的李氏心态。再如：

相见时难别亦难，东风无力百花残。春蚕到死丝方尽，蜡炬成灰泪始干。晓镜但愁云鬓改，夜吟应觉月光寒。蓬山此去无多路，青鸟殷勤为探看。

这是李商隐《无题》诗中最为人所称道的一首，也是最能引起人共鸣的一首。这种情况说明它概括了某种共同的感情。诚如刘学锴、余恕诚二氏所说：“此类恋诗，虽亦可能有所谓本事（亦未必即作者之恋爱经历），然必已舍弃生活原型中之大量杂质，提炼、纯化、升华为结晶，以表达爱情间阻情况下愈益深挚忠贞之感情。”[⑧] 刘、余二氏所谓“表达爱情间阻情况下愈益深挚忠贞之感情”，很好地概括了此诗的感情内涵。这首诗的重点放在“别亦难”上，也就是离别以后难以忍受的痛苦。诗的口吻虽然是男方，但也包括了女方在内，设想女方也在同样苦苦地煎熬着。因此，诗中最为人传诵的“春蚕”二句也就适用于男女双方。再进一步说，这种至死不渝的感情甚至不限于爱情，可以推广来表达一切忠贞的感情。李商隐用的“难”、“残”、“灰”、“寒”，这些消极的冷色调的词语，透露出一片迷惘与哀愁，既有李氏个人的色彩，又有晚唐的时代色彩。这都是李商隐在诗里常用的，如：“梦好更难寻”（《晓起》）；“梦为远别啼难唤”（《无题》）；“更持红烛赏残花”（《花下醉》）；“残宵犹得梦依稀”（《春雨》）；“远别长于死”（《和郑愚赠汝阳王孙家筝妓二十韵》）；“粉蛾贴死屏风上”（《日高》）；“一寸相思一寸灰”（《无题四首》其二）；“埋骨成灰恨未休”（《和韩录事送宫人入道》）；“忍寒应欲试梅妆”（《对雪》）；“独立寒流吊楚宫”（《过伊仆射旧宅》）。李商隐的风格的形成，和这些词的运用不能说没有一定的关系。

陆龟蒙淡化了对功名利禄的追求，自甘隐遁，追求着一种散淡的生活情趣。《新唐书·隐逸传》曰："龟蒙少高放……举进士，一不中，往从湖州刺史张抟游，抟历湖、苏二州，辟以自佐。尝至饶州，三日无所诣。刺史蔡京率官属就见之，龟蒙不乐，拂衣去。……有田数百亩，屋三十楹，田苦下，雨潦则与江通，故常苦饥。身畚锸，茠刺无休时，……不喜与流俗交，虽造门不肯见。不乘马，升舟设蓬席，赍束书、茶灶、笔床、钓具往来。时谓'江湖散人'，或号'天随子'、'甫里先生'，自比'涪翁'、'渔父'、'江上丈人'。后以高士召，不至。"这样看来，陆龟蒙简直是晚唐的陶渊明了。其《江湖散人传》曰："散人者，散淡之人也。心散，意散，形散，神散。既无羁限，为时之怪民。束于礼乐者外之曰：'此散人也！'散人不知耻，乃从而称之。"[⑨]可见他追求的是一种不受礼教束缚的自由自然的生活，这和陶渊明也颇相似。然而读他的诗可以感到，诗里多的是中唐以后文人的那种闲情逸致，似乎是把白居易晚年在洛阳写的闲适诗的背景移到了江南水乡，多了几分潇洒乃至游戏的成分，少了几分对社会人生的严肃的思考，这和陶渊明不同了。试看他的《移石盆》：

移得龙泓潋滟寒，月轮初下白云端。无人尽日澄心坐，倒影新篁一两竿。

移来一个石盆有什么诗意呢？陆龟蒙硬是寻出了诗意。他想象这一盆寒水犹如一轮明月。没有人能整天坐在它的旁边，只有一两竿新竹倒映在水中与它作伴。这首诗写得固然不错，但总有点为写诗而写诗的样子，缺乏诗的激情。他写过《渔具诗》二十首，《樵人》十咏，《酒中》十六咏，《茶具》十咏，《太湖石》，《和袭美先辈悼鹤》，《秘色越器》，《袭美以紫石砚见赠以诗迎之》，《太湖砚》。这些诗都是取材于日常生活中的消遣之物，其中虽然偶有一点人生的感慨（如《渔具诗序》所说："噫！矢鱼之具也如此，予既歌之矣。矢民之具也如彼，谁其嗣之？”），但总的来说，很难说出有什么深沉的含义。

陆龟蒙这个诗人的出现强化了从中唐开始的一种趋势，即士大夫努力在日常生活琐事中建立艺术的世界，沉湎其中，发为吟咏。所谓日常生活琐事，指饮酒、品茶、垂钓、玩赏花石珍禽等等，陆龟蒙从这些事物中寻找诗情，在政治教化的大题目之外开拓出新的诗歌天地。到了宋代，这个日常生活的艺术世界越发精美，这方面的诗歌也越发多了。

温庭筠可以说是浪子诗人。所谓浪子，原指不务正业的游荡子弟。《宋史·李邦彦传》："邦彦俊爽，美风姿，为文敏而工。然生长闾阎，习猥鄙事，应对便捷；善讴谑，能蹴鞠，每缀街市俚语为词曲，人争传之，自号'李浪子'。"徽宗时他位居宰相，都人目为"浪子宰相"。李邦彦的特点是习近市井间的文艺和娱乐，当然也会猥近那些市井的艺人歌伎。他的浪子称号，就是由此得来的。追溯这类浪子的源头，我们当然会注意晚唐的温庭筠。温庭筠也是习近市井文艺，猥近市井艺人，他与李邦彦的不同在于：李出身于银匠家庭，以太学生上舍及第，官至宰相。温庭筠出身于宰相之家，是温彦博的后代。虽然到他这一代已经衰微，但门第毕竟是高的，社会和家庭期望他走的是封建阶级的正统的道路，而他却没有好好走这条路，以致坎坷终身[10]。

本文不拟讨论温庭筠的道德品行，我所注意的是在晚唐出现了温庭筠这样一个浪子诗人，他背离了封建阶级为他们的子弟所规定的道路，置身于市井之中，并从市井生活中汲取创作灵感和艺术营养，写出了许多封建文人未必不喜欢却又很鄙视的"侧艳之词"，并因此遭到打击，实际上等于被逐出了他原先所属的那个上层社会。这是晚唐诗坛的新现象。由温庭筠为开端的这类浪子诗人（或文人），在中国文学史上已成为一个系列，宋朝有柳永，元朝有关汉卿，明朝有冯梦龙，清朝有李渔。他们的情况并不完全相同，但都有些浪子的特点，都浪迹于市井之中，倾心于市井文艺，在封建正统文人中没有找到应有的地位，却在秦楼楚馆赢得了好名。浪子诗人不早不晚恰恰从晚唐开始，这很值得注意。究其原因，很自然会找到中唐以来特别是晚唐时期社会、思想的变化上去。中唐以来城市繁荣、市民增多、市民文艺兴盛，在晚唐这种趋势进一步发展，封建正统思想的统治力量又有所减弱。这种环境正是温庭筠这种浪子诗人出现的根源。关于浪子文学拟另文详论，在这篇文章里我只想指出这一现象，同时对温庭筠的诗歌创作加以概括的评论以说明晚唐诗歌的创作趋向。

讨论温庭筠的诗歌之前，应当先简单地讨论一下他的词，因为他的词历来更受到人们的注意。他的词基本上是代言体，代歌妓抒情。也许因为他的词本来就是写了供歌妓唱的，歌妓们自己唱自己的事，当然会更显得亲切。但是在那些失意的歌妓背后，我们隐约地看到温庭筠的面影，所以也可以说温庭筠是借着那些歌妓来抒发自己的感情。在艺术上，他讲究装饰美，特别注重细部的描写，即使打破整体的均衡也在所不惜。他的词浓艳、细密、隐约，完全是女性的美。

温庭筠诗歌的特色，一言以蔽之就是词化，带有词的韵味与情调。如“长钗坠发双蜻蜓，碧尽山斜开画屏。”(《夜宴谣》)“吴江淡画水连空，三尺屏风隔千里。”(《吴苑行》)“云鬟几迷芳草蝶，额黄无限夕阳山。”(《偶游》)“远翠愁山入卧屏，两重云母空烘影。”(《春愁曲》)“冰簟银床梦不成，碧天如水夜云轻。”(《瑶瑟怨》)在郭茂倩所编的《乐府诗集》第一百卷里，选了温庭筠三十几首以“辞”、“谣”、“歌”、“行”、“曲”为题的诗歌，称“乐府倚曲”，归入“新乐府辞”之内。这些诗歌应当是可以像词一样入乐歌唱的。

不过说温诗接近词，并不很全面。它们还染有齐梁诗风，而且是经过李贺发展过的齐梁诗风。温庭筠那些七言的仿齐梁体比原来以五言为主的齐梁诗更加铺陈，也显得更加艳丽。温诗里明显取材于齐梁的也不少，如《鸡鸣埭曲》、《雉场歌》、《张静婉采莲曲》、《齐宫》、《陈宫词》等，这些诗都带有明显的齐梁风格。《才调集》选温庭筠的诗六十一首，在《边笳曲》题下注曰“此后齐梁体七首”，计《边笳曲》、《春晓曲》、《侠客行》、《春日》、《咏颦》、《太子西池二首》。齐梁诗歌本是结合着清商曲而作的，词化了的温诗也同音乐密切相关，所以温诗一方面是返回齐梁，另一方面是与新兴的词相结合，这两方面的努力毫无矛盾，可以说都是向音乐靠近。而这两种音乐都不是庙堂音乐，而是齐梁和晚唐的市井流行音乐。温庭筠正是迷恋着这类市井的流行音乐，并为这种流行音乐填写歌词的诗人。这种流行音乐的歌手大都是秦楼楚馆的歌妓，于是温庭筠也就成了这些歌妓的代言人。温庭筠获谤于士大夫者在此，他在文学史上特出的地位亦在此。

但由于诗和词在体制风格上有别，同样的写法，在词可以成功，在诗却未必成功。温诗之有逊于温词，原因大概也就在于此。温、李齐名，但温诗远不如李诗原因也在于其诗的词化。尽管如此，温诗中的杰作仍然不少。能代表诗歌创作新趋向又很成功的作品，不妨举那首《达摩支曲》：

> 捣麝成尘香不灭，拗莲作寸丝难绝。红泪文姬洛水春，白头苏武天山雪。君不见无愁高纬花漫漫，漳浦宴馀清露寒。一旦臣僚共囚虏，欲吹羌笛先汍澜。旧臣头鬓霜雪早，可惜雄心醉中老。万古春归梦不归，邺城风雨连天草。

这首诗写什么呢？是怀古咏史吗？好像是，但又不是传统的怀古咏史诗的写法，那总是要有所寄托讽喻的，而这诗很难说有什么寄托讽喻。把蔡文姬、苏武和亡国被俘有“无愁天子”之称的北齐后主高纬比并，似乎也不伦不类。而开头的两句，以捣麝、拗莲作喻，言爱情之难断，相思之难绝，和整首诗是什么关系又很难说清。难道诗人同情那“无愁天子”以及他的风流韵事吗？这又有什么意义呢？也许诗人根本就没考虑什么主题不主题，他只是觉得那段历史题材有趣，便信手拈来，敷衍成篇。而其关键词便是“无愁”二字。高纬自为《无愁之曲》，并自弹胡琵琶而唱之，侍和之者以百数人，人间谓之“无愁天子”。但世上难道真的有所谓“无愁”吗？没有！古往今来难灭难绝的爱情相思之苦，还有那去国怀乡的种种悲哀，这都是愁；就连“无愁天子”也免不了一个“愁”字。这样看来，此诗竟可视为一篇《愁赋》了。这样曲折的构思，这样香艳的比喻，齐梁体、词体和晚唐时代气氛的混合，这一切代表了晚唐诗歌创作的一种新的趋势。而首两句“捣麝成尘香不灭，拗莲作寸丝难绝”，论意境、论语言，都不亚于李商隐的“春蚕到死丝方尽，蜡炬成灰泪始干”。其深沉甚至有过之而无不及，可惜没有被人充分注意。

三

从意象和意境方面很能看出晚唐诗坛演进的轨迹。表现文人日常生活情趣的诗歌意象，从中唐开始逐渐增加，到晚唐其数量已到了不可忽视的地步，构成晚唐诗歌的特点。与其相应，诗歌的意境也趋于幽深精美。如果就诗歌的主流而言，盛唐诗歌以描绘江山、塞漠和政治大局为其特点，中唐诗歌以描绘广阔的社会生活场景中某些小画面为其特点，而晚唐诗歌以表现文人的日常生活、刻画文人内心深处的波澜为特点。盛唐诗人的宏伟气象衰减了，中唐诗人关注社会与政治的热情也冷淡了，剩下的是在对盛世的回顾与叹惋中、在个人的逆境中酿造的几杯苦酒，真有美人迟暮之感！杜甫的名句“天寒翠袖薄，日暮倚修竹”也许可以借来比喻晚唐诗歌的总体特征。

在晚唐诗歌里，取自大自然的意象仍然占有重要的地位，但自然意象的宏伟气度已经减弱了，诗人们似乎更偏爱那些身边的小景致。试以几首足以代表晚唐的名诗为例：

杜牧的《山行》前两句：“远上寒山石径斜，白云生处有人家。”倒还开阔，但并不宏伟。诗的重心在后两句：“停车坐爱枫林晚，霜叶红于二月花。”由枫林、霜叶这两个意象组成的意境，虽不衰飒，但总还是热闹不起来。此诗接近李商隐的那首《乐游原》，虽然那诗是写黄昏，晚唐诗人对秋与黄昏的感受原是共同的。又如韦庄的《台城》：“江雨霏霏江草齐，六朝如梦鸟空啼。无情最是台城柳，依旧烟笼十里堤。”这小景致真够精致了！由江雨、江草和台城柳这些意象所构成的意境也如烟如梦，有一种朦胧凄楚之美。晚唐其他一些描写自然意象的著名诗句，如“鸡声茅店月，人迹板桥霜。槲叶落山路，枳花明驿墙”（温庭筠《商山早行》）、“秋阴不散霜飞晚，留得枯荷听雨声”。（李商隐《宿骆氏亭寄崔雍崔衮》）都是以小景致见长。

在晚唐诗歌里值得注意的还不是那些自然意象，而是表现文人日常生活情趣的现象。由这类意象组成的意象，带有一种闲适的、冲淡的趣味。

在李商隐的诗歌里，这类意象与意境颇不少见，李商隐特别善于发现日常生活中的诗意，将一些小的生活场景以精细的笔触描绘出来，很耐人寻味。这些诗源于杜甫的某些生活小诗，如《江村》、《进艇》，在取材上又吸取了白居易闲适诗的特点，而以晚唐人的生活基调吟咏出来，遂具有晚唐的特色。试看他的《花下醉》：

> 寻芳不觉醉流霞，倚树沉眠日已斜。客散酒醒深夜后，更持红烛赏残花。

此诗写惜花之情，自不待言。惜花而到了深夜持烛照赏的地步，可谓痴迷已极。何况赏的又是残花，更有一番凄迷况味。清人马位《秋窗随笔》说此诗有“雅人深致”，这种雅人深致带有晚唐特定的审美趣味，衰飒迷惘。又如《晚晴》：

> 深居俯夹城，春去夏犹清。天意怜幽草，人间重晚晴。并添高阁迥，微注小窗明。越鸟巢干后，归飞体更轻。

这也是写日常生活的，因“天意”一联寓意深刻，遂使全诗显得颇有些分量。下了一天或几天的雨，傍晚放晴了。深居于夹城附近的诗人觉得自己的小阁在雨后显得更高了，而雨后的一线阳光注入小窗也显得格外明亮，就连鸟儿因雨霁巢干重新飞出来的时候也显得更轻盈了。这一连串感受都围绕着雨霁之后心情的变化写来，看似平常，但如无对日常生活的深切体味怎能道出！

在晚唐这类诗还可以举出不少，如韩偓的《已凉》：

碧阑干外绣帘垂，猩色屏风画折枝。八尺龙须方锦褥，已凉天气未寒时。

这首诗写阑干、绣帘、屏风、卧席、锦褥，这一系列家居的物什都诗化了，成为诗的意象。诗人把这些意象组合起来表现秋天已凉未寒之际的生活感受，可谓精美已极。

皮日休和陆龟蒙的许多诗歌，论风格与上述诸诗不尽相同，但同样诗取材于文人的日常生活，在身边的琐事中发掘诗意，寻找诗情。只要看看他们的唱和诗的题目就知道了：《小松》、《小桂》、《新竹》、《鹤屏》、《蓑衣》、《酒床》、《酒旗》、《酒尊》、《茶舍》、《茶灶》、《茶鼎》、《茶瓯》。例如同以《春夕酒醒》为题的唱和诗，皮诗曰：

四弦才罢醉蛮奴，醽醁馀香在翠炉。夜半醒来红蜡短，一枝寒泪作珊瑚。

诗人夜半酒醒之后，看到红蜡已经烧短了，蜡泪沿着残蜡的外缘流下来而且附着在上面，好像一枝珊瑚的形状。酒醒之后的疑似之惑，写得惟妙惟肖。陆龟蒙的和诗曰：

几年无事傍江湖，醉倒黄公旧酒垆。觉后不知明月上，满身花影倩人扶。

陆的和诗不执著于原诗的意思，不写翠炉也不写红蜡，专写诗人的醉态。“满身花影倩人扶”这一句把那醉人写得何其潇洒！

由晚唐诗歌的意象、意境可以进而考察晚唐诗歌的时代风格。吴调公先生曾用“秋花的晚香”概括，强调晚唐诗歌具有秋天的美，很有见地[11]。似还可以强调的是这种美的悲剧本质。“夕阳无限好，只是近黄昏。”“商女不知亡国恨，隔江犹唱后庭花。”“可怜无定河边骨，犹是春闺梦里人。”这些典型的晚唐之音，都透露着一种凄迷怅惘之情。如果说晚唐诗歌的美是秋之美，那么这是一个衰飒的没有希望的秋，而不是充满丰收喜悦的秋。唐诗作到这个地步，不能不收场了。曾经大大地热闹了一场的唐诗舞台帷幕真该落下来，而让宋代的诗人和词人们去开辟一个新的舞台了！

大约延续了七十年的晚唐诗坛在唐诗发展史上是不可忽视的一个阶段，学术界对晚唐的一些重要诗人研究得相当充分了，对整个晚唐诗坛的发展趋向还可作综合的考察，个别诗人的研究有了整体研究做背景将会更加深入。晚唐诗坛不论在诗歌理论方面，诗人的身份、地位方面，诗歌的意象、意境、风格方面，都呈现出新的特点。初唐时期以宫廷为中心的诗坛被冲破以后，代之而起的是盛唐的政治情怀、金戈铁马、江山塞漠，中唐力求新变，或浅显平易，或瑰奇险怪，但主流仍是向外部世界（李贺的情况有点特殊，可以说他是晚唐诗歌的先驱）。到了晚唐，诗歌创作背离了儒家诗论，面向日常琐事，沉入内心深处，以其深邃、幽静、香艳、凄迷，而和唐诗的前三个时期区别开来。从儒家诗论的立场看来，这无疑是沉沦，但站在更广阔的立场看，又不能不承认这是一种演进。演进总比模仿有出息，至少是丰富了诗的风格与技法；演进中的失误则有可能引导出好的结果，宋诗之主理从某种意义上说即是对晚唐的矫正。而宋词不仅继承晚唐五代的词，得之于晚唐诗歌的也不少。晚唐这七十年，作为诗歌时代的尾声和词的时代的序幕，其承接转折的意义应当引起应有的重视。

（原载于《中华文史论丛》1991 年总第 48 辑）

---

① 《答庄充书》：“凡为文以意为主，以气为辅，以词彩章句为之兵卫。”《四部丛

刊》影明刊本《樊川文集》卷十三。

②《上崔华州书》，德聚堂重校本《樊南文集详注》卷八。

③《容州经略使元结文集后序》，同上卷七。

④《四部丛刊》影旧抄本《司空表圣文集》卷二。

⑤《书答黄子思诗集后》。

⑥清人姚培谦、纪晓岚等人已有类似的看法。姚培谦云："《锦瑟》、《药转》及《无题》诸什，未知本意云何。"（分体《李义山诗集笺注》例言）纪晓岚云："自释道源以后，注其诗者，凡数家。大抵刻意推求，务为深解，以为一字一句皆属寓言。而《无题》诸篇，穿凿尤甚。"（《四库总目提要》）

⑦贺、黄、何、吴、徐、冯、张诸人之说见刘学锴、余恕诚《李商隐诗歌集解》（中华书局1988年第1版）所引。周说见其《李商隐选集》，上海古籍出版社1986年出版。

⑧《李商隐诗歌集解》，中华书局1988年版，第4672页。

⑨《全唐诗》卷六二一。

⑩温庭筠的所有传记数据都异口同声地称赞他的才学，而指责他的品行。《旧唐书·温庭筠传》曰："初至京师，人士翕然推重。然士行尘杂，不修边幅，能逐弦吹之音，为侧艳之词。公卿家无赖子弟裴诚、令狐缟之徒相与蒱饮，酣醉终日。由是累年不第。"《旧唐书·李商隐传》曰："文思清丽，庭筠过之，而俱无持操。恃才诡激，为当涂者所薄。名宦不进，坎壈终身。"《北梦琐言》曰："每入试，押官韵作赋，凡八叉手而八韵成。多为邻铺假手，号曰救数人也。而士行有缺，缙绅薄之。"《新唐书·温庭筠传》曰："少敏悟，工为辞章，与李商隐皆有名，号'温李'。然薄于行，无检幅。又多作侧辞艳曲……"《唐诗纪事》曰："庭筠才思艳丽，工于小赋。……然士行玷缺，缙绅薄之。"《唐才子传》曰："然薄行无检幅……后中夜醉诟狭斜间，为逻卒折齿，诉不得理。"如此看来，温庭筠才学之高超与品行之污下，似乎已成定论。然而我们只要认真研究一下就会发现，对温庭筠的所有指责都出自一个来源，无非是重复了一个人的话，这个就是当时的宰相令狐绹。而所有的指责又无非集中在一点，这就是"有才无行"，主要是逾越了士大夫应当遵守的行为规范，混迹于狭斜之间为侧艳之词。令狐绹是令狐楚的儿子，宣宗大中年间知制诰，充翰林学士，后任宰相，辅政十年。懿宗、僖宗两朝亦皆居显要。他性情"懦缓"，政绩平庸，毫无建树，却又妒贤嫉能。《北梦琐言》曰："宣宗时，相国令狐绹最受恩遇而怙权，尤忌胜己。"李商隐和罗隐都因才高见妒而落拓终生，可以说一辈子吃了他的亏。令狐绹原先想拉拢温庭筠，《南部新书》曰："令狐相绹，以姓氏少，族人有投者，不吝其力。由是远近皆趋之，至有姓胡冒令狐者。进士温庭筠戏为词曰：'自从元老登庸后，天下诸狐皆带令。'"《北梦琐言》曰："宣宗爱唱《菩萨蛮》词，令狐相国假其（按指温庭筠）新撰密进之，戒令勿泄，而遽言与人，由是疏之。温亦有言云：'中书堂内坐将军。'讥相国无学也。"温

庭筠固然恃才傲物，而令狐绹借温庭筠写的词献给皇帝讨好，又不许温庭筠泄露，泄露了就疏远他，令狐本人的品行也就可想而知了。《北梦琐言》曰："曾以故事访于温岐（庭筠），对以其事出《南华》，且曰：'非僻书也。或冀相公燮理之暇，时宜览古。'绹益怒之，乃奏岐有才无行，不宜与第。会宣宗私行，为温岐所忤，乃授方城尉。所以岐诗云：'因知此恨人多积，悔读南华第二篇。'"综合上面所举的各条材料可以看出，"有才无行"这顶帽子是令狐绹给他戴上去的，而起因则是令狐绹本人的褊狭。据《南部新书》记载，宣宗本来很欣赏温的才华："宣皇好文，尝赋诗，上句有'金步摇'，未能对。命进士温岐续之，岐以'玉跳脱'应之，宣宗赏焉。令以甲科处之，为令狐绹所沮，遂除方城尉。"令狐绹对温庭筠的迫害不止于此，《旧唐书·温庭筠传》载："咸通中失意归江东，路由广陵，心怨令狐绹在位时不为成名，既至，与新近少年狂游狭邪，久不刺谒。又乞索于杨子院，醉而犯夜，为虞候所击，败面折齿，方还扬州诉之。令狐绹捕虞候治之，极言庭筠狭邪丑迹，乃两释之。自是污行闻于京师。庭筠自至长安，致书公卿间雪冤。"这次事件很可能是令狐绹故意使人折辱他（参看夏承焘《唐宋词人年谱》引顾肇昌说）。《全唐文》卷七八六温庭筠《上裴公启》曰"守土者以忘清积恶，当权者以承意中伤。直视孤危，横相陵阻"，就是指这件事而言的。据《旧唐书·温庭筠传》，他的申诉得到宰相徐商的同情，欲为之洗雪，适逢徐商罢相，这件事就搁了下来。温庭筠遂终生坎坷，并为正统人士所鄙视。

⑪见《"秋花"的"晚香"——晚唐的诗歌美》，收入《古典文论与审美鉴赏》一书，齐鲁出版社1985年版。

李白诗歌与盛唐文化

就一个作家在其当时所引起的轰动而论，中国文学史上没有谁可以和李白匹敌。李白简直像一股狂飙、一阵雷霆，带着惊天动地的声威，以一种震慑的力量征服了同代的读者。贺知章初遇李白，诵其《蜀道难》，呼为“谪仙人”，解金龟换酒为乐①。杜甫在赴长安的途中与李白相遇，竟改变路线，随之东下。别后终生念念不忘，赞之曰：“白也诗无敌，飘然思不群。”（《春日忆李白》）“笔落惊风雨，诗成泣鬼神。”（《寄李十二白二十韵》）王屋山人魏万因仰慕李白，乃自嵩宋沿吴相访，追踪数千里，后于广陵相见，颂其人为“横海鲲，负天鹏”，誉其诗曰“鬼出神入”②。任华以未能与李白一见为憾，特寄一诗以表胸臆，诗中说他“平生傲岸，其志不可测。数十年为客，未尝一日低颜色。……绿水青山知有君，白云明月偏相识”（《杂言寄李白》）。这些话代表了当时人对李白及其诗歌的共同感受。

李白的诗歌为什么能在同时代的人们中间产生如此巨大的魅力呢？这是一个值得全面探讨的问题。限于篇幅，本文仅从一个重要的侧面予以回答，这就是李白诗歌与盛唐文化。

一

在八世纪之始诞生的李白，他的一生差不多是和盛唐时代相始终的。受了时代风气的熏陶，吮吸着营养丰富的文化乳汁，他成长为那个时代最完美的人物。李白的魅力就是盛唐的魅力。然而，盛唐时代造就了李白，却又扼杀了李白。人们对李白的仰慕和同情，包含着对自己时代的杰作的欣赏和惋惜。

暂时撇开社会的原因不论，仅就文化本身的渊源来说，盛唐文化的繁荣发展乃是南北文化交流和中外文化交流的结果。而李白恰恰处在这两种交流的高潮之中，再加上他本人特殊的教养和经历，终于使他和盛唐文化一起登上高峰。

南北朝时期，南方和北方的学风、文风乃至书法的风格，都呈现出显然不同的状态。南方喜庄老、尚清谈，注重抽象名理的论辩。北方流行汉儒的经学，注重人的行为准则。南方文风华靡，北方文风质朴。南帖飘逸，北碑凝重。《隋书·文学传序》论南北文风之不同曰："江左宫商发越，贵于清绮；河朔词义贞刚，重乎气质。气质则理胜其词，清绮则文过其意；理深者便于时用，文华者宜于咏歌，此其南北词人得失之大较也。"很显然，单一的清绮或贞刚都不能蔚为大观。南北朝时期文学的中心在南朝，南朝的文学不仅已经成为一个独立部门，而且文学中又有了"文"、"笔"之分，"文"指美感的文字，"笔"指应用的文字，这是文学观念的一大进步。这个进步促使作家们更努力地去研究艺术技巧，积累艺术经验，因而使艺术性达到更加精巧的地步。然而，与此同时文学也走上了歧途，"竞一韵之奇，争一字之巧。连篇累犊，不出月露之形；积案盈箱，唯是风云之状。"（李谔《上隋高祖革文华书》）一种华艳淫靡、轻浮纤弱的风气弥漫于文坛，呈现出一种病态的美，犹如在浓厚的脂粉之下掩盖着贫血的面庞。她需要输入新鲜的血液，呼吸新鲜的空气，移植强壮的筋骨，而这一切恰恰可以在北方的黄土地带找到。北朝文风的刚劲、粗犷、厚重与沉实，北朝民歌的泥土气息与健康情调，正好是那位病态的江南美人所急需的营养。"若能掇彼清音，简兹累句，各去所短，合其两长，则文质彬彬，尽善尽美矣。"（《隋书·文学传序》）到唐朝，诗人们经过近百年的摸索，特别是在"四杰"和陈子昂的努力下，这两种文风开始较好地融合起来。南朝的"文"融入北朝的"质"，北朝的"质"充实南朝的"文"，为创造中国诗歌最健美的典型做好了准备。而李白适逢其会，成为这种新诗歌的最优秀的代表。

南北文风之所以能在李白那里融汇为一股新的诗潮，与他个人的教养和经历也有关系。他早年生活在蜀中，蜀中文化给他以最早的启迪。魏颢《李翰林集序》一开头就说："自盘古划天地，天地之气，艮于西南。剑门上断，横江下绝，岷、峨之曲，别为锦川。蜀之人无闻则已，闻则杰出，是生相如、君平、王褒、扬雄，降有陈子昂、李白，皆五百年矣。"蜀人长于辞赋，李白"十五观奇书，作赋凌相如"（《赠张相镐》），早已将司马相如当成了学习的楷模和竞赛的对手，并在辞赋的写作上打下坚实的基础。而陈子昂的诗文革新对初入诗坛的李白也不会没有震动。李白在《赠僧行融》诗中赞美陈子昂说："梁有汤惠休，常从鲍照游。峨眉史怀一，独映陈公出。卓绝二道人，结交凤与麟。"李白出蜀之后，南游洞庭，东游金陵、扬州，后来回到江夏一带，与许圉师的孙女结婚，定居于安陆。早在春秋战国时期，就已形成荆楚文化，《楚辞》、《老子》以及受《老子》影响的《庄子》构成荆楚文化的特点[③]。临其地，习其文，那种崇尚自然，耽于幻想，充满浪漫情调的文化必定给年轻的李白留下深刻的印象，以致李白集中庄、骚影响的例证不胜枚举。而长江中下游又是西曲与吴歌的发源地，李白"混游渔商，隐不绝俗"（《与贾少公书》），南朝民歌的情调也影响了他的创作。此后，他北游洛阳、太原，东游齐鲁，寓家任城，与孔巢父等居徂徕山，号"竹溪六逸"。其《五月东鲁行答汶上翁》诗曰："顾余不及仕，学剑来山东。"这些活动不仅使他扩大了视野，而且得以亲自体验北方文化的贞刚之气。天宝元年到天宝三载，李白在长安有机会接触盛唐时代最优秀的文化，离开长安以后又一直过着漫游的生活，广泛地领略南北各地的自然风光，了解各地的习俗和具有地方特色的文化。这使他的创作得以在大一统的唐帝国广阔的文化背景上展开，并取得局于一隅的诗人决不可能取得的成就。南北文风在李白身上得以融合，这不仅是通过对前代诗人的学习达到的，更重要的是从丰富的生活经历中实地感受之后，自然而然融合到一起的，因此才能达到那么完美的地步。

盛唐又是中外文化交流的高潮期。经济之繁荣、国威之强盛，在中国封建社会是空前的，在当时的世界上也是领先的。在统一、繁荣与强盛的基础上，盛唐文化不仅兼容南北，而且贯通中外，具有博大宏放、灿烂辉煌的气象，保持着永恒的魅力。

唐朝境内的中外文化交流活动，遍及广州、扬州、洛阳等主要城市，而以国都长安最为集中和繁盛。当时的长安是世界上最大的国际都市，在八世纪前半叶人口已达百万。来自吐蕃、南诏、回鹘、高昌、契丹、康国、史国、曹国、支国、石国、大食、波斯、拂箖、天竺、泥婆罗国、骠国、真腊、扶南、林邑、瞻博、室利佛逝、师子、高丽、新罗、百济、日本等国的使臣络绎不绝。日本的遣唐使仅在中宗、玄宗两代就有四次之多，规模浩大。除使臣之外，长安还住着许多外国的王侯、供职于唐朝的外国官员、外国留学生、学问僧、求法僧、音乐家、舞蹈家、美术家和商贾等各个阶层各种职业的人物。诸如商胡、贾胡、胡姬、胡雏、蕃客、蕃使、蕃儿，胡奴、奚奴、高丽奴、昆仑奴等名称，屡见于当时的文献。盛唐本土文化虽然是当时世界上一种较高的文化，但在向世界传播自己文化的同时，吸取和消化域外文化的有益成分，使自己不断得到新的营养，发展得更加健美，这是完全必要的。唐人以远大的眼光和雄伟的气魄做了这项有历史意义的工作。

在中外文化交流中，有几个方面显得格外突出。

首先是宗教。佛教早在东汉已传入中国，以后逐渐增加了中国的色彩，再向域外传播。佛教经典的翻译和佛教文学的输入给中国的音韵学、文学和艺术所带来的影响，已毋庸赘述。佛教以外，伊斯兰教、祆教、景教和摩尼教也都曾流行过。伊斯兰教限于大食商人的聚居区，影响不大。祆教的流行就广泛得多，据陈垣先生《火祆教入中国考》④，北魏时祆教已开始传入中国，唐朝设有萨宝府专门管理祆教事务，长安有不少祆教祠寺，祆教在初、盛唐十分兴盛。景教是基督教的一个支派。据明天启间出土的《大秦景教流行中国碑》(德宗建中二年立)，景教于唐太宗贞观九年（635）传入中国，这年教士阿罗本自波斯来长安。贞观十二年，唐太宗下诏准其传教，在长安建寺一所，度僧二十一人。天宝四载（745）因景教源自大秦，遂将原称波斯寺的景教寺院正名为大秦寺。诏书说："其两京波斯寺，宜改为大秦寺。天下诸府郡者，亦宜准此。"[5]可见盛唐时景教的传播已不限于长安。据陈垣先生《摩尼教入中国考》[6]，摩尼教于武后延载元年（694）传入中国。开元七年（719）吐火罗国献来一位懂得天文的大慕阇（摩尼教师）。敦煌石窟中所存《摩尼光佛教法仪略》系汉文摩尼教经典，翻译年代在开元十九年。盛唐时摩尼教的流行于此可见一斑。各种宗教的输入带来各不相同的思想、文化，以及各种域外的信息。唐代士大夫喜欢游览寺院，又有住在山林寺观读书的习惯，李白先后隐居青城、徂徕、剡中，也带有就读的性质。李白是一个道教徒，与外来宗教未必有很多接触，外来宗教的直接影响是谈不到的。但各种宗教的传播有利于思想的活跃，使儒术难以确立其一尊的地位。这对于开阔唐人的思想、培养唐人的宏伟气魄、维持文化界自由的气氛，有一定的作用。而这一切对李白的影响却是难以估量的。

其次，在音乐、舞蹈、美术方面，由于广泛地吸取了外来的成分，呈现出绚丽多姿的景象。早在唐太宗平高昌后就设立了十部乐，其中四部来自唐朝境内少数民族，四部来自国外[7]。这些具有浓厚异族色彩的音乐，受到热烈的欢迎，并广泛地流传开来，其中尤以龟兹部最盛。段成式《酉阳杂俎》云："玄宗尝伺察诸王。宁王常夏中挥汗鞔鼓，所读书乃龟兹乐谱也。上知之喜曰：'天子兄弟当极醉乐耳。'"开元、天宝之际，外来的乐舞也很流行，如著名的胡旋舞就是这时由西域传入的。白居易和元稹都有《胡旋女》诗，极写其舞姿之旋疾。在唐代著名的音乐舞蹈家中隶籍米国、曹国、康国、安国的代不乏人。唐代著名画家尉迟乙僧原系于阗贵族，贞观初来长安，任宿卫官，袭封郡公，工画佛像、鬼神、人物、花鸟。在长安慈恩寺塔画"功德"、"凹凸花"及《千手眼大悲像》，为人称赏。"凡画功德人物花鸟，皆是外国之物像，非中华之威仪。”[⑧]晚唐段成式在长安奉慈寺普贤堂所见尉迟画“颇有奇处，四壁画像及脱皮白骨匠意极崄”。[⑨]其画风颇影响盛唐。敦煌石窟中盛唐的壁画和雕塑，以雄伟的气魄、卓绝的造型、丰富的色彩，显示了一个不平凡的时代的精神。

综上所述，盛唐文化以中国本土文化为主体，广泛地吸取了域外文化而蔚为大观，那种相容并蓄的伟大气魄，那种无拘无束的自由精神，对盛唐诗人在心理上和气质上所造成的影响，给诗歌创作带来的活力，的确是不可低估的。因循守旧、模拟保守的习惯势力，在盛唐没有立足之地。新的事物、新的气象、新的追求，带动着诗歌以一种开天辟地般的气势去创造、去攀登、去打开一个又一个新的局面。终于，盛唐诗歌达到了中国这个古老的诗国的高峰。而李白又是适逢其会，走在这个新潮流的最前列。

李白特殊的身世使他更易于接受这种时代潮流的影响。他出生于中亚碎叶，五岁才到四川。碎叶是西域商贾和汉族杂居的地方，不管李白是否有胡人的血统，他幼年一定受到西域文化的洗礼。这使他容易摆脱传统的束缚而易于受异端濡染。入蜀以后，李白受的是多方面的教育：“五岁诵六甲，十岁观百家”(《上安州裴长史书》)、“十五好剑术”(《与韩荆州书》)、“十五游神仙”(《感兴》其五)、“十五观奇书”(《赠张相镐》)。他所谓奇书未必包括域外著述，但并非传统的儒家经典是可以肯定的。胡怀琛先生曾据范传正《李公新墓碑》所载“草答番书”一事，证明李白识外国文。证据虽然不足，但也不是不可能的。李白在岷山之阳和东岩子一起巢居数年，“养奇禽千计，呼皆就掌取食，了无惊猜。”与蜀中友人吴指南同游于楚，指南死于洞庭之上，李白“雪泣持刃，躬身洗削，裹骨徒步，负之而趋”(《上安州裴长史书》)。他所自诩的这些行为也有异于儒生。后来他到过扬州、洛阳、长安，有机会亲自接触外来文化，在长安还和日本人阿倍仲麻吕结成好友。把李白放到中外文化交流的这个背景上去看，他能够成为盛唐文化的伟大代表是一点也不奇怪的。

二

然而，盛唐时代南北文化的交流与中外文化的交流所给予李白的影响，如果从李白的作品中去寻找直接的印记，恐怕并不是一种很好的方法。因为时代风气的熏陶和文化的浸润，是在潜移默化中发挥着作用的。它的痕迹并不表现在字句上，不表现在题材上，诸如写了江南的烟雨、大漠的黄沙、胡姬的压酒、山寺的钟声，等等。主要也不表现在他的诗中赞美了南朝的某个诗人、北朝的某个作家，提到了哪个外国人之类。盛唐文化的乳汁已经化为李白的血肉、骨骼、灵魂、精神。他整个儿地就属于盛唐，也只有盛唐这样的母亲才能培育出李白这样的儿子。寻找李白诗歌与盛唐文化的联系，主要应当从气质上去把握，从才情上去把握。儿子和母亲，面貌固然会相似，但更本质的相似却在气质和才情上。现在就本着这种看法，对李白的诗歌作一番探讨。

李白的诗歌固然有高度的艺术技巧，但若论章法的严密、用典的巧妙、对偶的工整，未必就比别人高明许多。若论比喻的新鲜、想象的奇特、夸张的大胆，虽有过人之处，可是只凭这些显然不足以产生那么强大的艺术力量。李白乃是以气夺人。范传正说得好："受五行之刚气，叔夜心高；挺三蜀之雄才，相如文逸。瑰奇宏廓，拔俗无类。"（《唐左拾遗翰林学士李公新墓碑》）气的充沛与浩大是盛唐文化的特点，也是李白诗歌具有特殊魅力的一个重要原因。至于艺术技巧，不过是在气的统率之下更加充分地发挥了它们的作用而已。

气是一个哲学概念，在先秦诸子的著作中已经屡见不鲜。气的概念首先被引进音乐理论，在《左传》和《大戴礼记》中都有这方面的论述[10]。曹丕写《典论·论文》开始以气论文。此后在绘画、音乐、书法等领域中也运用了气的概念。尽管古人对气的理解和用法不完全相同，但大致说来是指作家、艺术家在进行文艺创作时的思想境界、人格力量、性情才调，以及创作的激情、冲动、勇气等心理准备。说李白的诗以气胜，就是着眼于这些方面的。读者都会感到，李白的诗里有一股与云天比高、与历史等量的气回荡着，使人不得不慑服于他的力量。李白的诗，综而言之，其气奇、其气逸、其气壮；析而论之，有气骨、有气象、有气势。

所谓气奇，是指李白的诗歌显示了超凡的创造力，创造了许多按常规不可思议的诗歌形象，使人惊讶、叹服。南北文化的交流和中外文化的交流，激发了盛唐人的创造力，这在当时的音乐、舞蹈、美术、书法中都已得到了证明。而李白的创造力尤其旺盛。他既尊重传统、学习前人，又勇于创新，走自己的路。东施效颦、邯郸学步，最为他所不齿[11]。他的艺术风格是前无古人的，他的许多诗的写法也是前人不敢想象的。

狂风吹我心，西挂咸阳树。(《金乡送韦八之西京》)

雁引愁心去，山衔好月来。(《与夏十二登岳阳楼》)

我寄愁心与明月，随君直到夜郎西。(《闻王昌龄左迁龙标遥有此寄》)

远海动风色，吹秋落天涯。(《早秋赠裴十七仲堪》，“秋”一作“愁”)

他想象自己的心可以离开身体飞向远方，或随狂风，或随大雁，或随明月。这是多么新奇！

许多自然界的景物，前人曾不止一次地吟咏过，但在李白的笔下又有了新的创造、新的生命，成为新的意象。明月，是经过李白的再创造，才变得格外富有诗意。还有一些自然界的景物，前人似乎忽略了，没有形成饱满的诗歌意象。李白却有新的发现，咏之于诗，成为独具特色的意象。例如海就是这样。自《诗经》开始，写江写河的佳句不胜枚举，写海的除了曹操的《观沧海》之外，留在人们记忆中的就不多了。王均的《早出巡行瞩望山海》、隋炀帝的《望海》、李峤和宋之问的《海》，都不曾给人留下什么印象。写海而能写出海的气魄的，还是要推李白。在“海寒多天风，白波连山倒蓬壶”(《古有所思》)、“木落海水清”(《赠卢征君昆弟》)、“半壁见海日”(《梦游天姥吟留别》)这些诗句中，海和风、日互相配合，构成一幅幅壮观的图画。

也许是因为李白喜欢皎洁的缘故，他的诗里使用最多的色彩词就是“白”。在他的富有创造性的笔下，几乎什么都可以成为白的。“白玉”、“白石”、“白云”、“白雪”、“白霜”、“白浪”、“白日”、“白鸥”，自不待言；就连雨也有白雨：“白雨映寒山，森森似银竹。”（《宿鰕湖》）真是意想不到的妙笔。其他如“青天何历历，明星如白石”（《拟古》其一）、“白云映水摇空城，白露垂珠滴秋月”（《金陵城西楼月下吟》）、“云鬟绿鬓罢梳结，愁如回飙乱白雪”（《久别离》）、“明月不归沉碧海，白云愁色满苍梧”（《哭晁卿衡》）、“洞庭白波木叶稀，燕鸿始入吴云飞”（《临江王节士歌》）。李白就这样用他的诗笔创造了一个前所未有的天地。

李白诗歌的逸气表现为对自由的热爱与追求。李白的诗风飘逸不群，他的才情不受拘束。他一再把自己比作大鹏，在《上李邕》中说：

> 大鹏一日同风起，抟摇直上九万里。假令风歇时下来，犹能簸却沧溟水。时人见我恒殊调，见余大言皆冷笑。宣父犹能畏后生，丈夫未可轻年少。

“殊调”二字正好可以说明他不受世俗观念的束缚、热爱自由、追求自由的性格。《大鹏赋》说得更加清楚：

> 岂比夫蓬莱之黄鹄，夸金衣与菊裳。耻苍梧之玄凤，耀彩质与锦章。既服御于灵仙，久驯扰于池隍。精卫殷勤于衔木，鶢鶋悲愁乎荐觞。天鸡警晓于蟠桃，踆乌晰耀于太阳。不旷荡而纵适，何拘挛而守常。未若兹鹏之逍遥，无厥类乎比方。

李白用以自比的大鹏，既不同于蓬莱的黄鹄、苍梧的玄凤，也不同于衔木的精卫、报晓的天鸡。那些鸟都丧失了自由，唯独大鹏可以无拘无束地翱翔于天地之间。李白不甘心受礼教的约束，不屑于做一名皓首穷经的儒生，他说："拨乱属豪圣，俗儒安可通。"（《登广武古战场怀古》）"儒生不及游侠人，白首下帷复何益。"（《行行且游猎篇》）"谁能书阁下，白首太玄经。"（《侠客行》）"男儿百年且乐命，何须徇书受贫病？男儿百年且荣身，何须徇节甘风尘？衣冠半是征战士，穷儒浪作林泉民。"（《少年行》）他甚至不屑于参加士大夫视为正途的进士考试，而欲凭借自己的社会声望直取卿相，功成身退，依旧还他自由的身份。

这种热爱自由、追求自由的精神，在李白的山水诗中表现得很突出。他笔下那咆哮愤怒、一泻千里的江河，奇险挺拔、高出天外的峰峦，往往是这种精神的体现。李白的求仙、饮酒也曲折地表现了这种精神。他厌恶世俗，向往仙境，想在仙境中求得自由。"少年早欲五湖去，见此弥将钟鼎疏。"（《答王十二寒夜独酌有怀》）"别君去兮何时还，且放白鹿青崖间，须行即骑访名山。"（《梦游天姥吟留别》）"人生在世不称意，明朝散发弄扁舟。"（《宣州谢朓楼饯别校书叔云》）"人间不可以托些，吾将采药于蓬丘。"（《悲清秋赋》）"咸阳市中叹黄犬，何如月下倾金罍。"（《襄阳歌》）这些诗句都抒发了追求自由的热情。李白本是要入世的，理想不能实现，遂借着隐逸求仙、狂歌纵酒来排遣苦闷。李白说"每思欲遐登蓬莱，极目四海，手弄白日，顶摩青穹，挥斥幽愤，不可得也"（《暮春江夏送张祖监丞之东都序》），正是这种心情的表露。

李白追求自由的精神还表现在他不肯让诗歌格律束缚自己，当感情达到高潮时，往往冲破格律的束缚，写出一些散文化的诗句。如"清风朗月不用一钱买，玉山自倒非人推。"（《襄阳歌》）"其险也若此，嗟尔远道之人，胡为乎来哉！"（《蜀道难》）"我且为君捶碎黄鹤楼，君亦为我倒却鹦鹉洲。"（《江夏赠韦南陵冰》）

和中国封建社会其他朝代相比，唐代是一个文化比较自由的时代。李白对自由的热爱与追求，和时代的脉搏是一致的。唐人对李白的这种精神赞颂备至。殷璠说他："志不拘检，常林栖十数载。故其为文章，率皆纵逸。"（《河岳英灵集》）任华说他："多不拘常律，振摆超腾，既俊且逸。”(《杂言寄李白》)张碧说他：“天与俱高，青且无际，鹏触巨海，澜涛怒翻。”(见《唐诗纪事》)范传正说他：“脱屣轩冕，释羁缰锁，因肆情性，大放宇宙间。”(《唐左拾遗翰林学士李公新墓碑》)皮日休说他：“言出天地外，思出鬼神表，读之则神驰八极，测之则心怀四溟，磊磊落落，真非世间语者。”(《刘枣强碑文》)他们都可谓李白的知音。

所谓气壮，表现为一种强烈的自信心，而这也是植根于盛唐时代的。盛唐时代高涨的民族自信心和民族自豪感，培育了李白乐观自信的精神。不论遇到什么困难、挫折和打击，李白都能以积极的态度去对待。他有深沉的苦闷和忧愤，但主导方面还是对前途的自信和斗争的勇气。他的代表作《行路难》其一就有力地证明了这一点：

> 金樽清酒斗十千，玉盘珍羞直万钱。停杯投箸不能食，拔剑四顾心茫然。欲渡黄河冰塞川，将登太行雪满山。闲来垂钓碧溪上，忽复乘舟梦日边。行路难，行路难，多歧路，今安在？长风破浪会有时，直挂云帆济沧海！

这首诗写出了对人生进行思考的一个过程。他茫然过，徘徊过，站在十字路口无所适从。但终于从纷乱的思绪和低沉的情绪中挣脱出来，重又昂起头颅，踏上新的征途。压抑越是沉重，爆发的力量就越是迅猛。千载之下读来仍能令懦者勇、弱者壮！

李白经常写自己的愁，写愁疾、愁颜、愁容、愁心、愁发、愁肠，也写愁猿、愁云。但只要和中唐孟郊、李贺的愁比一比，和晚唐温庭筠、李商隐的愁比一比，和宋词里那类锁在小楼深院中的闲愁比一比，就可以感到李白即使是愁，也是强者之愁，也有一股浩然壮气充溢其间。李白的愁是“万古愁”，可以被大雁引去，也可以被狂风吹落在天涯[12]。真是壮浪纵肆，无涯无际。

李白的气骨一向为人所称颂，甚至传说他“不能屈身，以腰间有傲骨”。（见王琦注《李太白全集》附录引）盛唐时代，随着民族自信心和民族自豪感的上升，人对自身价值的肯定和对自身力量的信心，也达到相当充分的地步。李白粪土权门，蔑视富贵，以布衣的骄傲和王侯相抗衡，以桀骜不逊的态度向社会的庸俗挑战，显示了人格的力量。他高呼“松柏本孤直，难为桃李颜。”（《古风》其十二）“安能摧眉折腰事权贵，使我不得开心颜。”（《梦游天姥吟留别》）“绿萝笑簪绂，丹壑贱岩廊。”（《闻丹丘子于城北山营石门幽居中有高凤遗迹，仆离群远怀亦有栖遁之志，因叙旧以寄之》）“黄金白璧买歌笑，一醉累月轻王侯。”（《忆旧游寄谯郡元参军》）李白以凤和鸡对比，最鲜明地表现了自己的气骨：

> 凤饥不啄粟，所食唯琅玕。焉能与群鸡，刺蹙争一餐！（《古风》其四十）

他既不肯像冯谖那样“弹剑作歌”，“曳裾王门”，更不屑与那班斗鸡走狗之徒为伍。（《行路难》其二）他保持着自己独立的人格，不论出处始终一贯。这是中国古代志士最可宝贵的节操，也是李白诗歌最具魅力的地方。

李白的诗歌恢弘超迈，有吞吐群星、包孕日月的气象。“阳春召我以烟景，大块假我以文章。”（《春夜宴从弟桃李园序》）“吾将囊括大块，浩然与溟涬同科。”（《日出入行》）他似乎有一种和大自然融为一体的近似神秘的感觉，这种感觉常常触发他的灵感，使他的诗具有非凡的气象。在《登太白峰》里他说：

> 太白与我语，为我开天关。愿乘泠风去，直出浮云间。举手可近月，前行若无山。

他想象太白金星替他打开天门，放他飞出云层，他乘着泠风一直飞到月亮的旁边。这几句诗表现了探索大自然的秘密，追求无限和永恒的意志。在李白的心目中，君山可以划去[13]，洞庭湖的月色可以赊来[14]，万里黄河写入胸怀[15]，舞袖一拂五松山就从大地上抹去了[16]。在大自然面前，他不是一个顶礼膜拜者，而俨然是主人的姿态，万象都是他的宾客，都听他的指挥。正如皮日休在《七爱诗》中所说："五岳为辞锋，四海作胸臆。惜哉千万年，此俊不可得。"

李白诗歌的气象也表现在一些政治诗中。他常以鲁仲连、范蠡、乐毅、谢安等人自许，要求自己像他们那样施展才能，"济苍生"，"安社稷"，"使寰区大定，海县清一"。他希望自己有所作为，也相信自己能够有所作为。他一生没有放弃对理想的追求，也没有丧失信心。"天生我材必有用"（《将进酒》），"东山高卧时起来"（《梁园吟》），这种强烈的自信心和使命感，使他的诗气象非凡。即使是安史之乱也没有使他灰心，反而激起他在乱世中建功立业的希望。他高唱：

> 敌可摧，旄头灭，履胡之肠涉胡血。悬胡青天上，埋胡紫塞旁。胡无人，汉道昌。（《胡无人》）
>
> 抚剑夜吟啸，雄心日千里。誓欲斩鲸鲵，澄清洛阳水。（《赠张相镐》其二）

可以说这是战乱中的最强音了！

李白诗歌的气势见诸字句音节，有一种奔腾回旋的动感。《蜀道难》大气磅礴一气呵成，而又回旋往复不能自已。《将进酒》以"黄河之水天上来，奔流到海不复回"开头，整首诗也如万里黄河奔流不息，每一诵读总是回肠荡气。李白喜用七言歌行和七言绝句这两种体裁，就因为它们最宜于表现气势。

叶燮说："李白天才自然，出类拔萃；……非以才得之，乃以气得之也。……苟有气以鼓之，如弓之括力至引满，自可无坚不摧。此在彀率之外者也。……历观千古诗人，有大名者，舍白之外，孰能有是气者乎！”（《原诗·外篇下》）的确是中肯之论。

李白诗歌与盛唐文化，是一个很大的题目。一篇文章难以面面俱到，也难以深入，但这是一个很有吸引力的论题。一个伟大的诗人不可能脱离他的时代，而时代的背景不仅指政治、经济的背景，也应包括文化的背景。抽去文化背景，就难以清楚地认识李白。全面深入地了解盛唐文化，无疑有助于加深对李白的认识。本文只是一个初步的尝试，深入的研究有待来日，更有待学术界的共同努力。

（原载于《文学遗产》1986年第1期）

---

①参看《对酒忆贺监序》，孟棨《本事诗》。

②参看李白《送王屋山人魏万还王屋序》，魏颢《李翰林集序》。

③参看任继愈《中国古代哲学发展的地区性》，见《中华学术论文集》。

④《北京大学国学季刊》第一卷第一号。

⑤《全唐文》卷三二，中华书局影印本第三五七页。

⑥《国学季刊》第一卷第二号。

⑦参看《旧唐书·音乐志》。

⑧朱景玄《唐朝名画录》。

⑨《酉阳杂俎》续集卷六“寺塔记”。

⑩见《左传·昭公二十五年》、《大戴礼记·文王官人》。

⑪《古风》其三十五：“丑女来效颦，还家惊四邻。寿陵失本步，笑杀邯郸人。”

⑫《将进酒》：“与尔同销万古愁。”《与夏十二登岳阳楼》：“雁引愁心去，山衔好月来。”《早秋赠裴十七仲堪》：“远海动风色，吹愁落天涯。”

⑬《陪侍郎叔游洞庭醉后》其三：“刬却君山好，平铺湘水流。”

⑭《陪族叔刑部侍郎晔及中书贾舍人至游洞庭》其二：“且就洞庭赊月色，将船买酒白云边。”

⑮《赠裴十四》：“黄河落天走东海，万里写入胸怀间。”

⑯《铜官山醉后绝句》：“要须回舞袖，拂尽五松山。”

李杜诗歌的风格与意象

李杜风格，论者纷纭，而以严羽的两句话最中肯綮：

> 子美不能为太白之飘逸，太白不能为子美之沉郁。(《沧浪诗话·诗评》)[①]

以飘逸与沉郁对举，最能见出两人的风格特点。飘逸者，如春烟，如秋岚，如天外之鹏飞，如海上之浪翻，无拘无束，舒卷自如，才情豪迈，无迹可求。正可谓“言出天地外，思出鬼神表。读之则神驰八极，测之则心怀四溟”[②]。沉郁者，如深潭，如老松，如涧底之虎啸，如峡中之雷鸣，地负海涵，博大雄深，进退伸缩，皆合法度。正可谓“笔端笼万物，天地入陶冶”[③]。反复吟诵，日愈久而味愈浓。飘逸与沉郁，都属于美之上品，不可加以轩轾抑扬。

飘逸与沉郁这两种风格的形成，首先取决于李杜两人思想、性格的不同，以及创作态度和题材的差异。关于这些，已有不少文章作了深入的讨论，我不准备重复了。这篇文章将从意象的构成、组合与表现等方面对李杜风格作进一步的探讨，以期对李杜的诗歌艺术获得一种新的认识。

一

诗的意象带有强烈的个性特点，最能见出诗人的风格。诗人有没有独特的风格，在很大程度上取决于是否建立了他个人的意象群。一个意象成功地创造出来以后，虽然可以被别的诗人沿用，但往往只在一个或几个诗人笔下才最有生命力，以致这种意象便和这一个或几个诗人联系在一起，甚至成为诗人的化身。菊之于陶渊明，梅之于陆放翁，都有这种密切的关系。谢灵运因为创造了“池塘生春草”这一鲜明的意象，以致后人的诗里一出现池塘春草，便让人联想起谢灵运来。薛道衡因为创造了“空梁落燕泥”这一鲜明的意象，后人的诗里再出现空梁燕泥，便总带着薛道衡的色彩。

在建立自己独特的意象群方面，李白和杜甫都是能手。飘逸与沉郁这两种不同的风格，突出地表现在不同的意象群上。

李白所创造的富于个性特点的意象中最突出的就是飞翔的大鹏了，大鹏宛如李白的化身。他在诗中写道：

> 大鹏一日同风起，抟摇直上九万里。假令风歇时下来，犹能簸却沧溟水。(《上李邕》)

在大鹏身上，李白寄托了自己的理想，倾注了极大的热情。他青年时代所写、中年以后又加以修改的《大鹏赋》，是一篇言志之作。赋前序曰：“余昔于江陵见天台司马子微，谓余有仙风道骨，可与神游八极之表，因著《大鹏遇希有鸟赋》以自广。”这篇赋就《庄子·逍遥游》对大鹏的描写加以发挥，不仅写了它的自由逍遥、无所羁绊，还写出了它那“怒无所搏，雄无所争”的力量。当鲲初化为鹏时，“脱鬐鬣于海岛，张羽毛于天门。刷渤澥之春流，晞扶桑之朝暾。燀赫乎宇宙，凭陵乎昆仑。一鼓一舞，烟朦沙昏。五岳为之震荡，百川为之崩奔”。这气势已经很不平凡了，等它展翅飞翔时更是一番惊天动地的景象：“簸鸿蒙，扇雷霆，斗转而天动，日摇而海倾。”“上摩苍苍，下覆漫漫。盘古开天而直视，羲和倚日以旁叹。”这大鹏既不同于蓬莱之黄鹄、苍梧之玄凤，也不同于衔木的精卫、报晓的天鸡。那些鸟或“驯扰于池隍”，或“拘挛于守常”，都没有自由。唯独大鹏不受任何束缚，任意地飞翔于天地之间。李白就这样在大鹏的意象中表现了自己的个性。直到临死前，李白还不能忘怀于大鹏，他沉痛地唱道：

大鹏飞兮振八裔，中天摧兮力不济。(《临终歌》)

在对大鹏的哀挽中，李白总结了自己的一生。

李白在黑暗的现实中找不到出路，森严的封建礼法和庸俗的社会风气又使他感到窒息。他渴望打破黑暗的牢笼，腾风凌云，获得个人的自由与解放。他高呼道：

大道如青天，我独不得出。(《行路难》)

摧残槛中虎，羁绁韝上鹰。何时腾风云，搏击申所能。(《赠新平少年》)

骕骦本天马，素非伏枥驹。……希君一剪拂，犹可骋中衢。(《赠崔咨议》)

他梦想着山野，梦想着云天，梦想着没有止境的大道。他有无穷无尽的活力，要按照自己的意愿去奔驰、去飞翔。他还借凤凰言志：

凤饥不啄粟，所食唯琅玕。焉能与群鸡，刺蹙争一餐。朝鸣昆丘树，夕饮砥柱湍。归飞海路远，独宿天霜寒。(《古风》其四十)

鸡聚族以争食，凤孤飞而无邻。(《鸣皋歌送岑征君》)

李白笔下的凤凰宁可孤飞远举，而不甘于和群鸡争食，也是很有个性特点的。

以上所举的槛中虎，韝上鹰，渴望奔驰的骕骦，不与群鸡为伍的凤凰，都和那自由逍遥的大鹏一样，是李白所创造的具有独特风格的意象。

李白在山水诗里也创造了许多带有个性特点的意象。他笔下的黄河、长江，奔腾咆哮，一泻千里："黄河之水天上来，奔流到海不复回。"④"黄河落天走东海，万里写入胸怀间。"⑤"登高壮观天地间，大江茫茫去不还。黄云万里动风色，白波九道流雪山。"⑥他笔下的山峰峥嵘挺拔，高出天外："连峰去天不盈尺，枯松倒挂倚绝壁。"⑦"庐山秀出南斗傍，屏风九迭云锦张。"⑧还有那"飞流直下三千尺"⑨的瀑布，都具有超凡的气概，曲折地表现了李白冲决束缚、追求自由的热情，可以见出他飘逸不群的风格。

李白厌恶当时社会的污浊、黑暗和虚伪，却又无法摆脱它，只好到幻想的仙境中和醉乡里去求解脱。于是，仙与酒便成为李白常常吟咏的题材，由此构成的意象也最富有李白的特色。如："别君去兮何时还，且放白鹿青崖间，须行即骑访名山。安能摧眉折腰事权贵，使我不得开心颜。"⑩"钟鼓馔玉不足贵，但愿长醉不用醒。"⑪"清风朗月不用一钱买，玉山自倒非人推。"⑫"黄金白璧买歌笑，一醉累月轻王侯。"⑬"抽刀断水水更流，举杯消愁愁更愁。人生在世不称意，明朝散发弄扁舟。"⑭李白借求仙学道、纵酒狂歌来排遣内心的苦闷，寄托对现实的不满，表示对权贵的轻蔑。正如他自己所说，是"绿萝笑簪绂，丹壑贱岩廊"⑮。他的嘲笑，嘲笑中所表现出来的超尘绝俗的气概，很能反映他的为人。

侠与剑在李白的意象群里占有突出的地位。李白好任侠，重义气，轻财好施，不事产业，他本人就是一个豪侠之士，他的许多朋友也颇有豪侠之风。他在诗里常常以饱满的热情歌颂任侠的精神："纵死侠骨香，不惭世上英。"⑯"托身白刃里，杀人红尘中。当朝揖高义，举世钦英风。"⑰李白对剑的吟咏也是寄托了感慨的："抚剑夜吟啸，雄心日千里。"⑱"宁知草间人，腰下有龙泉。浮云在一决，誓欲清幽燕。"⑲"雄剑挂壁，时时龙鸣。不断犀象，绣涩苔生。"⑳"壮心愤，雄心生，安得倚天剑，跨海斩长鲸。"㉑在这些诗句里，诗人的自我形象和剑的意象互相映衬着，表现了不甘流俗、积极奋发的情怀。

明月在李白的意象群里占有更突出的地位。李白从小就喜欢明月，《古朗月行》说：

小时不识月，呼作白玉盘。又疑瑶台镜，飞在青云端。

在幼小的李白的心灵里，明月已经是光明皎洁的象征了。他常常借明月寄托自己的理想，并热烈地追求她：

青天有月来几时，我今停杯一问之。人攀明月不可得，月行却与人相随。（《把酒问月》）

俱怀逸兴壮思飞，欲上青天揽明月。（《宣州谢朓楼饯别校书叔云》）

他想攀明月，又想揽明月，都表现了他对于光明纯洁的向往和追求。这种向往之情是那样真挚深切，以致连他的死也有传说，说是醉后入水中捉月而死的。这说明人民群众完全理解李白对明月的感情。在他的诗里，明月的意象十分超逸而飞动，有时又很有人情味：

明月出天山，苍茫云海间。长风几万里，吹度玉门关。（《关山月》）

罗帏舒卷，似有人开。明月直入，无心可猜。（《独漉篇》）

暮从碧山下，山月随人归。（《下终南山过斛斯山人置酒》）

他简直是以儿童的天真在望月的！他又常把明月引为知己朋友，他想象明月可以伴他饮酒："举杯邀明月，对影成三人。"[22] 明月可以送他远行："湖月照我影，送我至剡溪。"[23] 明月还可带着他的心送朋友到远方："我寄愁心与明月，随君直到夜郎西。"[24] 他的生活里好像离不开明月，当月色不足时，他甚至想赊得些来："且就洞庭赊月色，将船买酒白云边。"[25]"且就东山赊月色，酣歌一夜送泉明。"[26] 在他的想象里，月色可以一赊再赊，像赊酒一样到处去赊的。明月又常常使李白回忆起自己的故乡四川。他年轻时曾游历过峨眉山，峨眉山月给他留下深刻的印象，他在《峨眉山月歌》里说："峨眉山月半轮秋，影入平羌江水流。夜发清溪向三峡，思君不见下渝州。"他晚年在武昌又写了一首《峨眉山月歌送蜀僧晏入中京》，诗里说："我在巴东三峡时，西看明月忆峨眉。月出峨眉照沧海，与人万里长相随。"明月是如此触动李白的乡情，他一看到明月便想起峨眉，想起家乡四川，所以在那首著名的《静夜思》中才会说："举头望明月，低头思故乡。"明月可以说是激发李白诗歌灵感的火镰，明月的意象也只有在李白的诗中才具有这样丰富的内容和意义。

杜甫另有他独特的意象群。杜甫伤时忧国的情怀借着客观物象表现出来，形成带有浓厚忧郁色彩的意象。那"所遇多被伤，呻吟更流血"的路人[27]，那"日暮不收乌啄疮"的瘦马[28]，那"萧萧半叶死"的病橘[29]，那被"玉露凋伤"的枫林[30]，以及"群胡归来"携带的血洗的箭[31]，沧江之上夜半的觱篥声[32]，都是构成杜诗沉郁风格的意象。《自京赴奉先县咏怀五百字》末尾说："忧端齐终南，澒洞不可掇。"诗人的忧愁竟像终南山一样的广袤而不可收拾。在另外的诗里他又说："日日江草唤愁生"，"日日愁随一线长"[33]，他的忧愁又可以像抽丝一样随时随地抽出来，是那样地缠绵。与忧愁联结在一起的是秋的萧瑟与衰飒："萧萧古塞冷，漠漠秋云低。"[34]"万壑树声满，千崖秋气高。"[35]"哀哀寡妇诛求尽，恸哭秋原何处村。"[36]"寒衣处处催刀尺，白帝城高急暮砧。"[37]"清秋幕府井梧寒，独宿江城蜡炬残。"[38]在一片衰飒的秋风中，衬出乱世的哀愁与个人的迟暮之感，这些意象最能表现杜诗沉郁的风格。

"七龄思即壮，开口咏凤凰。"[39]凤凰也是杜诗中具有个性特点的意象。李白诗中的凤凰孤高自重，象征洁身自好的隐者；杜甫笔下的凤凰仁爱善良，简直是替众鸟受难的圣贤。《朱凤行》说：

> 君不见潇湘之山衡山高，山巅朱凤声嗷嗷。侧身长顾求其曹，翅垂口噤心劳劳。下愍百鸟在罗网，黄雀最小犹难逃。愿分朱实及蝼蚁，尽使鸱

枭相怒号。

这只朱凤也就是杜甫自身的象征。凤凰自古就被视为祥瑞，《山海经》说："是鸟自歌自舞，见则天下安宁。"《尚书考灵耀》说："明王之治，凤凰下之。"所以杜甫在诗里热情地呼唤它的降临："干戈兵革斗未止，凤凰麒麟安在哉！"[40]《凤凰台》说：

> 亭亭凤凰台，北对西康州。西伯今寂寞，凤声亦悠悠。山峻路绝踪，石林气高浮。安得万丈梯，为君上上头。恐有无母雏，饥寒日啾啾。我能剖心血，饮啄慰孤愁。心以当竹实，炯然无外求。血以当醴泉，岂徒比清流。所重王者瑞，敢辞微命休。……再光中兴业，一洗苍生忧。深衷正为此，群盗何淹留。

这首关于凤凰的寓言诗，充分地表现了杜甫沉郁的风格。

病柏、病橘、枯楠、枯棕、瘦马、病马，是杜诗中一组颇能代表其风格的意象。在这些被损害与被遗弃的生物身上，杜甫表现了多种深沉而忧郁的情思。《病柏》象征国家的破败。《病橘》讽刺君王的奢侈。《枯楠》"慨大材以违时不用，而小材力不任重也"[41]。《枯棕》比喻被剥削的人民。《瘦马行》以瘦马喻指被遗弃的人才。《病马》见爱物之心。这些意象都是深沉蕴藉的。

杜甫晚年曾流徙于长江上游一带，高江急峡遂成为他诗中常常出现的个性化的意象：

> 高江急峡雷霆斗，古木苍藤日月昏。(《白帝》)
> 江间波浪兼天涌，塞上风云接地阴。(《秋兴》)
> 五更鼓角声悲壮，三峡星河影动摇。(《阁夜》)
> 草阁柴扉星散居，浪翻江黑雨初飞。(《解闷》)

恐怕还没有哪一个诗人像杜甫这样对三峡一带的景物作过如此生动的

描绘。杜甫笔下的这些景物往往笼罩着一层阴郁凄凉的色彩，有一种沉重悲怆的气氛。诗人的感情也如锁在峡中的江流，痛苦地翻滚着，回荡着，想要冲出峡去却又冲不出去。这是一声声闷雷、一个个旋涡，和李白笔下那一泻千里的波涛相比，是两种不同的情趣，两种迥异的风格。

二

前人说李诗万景皆虚，杜诗万景皆实[42]，固然未必十分确切，但从意象的虚实上的确可以看出李杜风格的不同。

李白虽不乏对于景物的精确描写，但许多诗是写胸中丘壑，不能当成真山真水看待的。如："黄河之水天上来"[43]，"黄河万里触山动"[44]，"一风三日吹倒山，白浪高于瓦官阁"[45]，"上有六龙回日之高标，下有冲波逆折之回川"[46]，"熊咆龙吟殷岩泉，慄深林兮惊层巅"[47]，"飞流直下三千尺，疑是银河落九天"[48]，这些景物都带有很大的虚拟成分。

李白诗歌的意象常常是超越现实的，他很少对生活细节作精致的描绘，而是驰骋想象于广阔的空间和时间，穿插以历史、神话、梦境、幻境，用一些表面看来互相没有逻辑联系的意象，拼接成具有强烈艺术效果的图画。《梦游天姥吟留别》、《梁甫吟》、《远别离》就是这方面的代表作。李白的夸张是最大胆的，像"白发三千丈"[49]，"燕山雪花大如席"[50]，这样的句子恐怕只有李白才写得出。李白的想象是最奇特的，"狂风吹我心，西挂咸阳树"[51]，"我寄愁心与明月，随君直到夜郎西"[52]，这样的天真恐怕也只有李白才会有的。

杜甫虽然也用夸张的手法，他的诗也有想象的成分，但总的看来却是偏于写实的，如"圆荷浮小叶，细麦落轻花"[53]，"鸬鹚西日照，晒翅满渔梁"[54]，"塞柳行疏翠，山梨结小红"[55]，"星垂平野阔，月涌大江流"[56]，"薄云岩际宿，孤月浪中翻"[57]，无论是细小的景物或宏伟的景物，都给人以逼真之感。他的一些纪游诗，如《铁堂峡》、《盐井》、《石龛》、《积草岭》、《泥功山》、《木皮岭》、《白沙渡》、《水会渡》、《飞仙阁》、《龙门阁》、《剑门》、《阆山歌》、《阆水歌》，简直是一幅幅描绘山水景物和风土人情的图画，可以补地理记载之不足的。

杜诗的意象多取自现实生活，他善于刻画眼前真实具体的景物，表现内心感情的细微波澜。杜甫写诗往往从实处入手，逐渐推衍到有关国家和人民命运的统摄全局的问题。杜甫赞赏王宰的山水画，说他能在尺幅的画面中表现出万里之势，杜甫自己的诗也是如此。杜甫有些诗是从身边琐事引申出国计民生的大问题。《茅屋为秋风所破歌》开头和中间写得很实、很细，让人读后如亲临其境，末尾才把读者的视线引到一个重大的社会主题上来。杜甫还有些诗是把重大的社会政治内容和生活的细节穿插起来。《春望》首联“国破山河在，城春草木深”，大处着眼，何等悲壮；颔联“感时花溅泪，恨别鸟惊心”，改从小处落笔，又是何等细腻！又如《北征》，由国写到家，再由家写到国，用自己一个家庭的遭遇反映整个国家的变化。在纵论国家大事之中，插入一段关于儿女衣着的细节描写，用这个真实的细节反映战乱带给人民的苦难，表现了国破之痛。

李白写诗往往在虚处用力，虚中见实。杜甫写诗则在实处用力，实中有虚。在虚处用力，妙在烘托，虚写好了，实可以让读者自己去联想补充，诗的意象不粘不滞，显得飘逸。在实处用力，妙在刻画，在深入的刻画之中见出气魄，诗的意象不浮不泛，显得沉郁。李白的《古风》其十九“西上莲花山”和杜甫的古诗《悲陈陶》，都是以安史之乱为题材的古体诗，篇幅的长短也差不多，但虚实的处理不同，风格就很不一样。《古风》其十九：

> 西上莲花山，迢迢见明星。素手把芙蓉，虚步蹑太清。霓裳曳广带，飘拂升天行。邀我登云台，高揖卫叔卿。恍恍与之去，驾鸿凌紫冥。俯视洛阳川，茫茫走胡兵。流血涂野草，豺狼尽冠缨。

把重大的社会政治内容嵌入一次游仙活动之中。诗人从高高的天空俯视人间，风格真够飘逸的了。诗的大半是写游仙，最后四句才写到安史之乱。而对安史之乱的描写，也似乎不甚着力。但它给人留下的印象却是十分深刻的，特别是安史之乱给人民带来的灾难，这场动乱的破坏性、血腥味，很突出地显现了出来，诗人的忧虑和悲愤也流露在字里行间。《悲陈陶》则是另一种写法：

> 孟冬十郡良家子，血作陈陶泽中水。野旷天清无战声，四万义军同日死。群胡归来血洗箭，仍唱胡歌饮都市。都人回面向北啼，日夜更望官军至。

这首诗围绕着陈陶斜战役，对官军、安史军和长安人民三个方面都写到了，实景实情，感人至深。那血洗之箭，那滥饮狂歌的群胡，那北向而啼的都人，仿佛一个个电影的特写镜头，对比很鲜明。杜甫当时身在长安，他是目击者，是北啼的都人中的一员。《悲陈陶》犹如用诗的形式写成的通讯报道，真实而深挚，是典型的沉郁之作。

袁中郎《答陶石篑编修》："青莲能虚，工部能实。青莲唯一于虚，故目前每有遗景；工部唯一于实，故其诗能人而不能天，能大化而不能神。"

这段话道出了李杜的不同。

三

李杜风格的不同，还表现在意象的组合方式上。

李白诗中意象的组合比较疏朗，好像疏体的写意画，三两传神之笔可能胜过满纸的勾画。没有这种疏朗之气，也就不会有飘逸之风。李白不肯在诗里堆砌过多的意象，不少诗是一句一个意象，或两句合起来才构成一个完整的意象，读起来疏疏朗朗，没有沉闷壅塞之感。而每一个意象又总是力求鲜明，耐人寻味。如："雪花大如手"[58]，"长安一片月"[59]，"桃花潭水深千尺”[60]，“相看两不厌，只有敬亭山”[61]，“上有无花之古树，下有伤心之春草”[62]，“正是桃花流，依然锦江色”[63]，“两岸猿声啼不住，轻舟已过万重山”[64]，这类诗句在李白集中常见，很能代表他的风格。孙觌说李诗“疏宕”[65]，是中肯之论。

杜甫诗中意象的组合比较紧密，往往把几个意象压缩在一句诗中，显得凝重、老成、深沉。杜甫的诗密度大，容量也大，意象一个接一个层出不穷，读起来有无穷的回味。如《登高》：

风急天高猿啸哀，渚清沙白鸟飞回。无边落木萧萧下，不尽长江滚滚来。万里悲秋常作客，百年多病独登台。艰难苦恨繁霜鬓，潦倒新停浊酒杯。

颈联，仇兆鳌引罗大经曰：“万里，地辽远也。悲秋，时惨凄也。作客，羁旅也。常作客，久旅也。百年，暮齿也。多病，衰疾也。台，高迥处也。独登台，无亲朋也。十四字之间含有八意。”其实不止这两句，整首诗的意象都组织得十分紧密。此外如：“江浦雷声喧昨夜，春城雨色动微寒”[66]，“江风萧萧云拂地，山木惨惨天欲雨”[67]，“窗含西岭千秋雪，门泊东吴万里船”[68]，“细草微风岸，危樯独夜舟”[69]，“无风云出塞，不夜月临关”[70]，“含风翠壁孤云细，背日丹枫万木稠”[71]，“新亭举目风景切，茂陵著书消渴长”[72]，都是意象密度很大的句子。从语法的角度看，杜诗多用复句，而且常常省略关联成分或经过倒装，如：

绿垂风折笋，红绽雨肥梅。[73]

绿垂者乃被风折断之笋，红绽者是经雨浇肥之梅。杜甫把虚词通通省去，只留下一些形容词、动词、名词，把它们直接连在一起，句子十分紧凑。这两句诗按照一般的叙述次序是：被风折断的绿笋低垂着，经雨浇肥的红梅绽开了。杜甫加以倒装，先说“绿垂”、“红绽”，这是笋和梅给他的初始印象。然后再说这“绿垂”的、“红绽”的是什么东西。两件普通的事物，几个常见的词语，经过杜甫独具匠心的组织与搭配，便诗意盎然了。又如：

> 星垂平野阔，月涌大江流。[74]

“星垂”和“月涌”是目之所见，“平野阔”和“大江流”是心之推想。在黑夜中只能见到星、月之类光亮的事物，平野和大江是看不见的。杜甫是由星的低垂和水中月光的闪烁，想象船已行至平野，大江正在奔流。杜甫把想象的过程和起连接作用的虚词一概省去，让实见的景与想象的景直接搭配，紧凑而有力。

李杜意象疏密的不同还表现在诗的章法上。李白的诗章法疏宕，跳跃性强。如《独漉篇》：

> 独漉水中泥，水浊不见月，不见月尚可，水深行人没。越鸟从南来，胡雁亦北度，我欲弯弓向天射，惜其中道失归路。落叶别树，飘零随风，客无所托，悲与此同。罗帏舒卷，似有人开，明月直入，无心可猜。雄剑挂壁，时时龙鸣，不断犀象，绣涩苔生。国耻未雪，何由成名。神鹰梦泽，不顾鸱鸢，为君一击，鹏抟九天。

王琦曰：“此诗依约古辞，当分六解。解各一意，峰断云连，似离似合，其体固如是也。”所谓“峰断云连，似离似合”，正好可以说明李白诗歌意象之间的跳跃性。除《独漉篇》以外，《远别离》、《宣州谢朓楼饯别校书叔云》在这方面也很有代表性。

和这个特点相联系的另一个特点是，李白的诗节律比较急迫，有一股不断向前冲击的力量。似乎语言的流速赶不上感情的流速，语言被感情的激流冲着一口气倾泻而出，简直来不及推敲。他的好处也恰恰在来不及推敲或无须乎推敲上。可以说，李白的诗是迸发式，宛若天际的狂飙，喷溢的火山，狂呼怒叱，纵横变幻，有一种震撼人心的威力，使读者在惊异之中得到美感。《蜀道难》开头几句简直是喊出来的：

> 噫吁嚱，危乎高哉！蜀道之难，难于上青天！

中间的部分，跳掷腾挪，句子趋于散文化，似乎李白还顾不上锤炼加工就倾泻而出了，并且一口气倾泻到底：

> 上有六龙回日之高标，下有冲波逆折之回川。黄鹤之飞尚不得过，猿猱欲度愁攀援。……其险也若此，嗟尔远道之人胡为乎来哉！剑阁峥嵘而崔嵬，一夫当关，万夫莫开。所守或匪亲，化为狼与豺。朝避猛虎，夕避长蛇，磨牙吮血，杀人如麻。锦城虽云乐，不如早还家。

其气势之豪放，口吻之急迫，好像一通战鼓，一阵雷鸣，如大江之来潮，如高山之雪崩，真足以“惊风雨”而“泣鬼神”了。

可以和《蜀道难》媲美的，还有《将进酒》、《行路难》、《扶风豪士歌》、《梦游天姥吟留别》、《把酒问月》、《早发白帝城》等许多诗篇。那跳动的、急迫的节律，一泻千里的气势，让人觉得李白是不假思索一挥而就的。

杜甫当然也有节律较急迫的诗，如《闻官军收河南河北》。但总的看来，诗歌意象之间的脉络相当分明，章法十分严密，节律回旋舒缓，有一种沁人心脾的渗透力。他的诗总是缓缓地不知不觉地渗入人的心灵深处。“随风潜入夜，润物细无声”，用杜甫形容春雨的这两句诗来形容他自己的诗也是很恰当的。杜甫作诗不像李白脱口而出，诗在他的心里回旋着，在他的嘴边沉吟着，不打几个转儿是不肯放它出来的，而杜诗的好处恰恰就在这股磨劲上。杜诗不像李诗那样明快，那样有震撼力，那样一下子把人俘虏了去。但它那些组织严密而又巧妙的意象，配上回旋舒缓的节律，却能更牢固地将你擒住，使你久久难忘。这就是沉郁的好处。正如陈廷焯《白雨斋词话》所说："所谓沉郁者，意在笔先，神馀象外，……又必若隐若现，欲露不露，反复缠绵，终不许一语道破。匪独体格之高，亦见性情之厚。"试看《望岳》：

> 岱宗夫如何，齐鲁青未了。造化钟神秀，阴阳割昏晓。荡胸生曾云，决眦入归鸟。会当凌绝顶，一览众山小。

仇兆鳌曰："诗用四层写意。首联，远望之色。次联，近望之势。三联，细望之景。末联，极望之景。"层次脉络很分明，意象之间互相映衬配合，安排得十分妥帖。此外，如《登楼》、《秋兴》、《宿府》等杜甫的代表作，无不是以密集的意象，回旋而舒缓的节律，巧妙地组成巨幅的绘画。杜诗以这种内在的、沉郁的力量所开辟的境地，是后世的许多诗人倾慕向往而又难以企及的。

（原载于《社会科学战线》1981 年第 4 期）

---

①以飘逸论李白并不始于严羽，在他之前，苏轼说过："太白诗飘逸绝尘。"王安石说过："白之歌诗，豪放飘逸。"再早，杜甫在《春日忆李白》里已经提到："白也诗无敌，飘然思不群。清新庾开府，俊逸鲍参军。"任华《杂言寄李白》也说："古来文章有奔逸气，耸高格，清人心神，惊人魂魄，我闻当今有李白。"可见以飘逸概括李白诗歌的风格，是唐宋以来公认的看法。以沉郁论杜甫已经公认，毋庸多辩。

②皮日休《刘枣强碑》，《皮子文薮》卷四。

③李纲《杜子美》诗，仇兆鳌《杜少陵集详注》引。

④《将进酒》，王琦注《李太白全集》卷三。

⑤《赠裴十四》，同上卷九。

⑥《庐山谣》，同上卷一四。

⑦《蜀道难》，同上卷三。

⑧《庐山谣》，同上卷一四。

⑨《望庐山瀑布》其二，同上卷二一。

⑩《梦游天姥吟留别》，同上卷一五。

⑪《将进酒》，王琦注《李太白全集》卷三。

⑫《襄阳歌》，同上卷七。

⑬《忆旧游寄谯郡元参军》，同上卷一三。

⑭《宣州谢朓楼饯别校书叔云》，同上卷一八。

⑮《闻丹丘子于城北山营石门幽居中有高凤遗迹，仆离群远怀亦有栖遁之志，因叙旧以寄之》，同上卷一三。

⑯《侠客行》，同上卷三。

⑰《赠从兄襄阳少府皓》，同上卷九。

⑱《赠张相镐》其二，同上卷一一。

⑲《在水军宴赠幕府诸侍郎》，同上卷一一。

⑳《独漉篇》，同上卷四。

㉑《临江王节士歌》，同上卷四。

㉒《月下独酌》其一，同上卷二三。

㉓《梦游天姥吟留别》，同上卷一五。

㉔《闻王昌龄左迁龙标遥有此寄》，同上卷一三。

㉕《陪族叔刑部侍郎晔及中书贾舍人至游洞庭》其二，同上卷二〇。

㉖《送韩侍御之广德》，同上卷一八。

㉗《北征》，仇兆鳌《杜少陵集详注》卷五。

㉘《瘦马行》，同上卷六。

㉙《病橘》，同上卷十。

㉚《秋兴》其一，同上卷一七。

㉛《悲陈陶》，同上卷四。

㉜《夜闻觱篥》，同上卷二二。

㉝《愁》、《至日遣兴奉寄北省旧阁老两院故人二首》其一，同上卷一八、卷六。

㉞《秦州杂诗》其十一，同上卷七。

㉟《王阆州筵酬十一舅》，同上卷一二。

㊱《白帝》，同上卷一五。

㊲《秋兴》其一，同上卷一七。

㊳《宿府》，同上卷一四。

㊴《壮游》，同上卷一六。

㊵《又观打鱼歌》，同上卷一一。

㊶陈沆《诗比兴笺》。

㊷《李太白全集》王琦注引《屠纬真文集》曰：“或谓杜万景皆实，李万景皆虚。”

㊸《将进酒》，王琦注《李太白全集》卷三。

㊹《西岳云台歌送丹丘子》，同上卷七。

㊺《横江词》其一，同上卷七。

㊻《蜀道难》，同上卷三。
㊼《梦游天姥吟留别》，同上卷一五。
㊽《望庐山瀑布》其二，同上卷二一。
㊾《秋浦歌》其一五，同上卷八。
㊿《北风行》，同上卷三。
51《金乡送韦八之西京》，同上卷一六。
52《闻王昌龄左迁龙标遥有此寄》，同上卷一三。
53《为农》，仇兆鳌《杜少陵集详注》卷九。
54《田舍》，同上卷九。
55《雨晴》，同上卷七。
56《旅夜书怀》，同上卷一四。
57《宿江边阁》，同上卷一七。
58《嘲王历阳不肯饮酒》，《李太白全集》卷二三。
59《子夜歌》其三，同上卷六。
60《赠汪伦》，同上卷一二。
61《独坐敬亭山》，同上卷二三。
62《灞陵行送别》，同上卷一七。
63《荆门浮舟望蜀江》，同上卷二二。
64《早发白帝城》，同上卷二二。
65见《李太白全集》王琦注引。
66《遣闷戏呈路十九曹长》，仇兆鳌《杜少陵集详注》卷一八。
67《发阆中》，同上卷一二。
68《绝句四首》其三，同上卷一三。
69《旅夜书怀》，同上卷一四。
70《秦州杂诗》其七，同上卷七。
71《涪城县香积寺官阁》，同上卷一二。
72《十二月一日》其二，同上卷一四。
73《陪郑广文游何将军山林》其五，同上卷二。
74《旅夜书怀》，同上卷一四。

长吉歌诗与词的内在特质

一

向来论词之形成，大都重在体制与格律方面，这诚然是很重要的。词和诗的一个重要区别就在这里。词的体制与格律又和音乐有密切的关系，所以词体的形成也与音乐关系至深。这些都毋庸赘言了。

然而，词之能够独立为一体，除了在体制格律方面有别于诗以外，总还应当有更内在的东西，这就是词之所以为词的那种特殊的艺术观照，包括题材的选择、感情的抒发、情调、趣味等等在内的，适应词这种体裁赖以产生的特殊背景及其特殊功用的内在特质。

关于词和诗的内在区别早在北宋就已开始注意了。《苕溪渔隐丛话》引王直方《诗话》云：

> 东坡尝以所作小词示无咎、文潜，云："何如少游？"二人皆对云："少游诗似小词，先生小词似诗。"①

在晁补之和张耒的心目中，诗和词的区别不仅在体制格律这些从外边一看就明白的地方，还有更内在的特质。关于少游诗似小词，后来元好问《论诗绝句》有进一步的论述：

> "有情芍药含春泪，无力蔷薇卧晚枝。"拈出退之《山石》句，始知渠是女郎诗。②

如此说来词是比较女性的了。此外，王士禛在《花草蒙拾》中论诗词的分界曾经举晏殊为例，晏殊有句曰："无可奈何花落去，似曾相识燕归来。"既见于他的《浣溪纱》词，又见于他的七律《示张寺丞王校勘》，王士禛认为这两句像词而不像诗，这也是着眼于内在的区别[③]。张惠言《词选序》说词之为体"低徊要眇"。王国维《人间词话删稿》说："词之为体，要眇宜修。能言诗之所不能言，而不能尽言诗之所能言。诗之境阔，词之言长。"今之学者缪钺先生在《词论》中以"文小"、"质轻"、"径狭"、"境隐"四者作为词的特点[④]。他们也都注重于内在的特质。

参考以上各家之言，在更高的层次上加以概括，我认为以下几点最为重要：第一，词是一种都市的娱乐性的文学；第二，词是女性的软性的文学；第三，词是抒情细腻的文学；第四，词是感情低徊感伤的文学。当然这只是就词的本始面貌而言，也就是就前人所谓词的本色而言，后来兴起的豪放词又当别论了。

在词体的形成过程中，如果只是有了词的体制格律而无词的内在特质，犹如穿上了词之外衣而无词之精神气度，尚不能算是成熟的词。在这过程中，词人的努力一方面是追求体制格律的完善，另一方面则是确立和充分发挥词的内在的艺术特质。温庭筠、韦庄、冯延巳、李煜等人之所以能成为一代词家，而有别于张志和、韦应物、刘禹锡等早期尝试写词的诗人，一个重要的原因就是他们大约在同一时期共同发挥了这种特质，从而为词确立了它所特有的艺术规范。

在词的内在特质建立的过程中，有一个有趣的现象，这就是李长吉（李贺）歌诗的出现。长吉歌诗当然是诗而不是词，但其中相当大一部分诗的趣味、情调，其所构成的氛围，已和传统的诗不同，似乎可以说这是诗中的词。本文试图论证长吉歌诗已经具有词的内在特质，并对词的内在特质的形成产生过影响。至于长吉对宋代词人贺铸、吴文英的影响，张炎在《词源》中已经言及；长吉对史达祖的影响，姜夔也曾言及[⑤]；长吉对周邦彦、姜夔的影响，郑文焯也已言及[⑥]。今人朱君亿、张惠康两先生也分别撰有论文，言及长吉对包括苏辛在内的诸多词人的影响[7]。关于这些我就不想重复了。

二

中国的诗本是起源于乡村的，是以乡村生活为背景的歌唱，《诗经》的主体部分十五国风大都如此，《楚辞》中的《九歌》也是如此。词的情况和诗有所不同，词乃是都市的文学，原是配合秦楼楚馆中歌伎们的流行曲调，为了侑酒佐欢而兴盛起来的。这是都市的流行歌曲，是以都市生活为背景的歌唱。都市有都市的趣味，秦楼楚馆也自有不同于乡野的情调。诗词的分野如果从这个角度去看也许更清楚些。

我们把长吉的歌诗放到诗、词赖以产生的这两种不同的背景上考察，就会明显地感到他的歌诗具有浓厚的都市色彩[8]，而和词有近似之处。这倒不是因为它们的题材多取自城市，而是在于那种眼花缭乱、纷至沓来、光怪陆离的感官印象的凸现，它们和秦楼楚馆里灯红酒绿的筵席非常合拍！且看这首《残丝曲》：

垂杨叶老莺哺儿，残丝欲断黄蜂归。绿鬓少年金钗客，缥粉壶中沉琥珀。花台欲暮春辞去，落花起作回风舞。榆荚相催不知数，沈郎青钱夹城路。

这首诗写一群青年男女的暮春冶游，末句的“夹城路”点明是在城市里。而“绿鬓少年金钗客”也让人联想到那些市井中的浮华男女。他们怎样度过青春年华呢？“缥粉壶中沉琥珀”，将青春浸在了酒醉之中。季节正是暮春，“垂杨叶老”，“残丝欲断”，落在地上的花又被风吹起回旋飞舞，街市两旁的榆树生出串串榆钱。诗人用浓墨重彩绘出都市的街景，记录了他感官的印象。这首诗从头到尾洋溢着都市的情调，正适合秦楼楚馆的歌唱。

再看《大堤曲》：

妾家住横塘，红纱满桂香。青云教绾头上髻，明月与作耳边珰。莲风起，江畔春，大堤上，留北人：郎食鲤鱼尾，妾食猩猩唇。莫指襄阳道，绿浦归帆少。今日菖蒲花，明朝枫树老。

《一统志》："大堤在襄阳府城外。"城外的这道大堤当是送别之所。家住横塘的少女香艳绝人，当春天莲风吹起的时候在大堤上挽留北归的客人。"郎食"二句一向解释为回忆共食美肴的欢乐生活，我认为另有情爱的暗示。"莫指"二句是说别后难逢，"今日"二句是说青春易老不当别离。这整首诗简直就是楚馆中歌妓的口吻。

《河南府试十二月乐词并闰月》也具有浓厚的都市情调。这组诗写一年十二个月再加上闰月的季候节令，竟没有一首是以乡村为背景的。其中有的以都市为背景，有的以宫廷为背景，宫廷也是都市的一部分。例如《正月》：

上楼迎春新春归，暗黄著柳宫漏迟。薄薄淡霭弄野姿，寒绿幽风生短丝。锦床晓卧玉肌冷，露脸未开对朝暝。官街柳带不堪折，早晚菖蒲胜绾结。

这好像一幅京都新春图。"暗黄著柳"，"寒绿幽风"，正是乍暖还寒时分的景象。官街的柳带还不堪摘，菖蒲也还不胜绾结，但可以预期不久就长大了。在自然景色的描绘中，李贺插进了一个睡着的宫女的镜头，她"锦床晓卧"，"露脸未开"，虽然朝阳已经射进屋里照着她，但她还是感到寒冷。"锦床晓卧玉肌冷，露脸未开对朝暝。"这两句简直就是词的句子了。

又如《三月》：

东方风来满眼春，花城柳暗愁杀人。复宫深殿竹风起，新翠舞衿净如水。光风转蕙百馀里，暖雾驱云扑天地。军装宫妓扫蛾浅，摇摇锦旗夹城暖。曲水漂香去不归，梨花落尽成秋苑。

首二句先写花城柳暗满眼春色，三四句是说在风的吹拂下，新翠的竹叶明净如水，像舞衣般摇曳着。五六句是长吉惯用的浓重笔法，光风暖雾扑天盖地，很好地烘托了三月间那种热烘烘的气氛。七八句写宫中的游春，宫妓身着军装，淡扫蛾眉，夹城里飘扬着的锦旗都显得暖暖的。末二句是说这一阵香风飘过之后，春天也就随着梨花的飞落而消失了。

又如《莫愁曲》：

> 草生龙坡下，鸦噪城堞头。何人此城里，城角栽石榴。青丝系五马，黄金络双牛。白鱼驾莲船，夜作十里游。归来无人识，暗上沉香楼。罗床倚瑶瑟，残月倾帘钩。今日槿花落，明日桐树秋。若负平生意，何名作莫愁？

这首诗写一个名叫莫愁的欢场女子，《旧唐书·乐志》："石城有女子名莫愁，善歌谣。"南朝民歌有《莫愁乐》。李贺此诗盖借莫愁的典故写现实中的歌妓。首四句就点明她的居处在城里。中间几句是说她这里的游客很多，有的骑马，有的驾车，有的乘船，同作彻夜之游。末尾说时光易逝，若不及时行乐而有负平生之意，何必名叫莫愁呢？这首诗以莫愁为中心，写了城市中游冶的生活，带有浓郁的城市气氛。

长吉出生在河南府福昌县的昌谷，他的童年和少年时代都是在这里度过的。这是一个经济繁荣、交通便利的地方，当然可以感受到都市的风情。长吉十八岁来到洛阳，参加河南府试，被推选应进士举。同年冬来到京城长安，准备参加来年正月礼部举行的考试。考试受挫后一度还乡，不久即往长安就任奉礼郎，在长安住了三年，后因病回家乡。长吉在二十七年短短的一生中，城市生活的经验应当说是不算少了。以他敏感的气质，自然能感受到都市的气氛和情调，并在他的歌诗里流露出来。而我们从中唐时期的传奇小说里已经可以看到那时城市的繁华，这正是酝酿词的气候。长吉得风气之先，当已有词的氛围而词还没有蓬勃发展的时候，就在传统的诗作中表现了词的特质。这实在是很难得的。

三

长吉歌诗与词关系密切，还有一个重要原因就是他的歌诗中对女性有出色的描写。上文说过，词是一种女性的文学，是供歌妓唱的，她们亲口唱自己的事自己的心当然最有亲切感，因而也很动人。所以词这种体裁很长于写女性，而且和诗相比也更多写女性。即以张璋、黄畬所编《全唐五代词》统计，其中所收二千五百多首词作，有关女性的竟达九百二十首，占百分之三十六之多，这就很说明问题了。

长吉不愧是描写女性的能手，他笔下的女性不但多，而且有新的面貌，她们已不再仅仅是宫女和村姑，而多有城市中的妓女出现，她们的美已不仅是先前的诗人们所欣赏的那种古典式的女性的美，而显出更多的诱惑性。李贺以惊讶的眼光看着女性的光怪陆离的美丽世界，并把她们写入诗里，从而使他的歌诗带上了词的情趣。例如《洛姝真珠》：

> 真珠小娘下清廓，洛苑香风飞绰绰。寒鬓斜钗玉燕光，高楼唱月敲悬珰。兰风桂露洒幽翠，红弦袅云咽深思。花袍白马不归来，浓蛾叠柳香唇醉。金鹅屏风蜀山梦，鸾裾凤带行烟重。八骢笼晃脸差移，日丝繁散曛罗洞。市南曲陌无秋凉，楚腰卫鬓四时芳。玉喉窱窱排空光，牵云曳雪留陆郎。

这首诗写洛阳的一位名叫真珠的女子。诗人不敢相信人间会有这样的美女，一开头就说她是自天而降的，慢慢地乘风降到洛苑，那风也因她而香了。接下来写她在高楼明月之下敲着玉珰歌唱，斜插在鬓上的玉钗闪着亮光。伴奏的琴声或袅袅入云，或幽咽深沉，而周围的兰风桂露也点缀着一片幽翠的环境。“花袍白马不归来，浓蛾迭柳香唇醉。”这两句写出她的心曲，那花袍白马的少年不再归来，她恋慕极深以致蛾眉紧锁如同柳叶叠在一起，香唇红红的如同醉了一般。她在金鹅枕屏的床上做了一场美梦，梦到巫山云雨，却又感到步履沉重，恍惚间似未能成欢。而天已拂晓，阳光从窗外透过罗帐的网点繁丝般地晃着她的眼睛，觉得暖烘烘的。末尾四句写市南曲巷歌妓们热闹的生活：在她们那里没有秋天，四季都是宾客盈门，得到无限的宠爱。她们的歌声响遏行云，以轻盈的姿态挽留着冶游的男子。

我们已无法考证这位真珠的身份，叶葱奇先生说结四句以一般歌妓的门庭若市反衬真珠的专一贞静，似乎说她有别于妓女。而在我看来她恐怕也是歌妓，不过专一地依恋着那“花袍白马”的少年而已。这诗写的就是一个都市里的歌妓的生活和感情，实在可以说是开启了花间词的先河。

长吉有时是以女性的感官体验世界，尤其善于写青年女子的性苦闷。例如《胡蝶飞》：

> 杨花扑帐春云热，龟甲屏风醉眼缬。东家胡蝶西家飞，白骑少年今日归？

这首诗显然是写一位女子在思恋她的情人，这女子的身份或许是少妇或许是歌妓，或许是正在恋爱的少女也说不定。诗作女子第一人称的口吻，而视点先停在床帐上，她看到杨花飞舞着纷纷扑到帐子上来，随即黏在了上面。这时节的气候已是暖烘烘的，连云也显得热了起来。而她的热情之涌动更是不言而喻了。龟甲装饰的屏风连同织成各式各样图案的丝绸的被褥，使她眼花缭乱，陷入迷离恍惚的状态之中。常常让人联想到爱情的蝴蝶飞来飞去的，更撩起她的相思，也许还有几分对情人的不放心。她思恋着的那位白骑少年今天果真能够归还吗？这首诗所写的杨花、春云、屏风、蝴蝶，还有那翩翩的白骑少年，都是那女子的感官世界，杨花之“扑帐”，春云之“热”，缬之“醉眼”，而她的情人之被称为“白骑少年”，通通是这女子特有的感觉与印象。

又如《石城晓》：

> 月落大堤上，女垣栖乌起。细露湿团红，寒香解夜醉。女牛渡天河，

> 栁烟满城曲。上客留断缨，残蛾斗双绿。春帐依微蝉翼罗，横茵突金隐体花。帐前轻絮鹅毛起，欲说春心无所似。

据《旧唐书·乐志》:“《石城》，宋臧质所作也。石城在竟陵，质尝为竟陵郡，于城上眺瞩，见群少年歌谣通畅，因作此曲。”长吉此诗是就《石城》之旧题稍加变化，改为《石城晓》，写一位歌妓清晨送走客人后的寂寞无聊。月落、乌起，言天色已晓。细露湿花，而寒花的香气又醒了昨夜的酒醉。“女牛渡天河”暗示一度的欢爱已毕，又复分离。“栁烟满城曲”暗示心情的迷茫。客人去了只有他的香囊留下，是有意的留赠还是无意的遗失，诗里并没有说清楚，但不管怎样只有这一点点纪念而已。画眉已残，紧蹙着，一副愁苦之状。卧室里蝉翼般薄薄的春帐，金线织成明暗花案的被褥，只能加深她的孤独。鹅毛般的柳絮在帐前乱飞，欲说心事也就只有以此作喻了。这首诗很容易让我们想到温庭筠的《菩萨蛮》(玉楼明月长相忆)，那也是写一位女子送走情人之后的迷惘心情，构思和表现手法都有相近之处。

《夜坐吟》也是这一类作品:

> 踏踏马蹄谁见过，眼看北斗直天河。西风罗幕生翠波，铅华笑妾颦青娥。为君起唱长相思，帘外严霜皆倒飞。明星烂烂东方陲，红霞稍出东南涯，陆郎去矣乘班骓。

这诗写一歌妓夜间独坐之情思，对她的心理活动有很细腻的刻画。首二句先说街上马蹄踏踏，不断有人从门前经过，但却没有人来她这里。眼看夜已深沉，北斗转直了，西风吹动绿色的罗幕，好像翠波一般，这独坐的况味是何等凄凉。画得好好的蛾眉本来是为了取悦于自己的情人，但是候人不至，蛾眉紧蹙，白费了一番心思，惹得铅华也在嘲笑我了。早在《诗经》里就有“岂无膏沐，谁适为容”这样的描写，那是有膏沐而不愿用。长吉的构思又进一层，用了膏沐却无人欣赏，而招致膏沐的嘲笑。这地方显出长吉的尖新。她为所欢唱了一支《长相思》，歌声使帘外的严霜都倒飞了起来。“霜倒飞”也显出长吉的奇特。末尾三句是说天亮了，情郎不知正从谁那里骑马离去，一种百无聊赖的情绪跃然于纸上。

又如《美人梳头歌》：

西施晓梦绡帐寒，香鬟堕髻半沉檀。辘轳咿哑转鸣玉，惊起芙蓉睡新足。双鸾开镜秋水光，解鬟临镜立象床。一编香丝云撒地，玉钗落处无声腻。纤手却盘老鸦色，翠滑宝钗簪不得。春风烂漫恼娇慵，十八鬟多无气力。妆成鬖鬌欹不斜，云裾数步踏雁沙。背人不语向何处，下阶自折樱桃花。

这首诗的题目就很女性化。而用了十六句相当于两首律诗的篇幅，反复地集中地写美人梳头的种种情态，可以看出长吉笔触的细腻。这细腻的描写遂赋予这诗一种眩人眼目的效果。诗中女子的那种自恋的心态在后来的词作中常常可以见到。首二句写那女子起床前的睡态，香鬟铺在枕上遮住了枕的一半。三四句写她被汲水的辘轳声惊醒，以“鸣玉”状辘轳之声，以“芙蓉”代指美女，都是美的修饰。五六句是打开镜套准备梳头的情形，镜套绣有双鸾，镜子明亮如水。从第七句到第十二句写梳头的动作和头发的美。形容头发的细，则曰：“一编香丝云撒地”，连用了“丝”和“云”两个比喻；形容头发的柔，则曰：“玉钗（王琦注：‘钗’乃‘篦’字之误）落处无声腻”，玉篦梳发只觉得润滑而了无声音；等到头发梳好盘起，却又因发滑而不胜簪。梳好头发的她在春风中显得那么娇慵，几乎连发鬟都擎不住似的。末尾四句写美人妆成的美态，她的步履轻盈如翩翩之鸿雁，背着人默默走向何处呢，是独自下阶去折樱桃花。

又如《夜来乐》：

红罗复帐金流苏，华灯九枝悬鲤鱼。丽人映月开铜铺，春水滴酒猩

> 狸沽。价重一箧香十株，赤金瓜子兼杂麸。五色丝封青玉凫，阿侯此笑千万馀。南轩汉转帘影疏，桐林哑哑挟子乌。剑崖鞭节青石珠，白騧吹湍凝霜须。漏长送佩承明庐，倡楼嵯峨明月孤。新客下马故客去，绿蝉秀黛重拂梳。

这首诗写歌妓的生活。开首先写她居室的华丽，用了“红”字、“金”字，以状其色。形容灯不仅说“华灯”，而且说“九枝”，不仅“华灯九枝”而且还“悬鲤鱼”，极有装饰效果。三四句写歌妓待客，“铜铺”是用以衔门环的铜片，“开铜铺”就是开门的意思。歌妓在月光下开门迎客，沽酒招待。第五句至第八句写她的身价很高，不厌其繁地堆砌，这一个细节竟占了全诗的四分之一。第九句至第十二句写天明之后客人乘马归去。以“帘影疏”状写黎明时光线的变化，用笔很细。暗夜中帘影显得密而深，天将亮时帘影遂转稀转浅。客人骑马而去，极力描写他的佩剑和马鞭，扩张局部以求装饰性效果；又着力写他乘坐的马，并以“凝霜须”兼而写清晨之寒冷。最后四句写她送走故客之后又重新梳妆准备迎接新客。

上文说过，词是女性的软性的文学。长吉歌诗善于写女性，而且写得很软很软，这就带上了词的特点，并为后来词的创作积累了艺术经验。

四

浓郁的抒情性作为长吉歌诗的一个重要特色，也正是词所需要的。诗有以叙事为主的，词恐怕难以叙事为主，而唯长于抒情，且能传达诗所难以尽言之情。以诗抒情在长吉之前早已积累了丰富的经验，但长吉仍有其独到之处，这就是用婉约之笔抒隐曲之情。而且其婉约与隐曲的程度有非常人所可想象者。例如《江楼曲》写思妇之情，便很有词的趣味：

> 楼前流水江陵道，鲤鱼风起芙蓉老。晓钗催鬟语南风，抽帆归来一

日功。鼍吟浦口飞梅雨，竿头酒旗换青苎。萧骚浪白云差池，黄粉油衫寄郎主。新槽酒声苦无力，南湖一顷菱花白。眼前便有千里思，小玉开屏见山色。

诗写思妇怀远之情，几乎全是以思妇所见景物来明喻或暗示。开首一句点题，第二句暗示青春之将老。三四句，她本懒于梳妆，仿佛是被晓钗催着去梳妆的；一面梳妆一面托南风捎个口信给他：抽帆归来不过是一日之功，为什么不能回来呢？接下来四句说现在正是梅雨季节，鼍遇雨则鸣，浦口的鼍吟不断传来，竿头挑着的酒旗也已换了苎麻的。望着江上萧骚的白浪和天空的乱云，担心他怎样度过这恼人的梅雨时节，想将那遮雨的黄粉油衫寄去。末四句说酿着新酒的槽床有新酒滴下来，一声一声的，轻微无力，想必那酒也无力解愁。而南湖的菱花一片白色，望中并不见归人的踪影。这眼前的景色已经使自己相思不断，侍儿推开屏风见到远处的山色，更增添了愁绪。

《春怀引》单看题目就知道是写女子的怀春。长吉从不同的角度加以烘托，将那女子深层的情绪表现出来：

芳蹊密影成花洞，柳结浓烟花带重。蟾蜍碾玉挂明弓，捍拨装金打仙凤。宝枕垂云选春梦，钿合碧寒龙脑冻。阿侯系锦觅周郎，凭仗东风好相送。

首二句写她的居处，那是一个浓阴密布的地方，芳径上密密地布满了树木的阴影，那条小径看上去像是花洞一般。在如弓的弯月之下，她独自抚弄着镶嵌了金凤的琵琶以排遣寂寞。她睡下了但睡不着，如云的长发垂在枕上，钿盒里的龙脑香散出阵阵香气。她想做一个爱的美梦，在梦中寻觅情郎。她希望东风将她连同她的那份深情送到他的身边。诗的前四句用居处的景物烘托人物的感情；后四句进入本题，却仍不直抒情怀，还是着眼于“宝枕”、“钿合”，她身边的器物，却又巧妙地以“春梦”二字点出“春怀”，在“春梦”之前加了一个“选”字，似乎梦也可以任意选来。长吉就这样写出她对爱情的向往，真是神来之笔。

再如《有所思》：

> 去年陌上歌离曲，今日君书远游蜀。帘外花开二月风，台前泪滴千行竹。琴心与妾肠，此夜断还续。想君白马悬雕弓，世间何处无春风。君心未肯镇如石，妾颜不久如花红。夜残高碧横长河，河上无梁空白波。西风未起悲龙梭，年年织素攒双蛾。江上迢递无休绝，泪眼看灯乍明灭。自从孤馆深锁窗，桂花几度圆还缺。鸦鸦向晓鸣森木，风过池塘响丛玉。白日萧条梦不成，桥南更问仙人卜。

《有所思》本是汉乐府旧题，感情很质朴。长吉这首诗的感情却细腻得多了。诗作女子口吻，从去年的离别写起。别后您越走越远，如今又到了春季，花开泪落，“琴心与妾肠”断断续续的，夜不成寐。接下来说在自己的想象中您骑着白马挎着雕弓，何等神气！不管走到哪里您都会有女子相伴，而我却像春花一样不久就要凋谢了。夜已残，银河横在天空，可惜没有鹊桥使织女和牵牛相会。而我这地上的织女年复一年苦苦地织着，我的织梭也不能飞到您的身边。诗写到这里又转而回到现实的境地，说自己以泪眼守着孤灯，在深锁的窗下不知度过了多少春秋。眼看天色向晓，想睡也睡不成了，只好去到桥南卜个卦，问问他什么时候才能回来。这首诗的感情回环往复，几经变化，把那女子复杂的心理刻画得细致入微。“帘外花开二月风，台前泪滴千行竹。”这个对句用了斑竹的比喻，很有抒情性。“琴心与妾肠，此夜断还续。”那“心”字和“肠”字，都很传神。还有银河与织女的暗喻，《异苑》里织梭变龙升空的典故的妙用，也都深入地刻画了那女子的内心。最后八句，写泪眼看灯，孤馆窗锁，清晨的鸦鸣，风过的竹响，这些景物衬托着那女子的心情，可谓丝丝入扣。末句向仙人问卜，作为一夜相思和疑虑的排遣，也很符合她的身份和心情。

五

低徊感伤的情调贯穿长吉的歌诗，这种低徊感伤出自他内心的情性中，是构成长吉气质的一部分。他似乎天生如此，他的夭折不过是最终一次向人证明他低徊感伤的程度而已。而这种情调恰恰成为词的一个带有普遍性的特点。张惠言特地拈出“低徊”二字说明词体的特点，可谓独具慧眼。无论晚唐五代的温庭筠、韦庄、冯延巳、李煜，北宋的晏殊、欧阳修、柳永、秦观、周邦彦，还是南宋的李清照、姜夔、吴文英、王沂孙，莫不如此。我们不妨大胆地说除了苏轼、辛弃疾等豪放词人以外，唐宋两代的词大体上都是这种情调，即使苏辛也未能完全免除。这种现象虽不容易给予恰当的解释，但也不难理解，如今的流行歌曲仍然如此。反正那些高调自有诗去呼喊，作为娱乐性的女性的软性的文学，词自可发挥其回肠荡气的功能，满足听者另一方面的需要。

词人要想造成低徊感伤的效果，不可不借鉴诗人的艺术经验，而长吉歌诗恰恰有足够的经验提供给他们。仅以词语的选择和运用而论，他的经验便很有意义。形容词和动词往往是带有感情色彩的，通过有代表性的形容词和动词的统计和用法的分析，可以看出长吉这种低徊感伤的情调是怎样造成的。在李贺今存的二百四十多首诗中，共享了二千四百九十四个不同的字[⑨]。其中：

“冷”字十九次，大概十二首就出现一次。如“冷光”，“冷翠”，“冷红”，“冷血痕”，“剑光冷”，“发冷”等，都是很有特色的用法。他不仅用“冷”字形容事物，还用来形容颜色和光线，从而使“冷”字带上了更多的主观色彩。

“凝”字十六次，如“凝云”，“凝夜紫”，“凝幽明”，“凝尘”，“凝绿”，“凝醉”，“凝红”等都很有李贺的特色，似乎无论什么东西都可以凝结起来，颜色也可以，光线也可以，甚至连“醉”也可以。“凝”字表示了李贺心中常有的凝重感。

“咽”字九次，如“红弦袅云咽深思”，“弹声咽春弄君骨”，“粉窗香咽颓晓云”。论出现的次数虽不算太多，但用法很有特色，例如“弹声”竟然能把“春”“咽”住；“粉窗”的香气竟然能把晓云“咽”住，可见李贺是多么喜欢这个“咽”字，而这个字也确实能造成一种低徊的情调。

“啼”字二十九次，大概八首就“啼”一次，如“衰灯络纬啼寒素”、“木叶啼风雨”、“千岁石床啼鬼工”、“丁香邛竹啼老猿”、“左魂右魄啼肌瘦”。不仅人会啼，许多别的东西也会啼，“木叶”在风雨中的响声在李贺听来也是“啼”声。

“垂”字二十五次，如“绿草垂石井”、“向壁灯垂花”、“君怜垂翅客”、“草发垂恨鬓”、“垂雾妖鬟更转语”。这些“垂”字都增强了诗的低徊感。

“寒”字五十五次，差不多四首就出现一次。李贺的想象世界仿佛是“寒”透了的，几乎什么都是寒冷的。如“霜重鼓寒声不起”、“寒绿幽风生短丝”、“寒香解夜醉”、“冰冻寒龙半匣水”。声音会“寒”，颜色会“寒”，香气也会“寒”。

“幽”字二十一次，如“幽翠”、“幽涩”、“幽泪”。他所用的“幽”字含义颇多，有暗的意思、静的意思、深的意思。这些“幽”字的运用加重了长吉歌诗的低徊感伤情调。

“死”字二十三次，如“酒客背寒南山死”、“黄河冰合鱼龙死”、“秋白鲜红死”。李贺向有“鬼才”之称，多用“死”字反映了他对生命的幻灭感。

“泪”字二十二次，如“谁家红泪客”、“九山静绿泪花红”、“忆君清泪如铅水”、“眼尾泪侵寒”、“光露泣幽泪”、“月明白露秋泪滴”、“泣露枝枝滴天泪”。“泪”字用得奇特，不但有颜色，而且有重量，有温度。在他的想象里，露水是天的泪。

“老”字五十六次，差不多四首就出现一次，一个只活了二十七岁的诗人竟然如此喜欢用“老”字，足以反映他心情的感伤了。如“老兔寒蝉泣天色”，“老景沉重无惊飞”，“山头老桂吹古香”，“天若有情天亦老”，“客枕幽单看春老”，“古竹老梢惹碧云”，“芳径老红醉”。

从以上所举这些词语的用例可以看出，长吉的想象世界是何等低徊而感伤。他极力创造一个寒冷的、幽暗的、悲凉的、朦胧的、凝重的境界，表达一种无可奈何的、无所适从的意绪。他的笔墨唯恐不浓不重，他的刻画唯恐不锐不深，总之是唯恐不能给人以强烈的印象。有趣的是上面所举的这些词语在《花间集》里所收的五百首词中也屡见不鲜，而且也是花间词人们努力经营以构成气氛的地方。还以上述各词为例，看看在《花间集》里出现的频率和用法⑩：

“冷”字四十二次，大概也是十二首就出现一次。如“金鸭冷沉烟”、“象床珍簟冷光轻”、“冷霞寒侵帐额”、“冷艳奇芳堪惜”、“一点露珠凝冷”、“香冷风和雨”。

“凝”字二十六次，如“凝光”、“凝红”、“凝冷”、“凝恨”，“凝情”。

“咽”字十六次，如“更漏咽”、“露黏红藕咽清香”、“不堪离恨咽湘弦”、“天涯离恨江声咽”。

“啼”字三十五次，如“袅枝啼露动芳音”、“愁听猩猩啼瘴雨”、“莺啼楚岸春天暮”。

“垂”字六十二次，如“画帘垂地晚堂空”、“星辰垂影参然”、“红幕半垂清影”、“惹教双翅垂”。

“寒”字四十六次，如“皓月泻寒光”、“小娘红粉对寒浪”、“寒影堕高檐”、“寒玉簪秋水”、“林月石桥寒”、“花月香寒悄夜尘”、“深户烛寒光暗”。

“幽”字十三次，如“幽恨”、“幽思”、“幽香”、“幽意”。

“死”字两次，“红兰绿蕙愁死”、“判死为红颜”。

“泪”字七十二次，如“泪凝双脸渚莲光”、“泪飘红脸粉难匀”、“红腊泪飘香”、“泪侵花暗香销”、“红泪滴穿金线缕”、“露花点滴香泪”、“翠竹暗留珠泪怨”。

“老”字九次，如“惆怅香闺暗老”、“疏香满地东风老”、“海棠香老春江晚”。

从以上例句可以看出，花间词人在词语的选择和运用上是多么接近长吉。这倒不是说花间词人一定有意学习长吉，但长吉对花间词人表现低徊感伤的情调会有启发借鉴的意义。

六

李贺的诗集以《歌诗》命名的来源，今所能见到的最早资料是杜牧的《李长吉歌诗叙》所转述的沈公子明的话：“我亡友李贺，元和中义爱甚厚，日夕相与起居饮食。贺且死，尝授我平生所著歌诗，离为四编，凡二百三十三首。数年来东西南北，良为已失去。今夕醉解，不复得寐，即阅理箧帙，忽得贺诗，前所授我者，……子厚于我，与我为贺集序，尽道其所来由，亦少解我意。”揣摩这段话的意思，沈公子明在李贺逝世的当时并没有整理李贺授予他的歌诗，而若干年后也只是在阅理箧帙时“忽然”发现了这些作品，遂请杜牧作序。然则所谓“离为四编”者，应当是李贺本人所为，称之为“歌诗”，也很可能是李贺本人原来的题署。杜牧沿袭沈公子明的说法实际上很可能就是沿袭李贺本人的说法。

所谓“歌诗”，是专指那些能入乐歌唱的诗。“歌诗”一词早在《史记·乐书》里就已出现：“后伐大宛，得千里马，马名蒲梢，次作以为歌，歌诗曰：……”这里的“歌诗”就是歌词的意思。“歌诗”或称“歌篇”，在唐代就已通用。例如赵璘《因话录》：“张司业籍善歌行，李贺能为新乐府。当时言歌篇者宗此二人。”“歌篇”也是歌词的意思。歌诗、歌篇和新乐府又可通用，白居易《新乐府·采诗官》：“欲开壅蔽达人情，先向歌诗求讽刺。”此所谓“歌诗”就是新乐府。长吉本是以写作能够入乐歌唱的歌诗而称名于世的。今本《李长吉歌诗集》存有歌诗九十余首，其中有旧题乐府，也有自撰的新题乐府，有的径直称为某某“歌”。虽然今本中也有不少非歌诗的作品，但歌诗无疑占有主要地位。可惜的是，今天已无法证明，长吉的歌诗曾经广泛地播诸管弦传唱于人口。其歌诗的题目演化而成为词牌的也只有一首《难忘曲》，见《词名集解》卷六。所以他的歌诗还是诗而不是词。但无论如何长吉既以歌诗著称，那么他的这些歌诗与词的关系就是不可忽略的。长吉既然有意写作歌诗，也就是有意让自己的作品入乐歌唱，这和词人写词的用意则又是一样的。

词和前代歌诗的不同主要在于它所配合的音乐是当时新兴的燕乐。南朝乐府配合的是清商曲，汉乐府配合的是相和曲，《九歌》和《诗经》配合的是更古老的音乐。句子是否整齐也是一个区别，但不是最重要的，南朝乐府、汉乐府和《诗经》的句子大多整齐，但也有不整齐的；《九歌》的情况就更特别了。长吉歌诗上承南朝乐府和汉乐府，远绍《九歌》，痕迹很明显。它们本来有可能演化为配合新兴燕乐的词，为什么没有呢？我想有一个重要的原因，词不仅是诉诸视觉的案头读物，更是诉诸听觉的歌曲。而长吉太追求奇峭、艰深、生涩、浓密，难以上口歌唱，难以使听者接受。

尽管如此，长吉歌诗对词人们的词作仍然会有启示的作用。如果细加比较，可以看出温庭筠的词与长吉的歌诗有不少相似之处。温词的都市色彩、温词对女性的细致描写、温词浓郁的抒情性、温词的低徊感伤情调，都接近长吉歌诗。温词有一些具体的艺术特色，如：追求装饰性，以浓词丽藻和精巧的构图给人以感观的刺激；善于用暗示的手法，特别是用女子身边的器物和身上的装饰来暗示她们的心情；着力于细节的渲染，甚至因细部的渲染而失去整体的均衡也在所不惜，这些在长吉歌诗中已见端倪。总而言之，温庭筠将笔向着内心的隐密之处，走一条深而又狭的路，这条路正是李贺开启的。当然我们还可以拿温庭筠乃至晚唐五代和北宋前期的一些词与李长吉的一些歌诗作比较，找出其间的相似之处，如温庭筠的代表作《菩萨蛮》（小山重叠金明灭）从构思到写法都近似李贺的《美人梳头歌》。不过这样的比较，例子举多了反而会显得牵强，似乎抹杀了温庭筠的独创性。温词当然不是李诗的改版，广而言之，词也不是长吉歌诗的改版，长吉歌诗仍然是诗而不是词，但长吉歌诗和词的相似之处明眼人是不难发现的。

（原载于《第一届国际词学研讨会论文集》，
收入《中国文哲论集四》，1994 年版）

---

①宋胡仔纂集《苕溪渔隐丛话》，人民文学出版社校点本前集卷四十二，第 284 页。

②金元好问《遗山先生文集》，四部丛刊本，卷十一。

③唐圭璋编《词话丛编》，中华书局，1986 年 1 月出版，第 686 页。

④缪钺《诗词散论》，上海古籍出版社，1982 年出版。

⑤《词源》："贺方回、吴梦窗，皆善于炼字面，多于温庭筠、李长吉诗中来。"《词话丛编》，第 259 页。又，毛晋《梅溪词跋》："姜白石称其奇秀清逸，有李长吉之韵。"（宋六十名家词本）

⑥《郑大鹤先生论词手简》："宋人有概括唐诗之例。玉田谓：'取字当从温、李诗中来。'今观美成、白石诸家，嘉藻纷缛，靡不取材于飞卿、玉谿，而于长爪郎奇隽语，尤多裁制。"《词话丛编》，第 4328 页。

⑦朱君忆《李长吉歌诗源流举隅》，《东方杂志复刊》第五卷第十一、十二期。张惠康《词与李贺诗》，《中华诗学》第八卷第六期。

⑧钟元凯《李贺在文学史上的地位》，《社会科学战线》1983 年第 3 期。

⑨根据唐文、尤振中、马恩雯、刘翠霞编《李贺诗索引》（齐鲁书社 1984 年出版）统计。

⑩根据青山宏《花间集索引》（日本：汲古书院，1979 年出版）统计。

温词艺术研究

——兼论温韦词风之差异

一

当其貌不扬而又放荡不羁的温庭筠出入于秦楼楚馆，为乐工歌伎制作曲子词的时候，他未必想到会有那么多的文人雅士步他的后尘去填写这类流行的小曲；更不会想到那些成为他入仕之累的所谓“侧艳之词”竟造就了他在中国文学史上的地位和名声。

文人填词并不始于温庭筠，但在温庭筠之前不过是偶一为之。温庭筠才是第一个大力填词的人。从他开始，词才独立于诗之外，成为一种新的文学体裁；并在传统的诗境之外，开辟了新的词境，从而丰富了中国诗歌的艺术。

温庭筠的词按其艺术风格可分为三类：

第一类通俗明快，新鲜活泼，表达感情真率大胆，带有民歌的情调，以《南歌子》、《荷叶杯》为代表。

《南歌子》七首，其一常为人称道：

> 手里金鹦鹉，胸前绣凤凰。偷眼暗形相。不如从嫁与，作鸳鸯。

词作少女的口吻，她遇到一个漂亮风流的少年，既忍不住想看他，又不好意思正眼相看。心里盘算着：还不如就嫁给他，结为鸳鸯呢！象征着美好姻缘的鸳鸯，是由巧舌传情的鹦鹉和成双成对的凤凰引起的联想。而这首词的构思就是建立在这三种禽鸟的模拟和联想上，感情真率，语言巧妙，带有浓厚的民间词的气息。

《荷叶杯》三首，以南国水乡为背景。其三：

楚女欲归南浦，朝雨，湿愁红。小船摇漾入花里，波起，隔西风。

前三句写楚女欲归未归之际，朝雨打湿了红色的荷花，连荷花也为情人的离别而忧愁。后三句写她乘着小船摇入花丛，在她身后留下一片细细的波纹。“隔西风”是被西风阻隔，其实西风何尝阻隔了他们？它只是送走了小船而已。但从送行的情人看来，如果没有西风，小船就走不成了，至少也可以走得慢些，因此抱怨西风阻隔了他们。一种恨别与怅惘相交织的感情显而易见。

第二类清新疏朗，以浅近的语言表现深远的意境，有唐人绝句的风味，以《杨柳枝》、《梦江南》为代表。

《杨柳枝》共八首，都是七言四句，当成七绝也未尝不可。如其四：

金缕毵毵碧瓦沟，六宫眉黛惹香愁。晚来更带龙池雨，半拂栏干半入楼。

初春时节细长柔软的柳枝飘拂在后宫的碧瓦上，本已惹起碧瓦之下宫女们的忧愁。而在傍晚时分，它们偏又带着皇帝居处龙池的雨拂栏入楼，更使宫女们愁不能禁。《梦江南》二首写思妇凝伫之情：

千万恨，恨极在天涯。山月不知心里事，水风空落眼前花。摇曳碧云斜。

梳洗罢，独倚望江楼。过尽千帆皆不是，斜晖脉脉水悠悠。肠断白蘋洲。

其一，意谓人生多有憾事，而最大者莫过所思之人远在天涯久盼不归。此时只有山月水风为伴，但它们亦只徒增惆怅而已。词以情始以景终，将情外化到景中，颇有唐人绝句的那种含蓄不尽的风致。其二，先梳洗后倚望，这是因为心中存着远人可以迎来的希望。然而千帆过尽，江水悠悠，已到黄昏时分，仍不见人归来。“千帆”的“千”字，虽然是泛言其多，但用在这里确乎让人感到那思妇是一帆一帆地数过来的。每一帆来，辄以为必是了，却又不是。这样一直数到日之夕矣。“肠断白蘋洲”，或谓画蛇添足[①]，此论不然。俞平伯先生引中唐赵微明《思归》诗“犹疑望可见，日日上高楼。唯见分手处，白蘋满芳洲”，认为“白蘋洲”在这里“若指地名，过于落实，似泛说较好”[②]。据此诗，“白蘋洲”可以代指分手之处，“断肠白蘋洲”有一番回忆在其中。不仅因候人不至而肠断，更因回忆往日的分别而肠断。这样读来更觉有味。

第三类秾艳细腻，绵密隐约，代表作有《菩萨蛮》和《更漏子》。

《菩萨蛮》，《花间集》收有十四首，其一尤其著名：

> 小山重叠金明灭，鬓云欲度香腮雪。懒起画蛾眉，弄妆梳洗迟。　照花前后镜，花面交相映。新帖绣罗襦，双双金鹧鸪。

词的内容是写一个青楼女子晨起梳妆的过程，从起床之前写起，依次写画眉、弄妆、簪花、着衣，最后以“双双金鹧鸪”反衬她的孤单与寂寞，也表现了她对真挚爱情的向往。张惠言说“此感士不遇也，……‘照花’四句，《离骚》初服之意”[③]，牵强附会，不能服人。但是词里那种孤独寂寞的情调，那种自怜自惜的心理，那种期待向往的情怀，不能说和词人自己的身世之感毫无关系。有意的寄托未必有，无意的流露未必无。

《菩萨蛮》其六：

> 玉楼明月长相忆，柳丝袅娜春无力。门外草萋萋，送君闻马嘶。画

罗金翡翠，香烛销成泪。花落子规啼，绿窗残梦迷。

这首词以秾艳的笔墨表现纤细的感情，把一个年轻女子送走情人之后独自回到玉楼时的心理活动十分真切地写在纸上。意象之稠密，语言之含蓄，都很见温词的风格。

二

如果在更高的层次上对温词的艺术加以概括，可以看到以下几个特点：

一、温庭筠的词富有装饰性，追求装饰效果，好像精致的工艺品。其中引人注目的是斑斓的色彩、绚丽的图案、精致的装潢，以及种种令人惊叹的装饰技巧。王国维在《人间词话》里以“画屏金鹧鸪”概括温庭筠的词品④，但没有加以说明，我不知道他的意思是什么。我想，如果用“画屏金鹧鸪”来概括温词的这种装饰性真是恰到好处。温词就好比一架画着金鹧鸪的美丽精巧的屏风，或者说是屏风上画着的艳丽夺目的金鹧鸪，温词的美是一种装饰美、图案美、装潢美，欣赏温词有时要像欣赏工艺品那样，去欣赏那些精巧细致之处。

温词的装饰性主要是借助三种方法造成的：

一种方法是大量使用诉诸感官的秾丽词藻。据《花间集》所收的六十六首词进行统计，视觉方面，用“红”字达十六次之多，如“艳红”、“香红”、“愁红”、“红烛”、“红袖”、“红粉”，等等。嗅觉方面，用“香”字达二十次之多，几乎什么都是香的，有“香车”、“香闺”、“香腮”、“香雾”、“香雪”、“香玉”、“香烛”，还有“香愁”。“六宫眉黛惹香愁”，“愁”的前面饰以“香”字，遂在读者的欣赏心理上产生两种效果：本来无形的愁变成带有气味、可以感知的具体事物；本来蕴于内心的愁也熏熏然有香气散发于外，读者可以像闻到花香一样地闻到它。

另一种方法是着力描写妇女的容貌和以妇女为中心的各种装饰、

摆设，以及妇女的生活环境。温词里写“眉”十二次，有以山喻“眉”者，如“眉黛远山绿”[⑤]；有以柳喻“眉”者，如“杨柳堕新眉”[⑥]。写“鬓”八次，如“鬓云残”[⑦]、“鬓如蝉”[⑧]。写“钗”六次，写“钿”六次，写“屏”七次。“凤凰”作为爱情的象征常常是成双成对的，出现十次之多。“凤凰相对盘金缕”[⑨]，是用金线绣的一对凤凰。“钗上金缕凤”[⑩]，是钗上的饰物。“绿檀金凤凰”[⑪]，是枕上的图案。温庭筠还喜欢写“玉”，如“玉钗”、“玉钩”、“玉炉”、“玉签”、“玉人”、“玉容”、“玉腕”，“玉箸”、“玉簪”等，共十九次之多。

第三种方法是注意构图的精巧。最典型的例子就是“小山重叠金明灭，鬓云欲度香腮雪”[⑫]。“小山”指屏风，这种用法在《花间集》里屡见不鲜，如：“晓堂山六扇”[⑬]，这“山”字就可以换成“屏”字。“曲槛小屏山六扇”[⑭]，意思是像山一样的小屏六扇。“暮天屏上春山碧”[⑮]，意思是屏风上画着山的图案。可见以“山”指屏风，一方面是因为屏风的形状像山，另一方面是因为屏风上通常画着山的图案。这样，就可以看出“重叠”二字的巧妙，“重叠”也可以从两方面理解，一方面是形容小屏重叠曲折，另一方面是形容屏上所画的山势重迭。因为屏风是由几扇组成的，当它半开半掩曲折地立着时，就更增强了山势的重叠感。类似的描写在《花间集》其他人的词里也可以找到，如“画屏重叠巫山阳”[⑯]、“翠叠画屏山隐隐”[⑰]、“小屏香霭碧山重”[⑱]、“小屏屈曲掩青山”[⑲]。既然证明了“小山重叠”是指屈曲的屏风和屏风上画的山，那就可以肯定“金明灭”是指山的色感与光感。这屏风上的山水画是一幅金碧山水。这种山水常以泥金勾勒山的轮廓，描绘彩霞、楼阁。金色与碧色互相辉映，产生富丽堂皇的效果。顾夐《玉楼春》中“金粉小屏犹半掩”，写的就是这种用泥金绘饰的屏风。初升的太阳透过窗户射在屏风上，屏风的重叠屈曲造成光线的明暗变化，所以说“金明灭”。前面已经肯定了“小山”是指屏风，现在还须进一步指出，这屏风是固定于枕前也就是床头的，兼有挡风、倚枕两种用途。温词有“枕上屏山掩”[⑳]、“鸳枕映屏山”[㉑]，冯延巳词有“床上画屏山绿”[㉒]，顾夐有“枕倚小山屏”[23]，所写的都是这类屏风，古称“枕屏”或“枕障”。苏轼诗曰：“头畔枕屏山掩恨，日昏尘暗玉窗琴。”[24] 李白《巫山枕障》绝句：“巫山枕障画高丘，白帝城边树色秋。朝云夜入无行处，巴水横天更不流。”均可为证。[25]“小山重叠金明灭”既然是写枕屏和屏上的山水，那么下一句“鬓云欲度香腮雪”当然是写一个睡在枕上的女子。两鬓如云，香腮似雪，描写的对象本来是鬓和腮，但在“鬓云”和“香腮雪”这两个词中，“鬓”和“腮”变成了修饰语，描写的主要对象似乎成了“云”和“雪”。这就使读者产生另一种联想，“云”、“雪”和枕屏上的“山”都是大自然的意象，它们合起来构成一幅完整的山水图。云，仿佛是缭绕于山间的云；雪，仿佛是积在山上的雪。于是这女子的容颜遂化为自然风景的一部分，实看是一个在枕屏之下睡着的女子，虚看是一幅美丽的富有动感的（这是由那个“度”字造成的）自然风景。这双重的意象，显示了温庭筠在构图方面的技巧和匠心，由此也可以看到温词是多么富有装饰的效果。

通过精巧的构图加强装饰性的例子还可以举出许多，如：“蕊黄无限当山额，宿妆隐笑纱窗隔。”[26]、“翠翘金缕双鸂鶒，水纹细起春池碧。”[27]、“凤凰相对盘金缕，牡丹一夜经微雨。”[28] 限于篇幅，就不一一分析了。

二、温庭筠善于用暗示的手法，造成含蓄的效果。温词里暗示的大多是人物的心理状态，用来暗示的媒介则是经过选择加工的色彩缤纷的景或物。特别是当他用秾丽的景物暗示凄凉的心境时，对比的效果十分强烈。《更漏子》其一：“柳丝长，春雨细，花外漏声迢递。惊塞雁，起城乌，画屏金鹧鸪。”思妇在梦回初醒之际，听着花外的雨声产生错觉，把雨声当成了漏声。它惊起了塞雁、城乌，也惊起了画屏上的金鹧鸪。在她的想象中，远远近近各处的鸟都惊飞了。就连绣在画屏上的不会飞的金鹧鸪，也飞了起来。这些惊飞的鸟暗示着思妇不安的心情。“画屏金鹧鸪”何等华丽，而思妇的心境又是何等凄凉。《菩萨蛮》其六：“玉楼明月长相忆，柳丝袅娜春无力。”用柳丝袅娜暗示季节、暗示离别，用春的无力暗示女主人公的失情失绪。《菩萨蛮》其二："水精帘里颇黎枕，暖香惹梦鸳鸯锦。"上句写女子居处明净澄澈，如广寒宫一般，暗示这里的主人也像仙女一样。

三、温词的意象常常是跳跃的，意象之间的脉络隐伏着，需要读者自己去想象补充。俞平伯先生说："飞卿之词，每截取可以调和的诸印象而杂置一处，听其自然融合。在读者心眼中，仁者见仁，智者见智，不必问其脉络神理如何，而脉络神理按之则俨然自在。譬之双美，异地相逢，一朝绾合，柔情美景，并入毫端，固未易以迹象求也。"[29] 李冰若先生也看到了这一点，但他认为这是温词的毛病，他说："以一句或二句描写一简单之妆饰，而其下突接别意，使词意不贯，浪费丽字，转成赘疣，为温词之通病。"[30] 长处也罢，短处也罢，都承认这是温词的特点。即以那首常常为人提到的《菩萨蛮》其二为例：

水精帘里颇黎枕，暖香惹梦鸳鸯锦。江上柳如烟，雁飞残月天。　藕丝秋色浅，人胜参差翦。双鬓隔香红，玉钗头上风。

这是温词中比较难懂的一首，众说纷纭，莫衷一是。词里所写的当然还是一个女子，首二句写其居室，水精帘、颇黎枕，何其明净！暖香、锦被，又何其温馨！"暖香"是"鸳鸯锦"给人的感觉，唯其暖而香，所以引人入梦。这首词的难点在于三四句和一二句的关系。对这个问题，各家解释不同。张惠言曰："'江上'以下，略叙梦境。"[31] 陈廷焯曰："'江上'二句，佳句也，好在全是梦中情况，便觉绵邈无际。若空写两句景物，意味便减。"[32] 俞平伯先生曰："帘内之清秾如斯，江上之芊眠如彼。千载以下，识与不识、解与不解，都知是好言语矣。"[33] 又曰："说实了梦境似太呆，不妨看作远景。"[34] 浦江清先生曰："张惠言谓是梦境，大误。……写帘内及楼外之景物耳。"[35] 中国社会科学院文学研究所《唐宋词选》曰："以上两句写梦境，暗示梦中人远出未归。古人常从雁联想到远行的人。一说这两句写女主人梦醒时见到的楼外朦胧景色，也可通。”叶嘉莹先生同意俞说，曰：“但欣赏其色泽、音节、意象之美，或者尚不无可取也。”[36] 我认为，这两句解释为梦境固然可通，但确实有些呆板。何况“惹梦”不等于在梦中，“惹梦”只是说这环境清静舒适引人入梦，不一定真的在做梦。这首词关键在那个“帘”字，“水精帘”与“颇黎枕”连在一起容易使人误解为帐子之类卧具。其实“帘”就是门帘或窗帘，温庭筠《更漏子》“帘外晓莺残月”，张泌《南歌子》“画堂开处远风凉，高卷水精帘额，视斜阳”均可为证。首二句既写帘里即室内，后二句遂转而写帘外即室外，由近景拉开成远景。前二句是小环境，后二句是大环境。前二句华丽，后二句疏淡。上阕四句只是写了她的环境，到下阕才集中地写她。写环境时只是把室内室外两种富有对比性的景况并列地摆在一起，意象之间好像是跳跃的，中间留出一片空白，让读者自己去想象补充。从下阕可以看出，这是一个正在剪彩制作“人胜”的女子，她穿着藕丝色的衣服，双鬓被绯红的面庞隔开，插在上面的玉钗摇动着，好像有春风吹来一样。

四、以静态的描绘代替人物的抒情，尤其着力于细部的渲染，因细部的膨胀而失去整体的均衡感也在所不惜。温词描写的对象主要是妇女，读他的作品好像进入一条女性的画廊，一首词就像一幅工笔的毫发毕见的仕女图。他对这些女子的描绘，并不是面面俱到，也不是写总体的印象，而是抓住她的一两个细部，如眉、鬓、衣上的绣物、钗上的装饰之类，不惜笔墨，用力地加以描绘。因为这样的描绘占据了许多篇幅，因而温庭筠词中的女性大多是静态的。如《菩萨蛮》其七：

> 凤凰相对盘金缕，牡丹一夜经微雨。明镜照新妆，鬓轻双脸长。　画楼相望久，栏外垂丝柳。音信不归来，社前双燕回。

这首词从细处入笔，先写那思妇衣服上绣物，用金线绣的一对凤凰，衬托着微雨洗过的牡丹，何等鲜艳！而这是从明镜中看到的，同时也照见了蓬松的鬓发和俊俏的面庞。上阕写了梳妆，下阕再写伫望。她登楼倚栏，伫望良久，柳绿了，燕归了，她所等待的人却还不见回来。这首词的构思很像王昌龄的《闺怨》："闺中少妇不知愁，春日凝妆上翠楼。忽见陌头杨柳色，悔教夫婿觅封侯。"只是把抒情都改作描绘，又把"凝妆"二字加以渲染，用一半的篇幅去写"凝妆"的那个"妆"。这个膨胀了的细节（突出写一对凤凰），和全词有机地联系着。又如《归国遥》其二：

> 双脸，小凤战篦金飐艳。舞衣无力风敛，藕丝秋色染。　　锦帐绣帏斜掩，露珠清晓簟。粉心黄蕊花靥，黛眉山两点。

上阕写女子的首饰、衣服，下阕写她的卧床和她的妆扮，把她的外部特征描绘得极其细致。篦子、舞衣、花靥、黛眉，各个细部渲染得十分逼真，就像一幅工笔的仕女图。

三

韦庄和温庭筠同属花间词人，他们的词风有同有异，可以用比较的方法，进一步研究温词的艺术特点。

温庭筠写词是把自己隐藏在他笔下的那些女子的后面，通过她们曲折地抒发自己的苦闷，可谓隐约。韦庄写词主要是写自己的风流韵事，直抒胸臆，欢乐、哀愁、相思，和盘托出，倾诉给读者，可谓显直。温庭筠笔下的女性都是有感情的，但是她们的感情并不明白地显露出来。温庭筠对她们寄寓了同情，甚至可以说把自己的生命注入到她们身上了，但他并没有把自己的面目显示给我们看。韦庄却是一切都明白如话，他不要什么寄托，把自己的灵魂打开让读者看。那明朗的调子、坦率的态度，和温词迥然不同。

温词富有装饰的效果，以秾艳见长；韦词重在写意，以疏淡为美。这也就是周济所说的"严妆"与"淡妆"的区别[37]。温词的美是色泽的美、装饰的美、词藻的美；韦词的美是本色的美、自然的美、意境的美。王国维说韦庄的词品如“弦上黄莺语”[38]，这不过是为了和温庭筠的“画屏金鹧鸪”凑成一对，都用鸟名，其实并不确切。如果要用韦庄的一句词来概括他的风格，最恰切的莫过于“春水碧于天”，自然、明快、爽朗、本色。韦词不是特意制作的工艺品，不是令人目眩的装潢，而是淡墨绘成的写意画。一个浓，一个淡，二者的不同显而易见。

温词的意象稠密，意象之间的中介常常被省去，因而显得紧密，一句词里包含多层意思。韦词的意象比较稀疏，意象之间基本上是联贯的，脉络比较分明，有散文的意趣。韦词常常是一句一个意思或两句合起来才表达一个意思，如“四月十七，正是去年今日，别君时”[39]、“记得那年花下，深夜，初识谢娘时”[40]。温词与韦词，密疏的不同也是十分显然的。

温词有女性的细腻，温庭筠在写女性时，似乎是以同样身份的女性的眼光在观察她们、描绘她们，透过她们的举止和装扮，看到了她们内心的隐秘，处处流露出体贴和同情。韦庄则是从男性的角度去观察和描写女性的美，带着男性的柔情。论描绘的细腻，韦不如温；论感情的温柔，温不如韦。以韦庄的《浣溪沙》其三（惆怅梦馀山月斜）、其五（夜夜相思更漏残），以及《女冠子》二首，和温庭筠的《菩萨蛮》、《更漏子》等词相比，就可以看出他们的不同。

温韦二家各有所长，不可轩轾。他们各以自己的创作开辟了一种词风，在文学史上都有贡献。当然，他们也各有所短：温词易流于涩，韦词易流于滑；温词易流于晦，韦词易流于浅；温词易流于隔，韦词易流于俗；温词味厚而易腻，韦词味淡而易泛。他们都没有达到艺术的极致。

四

关于温词的艺术渊源，张惠言早已涉及，他说《菩萨蛮》其一（小山重叠金明灭）是“感士不遇”，又说其“照花”四句是“离骚初服之意”，已经把温庭筠和屈原联系在一起了。不过他论述的重点在于温词之比兴寄托，而不在其渊源。后来，陈廷焯和吴梅发挥张惠言的见解，才正面提出温词渊源的问题。陈廷焯《白雨斋词话》曰：“飞卿短古，深得屈子之妙；词亦从楚骚来，所以独绝千古，难乎为继。”“飞卿《菩萨蛮》十四章，全是变化楚骚，古今之极轨也。徒赏其芊丽，误矣。”吴梅《词学通论》曰：“其词全祖风骚，不仅在瑰丽见长。……尤有怨悱不乱之遗意。”

把温庭筠和屈原相提并论，从总体上说是不正确的。温庭筠不像屈原那样具有进步的政治理想和为理想而斗争的精神，也没有屈原那样高尚的人格。张惠言断章取义，得出了不符合实际的结论。但是，我们也不能不承认，《菩萨蛮》等词中所写的那种女子的自怜自伤的感情，确实浸透着封建社会那种待价而沽却又遭逢不偶的知识分子的心理和情绪。占温词主导地位的那种哀怨、寂寞、迷惘之感，还是传统诗歌中的感情。温庭筠所写的虽然是歌伎、思妇、宫女，却也曲折地反映了失意文人的苦闷。温庭筠是用市民文学的新形式表现了士大夫传统的怀才不遇的题材。形式是新的，灵魂还是传统的。温庭筠从那些薄命的女子身上，看到了自己的命运。“同是天涯沦落人”，温庭筠在她们身上倾注了自己的同情，要不然是不会写得如此真切的。

关于温词的渊源，可以从题材和艺术表现两个方面略加论述。

温词的代表作，如《菩萨蛮》、《更漏子》、《梦江南》，显然属于宫怨、闺怨之类。这本是乐府诗中普遍的题材。可以说温庭筠的词就是这类乐府诗采取了新的形式，配合了新的曲调，是传统的古题乐府的翻新。

在乐府诗里，属于宫怨、闺怨题材的作品很多。曹植的《美女篇》写一个美女盛年未嫁的苦恼，借以寄托自己怀才不遇的感慨。梁裴让之的《有所思》写一个女子梦中与丈夫相会，醒来辗转不寐，直到天晓：“梦中虽暂见，及觉始知非。辗转不能寐，徙倚徒披衣。凄凄晓风急，晻晻月光微。室空当达旦，所思终不归。”温庭筠的《更漏子》就很像它。又如唐赵微明的《古离别》：“为别未几日，一日如三秋。犹疑望可见，日日上高楼。唯见分手处，白蘋满芳洲。寸心宁死别，不忍生离忧。”这首诗写思妇登楼远望，可以在温庭筠的《梦江南》中找到它的影响。此外如乐府诗中的旧题《长门怨》、《长信宫》、《怨诗行》、《玉阶怨》、《秋夜长》等等，和温词都有渊源关系。温庭筠本是一个写作乐府歌行的能手，据现存温集统计，乐府歌行占其全部诗歌的三分之一。他的乐府诗中有许多并不拟旧题，而是自创新题。所以郭茂倩《乐府诗集》在“新乐府”中独辟一类，专列温庭筠的作品三十二首。一个擅长乐府歌行的诗人转而写词，是比较顺手的。

至于艺术表现技巧，温词受李贺诗歌的影响十分明显。温庭筠把词笔转向内心世界，向内心的深秘之处努力挖掘，走上一条狭而细的道路，追求一种幽而微的意境，而这正是得之于李贺。而温词的装饰性、暗示性、跳跃性，也都带着李贺的影响。温庭筠的代表作《菩萨蛮》其一（小山重叠金明灭）就近似李贺的《美人梳头歌》。《美人梳头歌》从美人早晨睡着的姿态写起，然后写她被汲水的辘轳声惊醒，对镜梳妆，末尾写她独自下阶折花：“背人不语向何处，下阶自折樱桃花。”温庭筠的那首《菩萨蛮》，无论构思还是写法都与这诗相近。

（原载于《学术月刊》1986年第2期）

---

①李冰若《花间集评注》：“飞卿此词末句，真谓画蛇添足，大可重改也。‘过尽’二语既极怊怅之情，‘肠断白蘋洲’一语点实，便无馀韵，惜哉惜哉！”人民文学出版社一九九三年第一版第四十二页。

②《唐宋词选释》上卷。

③见《词选》卷一。

④《人间词话》：“‘画屏金鹧鸪’，飞卿语也，其词品似之。”见人民文学出版社一九八二年版第一九五页。

⑤《菩萨蛮》，《花间集》卷一。

⑥《玉蝴蝶》，同上。

⑦《更漏子》，同上。

⑧《女冠子》，同上。

⑨《菩萨蛮》，《花间集》卷一。

⑩《酒泉子》，同上。

⑪《菩萨蛮》，《花间集》卷一。

⑫同上。

⑬孙光宪《菩萨蛮》，同上，卷八。

⑭顾敻《玉楼春》，同上，卷六。

⑮毛熙震《酒泉子》，同上，卷十。

⑯牛峤《菩萨蛮》，同上，卷四。

⑰李珣《浣溪沙》，同上，卷十。

⑱毛熙震《浣溪沙》，同上，卷九。

⑲顾敻《虞美人》，同上，卷六。

⑳《菩萨蛮》，《花间集》卷一。

㉑《南歌子》同上，卷一。

㉒《更漏子》，宋·黄昇《花庵词选·唐宋诸贤绝妙词选》卷一。

㉓《醉公子》，《花间集》卷七。

㉔《次韵回文诗》，清·冯应榴注《苏轼诗集》卷四十七，中华书局 1982 年第一版，第 2530 页。

㉕吴小如先生《读词散札》亦谓屏山指枕屏，且引《了解日本事典》和《大日本国语辞典》，说日本也有枕屏风，盖自唐代传入者。为正确解释“小山”提供了有力的证据。文见《学林漫录》初集。

㉖《菩萨蛮》，《花间集》卷一。

㉗同上。

㉘同上。

㉙《读词偶得》。

㉚《栩庄漫记》。

㉛《词选》卷一。

㉜《白雨斋词话》卷七。

㉝《读词偶得》。

㉞《唐宋词选释》上卷。

㉟《词的讲解》，见《浦江清文录》。人民文学出版社 1958 年第一版第 149 页。

㊱《温庭筠词概说》，见《迦陵论词丛稿》。上海古籍出版社 1980 年第 1 版第 1 页。

㊲周济《介存斋论词杂著》:“飞卿严妆也，端己淡妆也。”见人民文学出版社1984年版第7页。

㊳《人间词话》:“‘弦上黄莺语’，端己语也，其词品亦似之。”见人民文学出版社1982年版第195页。

㊴《女冠子》,《花间集》卷一。

㊵《荷叶杯》，同上，卷二。

以赋为词

——清真词的艺术特色

一

一种文学体裁从萌芽到成熟，这个阶段是富有活力的。伴随着成熟期的到来，将出现一个繁荣的局面。在此之后，如果只是因袭而不能创新，就可能渐渐失去生气而趋于衰微。这是文体发展的一条值得注意的规律。

在民间曲子词的基础上发展起来的文人词，从温庭筠到柳永，经过一百馀年的时间，已经臻于成熟。从体制上看，小令、长调均已齐备；从表现技巧上看，无论抒情、描写、叙述，都已熟练；音调格律也已相当讲究。此后就面临着一个如何突破已有成绩进一步发展的问题。一条方便的道路，是借鉴和吸取其他文学体裁的特点，给词注入新的血液，就好像植物学上用杂交的方法改良品种一样。

在宋代词坛上有四个人做了这项工作，都取得了卓越的成绩，推动了词的发展。

一个是苏轼。他“以诗为词”[①]，突破了词在题材内容上的狭隘性，“一洗绮罗香泽之态，摆脱绸缪宛转之度”[②]，把诗的意境和写法引入词中，从而将应歌的词提升到和诗同等的地位。词居然也可以像诗那样用来言志、咏怀，探究人生的意义，表达哲理的思考，“无意不可入，无事不可言”[③]，从而使天下耳目为之一新[④]。

另一个是辛弃疾。他以文为词，议论说理、经史百家、问答对话，通通拿来入词，而且不露斧凿痕迹。他的词既有孟子的雄辩，又有庄子的诡奇；既有韩愈的不平之鸣，又有柳宗元的秀骨俊语。那种散文化的笔调、自由纵肆不可一世的气魄，在词的创作上真可谓“别开天地，横绝古今”[⑤]。他的词气盛言宜，以气御言，无往而不利。“无首无尾，不主故常。……随所变态，无非可观。”[⑥]

当然，说苏轼以诗为词、辛弃疾以文为词，不等于说苏词已成为诗、辛词已成为文。潘牥说：“东坡为词诗，稼轩为词文。”[⑦]这种说法是不确切的。但是不能不承认，苏、辛确实是将诗文的特点经过融化引入词中，改造了词的面貌，推动了词体的发展。

苏辛以诗文为词，前人多已注意。但在苏、辛之外还有两个人也是用引进其他文体特点的方法，丰富了词的表现力，推动了词体的发展，这就是柳永和周邦彦。他们的特点是以赋为词。《文心雕龙·诠赋》曰：“赋者，铺也。”赋这种文学体裁的主要特点即在于铺陈。所谓“以赋为词”，就是用铺陈的方法写词。柳永最先在词里融汇了赋的写法，他的《望海潮》（东南形胜）、《迎新春》（嶰管变青律）、《破阵子》（露花倒影）等，铺陈城市的繁华、节日的欢乐，以及社会的风俗人情，展示了一幅幅城市生活的画面。这类词简直就像浓缩的、通俗化的汉赋。柳永还有一些词是用六朝抒情小赋的写法，通过景物的铺陈描写，抒发词人的感情。正如夏敬观所说其“雅词用六朝小品文赋作法”[⑧]。他的《夜半乐》就是这方面的代表作。然而以赋为词，柳永还只是一种尝试，周邦彦继柳永之后将这种写法加以发展，才达到炉火纯青的地步。周邦彦的《解语花·元宵》、《六幺令·重九》类似柳永的《迎新春》。但他的代表作却不是对柳词的模仿，而能自成一家。蔡嵩云曰：“周词渊源，全自柳出，其写情用赋笔，纯是屯田家法。”[⑨]只看到继承的一面，没看到创新的一面，未免低估了周邦彦的艺术成就。

那么，周邦彦以赋为词有什么创新呢？这是本文讨论的重点。

二

周词的铺陈增加了角度和层次，他善于把一丝感触、一点契机，向四面八方展开，一层又一层地铺陈开来，达到毫发毕见、淋漓尽致的地步。例如《满庭芳·夏日溧水无想山作》开头写初夏景色，从三个角度写来："风老莺雏，雨肥梅子，午阴嘉树清圆。"幼小的莺儿在和风中长大了，青青的梅子在雨露的滋润下越来越饱满，那棵美丽的大树枝叶扶疏，中午布下一圈树荫显得多么清凉！从不同的角度，反复地描写从春到夏季节的变化，一句不够，再加一句；两句还嫌不够，遂铺陈为三句。又如《苏幕遮》写溽暑季节的感觉，先写焚香祛暑，再写鸟雀呼晴，最后又着重写荷叶："燎沉香，消溽暑。鸟雀呼晴，侵晓窥檐语。叶上初阳干宿雨。水面清圆，一一风荷举。"一笔又一笔，不厌其繁地描写铺陈，直到把由阴转晴的变化充分写出为止。"鸟雀"二句，写小鸟也盼望着晴天，一大早就在檐下伸头向外窥视，并且互相报告天气转晴的消息，真是传神之笔。光是荷叶，就不惜笔墨写了三句：先写叶上宿雨干了；再写荷叶的清圆（清包括颜色、气味等感觉，圆是形状）；最后写荷叶的姿态、情韵。真可谓极铺陈之能事了。

在这方面最有代表性的作品是《瑞龙吟·春词》。这首词是作者自溧水还京为国子主簿时所作，时当哲宗绍圣四年。周邦彦在京师原有一位情人，回京后重访旧地，她已然离去，词就是写当时的怅惘心情：

章台路。还见褪粉梅梢，试花桃树。愔愔坊陌人家，定巢燕子，归来旧处。　黯凝伫。因记个人痴小，乍窥门户。侵晨浅约宫黄，障风映袖，盈盈笑语。　前度刘郎重到，访邻寻里，同时歌舞。唯有旧家秋娘，声价如故。吟笺赋笔，犹记燕台句。知谁伴、名园露饮，东城闲步。事与孤鸿去。探春尽是，伤离意绪。官柳低金缕。归骑晚、纤纤池塘飞雨。断肠院落，一帘风絮。

第一叠，写刚刚回到旧地的感受。景物依旧，一切都是那么熟悉。词人怀着喜悦和期待，沿着章台路一家家找去；同时燕子也绕着屋檐飞来飞去，寻找自己的归巢。这时正是初春，梅花已经脱尽，桃花刚刚开放[10]。一个谢，一个开，在梅桃的交替之间，也许寄寓着词人对人事变迁的感慨。

第一叠铺陈了眼前的景物，第二叠遂转入回忆。词人终于找到了那个过去常常出入的门户，他默默地站在门外，眼前忽然再现了往日的情景。那天清晨她正站在院子里，门半开着。当词人经过门口的时候，她偶然回首向门外一看，无意间和词人目光相遇了[11]。她用袖子挡着风，双鬓的装饰和袖子的飘拂，再加上盈盈的笑语，那副天真而又稚气的神态，给词人留下难忘的印象。这是在一个偶然的机会初次见面的印象，又是隔门相对，所以若干年后词人又回到这里的时候，便自然而然地回忆起以前的那一幕来。这里所写的不过是初次相遇的一刹那，而周邦彦竟铺展为整整一叠，还含有许多言外之意，显示了高超的艺术技巧。

第三叠又转而写这次重访。刘郎重到，那人却已不在，从邻居那里打听到，她的声价还像以往那样，并且还留恋着往日的爱情。但是如今是谁在陪伴她呢？追悔、遗憾与难堪，种种心情混合在一起折磨着他。别人陪伴自己情人的情景，越是铺陈得细，就越显出思念之切。词的末尾写自己怅然归去的情景。归骑曰“晚”，可见流连徘徊之久。柳枝曰“低”，衬出心情的沉重。而纤纤的飞雨则像网一样罩着，倍增愁绪。回到自己的住处，引人断肠的院落，门帘上沾满了柳絮，也像一面网。末尾的几句以柳枝、柳絮为中心加以铺陈，反复地一层又一层地抒写了自己的心情。

中国古典诗歌传统的美学追求，主要是富有启示性的点，突出一点带动全面，以一落叶写秋，以一颦眉状愁，长于写一举目之景，一刹那之情。相应的，在诗歌语言上追求以简驭繁，以一当十。“采菊东篱下，悠然见南山。”“举头望明月，低头思故乡。”“忽见陌头杨柳色，悔教夫婿觅封侯。”“落日照大旗，马鸣风萧萧。”这类诗句便是诗人们追求的准的。近体诗尤其是这样。词中的小令也有类似的艺术趣味，诸如“西风残照，汉家陵阙”、“春水碧于天，画船听雨眠”。而周邦彦的词却别有一种趣味，它们像多种乐器、多种声部演奏的交响乐，讲究各种乐器的配合和各个乐章的对比呼应，以及一个乐章之内的层次变化。周邦彦用铺陈的方法写词，不仅推动了词体的发展，也丰富了中国诗歌的表现艺术。

三

柳词虽然讲究铺陈，但“多平铺直叙”[12]，可以说是一种线形的结构。周词则多回环往复，是环形的结构。周邦彦常常写一个有首有尾、有开有合的过程。他有一首词，调名《解连环》，用玉连环比喻纠结在一起的难解难分的爱情相思。周词的结构也恰如玉连环一般。连环的每一段都是曲折的，他的词也是这样。慊静题《清真集》绝句说“曲笔能拳”，真可谓一语破的。

周词的结构，如果仔细分析，主要是今昔的回环和彼此的往复。他的词常常是在：“今——昔，昔——今；我——她，她——我”之间翻来覆去地跳跃着。今昔是纵向的，彼此是横向的。今昔与彼此的交错造成一种立体感。吴文英深得清真三昧，前人评他的词如“七宝楼台”[13]，指出了它们给人的立体感。而这正是得力于周邦彦。所不同者，在周词中可以找到神理脉络，不像吴文英构筑的那座楼台“碎拆下来，不成片段”。

周词这种回环往复的结构，常见于他的一些代表作，如上面所举的《瑞龙吟》，以及《应天长·寒食》等等。兹以《玉楼春》为例略作分析：

> 桃溪不作从容住，秋藕绝来无续处。当时相候赤栏桥，今日独寻黄叶路。　　烟中列岫青无数，雁背夕阳红欲暮。人如风后入江云，情似雨馀黏地絮。

《草堂诗馀》、《古今诗馀醉》、《词统》均题作“天台”，为我们解释这首词提供了一把钥匙。但周济《宋四家词选》曰“只赋天台事”，又嫌拘泥了。还是沈祖棻先生讲得好：“这首词是作者在和他的情人分别之后，重游旧地，怅触前情而写下的。它用一个人所习知的仙凡恋爱故事即刘晨、阮肇遇仙女的典故起头。”[14]

一二句是说自己以往的情人宛如桃溪的仙女一样美丽，而且对自己一往情深，当时本应留下来永远和她在一起的，可惜竟没有从容地多住些时候。如今后悔了，想恢复往日的恩情，可是彼此的关系如同秋藕，一旦折断便不能接续了。第一句写往昔，第二句写今日，其间有一个从昔到今的跳跃。三四句还是从昔与今的对比上落笔，第三句照应第一句，第四句照应第二句。当时是她在赤栏桥上等候我的到来，今日是我独自踏着黄叶路寻觅往日欢爱的回忆。当时何等温暖，今日何等冷寂。“独寻”二字耐人寻味，一步一步，其间有多少怅恨凄迷。独寻时忽然举目四望，唯见青山如障，夕阳如血，于苍莽空旷中愈显出自身的孤独。这就是五六两句：“烟中列岫青无数，雁背夕阳红欲暮。”这两句把视线引向远方，山的那边也许就是她的所在，但是路在哪里？雁有翼而己身无翼，眼巴巴望着大雁渐渐远去，自己的心也飞向了远方。五六句单承第四句，写“独寻”所见，可以说是第四句的拓展。七八句则又改从彼此的对比上落笔，写法是用两个比喻。她好比风后散入江心的云，了无踪影。而自己的心情则如雨后黏在地上的柳絮，无法解脱。这首词一共八句，上下片各四句，好像两首七绝合在一起，但通篇对偶，又不像绝句。看它的形式似乎很呆板，读时却不觉得呆板，因为各联之间和各句之间的接续富于变化。腾挪多变的章法和回环往复的内在结构克服了形式体制的呆板，取得了良好的艺术效果。

回环往复的结构，使周词形成一种黏腻的艺术风格。情浓意密，绸缪宛转，剪不断，化不开，有一股黏劲儿。人皆知秦少游“山抹微云，天黏衰草”[15]为佳句，而且叹服其“黏”字之工。殊不知周邦彦屡用“黏”字，无不精妙。除《玉楼春》中“情似雨馀黏地絮”外，还有六例。如：“蠢蠢黄金初脱后，暖日飞绵，取次黏窗牖。”[16]“柳絮轻举，蛛网黏飞絮。”[17]以“黏”字状柳絮、蛛丝，得形神两似。周介存说：“梅溪词中喜用‘偷’字，足以定其品格。”如用同样的方法论清真词，他喜用“黏”字，亦足以定其风格。

四

柳词善铺陈，写景、状物、抒情，略无窒碍，诚如冯煦所云：“耆卿词曲处能直，密处能疏，奡处能平，状难状之景，达难达之情，而出之以自然，自是北宋巨手。”[18] 但是铺陈本身所有的缺点，柳永却未能免除，这就是一览无余，缺乏余蕴。李之仪批评他说：“铺叙展衍，备足无馀，形容盛明，千载如逢当日。较之《花间》所集，韵终不胜。”[19] 所谓“韵不胜”，就是缺少言外之意，缺少供人反复思索回味的余地。周词也善铺陈，却没有韵短的毛病。他的词既长于辅陈，而又多有余蕴；既能淋漓尽致，又无浅露之弊。陈子龙说他的词“久诵之得隽永之趣”[20]，确实如此。周词浑厚典重、藏锋不露，有一种潜在的充实的力量，既不流于轻浮儇薄，也不失之尖新纤巧。总觉得其中有东西可以挖掘、可以寻觅，能引人往更深处、更广处去思考。

姑且以《六丑》为例，此词题目叫《蔷薇谢后作》，是一首惜花词。这类词最容易犯轻薄的毛病，可是周邦彦的这一首不然，它浑厚典重耐人寻味。

> 正单衣试酒，怅客里、光阴虚掷。愿春暂留，春归如过翼，一去无迹。为问花何在，夜来风雨，葬楚宫倾国。钗钿堕处遗香泽，乱点桃蹊，轻翻柳陌，多情为谁追惜？但蜂媒蝶使，时叩窗槅。　东园岑寂。渐蒙笼暗碧。静绕珍丛底、成叹息。长条故惹行客，似牵衣待话，别情无极。残英小、强簪巾帻。终不似、一朵钗头颤袅，向人欹侧。漂流处、莫趁潮汐。恐断红、尚有相思字，何由见得。

上阕开头三句不是一般地感叹虚度了光阴，而是说在羁旅之中既无闲暇也无心思欣赏春光，让它白白地流逝了。作者知道春是不能久留的，他只求“暂留”，但是春对这点愿望也毫不理会，如鸟之飞去，了无痕迹。周济评此三句“十三字千回百折，千锤百炼”[21]，诚是。春既匆匆归去，蔷薇花也被夜来风雨葬送了，花瓣纷纷飘落在桃蹊上、柳陌上，好像佳人遗落的钗钿，依旧带着佳人的香泽。但是会被哪一个多情的人所追惜呢？只有蜂儿、蝶儿时时叩打着窗槅，招呼词人一起去凭吊罢了。作者称蜂曰“媒”，称蝶曰“使”，是因为联想到鲜花盛开的时候，蜂蝶曾忙着在花丛中穿来穿去做媒做使。如今花已凋谢，她们也怅然若失了。

上阕写春归、花落，都是试酒之际的想象之辞，下阕才写自己走进东园去凭吊落花。原来热热闹闹、万紫千红、蜂飞蝶舞的东园，已是密叶蒙笼，一片暗碧。词人绕着无花的蔷薇，静静地徘徊着，叹息春的归去。人既惜花，花亦恋人：“长条故惹行客，似牵衣待话，别情无极。”蔷薇带刺的枝条仿佛故意要惹起作者的愁绪，钩住他的衣服，等待他说些什么。这三句是全词的警策。储光羲《蔷薇歌》曰：“低边绿刺已牵衣”，周邦彦加以引申，蔷薇之情不仅表现在牵衣上，还表现在待话上。仅仅写“牵衣”，不过是扣住了蔷薇带刺的特点，而“待话”则把蔷薇的神情传达了出来。正在这时，词人忽然看见一朵小小的残花留在枝头，就摘下来插在自己的头巾上：“残英小、强簪巾帻。终不似、一朵钗头颤袅，向人欹侧。”这是一朵迟开的蔷薇，她没赶上时候，显得那么憔悴弱小，只能勉强戴在头巾上，好像随时要掉下来似的。小小的残英虽不如插在美人头上的大花那样颤袅多姿，但她还是依依地“向人欹侧”着，表示亲近，更令人怜惜[22]。词的最后又翻出一层新意，词人看到有的花落入水中，便想起红叶题诗的故事，恐怕蔷薇的落英上也有寄托相思的诗句，但是不会被人看到了。

《蓼园词选》评论这首词说：“自叹年老远宦，意境落寞，借花起兴。以下是花、是自己，已比兴无端，指与物化，奇情四溢，不可方物，人巧极而天工生矣！结处意致尤缠绵无已，耐人寻绎。”说这首词是晚年所作，想必是因为词中有一种迟暮之感。虽然不能断定，但不妨这样设想。词中所写的残英，那朵尚未盛开即已败落了的小小的残英，确实寄寓着词人自己的身世之感。我们从周邦彦残存的诗文中可以看出，他本是一个有政治抱负的人，但正像那朵残英一样，还没来得及盛开，就随着春光一起凋零了。他的抱负也许还没有机会让人知道呢！这首词虽是惜花惜春，也是在为自己以及和自己同样遭遇的文人而惋惜。

通过对《六丑》的深入分析，可以证明周词并非都是吟风弄月之作。周词的浑厚之处、言外之意，是值得充分注意的。而周邦彦既善铺陈而又有馀韵，则更显示了他的长处。

五

说苏、辛以诗文为词，并不等于说他们的词已成为诗文。同样，说周邦彦以赋为词，并不等于说他的词已成为赋。他只是将铺陈这个赋的主要特点引入词中，从而推动了词体的发展。这并不排斥在“赋比兴”这个意义上的比兴手法的运用，也不排斥在词里化用前人的诗句。关于比兴，上面所举的《六丑》就是一个典型的例子。此外如《玉烛新·早梅》、《锁阳台》（白玉楼高），也都可以证明这一点，就毋庸赘言了。

在这里应当着重讲一讲化用前人诗句的问题。张炎说：“美成负一代词名，所作之词浑厚和雅，善于融化词句。”又说：“美成词只当看他浑成处，于软媚中有气魄，采唐诗，融化如自己者，乃其所长。”[23]沈义父也说：“下字运意，皆有法度，往往自唐、宋诸贤诗句中来。”[24]这些评论是符合实际的，如《西河·金陵怀古》就将刘禹锡的《金陵五题》中《石头城》、《乌衣巷》二首融化进来，却没有一点痕迹。《满庭芳》“风老莺雏，雨肥梅子”，融化杜牧“风蒲燕雏老”[25]和杜甫“红绽雨肥梅”[26]。《拜星月慢》“画图中、旧识春风面”融化杜甫的“画图省识春风面”[27]，也是很典型的例子。但是，周邦彦融化唐人诗句和他以赋为词这个总的艺术倾向并不矛盾。即以《西河》而论，它仍然体现了周邦彦善于铺陈的特点。只是因为融化了刘禹锡的诗，而更具有雍容典雅的气度：

佳丽地，南朝盛事谁记？山围故国绕清江，髻鬟对起。怒涛寂寞打孤城，风樯遥度天际。　　断崖树，犹倒倚，莫愁艇子曾系。空馀旧迹郁苍苍，雾沉半垒。夜深月过女墙来，赏心东望淮水。　　酒旗戏鼓甚处市？想依稀王谢邻里。燕子不知何世，向寻常巷陌人家相对，如说兴亡斜阳里。

上片、中片写石头城，下片写乌衣巷，一层层细细地铺陈开来。昔日的繁华与今日的荒凉，或明或暗地形成对照。一种沧桑之感也就随着景物的不断展现而淋漓尽致地抒发了出来。

清真词艺术上的丰富多采，当然不是用“以赋为词”四个字所能概括尽的。但是着眼于词体的发展，从总体上观察，就不难发现以赋为词确实是周邦彦的一个重要特点。把这一点强调出来，对于理解他的作品或许不是没有益处的。

（原载于《北京大学学报》1985年第5期）

---

①陈师道《后山诗话》，《历代诗话》本，中华书局一九八一年第一版第三〇九页。

②胡寅《题酒边词》，毛氏汲古阁本《宋六十名家词》。

③刘熙载《艺概》卷四。

④王灼《碧鸡漫志》：“东坡先生非心醉于音律者，偶尔作歌，指出向上一路，新天下耳目，弄笔者始知自振。”

⑤清吴衡照《莲子居词话》卷一，退补斋本。

⑥范开《稼轩词序》，涵芬楼影印汲古阁抄本《稼轩词》。

⑦陈模《怀古录》引。

⑧《手评乐章集》，转引自龙榆生《唐宋名家词选》。

⑨《柯亭论词》，《柯亭长短句》附录。

⑩“粉”，指白色的梅花。梁简文帝《梅花赋》“争楼上之落粉，夺机中之纤素”，宗懔《早春》“散粉初成蝶，剪彩作新梅”均可证。此言“褪粉梅梢”，意谓从梅树的枝梢上落下白色的梅花。梅花开放时树梢一片粉色，待花落尽，粉亦褪去。然而梅落桃开并非同时，周邦彦《蝶恋花》“桃萼新香梅落后”可证。“褪粉梅梢，试花桃树”，必有一句是虚写。参看末尾“官柳低金缕”和“一帘风絮”，可知落梅是虚。所以这两句应当理解为：梅花已经落尽，桃花刚刚开放。

⑪“乍窥门户”的“窥”是由内向外看。“窥门户”应是站在门内的院子里向门外看。“乍”，有忽然、正巧这类意思。她在门内偶然向外看去，恰巧词人经过门口，无意间，目光碰到一起，给词人留下深刻的印象。

⑫夏敬观《手评乐章集》。

⑬张炎《词源》:“吴梦窗词如七宝楼台，眩人眼目。碎拆下来，不成片段。”

⑭《宋词赏析》。

⑮《满庭芳》,《全宋词》第四五八页。

⑯《蝶恋花·柳》，吴则虞校点《清真集》卷下，中华书局一九八一年第一版第四四页。

⑰《点绛唇》，同上卷上第一七页。

⑱《宋六十一家词选例言》。

⑲《姑溪居士文集》卷四十《跋李师道小词》。

⑳冯煦《宋六十一家词选例言》引。

㉑见《四家词选》。

㉒“终不似，一朵钗头颤袅，向人敧侧。”这里的“终”字应释为“虽”。杜甫《郑典设自施州归》“叹尔疲驽骀，汗沟血不赤。终然备外饰，驾驭何所益”、方干《赠信州高员外》“膺门若感深恩去，终杀微躯未足酬”、晏几道《少年游》，“浅情终似，行云无定，犹到梦魂中”，均可证。“向人敧侧”不是形容插在钗头的大花，大花已有“颤袅”二字形容，无须再用一个近义的“敧恻”。“敧侧”是形容那朵小小的残英的，她虽不像插上美人钗头的大花之颤袅，但簪在巾帻上，也“向人敧侧”着，十分可爱。

㉓《词源》卷下。

㉔《乐府指迷》，人民文学出版社一九八一年第二版第四五页。

㉕《赴京初入汴口晓景即事》。

㉖《陪郑广文游何将军山林十首》其五。

㉗《咏怀古迹五首》其三。

关于中国文学史几个理论问题的思考

——新编《中国文学史》总绪论

一、 文学本位、史学思维与文化学视角

中国古代的史学家和文学家早已注意到文学的发展与变迁，并作了许多论述。这些论述散见于史书、目录学著作、诗文评、文学总集或选集的作家小传中；在一些序跋、题记及其他文章中也有所涉及[①]。

就现在所能看到的数据而言，史家的记述是比较早的。司马迁的《史记·屈原贾生列传》不但为屈原、贾谊这两位文学家立传，而且笔墨涉及宋玉、唐勒、景差等屈原之后贾谊之前的辞赋家，已经算是有了文学发展过程的初步描述。此后，（东汉）班固在《汉书·司马迁传赞》中对司马迁《史记》以前史官之文的发展过程有简单的追述；齐梁时的沈约在《宋书·谢灵运传论》中，回顾了南朝宋以前诗歌的发展历程，可以看成是关于诗歌史的比较详细的论述。（南朝宋）范晔撰《后汉书》，始创《文苑传》，将22位文学上有成就的人的传记合在一起，按时代先后排列，提供了文学发展的线索。此后，一些正史中的《文苑传》或《文艺传》，大都沿袭《后汉书》的体例。在目录学著作方面，班固在刘歆《七略》的基础上撰成《汉书·艺文志》，其中的《诗赋略论》对诗和赋的发展有初步的描述。此后，一些目录学著作，如《隋书·经籍志》、《旧唐书·经籍志》、《新唐书·艺文志》大都继承《汉书·艺文志》的传统，在著录书目的同时考辨源流。（清）纪昀《四库全书总目提要》可算是这类书中的集大成者。在诗文评方面，（梁）刘勰《文心雕龙》中《明诗》以下20篇论及许多文体的形成过程，《时

序》等篇也有关于文学发展的精彩论述。（梁）锺嵘的《诗品序》，对文学的发展做了相当详细的论述。此后，在一些诗话、词话，以及诗纪事、词纪事之类的书中，也有关于诗词发展的论述[②]。

此外，（东汉）郑玄《诗谱序》追述诗歌的起源，历数周文王、周武王、周成王以至懿王、夷王、厉王、幽王时政治的变迁与诗歌的关系，从政治的角度对诗歌的发展做了较细致的描述。（西晋）挚虞的《文章流别论》从文体流变这个新的角度，论述了文学的发展。（唐）白居易的《与元九书》对《诗》、《骚》以来诗歌发展的历程做了总结。（宋）李清照的《词论》追述了词的发展概况。（元）辛文房的《唐才子传》为398位唐代诗人作传，间有评论，从中可以看出唐诗发展的因革流变。（明）张溥所辑《汉魏六朝百三名家集》的题辞，已经勾勒出汉魏六朝文学发展的脉络。（清）钱谦益的《列朝诗集小传》，对明代诗人一千六百馀家作了评述。清代所修《全唐诗》，为唐代诗人逐一做了简介，从中可以看到唐代诗歌的发展线索。

毫无疑问，上述种种著述都是我们今天撰写文学史应当借鉴的。然而，这些还不能算是对文学发展过程的系统完整的论述，因而还不是专门的文学史著作，更不能说已经建立了独立的文学史学科。中国学者所写的文学史著作，是20世纪初受了外国的影响才出现的，一般认为林传甲在京师大学堂编写的讲义《中国文学史》为滥觞之作[③]。谢无量的《中国大文学史》[④]、胡适的《白话文学史》上卷[⑤]、郑振铎的《插图本中国文学史》[⑥]、刘大杰的《中国文学发展史》[⑦]、中国科学院文学研究所的《中国文学史》[⑧]、游国恩等主编的《中国文学史》[⑨]，分别代表了20年代、30年代、四五十年代、60年代文学史著作所能达到的成就。王国维的《宋元戏曲史》[⑩]、鲁迅的《中国小说史略》[⑪]，在分体文学史中是最早的、最有影响的著作。

由此我们可以说，进入20世纪以后，特别是二三十年代以后，文学史才成为一门独立的学科。然而，各家对这门学科的理解并不相同，因此文学史的写法也有很大差异。只要是严肃的学术研究，因不同的理解与不同的写法而形成各自的特色，都可以从不同的方面丰富和完善文学史这门学科。即使现在或将来，也不可能只有一种理解、一种模式、一种写法，而只能是百家争鸣、百花齐放。

那么，我们对文学史是怎样理解的呢？我们认为：文学史是作为人类文化成果之一的文学的历史。

这是一个最朴实无华的、直截了当的回答，意思是强调：文学史是文学的历史，文学史著作要在广阔的文化背景上描述文学本身演进的历程。这包括以下几方面的意思：

把文学当成文学来研究，文学史著作应立足于文学本位，重视文学之所以成为文学并具有艺术感染力的特点及其审美价值。当然，文学的价值在很大程度上取决于它反映现实的功能，这是没有问题的，但这方面的功能是怎样实现的呢？是借助语言这个工具以唤起接受者的美感而实现的。一些文学作品反映现实的广度与深度未必超过史书的记载，如果以有"诗史"之称的杜诗和两《唐书》、《资治通鉴》相比，以白居易的《卖炭翁》与《顺宗实录》里类似的记载相比[12]，对此就不难理解了。但后者不可能代替前者，因为前者是文学，具有审美的价值，更能感染读者。当然也可以以诗证史，将古代文学作品当成研究古代社会的资料，从而得出很有价值的成果，但这并不是文学史研究，文学史著作必须注意文学自身的特性。

紧紧围绕文学创作来阐述文学的发展历程。文学史研究有几个层面，最外围是文学创作的社会政治、经济背景。背景研究很重要，这是深入阐释文学创作的一把必不可少的钥匙。但社会政治、经济背景的研究显然不能成为文学史著作的核心内容，不能将文学史写成社会发展史的图解。第二个层面是文学创作的主体即作家，包括作家的生平、思想、心态等。应当充分重视作家研究，但作家研究也不是文学史著作的核心内容，不能将文学史写成作家评传的集成。正史里的《文苑传》、《文艺传》不是现代意义上的文学史。第三个层面是文学作品，这才是文学史的核心内容。因为文学创作最终体现为文学作品，没有作品就没有文学，更没有文学史。换句话说，文学史著作的核心内容就是阐释文学作品的演变历程，而前两个层面都是围绕着这个核心的。

与文学创作密切相关的是文学理论、文学批评和文学鉴赏。文学理论是指导文学创作的，文学批评和文学鉴赏是文学创作完成以后在读者中的反应。文学的发展史是文学创作和文学理论、文学批评、文学鉴赏共同推进的历史。这并不是说要在文学史著作里加进许多文学理论、文学批评和文学鉴赏的内容，在文学理论史和批评史已经成为一门独立学科的今天，撰写文学史更没有必要这样做了。我们只是强调撰写文学史应当关注文学思潮的发展演变，并用文学思潮来解释文学创作，并注意文学的接受，引导读者正确地鉴赏文学作品。

与文学创作密切相关的还有文学传媒。古代的文学媒体远没有今天多，只有口头传说、书写传抄、印刷出版、说唱演出等几种，但已足以引起我们的注意。文学作品靠了媒体才能在读者中起作用，不同的媒体对文学创作有不同的要求，创作不得不适应甚至迁就这些要求，在一定程度上可以说文学创作的状况是取决于传媒的。从口头流传到书写传抄，再到印刷出版，由传媒的变化引起的创作的变化很值得注意。先秦两汉文学作品之简练跟书写的繁难不能说没有关系。唐宋词的演唱方式对创作的影响显而易见。印刷术发明以后大量文献得以广泛而长久地流传，这对宋代作家的学者化，进而对宋诗以才学为诗这个特点的形成有重要的影响。宋元说话艺术对小说创作的影响，宋元戏曲的演出方式对剧本创作的影响，更不容忽视。传媒对创作的影响以及传媒给创作所带来的变化，应当包括在文学史的内容之中。

总之，文学创作是文学史的主体，文学理论、文学批评、文学鉴赏是文学史的一翼，文学传媒是文学史的另一翼。所谓文学本位就是强调文学创作这个主体及其两翼。

从某种意义上说，文学史属于史学的范畴，撰写文学史应当具有史学的思维方式。文学史著作既然是“史”，就要突破过去那种按照时代顺序将一个个作家作品论简单地排列在一起的模式，应当注意“史”

的脉络，清晰地描述出承传流变的过程。文学史著作既然是“史”，就要靠描述，要将过去惯用的评价式的语言，换成描述式的语言。评价式的语言重在定性，描述式的语言重在说明情况、现象、倾向、风格、流派、特点，并予以解释；说明创作的得失及其原因；说明文学发展变化的前因后果。描述和评价不仅是两种不同的语言习惯，而且是两种不同的思维方式。描述并不排斥评价，在描述中自然包含着评价。文学史著作既然是“史”，就要寻绎“史”的规律，而不满足于事实的罗列。但规律存在于文学事实的联系之中，是自然而然的结论，而不是从外面贴上去的标签。

我们不但不排斥而且十分注意文学史与其他相关学科的交叉研究，从广阔的文化学的角度考察文学。文学的演进本来就和整个文化的演进息息相关，古代的文学家往往兼而为史学家、哲学家、书家、画家，他们的作品里往往渗透着深刻的文化内涵。因此，借助哲学、考古学、社会学、宗教学、艺术学、心理学等邻近学科的成果，参考它们的方法，会给文学史研究带来新的面貌，在学科的交叉点上，取得突破性的进展。例如，先秦诗歌与原始巫术、歌舞密不可分；两汉文学与儒术独尊的地位有很大关系；研究魏晋南北朝文学不能不关注玄学、佛学；研究唐诗不能不关注唐朝的音乐和绘画；研究宋诗不能不关注理学和禅学；保存在山西的反映金元戏曲演出实况的戏台、戏俑、雕砖、壁画是研究金元文学的重要资料[13]；明代中叶社会经济的变化所带来的新的社会环境和文化气氛，是研究那时文学的发展决不可忽视的。凡此等等，都说明广阔的文化学视角对于文学史的研究是多么重要！有了文化学的视角，文学史的研究才有可能深入。

文学史的存在是客观的，描述文学史应当力求接近文学史的实际。但文学史著作能在多大程度上做到这一点呢？这实在是一个很大的问题。由于文学史的数据在当时记录的过程中已经有了记录者主观的色彩，在流传过程中又有佚失，现在写文学史的人不可能完全看到；再加上撰写者选用数据的角度不同，观点、方法和表述的语言都带有个性色彩，纯客观地描述文学史几乎是不可能的，总会多少带有一些主观性。如果这主观性是指作者的个性，这个性又是治学严谨而富有创新精神的，这样的主观性正是我们所需要的。如果这主观性是指一个时代大体相近的观点、方法，以及因掌握数据的多少有所不同而具有的某种时代性，那也没有什么不好。我们当代人写文学史，既是当代人写的，又是为当代人写的，必定具有当代性。这当代性表现为：当代的价值判断、当代的审美趣味以及对当代文学创作的关注。研究古代的文学史，如果眼光不局限于古代，而能够通古察今，注意当代的文学创作，就会多一种研究的角度，这样写出的文学史也就对当代的文学创作多了一些借鉴意义。具有当代性的文学史著作，更有可能因为反映了当代人的思想观念而格外被后人注意。但是无论如何，决不能把主观性当做任意性、随意性的同义语。

撰写《中国文学史》应该借鉴外国的文学理论，但必须从中国文学的实际出发，不能将外国时髦的理论当成公式生搬硬套地用于解释中国文学。有志气的中国文学史研究者，应当融会中国的和外国的、传统的和现代的文学理论，从中国文学的实际出发，具体问题具体分析，以实事求是的态度阐述中国文学的历史，而不应先设定某种框架，然后往里填装与这框架相适应的资料。

文学史史料学是撰写文学史的基础性工作[14]。所谓文学史史料学，包括与文学有关的目录学、版本学、校勘学，作家生平的考订，作品的辨伪，史料的检索等等，是以数据的鉴定和整理为目的的数据考证学。这是撰写文学史必不可少的基础性工作，没有这个基础，文学史所依据的资料的可靠性就差多了。但严格地说，文学史史料学并不完全等于文学史学。着眼于学科的分工，为了促进学科的发展，应当在文学史学之外另立一个分支学科即文学史史料学；然而就学者而言，史的论述和史料的考证这两方面不但应该而且也可以兼顾，完全不懂得史料学是很难作好文学史研究的。

二、中国文学的演进

推动中国文学演进的因素，既有外部的，也有内部的。所谓外部因素是指社会经济、政治、文化的影响，民族矛盾的影响，以及地理环境的影响，等等。例如，春秋战国之际社会经济政治的大变革带来文化上的百家争鸣，与之相适应，文学也出现了繁荣局面。汉代大一统的政治背景以及汉武帝“罢黜百家，独尊儒术”的政策，对汉赋的出现和汉代散文的特点有直接的影响。汉末的黄巾起义及军阀混战，影响了建安时期一代人的思想观念，造就了建安文学的新局面。南北朝的对峙造成南北文风的不同，隋唐的统一以及唐代广泛的对外文化交流又推动了唐代文学的繁荣。宋代理学的兴起，士人入仕机会的增多，以及印刷术的发展，对宋代文学产生了重要的影响。元代士人地位低下，他们走向市井，直接推动了元杂剧的发展。明代中叶以后，商业经济繁荣，市民壮大，反映和适应这种新的社会状况，文学发生了划时代的变化。清朝初年民族矛盾突出，在文学创作上也有反映。1840 年鸦片战争之后，中国沦为半封建半殖民地社会，更引起文学的重大变化。凡此种种，都是很容易理解的。

关于中国文学演进的内部因素，是一个很复杂的问题。

首先要考虑到文学发展的不平衡。由于中国历史悠久、幅员广阔，所以中国文学发展的不平衡性特别突出。这表现在以下几个方面：

一、文体发展的不平衡。各种文体都有一个从萌生到形成再到成熟的过程，所谓文体发展不平衡，包含这样两方面的意思：一方面，各种文体形成和成熟的时代不同，有先有后。诗歌和散文是最早形成的两种文体，早在商周时代就有了用文字记载的诗文。在中国文学的各种文体中，诗和文是基础。到了魏晋南北朝才有了初具规模的小说，唐代中期才有了成熟的小说。而到了宋金两代，出现了宋杂剧和金院本，才标志着中国戏曲的形成。以上所说是文体的大概轮廓，如果细分，骈文是魏晋以后才形成的，词到唐代中叶才形成，白话短篇小说到宋代才形成，白话长篇小说到宋元之际才形成，散曲到元代才形成。中国文学的各种体裁形成的时间相差数百年甚至一两千年，可见不平衡的状况是多么突出。另一方面，各种文体从萌生到形成再到成熟，其过程的长短也不同。例如小说，从远古神话到唐传奇，历经了极其漫长的时间；而赋的形成过程就短得多了。

二、朝代的不平衡。各个朝代文学的总体成就是不一样的，有的朝代相对繁荣些，有的朝代相对平庸些，这很容易理解。而且各个朝代各有相对发达的文体，例如：汉代的赋、唐代的诗、宋代的词、元代的曲、明清两代的小说。这并不是说这些朝代的其他文体不值得注意，例如宋诗、清诗、清词也都很重要，但作为代表性文体还是上面所举的那些。其实在一个朝代之内文学的发展也是不平衡的，有些年代较长的朝代如汉、唐、宋、明，其初期的文学比较平庸，经过两代或三代人的努力，才达到高潮。有些小朝廷倒又可能在某种文体上异军突起，如梁、陈两代的诗，南唐和西蜀的词。

三、地域的不平衡[15]。所谓地域的不平衡包含两方面的意思：一是在不同的朝代，各地文学的发展有盛衰的变化，呈现此盛彼衰、此衰彼盛的状况。例如：建安文学集中于邺都；梁陈文学集中于金陵；河南、山西两地在唐朝涌现的诗人比较多，而明清两朝则比较少；江西在宋朝涌现的诗人特别多，此前和此后都比较少；江苏、浙江两地在明清两朝文风最盛，作家最多；岭南文学在近代特别值得注意。二是不同的地域有不同的文体孕育生长，从而使一些文体带有不同的地方特色，至少在形成后相当长的一段时间内是如此。例如：《楚辞》带有明显的楚地特色，五代词带有鲜明的江南特色，杂剧带有强烈的北方特色，南戏带有突出的南方特色。中国文学发展中所表现出来的地域性，说明中国文学有不止一个发源地。

中国文学发展不平衡的状况是应该充分重视的，当说明文学的演进时，应当在突出主线的同时进行立体交叉式的描述。其次，在中国文学的演进过程中，有一些相反相成的因素，它们的互动作用值得注意。

例如，俗与雅之间相互的影响、转变和推动。《诗经》中的“国风”本是民歌，经过孔子整理，到汉代被儒家奉为经典并加以解释之后，就变雅了。南朝民歌产生于长江中下游的市井之间，本是俗而又俗的文学，却引起梁陈宫廷文人的兴趣，从一个方面促成了梁陈宫体诗的产生[16]。词在唐代本是民间通俗的曲子词，在发展过程中逐渐变得雅了起来。宋元时期当戏曲在市井的勾栏瓦舍中演唱时，本是适应市民口味的俗文学。后来的文人接过这种通俗的文学形式加以提高，遂有了《牡丹亭》、《长生殿》、《桃花扇》这类精致高雅的作品。在俗与雅之间，主要是俗对雅的影响和推动，以及由俗到雅的转变。由雅变俗的例子也是有的，宋代有些诗人有意地以俗为美，表面上是化俗为雅，实际上是将本来高雅的诗变俗，在俗中求得新的趣味。

俗雅之间的互动，使文学的长河陆续得到新鲜活水的补充和激荡，而保持着它的长清。

再如，各种文体的相互渗透与融合。各种文体都有其独特的体制与功能，这构成了文体之间的界限。曹丕早在《典论·论文》里就说：“奏议宜雅，书论宜理，铭诔尚实，诗赋欲丽。”后来新的文体越来越多，分类越来越细，对不同文体的体制和功能的认识也越来越精确。文体辨析是一个值得注意的问题，但文体之间的融合更是一个关系到文学发展的大问题。例如诗和赋的区别本来是很明显的：诗者缘情，赋者体物；诗不忌简，赋不厌繁；诗之妙在内敛，赋之妙在铺陈；诗之用在寄兴，赋之用在炫博。但魏晋以后赋吸取了诗的特点，抒情小赋兴盛起来，这是赋的诗化；而在初唐，诗又反过来吸取赋的特点，出现了诗的赋化现象[17]，例如卢照邻的《长安古意》等。再如，词和诗不但体制不同，早期的词和诗的功能、风格也不相同。“词之为体，要眇宜修。能言诗之所不能言，而不能尽言诗之所能言。诗之境阔，词之言长。”[18]词本是配合音乐以演唱娱人的，是十七八岁女孩儿在绮筵之上浅斟低唱、佐欢侑酒的娱乐品。有关政治教化、出处穷达的大题目自有诗去表达。词不过是发泄诗里不能也不便容纳的背面的感情，诗和词的界限本是清楚的。可是从苏轼开始，以诗为词，赋予词以诗的功能，诗和词的界限就在相当大的程度上模糊了。周邦彦吸取赋的写法，以赋为词，在词所限定的篇幅内极尽铺张之能事，词和赋的疆域又在一定程度上突破了。而辛弃疾以文为词，词和文的距离也在一定程度上缩小了。又如，诗和文的界限本来也是清楚的，宋代以后却模糊了。宋人之所以能在唐诗之后另辟蹊径，打开一个新的局面，正是他们以文为诗，在一定程度上打破了这个界限的结果。又如，中国的小说吸取诗词的地方很多，唐人传奇中的佳作如《莺莺传》、《李娃传》、《长恨歌传》等，无不带有浓厚的诗意。宋元以后的白话小说，也和诗词有密切的关系。宋代说话一般都是有说有唱，那些唱词就是诗。所以有的小说索性就叫"诗话"、"词话"。在中国戏曲的各种因素中，唱词占了十分重要的地位，唱词也是一种诗，离开唱词就没有戏曲了。

一种文体与其他文体相互渗透与交融，吸取其他文体的艺术特点以求得新变，这是中国文学演进的一条重要途径。

又如，复古与革新之间的交替与碰撞。这是文学体裁内部的运动，主要表现在诗文的领域里。魏晋以后文学走上了自觉的道路，文学创作不断自觉或半自觉地进行着革新。在这种情况下，刘勰在《文心雕龙·通变》中专门就文学的通与变，也就是因与革、继承与创新的问题进行了论述，这已经涉及复古与革新的问题。齐梁以来诗歌过分追求声色，出现一些弊病，（梁）裴子野的《雕虫论》予以激烈的批评。初唐的诗人陈子昂又大声疾呼恢复汉魏风骨，成为中国文学史上第一次有影响的复古呼声。陈子昂的复古实际上是革新，促成了声色与性情的统一，是盛唐诗歌达到高峰的因素之一。到了唐代中叶，韩愈和柳宗元又在文的领域内举起复古的旗帜，反对六朝以来盛行的骈文，提倡三代两汉的古文。韩、柳的复古实际上也是革新，是在三代两汉古文的基础上建立一种与“道”合一的新的文学语言和文体。韩、柳之后古文一度衰落，骈文重新兴起，直到宋代欧阳修、苏轼等人再度提倡和写作古文，才确立了古文的不可动摇的地位。

可见，复古与革新两者的互动也是中国文学演进的一条途径。

又如，文与道的离合。这主要是指文学与儒家伦理道德、儒家政治理想的关系。自从汉代确立了儒家思想的统治地位以后，文学和儒家思想的关系一直制约着文学本身的演进。文学或与道离，或与道合，离与合又有程度的不同。此外，道家思想、佛学思想以及反映市民要求的思想又先后不同程度地渗透进来，给文学以不同方向的外力，影响着文学的发展。文学适合儒家思想，出现过许多优秀的作家，如杜甫、韩愈、白居易、陆游等。文学部分离开儒家思想，也出现过许多优秀作家，如陶渊明、李白、苏轼、曹雪芹等。唐代以后围绕着文以“明道”、“贯道”、“载道”有不少论述[19]，“明道”、“贯道”、“载道”之类的说法，与强调独抒性灵、审美娱乐的要求，相互碰撞相互补充。当市民兴起之后，反抗封建伦理道德的思想抬头，在情与理的对立中发出一种新的呼声，从戏曲、小说里很容易听到。这些不同的因素及其互动推进了中国文学的演进。

在文与道或离或合的过程中，中国文学得以演进。

三、中国文学史的分期

如果将中国文学史比作一条长河，我们从下游向上追溯，它的源头是一片浑茫的云天，不可详辨。我们找不到一个起源的标志，也不能确定起源的年代。那口传时代的文学，应当是十分久远的，后来的文字记载不过是对那段美丽梦幻的追忆而已。最保守的说法，从公元前十一世纪，也就是《诗经》中的一些诗篇出现的时候起，这条长河的轮廓就已经明朗起来了，后来逐渐汇纳支流，变得越来越宽广。这中间有高潮也有低潮，但始终没有中断过。若论文学的悠久，只有古希腊文学、古印度文学可以与中国文学相比；若论文学传统的绵延不断，任何别的国家和民族的文学都是不能与中国文学相比的。

河流有上游、中游、下游，中国文学史也可以分成上游、中游、下游，这就是上古期、中古期、近古期[20]。三古之分，是中国文学史大的时代断限。在三古之内，又可以细分为七段。

三古、七段的具体划分如下：

上古期：先秦两汉（公元3世纪以前）

第一段：先秦

第二段：秦汉

中古期：魏晋至明中叶（公元3世纪至16世纪）

第三段：魏晋至唐中叶（天宝末）

第四段：唐中叶至南宋末

第五段：元初至明中叶（正德末）

近古期：明中叶至“五四”运动（公元16世纪至20世纪初期）

第六段：明嘉靖初至鸦片战争（1840）

第七段：鸦片战争至“五四”运动（1919）

三古、七段说主要着眼于文学本身的发展变化，体现文学本身的发展变化所呈现的阶段性，而将其他的条件如社会制度的变化、王朝的更替等视为文学发展变化的背景。将文学本身的发展变化视为断限的根据，而将其他的条件视为断限的参照。一种根据，多种参照，也许最适合于描述整个中国文学的历史过程。文学发展变化的阶段性可以和社会制度的变化以及王朝的更替相重合，但社会制度的变化或王朝的更替，只是导致文学变化的重要原因，而不是这变化的事实本身。

所谓文学本身的发展变化，可以分解为以下九个方面：一、创作主体的发展变化；二、作品思想内容的发展变化；三、文学体裁的发展变化；四、文学语言的发展变化；五、艺术表现的发展变化；六、文学流派的发展变化；七、文学思潮的发展变化；八、文学传媒的发展变化；九、接受对象的发展变化。三古七段就是综合考察了文学本身这九个方面的因素，并参照社会条件，而得出的结论。以往研究文学史，对文学传媒和接受对象这两方面很少注意，尚不足以对文学的发展变化作出全面的考察。文学传媒和接受对象深刻地影响着文学的创作，实在是不容忽视的。

1. 上古期

上古期包括先秦、秦汉。

我们首先注意到中国文学的各种体裁几乎都孕育于这个时期。散文可以追溯到甲骨卜辞；诗歌可以追溯到《诗经》、《楚辞》和汉乐府；小说可以追溯到神话传说，《左传》、《史记》等历史散文，以及诸子散文中的寓言故事；辞赋可以追溯到《楚辞》。骈文中对偶的修辞手法，在这个时期也已出现；就连戏曲的因素在《九歌》中也已有了萌芽。其次，中国文学的思想基础也是孕育于上古期的。特别是儒道两家的思想影响着此后几千年作家的世界观、人生观和价值观。第三，中国的文学思潮以儒道两家为主，儒家注重文学的社会功能，道家注重文学的审美价值，这在上古期也已经形成了。影响着整个中国文学的一些观念，如“诗言志”、“法自然”、“思无邪”、“温柔敦厚”等等，都是在这个时期提出来的。第四，从文学的创作、传播、接受来看，士大夫作为创作的主体和接受对象，文字作为传播的主要媒介，中国文学的这个基本格局也是在上古期奠定的。直到宋代出现了市民文学，才使这个格局发生了变化。

上古期的第一段是先秦文学。在这个阶段，文学的创作主体经历了由群体到个体的演变，《诗经》里的诗歌大都是群体的歌唱，从那时到中国文学史上第一位诗人屈原出现，经过了数百年之久。上古巫史不分，史从巫中分化出来专门从事人事的记录，这是一大进步。而士的兴起与活跃，对文学的发展又起了关键性的作用。先秦文学的形态，一方面是文史哲不分，另一方面是诗乐舞结合，这种混沌的状态成为先秦的一大景观。所谓文史哲不分，是就散文这个领域而言，在讲先秦散文时我们无法排除《尚书》、《左传》、《国语》、《战国策》等历史著作，也无法排除《周易》、《老子》、《论语》、《孟子》、《庄子》等哲学著作，那时还没有纯文学的散文。至于诗歌，最初是和音乐、舞蹈结合在一起的，《吕氏春秋》里记载的葛天氏之乐[21]，以及《尚书·尧曲》里记载的“击石拊石，百兽率舞”[22]，都是例证。《诗经》、《楚辞》中的许多诗歌也和乐舞有很大关系。风、雅、颂的重要区别就是音乐的不同，据《史记·孔子世家》，《诗》三百零五篇都可以和乐歌唱。《楚辞》中的《九歌》是用于祭祀的与乐舞配合的歌曲。

秦汉文学属于上古期的第二段，秦汉文学出现了不同于先秦文学的一些新的特点。首先是创作主体的处境有了变化，战国时代游说于列国之间的士，聚集到统一帝国的皇帝或诸侯王周围，形成若干作家群体，他们以歌功颂德或讽喻谲谏为己任。如武帝时的司马相如、东方朔，吴王刘濞门下的枚乘、邹阳。这些“言语侍从之臣”正好成为大赋这种汉代新兴文体的作者。与汉代大一统的政治局面相适应，汉代文学以大为美，铺张扬厉成为风尚。与“罢黜百家，独尊儒术”的政策相适应，汉代文学失去了先秦文学的生动活泼与多姿多彩，而形成格式化的、凝重板滞的风格。然而，对于中国诗歌来说，汉代是一个极其重要的朝代。《诗经》那种四言的躯壳到汉代已经僵化了，楚辞的形式转化为赋，汉代乐府民歌却以一种新的姿态、新的活力，先是在民间继而在文人中显示了不可抗拒的力量，并由此酝酿出中国诗歌的新节奏、新形式，这就是历久不衰的五七言体。

2. 中古期

中古期从魏晋开始，经过南北朝、隋唐五代、宋元，到明朝中叶为止。

为什么将魏晋作为一个新时期的开端，并将魏晋到明中叶这样长的时间划为一个中古期呢？这是考虑到以下事实：第一，这时开始了中国文学的自觉时代，并在南北朝完成了这个自觉的进程。第二，文学语言发生了划时代的变化，由古奥转向浅近。第三，这是诗、词、曲三种重要文学体裁的鼎盛期，它们分别在中古期内的唐、宋、元三朝达到了高峰。第四，文言小说在魏晋南北朝已初具规模，在唐代达到成熟。白话短篇小说在宋元两代已经相当繁荣，白话长篇小说在元末明初也已出现了《三国志演义》、《水浒传》等作品。第五，文学传媒出现了印刷出版、讲唱、舞台表演等各种新的形式。第六，文学创作的主体和对象，包括了宫廷、士林、乡村、市井等各个方面。总之，中国文学所有的各种因素都在这个时期具备了而且成熟了。

中古期的第一段从魏晋到唐中叶。这是五七言古体诗繁荣发展并达到鼎盛的阶段，也是五七言近体诗兴起、定型并达到鼎盛的阶段。诗，占据着文坛的主导地位。文向诗靠近，出现了诗化的骈文；赋向诗靠近，出现了骈赋。从"三曹"、"七子"，经过陶渊明、谢灵运、庾信、"四杰"、陈子昂，到王维、孟浩然、高适、岑参、李白、杜甫，诗歌的流程清楚而又完整。杜甫既是这个阶段最后的一位诗人，又是开启下一阶段的最早的一位诗人，像一个里程碑矗立在文学史上。"建安风骨"和"盛唐气象"这两个诗歌的范式，先后在这个阶段的头尾确立起来，作为一种优秀的传统，成为后代诗人追慕的极致。这又是一个文学创作趋于个性化的阶段，作家独特的人格与风格得以充分展现。陶渊明、李白、杜甫，他们的成就都带着鲜明的个性。此外，这个阶段的文学创作，宫廷起着核心的作用，以宫廷为中心形成若干文学集团，文学集团内部成员之间相互切磋，提高了文学的技巧。以曹操为首的邺下文人集团在发展五言古诗方面的作用，齐梁和初唐的宫廷诗人在建立近体诗格律方面的作用，都是有力的证据。在这个阶段，玄学和佛学渗入文学，使文学呈现多姿多彩的新面貌。在儒家提倡文学的政治教化作用之外，玄学家提倡的真和自然，已成为作家的美学追求；佛教关于真与空的观念、关于心性的观念、关于境界的观念，也促进了文学观念的多样化。

中古期的第二段是从唐中叶开始的，具体地说就是以天宝末年“安史之乱”爆发为起点，到南宋灭亡为止。唐中叶以后文学发生了一些值得注意的变化：韩、柳所提倡的古文引起文学语言和文体的改革，宋代的欧阳修等人继续韩、柳的道路，完成了这次改革。由唐宋八大家共同实现的改革，确定了此后的文学语言和文体模式，一直到“五四”才打破。诗歌经过盛唐的高潮之后面临着盛极难继的局面，诗人们纷纷另辟蹊径，经过白居易、韩愈、李贺、李商隐等中晚唐诗人的努力，到了宋代终于寻到了另一条道路。就宋诗与唐中叶以后诗歌的延续性而言，有这样两点值得注意：由中晚唐诗人开始，注重日常生活的描写，与日常生活相关的人文意象明显增多，到了宋代这已成为一种普遍的风气；由杜甫、白居易开创的反映民生疾苦积极参与政治的传统，以及深沉的忧患意识，在晚唐一度减弱，到了宋代又普遍地得到加强。就宋代出现的新趋势而言，诗人与学者身份合一，议论成分增加，以及化俗为雅的美学追求，也很值得注意。作为宋诗的代表人物，黄庭坚与江西诗派具有比较明确的创作主张与艺术特色。苏轼、杨万里、范成大、陆游等也各以其自身的特点，与江西诗派共同构成有别于唐音的宋调。唐中叶以后曲子词迅速兴盛起来，经过晚唐五代词人温庭筠、李煜等人之手，到了宋代遂蔚为大观，并成为宋代文学的代表。柳永、苏轼、周邦彦、李清照、辛弃疾、姜夔等人的名字也就永远镌刻在词史上了。唐中叶以后传奇的兴盛，标志着中国小说进入成熟的阶段；而在城市文化背景下，唐代“市人小说”的兴起，宋代“说话”的兴盛，则是这个阶段内文学的新发展。

中古期的第三段从元代开始，延续到明代中叶。从元代开始叙事文学占据了文坛的主导地位，这是具有重大意义的。从此，文学的对象更多地从案头的读者转向勾栏瓦舍里的听众和观众。文学的传媒不仅是写在纸上或刻印在纸上的读物，还包括了说唱扮演的艺术形式。儒生社会地位降低，走向社会下层从事通俗文学的创作，先是适应群众喜闻乐见的文学形式，继而提高这些文学形式，于是出现了关汉卿、王实甫、马致远、高明等一大批不同于正统文人的作家。元代的文学以戏曲和散曲为代表，以大都为中心的杂剧与以温州为中心的南戏，共同创造了元代文学的辉煌，而明代流行的传奇又是对元曲的继承与发展。元末明初出现了《三国志演义》、《水浒传》这两部长篇白话小说，成为这个阶段的另一标志，它们的出现预示着一个长篇小说的时代到来了。

3. 近古期

明嘉靖以后文学发生了划时代的变化。这变化主要表现在以下方面：一、随着商业经济的繁荣、市民的壮大、印刷术的普及，文人的市民化和文学创作的商品化成为一种新的趋势；适应市民这一新的接受群体的需要，文学作品的内容、题材、趣味，发生了一系列的变化。同时，在表现正统思想的士大夫文学之外，反映市民生活和思想趣味的文学占据了重要的地位。《金瓶梅》的出现就是这种种现象的综合反映。二、在王学左派的影响下，创作主体的个性高扬，并在作品中以更加强烈的色彩表现出来；在文学作品中对人的情欲有了更多肯定的描述；对理学禁欲主义进行了强烈的冲击，从而为禁锢的人生打开了一扇窗户。汤显祖的《牡丹亭》所写的那种“生者可以死，死可以生”的爱情，便是一种新的呼声。晚明诗文中所表现出来的重视个人性情、追求生活趣味、模仿市井俗调的倾向，也透露出一种新的气息。三、诗文等传统的文体虽然仍有发展，但已翻不出多少新的花样。而通俗的文体显得生机勃勃，其中又以小说最富于生命力。这些通俗文学借助日益廉价的印刷出版这个媒体，渗入社会的各个阶层，并产生了广泛的影响。从以上各方面看来，明代中叶的确是一个文学新时代的开端。

从明嘉靖初到鸦片战争是近古期的第一段。明清易代是一个巨大的变化，特别是对那些汉族士人的震动极其强烈，但清代初期和中期的文学创作基本上沿袭着明代中叶以来的趋势，并没有发生巨大变化。在近古期第一段，文学集团和派别的大量涌现以及它们之间的论争，是一种值得注意的现象。在诗文方面有公安派、竟陵派、神韵派、格调派、性灵派、桐城派的主张和创作实践，在词的方面有阳羡词派、浙西词派、常州词派的主张和创作实践，甚至在戏曲方面也有以“临川派”和“吴江派”为主的两大群体的论争。在不同流派的相互激荡中，涌现出一些杰出的作家，清诗、清词取得不可忽视的成就。值得特别注意的还是戏曲、小说方面的收获。汤显祖的《牡丹亭》、洪昇的《长生殿》、孔尚任的《桃花扇》，共同达到传奇的顶峰。近古期的第一段是白话长篇小说的丰收期，吴承恩的《西游记》、兰陵笑笑生的《金瓶梅》、吴敬梓的《儒林外史》、曹雪芹的《红楼梦》，是这个阶段的巅峰之作。蒲松龄的《聊斋志异》是中国文言小说的一座高峰。

近古期的第二段是从鸦片战争开始的。与明清易代相比，鸦片战争的炮声是更大的一次震动。鸦片战争带来千古未有之变局，从此中国由封建社会沦为半封建半殖民地社会。西方文化开始涌入中国这片古老的土地，而中国许多有识之士在向西方寻求新的富国强兵之路的同时，也寻求到新的文学灵感，成为一代新的作家，龚自珍、黄遵宪、梁启超便是这批新人的代表。与社会的变化相适应，文学创作也发生了变化。救亡图存的意识和求新变于异邦的观念，成为文学的基调。文学观念也发生了变化，文学被视为社会改良的工具，在国民中最易产生影响的小说的地位得到充分肯定。随着外国翻译作品的逐渐增多，文学的叙事技巧更新了。报刊这种新的媒体出现了，一批新的报人兼而具有作家的身份，他们以报刊传播其作品，写作方法也因适应报刊这种形式的需要而有所变化。在古文领域内出现了通俗化的报刊文体，在诗歌领域里提出了“我手写我口”这样的口号。

近古期的终结，也就是中国古代文学的终结，我们仍然划定在“五四”运动爆发的1919年。这是因为“五四”作为一次新文化运动，不仅在社会史上开启了一个新的时期，也在文学史上开启了一个新的时期。在“五四”运动之前虽然出现了一些带有新思想与新风格的作家，但那仍然属于古典文学的范畴。“五四”运动中涌现出来的那批作家才有了质的变化。我们既注意 19 世纪末以来文坛发生的渐变，更注重“五四”这个大的开阖。“五四”阖上了中国数千年古典文学的门，同时打开了文学的一片崭新天地。

最后要说明的是，三古七段说虽然打破了朝代分期，但我们仍然认为，朝代分期在目前的文学史教学和研究中符合长期以来的习惯，更便于操作。而且，朝代的更换有时也确实给文学带来了兴衰变化，汉之盛在赋，唐之盛在诗，宋之盛在词，元之盛在曲，上文已经涉及。再以唐、宋两代诗文的创作而论，随着本朝之内时间的推移，都有一个从渐盛到极盛再到渐衰的发展过程。其中似乎存在着与朝代兴衰有关的某种原因，值得我们注意。因此，朝代分期自有其不可完全替代的理由。三古七段是我们处理中国文学史分期问题的一种新的视角，我们仍然愿意保留朝代分期（如本书四卷、九编的划分），作为另一种视角，并将二者结合起来，使之互相补充相得益彰。这就是说，我们主张用双视角来处理中国文学史的分期问题。因此，三古七段说更全面的表述是：三古七段双视角。

（原载于《北京大学学报》1997 年第 5 期）

---

①黄霖《近代文学批评史》第九章《中国文学史学》将中国古代“具有文学史性质的作品”按体例分为六类：题辞体、传记体、时序体、品评体、派别体、选录体。此外，“还有一类侧重在论述文学史有关原理的论著，如《文心雕龙》中的《通变》及叶燮的《原诗》等”。（《近代文学批评史》，上海古籍出版社 1993 年版，第 754 ~ 755 页）

②如（宋）严羽《沧浪诗话》、（宋）计有功《唐诗纪事》、（明）胡应麟《诗薮》、（清）叶燮《原诗》、（清）厉鹗《宋诗纪事》、（清）张宗橚《词林纪事》等。

③本书是林传甲于光绪三十年（1904）在京师大学堂师范馆任国文教员时所编的讲义，有宣统二年（1910）六月武林谋新室排印本，书名前冠以“京师大学堂讲义”。全书分为十六篇，其内容不限于文学，还包括文字学、音韵学、训诂学、修辞学、群经文体、诸史文体、诸子文体等。

④谢无量《中国大文学史》，上海中华书局1918年12月初版。

⑤胡适《白话文学史》只有上卷，上海新月书店1928年6月初版。

⑥郑振铎《插图本中国文学史》，北平朴社出版部1932年12月初版。

⑦刘大杰《中国文学发展史》，中华书局于1941年出版上卷，1949年出版下卷。全书由古典文学出版社于1957年重版。1963年7月中华书局上海编辑所出版新1版。

⑧中国科学院文学研究所中国文学史编写组的《中国文学史》，是供高等学校文科有关专业使用的教材，人民文学出版社1962年版。

⑨游国恩、王起、萧涤非、季镇淮、费振刚主编的《中国文学史》，是高等学校文科教材，人民文学出版社1963年版。

⑩王国维《宋元戏曲史》，上海商务印书馆1915年初版。

⑪鲁迅《中国小说史略》，是作者1920年至1924年在北京大学讲授中国小说史课程时的讲义，由北京新潮社于1923年印行上卷，1924年印行下卷。北京北新书局于1925年印行合订本。

⑫韩愈《顺宗实录》卷二："旧事：宫中有要，市外物，令官吏主之，与人为市，随给其直。贞元末，以宦者为使，抑买人物，稍不如本估。末年不复行文书，置'白望'数百人于两市并要闹坊，阅人所卖物，但称'宫市'，即敛手付与，真伪不复可辨，……名为'宫市'，而实夺之。尝有农夫以驴负柴至城卖，遇宦者称'宫市'，取之，才与绢数尺。又就索'门户'，仍邀以驴送至内。农夫涕泣，以所得绢付之，不肯受。……"(《昌黎先生外集》卷七，清同治己巳江苏书局重刊东雅堂本)

⑬如山西省侯马市金代董氏墓中后壁上端砖砌戏台与戏俑、山西省稷山县马村段氏金代墓葬群中的杂剧砖雕、山西省洪洞县明应王殿元代戏曲壁画、山西省新绛县吴岭庄元墓杂剧砖雕。

⑭近年来已有中国文学史史料学的著作出版，例如：潘树广主编《中国文学史料学》，黄山书社1992年版；徐有富主编、程千帆校阅《中国古典文学史料学》，南京大学出版社1992年版；傅璇琮主编《中国古典文学史料研究丛书》，其中穆克宏《魏晋南北朝文学史料述略》已由中华书局于1997年出版。

⑮参看袁行霈《中国文学概论》总论第三章《中国文学的地域性与文学家的地理分布》，高等教育出版社1990年出版，第33～47页。

⑯参看商伟《论宫体诗》，《北京大学学报》1984年第4期。

⑰关于诗赋之间的关系，林庚在《略谈唐诗高潮中的一些标志》中已经提出，见《社会科学战线》1982年第4期，后收入其《唐诗综论》一书，人民文学出版社1987年版，第51～55页。

⑱王国维《人间词话删稿》，见徐调孚注、王幼安校订《人间词话》(与《蕙风词话》合订)，人民文学出版社1960年版，第226页。

⑲唐柳宗元《答韦中立论师道书》:“文者以明道。”唐李汉《昌黎先生集序》:“文者,贯道之器也。”宋周敦颐《通书·文辞》:“文所以载道也。”

⑳郑振铎《插图本中国文学史》也将中国文学分为三期:古代文学、中世文学、近代文学。其所谓中世文学“开始于晋的南渡,而终止于明正德的时代,其时间凡一千二百馀年(公元317～1521)”。其所谓近代文学“开始于明世宗嘉靖元年(1522),而终止于五四运动之前(民国七年,1918年)。共历时三百八十馀年”。

㉑《吕氏春秋·古乐》:“昔葛天氏之乐,三人操牛尾,投足以歌八阕:一曰载民,二曰玄鸟,三曰遂草木,四曰奋五穀,五曰敬天常,六曰达帝功,七曰依帝德,八曰总万物之极。”(《吕氏春秋》,陈奇猷校释本,学林出版社1984年版,第284页)

㉒《尚书·尧典》:“帝曰:‘夔!命汝典乐,教胄子。……诗言志,歌永言,声依永,律和声。八音克谐,无相夺伦,神人以和。’夔曰:‘於!予击石拊石,百兽率舞。’”(见皮锡瑞《今文尚书考证》,中华书局1989年版,第82～85页)

关于中华文明史的理论思考

——北大版《中华文明史》总绪论

人类的出现，特别是人类文明的出现，是宇宙间的一大奇迹。

人类既是文明的创造者，又是文明成果的体现者。人类在创造文明的过程中，不断改变着自己的生存方式；同时文明成果的积累也推动了人类的演进。人类自身和人类所创造的文明形成互动的关系。文明史既是人类的创造史，也是人类的演进史。编纂文明史，就是用文字把这创造和演进的过程记录下来。

文明可以分解为物质文明、政治文明、精神文明三个方面，这三方面对应着人类和自然的关系、人类的社会组织方式，以及人类的心灵世界（思想的、道德的、美感的）。前两个方面是具体可感的人类生存方式，是文明的外部现实。第三个方面是文明的另一种现实，即无涯无涘的思维的想象的空间。当然，精神文明也常常外化为物质的或政治的现实。人类正是在处理与自然的关系中，在处理自己和自己的关系中，在发挥自由想象的过程中，创造了文明。这三方面是紧密联系在一起的，物质文明是政治文明和精神文明赖以建立的基础，政治文明和精神文明又反过来推动或阻碍着物质文明的进步。文明的进步有时是这三方面同时推进，有时是某一方面或两方面领先，而其他方面相对滞后。

研究中华文明史，要注重中华文明演进的过程，特别注意文明发展过程中的亮点，以及对文明发展作出重大贡献的人物。如果说，人和人的创造是中心，那么物质文明、政治文明、精神文明则是三根支柱。在研究文明发展的过程时，要注意这三方面参差错落的情形，在不同的时期侧重不同的方面。要注重那些反映总体面貌的标志性成果，也就是那些对中华民族甚至全人类的进步产生过重大影响的成就。我们认为，分门别类地叙述科技、制度、思想、文艺等等方面的成就是必要的，但更需要把这些方面综合起来说明各个时期文明的进程和特点。文明史不同于科技史、制度史、思想史、文学史、艺术史等等的简单拼合，更不是一部百科知识全书，既不能脱离各门专史，又要力求多学科的交叉与综合，力求作出总体性的描述。

研究中华文明史必须重视文献数据，也必须重视文物考古数据，并且努力将这两方面的数据结合起来，进行互证。

研究中华文明史，不能脱离世界文明的大格局。要揭示中华文明各个时期的特点及其在世界文明进程中所处的地位，中华文明对世界的贡献，以及中华文明对世界其他各种文明的吸收和借鉴。

研究中华文明史必须从事实出发，力求对事实作出准确的描述、考证与概括，概括就体现为理论。中华文明史属于史学著作，史笔、议论、才情三者的结合，应是我们追求的目标。

回顾过去是为了创造现在和瞻望未来。中华文明史应当在总结文明发展历史的基础上，启发读者思考现时与未来文明的发展方向。

一、世界四大古老文明

与具有大约四十六亿年历史的地球相比，人类的历史是短暂的，从早期猿人算起，至今大约有三百五十万到二百万年，大约占地球历史的万分之四至万分之七。与人类的历史相比，人类的文明史也是短暂的，从新石器时代算起，大约只相当于人类历史的千分之三。据考古学和人类学目前研究的结果，人类文明的起源是多元的。早期文明的发展是一个缓慢的过程，直立人相当于旧石器时代早期，其出现大约在二三百万年以前；早期智人相当于旧石器时代中期，其出现大约在三十万年以前；晚期智人相当于旧石器时代晚期，其出现大约在五万年以前。现代人相当于新石器时代，大约在距今一万年到四千年之间，“这一时代的基本特征是农业、畜牧业的产生，磨制石器、陶器、纺织的出现。严格地讲，这时已从依赖天然赏赐，过渡到生产经济阶段”[1]。

新石器的使用是人类步入文明的标志。

人类古老的文明有四种，都是沿着江河发祥的。这就是尼罗河流域的古埃及文明、幼发拉底和底格里斯两河之间的巴比伦文明、印度河与恒河流域的古印度文明、黄河和长江流域的中华文明[2]。

古埃及文明可以追溯到公元前4000年左右。大约公元前3100年美尼斯统一了上埃及和下埃及，建立了第一王朝，此后数百年间文明趋于成熟，开始使用象形文字，组织了国家，开创了法老专制政治。公元前2686年至公元前1650年，是第三王朝至第十六王朝时期。这期间，第三王朝建造了层级金字塔，第四王朝建造了吉萨的大金字塔和斯芬克斯狮身人面像；第五王朝建造了太阳神庙。从公元前1570年开始的第十八王朝，到公元前332年第三十一王朝结束，这一千多年间内讧不断，外族屡屡入侵，战乱频仍。公元前332年，马其顿的亚历山大大帝接管了埃及，开始了希腊、罗马文明与埃及文明交融的时期。到4世纪中叶，埃及成为主要的基督教国家。公元639年阿拉伯人入侵以后，经过缓慢的过程，埃及逐渐阿拉伯化。古埃及文明对现代西方文明的形成和非洲文明的发展都产生过很大的影响。

巴比伦文明起源于公元前4000年左右，那时巴比伦城还没有崛起，居住在两河流域的是苏美尔人和阿卡得人，他们创造了楔形文字，制定了最早的法典，建立了城邦，发明了陶轮、帆船、耕犁。大约公元前1900年，从西方来的阿莫里特人征服了这个地区，继承苏美尔人和阿卡得人的文明，并使巴比伦成为两河流域的政治和商业中心。公元前1595年喀西特人掌握政权，建立了一个延续400年的王朝。此后，亚述人、阿拉米人和迦勒底人展开多年的斗争。从公元前9世纪到公元前7世纪下半叶，统治这个地区的主要是亚述帝国。最后一位亚述国王逝世后，迦勒底人的领袖那波帕拉萨尔在公元前626年建立了新巴比伦王国，他的儿子尼布甲尼撒二世在巴比伦修筑了空中花园，改建了马尔杜克神庙和通天塔。这个地区在公元前539年被波斯人占领，公元前331年又被亚历山大大帝占领，巴比伦遂纳入希腊文明的轨道之中。

古印度文明又称哈拉帕文明，其时间大约相当于公元前2300年至公元前1750年，分布在印度河流域大约五十万平方英里的土地上，至今已发现七十处遗址，包括两大城市和一百多个较小的城镇和村庄。当时已有比较发达的农业和畜牧业，铜器和陶器的制造以及纺织业也有所发展，已有车船等运输工具。但是这一文明不知何故竟销声匿迹了。公元前1500年至公元前500年是吠陀时代，《吠陀》是印度——雅利安人的历史文献，这个时代就是以它所记载的那段时间命名的。印度——雅利安人在吠陀前期活动在印度西北部，到吠陀后期他们进入恒河中下游地区，并开始使用铁器，奴隶制国家开始形成。公元前600年摩揭陀国控制了恒河谷地，佛教和耆那教开始占有重要的地位。公元前325年，旃陀罗笈多建立了孔雀王朝，几乎在整个印度次大陆建立了中央集权的统治。公元前150年到公元300年，印度陷入混乱，月氏人、贵霜人相继侵入北印度，潘地亚、哲罗、朱罗三国在南印度对峙。这种列国争雄的局面持续了一千多年，一直到印度沦为英国的殖民地③。

如果与上述三大古文明相比，中华文明的起源不能算是最早的，但中华文明是唯一的从未中断过的文明。今天生活在这片土地上的人就是那创造古老文明的先民之后裔，在这片土地上是同一种文明按照自身的逻辑演进、发展，并一直延续下来。同时，中华文明在发展过程中显示了巨大的凝聚力，不仅没有中断，也没有分裂；只有新的文明因素增加进来，而没有什么文明的因素分离出去成为另一种独立的文明④。

这是一个很值得探讨的现象，但作出全面解释并非易事。我们可以从地理环境中找到一些答案，前三种文明都是在相对集中的一个较小范围内展开的，回旋的余地不大，一旦遭到强悍的外族入侵和战争的破坏或严重的自然灾害，就难以延续和恢复。而中华文明则是在一个很大的范围内展开的，回旋的余地很大，便于将不同民族的势力和文化加以吸纳与整合，也不致因地区性的自然灾害而全体毁灭，所以能够传承数千年而绵亘不绝[5]。探讨中华文明延续不断的原因，还应当考虑中华文明本身的规模，中华文明在遭到周围其他文明威胁时，其总体规模已经十分巨大，在经济、政治、哲学、科技、文学、艺术等许许多多的领域内，已经形成了完整的相互关联的文化整体。对中华文明构成威胁的其他文明虽然可以用武力部分地或全部地占领这块土地，但无论如何最终还是不能不被这规模巨大的文明整体所吸收同化。地域的广大和整体规模的巨大，形成一种难以征服的力量[6]。探讨中华文明延续不断的原因，还可以深入到中华文明内部来考察，其中有一些因素有利于文明的延续，例如祖先崇拜所起的作用。祖先崇拜由来已久，其表现之一就是神化祖先的能力和功绩，把他们奉为神灵进行祭祀，祈求护佑。小到一个家庭，大到一个家族、宗族，更大到一个民族，都崇拜自己的祖先，祖先就是神。这种以血缘为纽带的关系，发挥着巨大的维系文明的作用。各部族的祖先不同，所崇拜的对象也不同，《礼记·祭法》："有虞氏禘黄帝而郊喾，祖颛顼而宗尧。夏后氏亦禘黄帝而郊鲧，祖颛顼而宗禹。殷人禘喾而郊冥，祖契而宗汤。周人禘喾而郊稷，祖文王而宗武王。"[7]这种状况本来隐含着文化传承断裂或分裂的危险，所幸这个危险由炎帝和黄帝消解了。关于他们的事迹虽然带有很大的传说成分，但是影响深远，深入人心，炎、黄二帝被推为中华民族共同的始祖[8]，《史记》即以黄帝纪为中国历史的开篇。古人对他们的祭祀很早而且延续不断，战国时的秦国祭四帝——白帝、青帝、黄帝、赤帝，其中的赤帝就是炎帝[9]。历代祭祀黄帝之举史不绝书，而且一直流传至今。中古以降，当少数民族入主中原时，往往托黄帝以明正朔，如北魏即自称是黄帝之子昌意之后[10]。对中华民族共同祖先炎、黄二帝的崇拜，使中华文明在多元发展的同时，一以贯之地保持了连续性。祖先崇拜的底蕴是强烈的本根意识，就是对自身本源之探究、认同、尊重与返归。《老子》十六章："夫物芸芸，各复归其根。"《淮南子·原道》："万物有所生，而独知守其根。"归根、守根与现在常说的寻根，都体现了同一种本根意识，这是维系中华文明使之延绵不断的一个重要原因。与祖先崇拜相关，以家庭和宗族为基本单位的社会模式，家庭、宗族与国家的同构性，以及宗族作为国与家的中介，都发挥着协调关系、维系国家、延续历史的作用。中华文明中强烈的爱国精神、高尚的民族气节，使中华儿女在国家和民族的危难关头，能够迸发出巨大的力量，维护国家民族的生存，并延续了自己的文明。探讨中华文明延续不断的原因，我们还注意到，中华文明中“自强不息”和“厚德载物”的精神，使这个文明既有刚性又有韧性，能够适应内外条件的变化，兼容各种不同的文明，不断丰富自己，顽强地生存发展。古代的哲人看到大自然运行的一条重要规律，并由此引申出人生的重要准则：“天行健，君子以自强不息。”（《易·乾卦·象传》）人的“自强不息”乃是植根于天道的，是合于自然规律的。刚健自强，奋发有为，才能生存和发展。自强不息的精神对中华民族的生存发展和延续不断具有重大的意义。古代的哲人又看到大自然运行的另一条重要规律，并由此引申出人生的重要准则：“地势坤，君子以厚德载物。”（《易·坤卦·象传》）君子应当像大地一样，以厚德载物，兼容纷纷总总各不相同之物。厚德载物的精神，使中华民族能够容纳百川，不断丰富发展自己。探讨中华文明延续不断的原因，不能忘记这文明的一个重要载体和标志即汉字所发挥的作用。汉字独特的象形、表意等功能，使它可以成为各方言区的人群用来交际的共同工具，也可以成为各民族用来交际的共同工具。汉字把广大地域内的居民拉近，从而增强了中华民族的凝聚力，并使中华文明延绵不断直到今天。

二、中华文明的思想内涵

一种延绵不断的古老文明，必有其丰富而又深刻的思想内涵贯穿其中，并成为支撑其生命的坚强支柱。中华文明的思想内涵可以概括为以下几个方面：

阴阳观念。阴阳的本意是阳光的向背，向日为阳，背日为阴。所以山的南面称阳，山的北面称阴。引申开来，物体的正面、前面称阳，背面、后面称阴。古代思想家看到一切事物都有正反两方面，就用阴阳来概括两种互相对立的或互相消长的方面，从而形成阴阳观念。这种观念起源相当早，《诗经》、《老子》、《周易》中就已出现，如《诗·大雅·公刘》："相其阴阳，观其流泉。"《老子》四十二章："万物负阴而抱阳。"《易·系辞上》："一阴一阳之谓道。"诸如天地、日月、昼夜、寒暑、君臣、男女、夫妇、律吕、刚柔、奇偶、开合、依违等等，莫不可以阴阳概括之。就连人本身也是阴阳二气之精华汇合而成，《大戴礼记·曾子天圆》："唯人为倮匈而后生也，阴阳之精也。"⑪

阴阳的交替变化，有序而调和就是治，就吉祥；无序而不调和就是乱，就有难。《易·系辞下》："子曰：'乾坤，其易之门邪？'乾，阳物也；坤，阴物也。阴阳合德而刚柔有体，以体天地之撰，以通神明之德。"《国语·周语上》记载西周幽王时的大夫伯阳父说："阳伏而不能出，阴遁而不能烝，于是有地震。"⑫《韩诗外传》中的一段话将包括阴阳在内的自然界的状况和政治的得失联系起来，很有代表性："国无道，则飘风厉疾，暴雨折木，阴阳错氛，夏寒冬温，春热秋荣，日月无光，星辰错行，民多疾病，国多不祥，群生不寿，而五谷不登。"⑬如果能够调和阴阳，就可以达到人和自然的和谐，也就可以治理好国家。《韩诗外传》接着又说："当成周之时，阴阳调，寒暑平，群生遂，万物宁。"所以古人特别强调阴阳的调和，《荀子·天论篇》："列星随旋，日月递照，四时代御，阴阳大化，风雨博施，万物各得其和以生，各得其养以成。"⑭《潜夫论·本政》："凡人君之治，莫大于和阴阳。阴阳者，以天为本。天心顺则阴阳和，天心逆则阴阳乖。天以民为心，民安乐则天心顺，民愁苦则天心逆。"⑮总之，阴阳二分乃是对于宇宙间万事万物的概括，阴阳调和乃是对宇宙秩序的认识和追求。正如张岱年先生所说："古时人见万物万象都有正反两方面，此种两极的见象普遍于一切，于是成立阴阳二观念。所谓阴阳，其实即表示正负。更发见一切变化皆起于正反之对立，正反乃变化之所以起，于是认为阴阳乃生物之本，万物未有之前，阴阳先有。更进而认为阴阳有未分之时，此阴阳未分之体，方是宇宙之究竟根本。”[16] 英国学者阿诺德·汤因比在《历史研究》一书中说：“在不同社会、不同的观察者用来表示静止状态和活动状态这一宇宙韵律的各种符号当中，阴阳是最贴切的，因为它们不是通过心理学、机械学或数学的某些暗喻方式，而是直接表现出了交替的韵律。”[17]

人文精神。人文一词起源很早，《易·贲卦·彖辞》：“刚柔交错，天文也；文明以止，人文也。观乎天文，以察时变；观乎人文，以化成天下。”所谓“文明以止”，意思是：止物不以威武，而以礼乐教化。“观乎天文，以察时变；观乎人文，以化成天下”，是将人文与天文放到对等的地位，从中可以看出对人文的重视程度。如果把天理解为宇宙自然，那么这段话又包含着人和自然相通的哲理。人文精神的核心是对人的尊崇，《老子》二十五章：“故道大，天大，地大，人亦大。域中有四大，而人居其一焉。人法地，地法天，天法道，道法自然。”把人和道、天、地并列，称之为四大之一。《礼记·礼运》：“故人者，其天地之德，阴阳之交，鬼神之会，五行之秀气也。”从天地、阴阳、鬼神、五行等角度，肯定了人的崇高地位。《说文解字》解释“人”这个字的时候说：“人，天地之性最贵者也。”关于人和天的关系、人和神的关系，古人也有精辟的论述，《左传·昭公元年》引《尚书·泰誓》说：“天矜于民，民之所欲，天必从之。”《孟子·万章上》引《尚书·泰誓》又说：“天视自我民视，天听自我民听。”《左传·桓公六年》里有这样的话：“夫民，神之主也，是以圣王先成民，而后致力于神。”孔子也说：“敬鬼神而远之。”中国虽然也有宗教，也有神学，但宗教和神学没有取得像欧洲那样至高无上的地位。中国没有国教，没有教皇，没有宗教裁判所。中国的文学艺术虽然也和宗教发生关系，但宗教的题材远不如欧洲那样盛行和重要。中华文化所崇拜的是祖先，注重的是祭祖，或者崇拜和祭祀那些为民族的生存和发展做出过突出贡献的人。中华文明是以人为中心的文明，以人为主体的文明，人和人的关系远比人和神的关系重要。

崇德尚群。重视人的节操和修养，注重人之所以成为人的道德素质，进而追求人格的完美，这可以称之为道德意识或人格意识，这是中华文明的又一个重要特点。崇德的意识出现很早。《周易·系辞上》：“子曰：‘夫《易》，圣人所以崇德而广业也。’”[18] 意思是说：《易》是圣人用以崇德广业的。就个人而言，崇德和修身联系在一起，《论语·颜渊》：“子张问崇德、辨惑。子曰：‘主忠信，徙义，崇德也。’”孔子又说：“朝闻道，夕死可矣。”[19] 又说：“杀身以成仁。”[20] 孟子说：“舍生而取义。”[21] 孟子还有一句名言：“富贵不能淫，贫贱不能移，威武不能屈。”[22] 在他们看来，道德和节操比生命还重要。在古代，道德和智慧完善的人就是圣贤。中华文明以人为中心，在众人之中又以圣贤为中心，而且认为只要认真修养，“人皆可以为尧舜”[23]。圣贤并不是天生的，是通过自身的刻苦修养达到的，修身离不开社会实践，甚至需要各种苦难和逆境的磨炼。孟子说：“天将降大任于是人也，必先苦其心志，劳其筋骨，饿其体肤，空乏其身，行拂乱其所为，所以动心忍性，曾益其所不能。”[24] 修身也离不开自我反省，孔子说：“见贤思齐焉，见不贤而内自省也。”[25] 孔子的学生曾子说：“吾日三省吾身。”他们都强调了自我修养的重要。修身注重从我做起，孟子说：“有大人者，正己而物正者也。”[26] 正己不仅是修养自身，也是对社会负责，如果人人都能正己，社会的道德环境就改善了。儒家的这些古训发展为宋明理学，则成为以“天理”为核心的伦理世界观和修养论，特别注重立身处世的道德自励，并以德治兴邦为社会使命。宋代张载所谓“为天地立心，为生民立命，为往圣继绝学，为万世开太平”[27]，遂成为个人修养最高的境界。

尚群即崇尚群体利益，群体利益高于个人利益，群体的发展先于个体的发展，这是中华民族的价值观。小到家庭，大到国家、民族，都是群。个体是小我，群体是大我，群就是公。天下为公的理想作为中华文明核心的一部分，显得十分辉煌。《礼记·礼运》：“大道之行也，天下为公。选贤与能，讲信修睦。故人不独亲其亲，不独子其子。使老有所终，壮有所用，幼有所长，矜寡、孤独、废疾者，皆有所养。

男有分，女有归，货恶其弃于地也，不必藏于己。力恶其不出于身也，不必为己。是故谋闭而不兴，盗窃乱贼而不作，故外户而不闭。是谓大同。”落到个人的修养上，公和私，应以公为先；人和己，应以人为先。孔子说“君子贵人而贱己，先人而后己”，便是这个意思。尚群还有一层意思就是以众人群居为乐事，以合群为美德。荀子发展了孟子的学说，提出群居和一之道作为人类生活的基本准则，他认为有秩序的伦理生活，才符合天地之道，《荀子·礼论》：“上取象于天，下取象于地，中取则于人，人所以群居和一之理尽矣。”这就是说，群体的力量超过个人的力量，众人只有和成群体才能生存并得到充分的发展。

中和之境。中的本意是中间、中央，引申有正、均、恰当等意义。《论语·尧曰》：“尧曰：‘咨！尔舜！天之历数在尔躬，允执其中。四海困穷，天禄永终。’”何晏集解引苞氏曰：“言为政信执其中，则能穷极四海，天禄所以长终也。”执中也就是把握住平衡点，不走极端，这样可以平正通达，无往而不利。和的本义是声音相应，也就是声音的和，引申为和谐、和顺、和协、和衷、和畅、和平、中和、融和、祥和、调和、温和等意义。《老子》四十二章说：“万物负阴而抱阳，冲气以为和。”认为万物都包含着阴阳二气，它们在冲虚的气中达到统一，所以和是万物演化的目标。《韩诗外传》卷三：“天施地化，阴阳和合。……万民育生，各得其所。”和合又是万民育生的过程。在中国传统观念中，“和”与“同”是两个不同的概念。《论语·子路》：“子曰：‘君子和而不同，小人同而不和。’”何晏集解：“君子心和，然其所见各异，故曰不同。小人所嗜好者同，然各争其利，故曰不和也。”[28]《国语·郑语》：“今王弃高明昭显，而好谗慝暗昧；恶角犀丰盈，而近顽童穷固，去和而取同。夫和实生物，同则不继。以它平它谓之和，故能丰长而物归之。若以同裨同，尽乃弃矣。”韦昭注：“和谓可否相济；同谓同欲。”又注：“谓阴阳相生，异味相和。”“同者，谓若以水益水，水尽乃弃之，无所成也。”[29] 朱熹《论语精义》卷七上引尹氏（焞）曰：“君子尚义，故有不同；小人尚利，安得而和？”这样一来“和”又成了一种道德标准。《论语·学而》：“有子曰：‘礼之用，和为贵，先王之道斯为美。’”则从“和”与“礼”的关系这个角度，说明先王之道所推崇的原则[30]。中和是中华文明的精髓，《礼记·中庸》以“中和”为天地得以安置、万物得以发育的根本：“喜怒哀乐之未发，谓之中；发而皆中节，谓之和。中也者，天下之大本也；和也者，天下之达道也。致中和，天地位焉，万物育焉。”中和又是执政的准绳，《荀子·王制篇》：“故公平者，职之衡也；中和者，听之绳也。”杨倞注：“君子用公平中和之道，故能百事无过。中和，谓宽猛得中也。”中和还是为人的标准，为人要兼顾文和质两方面，使这两方面达到和谐。质朴超过文采就粗野了，文采超过质朴就浮华了，“文质彬彬”（《论语·雍也》），才称得上君子。中和还是审美的追求，所谓“乐而不淫”、“哀而不伤”（《论语·八佾》）就达到了中和之境。《潜夫论·本训》：“是故天本诸阳，地本诸阴，人本中和，三才异务，相待而成，各循其道，和气乃臻，机衡乃平。”这就把中和提升到与阴阳同等的地位，而称之为人之本了。中和既然如此重要，所以扬雄《法言序》说：“天下莫尚于中和。”中和之境也体现在对外关系上，和平共处五项原则作为睦邻友好的准则，正是这种精神在当代的体现。

整体思维。《易传》提出“三才之道”[31]，视天地人为一整体，认为天、地、人存在着普遍的联系。这种思维的集中体现就是“天人合一”，“天人合一”对当代世界文明的启示意义已经引起广泛的注意。整体思维注意从整体上把握事物的性质、事物之间的关系及其发展规律。部分是整体中的一部分，任何一个部分都反映整体。整体思维在中华文明中有种种具体的表现，例如中医就是把人的身体看做一个有机的整体。虽然是局部的病症，却往往着眼于全身进行治疗。中国的艺术创作、艺术鉴赏也是注重整体的把握。在画竹之前先要成竹在胸，就是这个道理。而所谓“气象”、“神韵”、“格调”等等，都是文艺作品给予欣赏者的整体感受。中国的文学家、艺术家一向注重“雄浑”和“自然”，因为雄浑、自然都是整体的美感。随着近代自然科学的兴起，分析的方法在西方发展起来了。分析的方法要求把事物分割成尽可能小的部分，分别加以考察。分析方法的发展以及学科分工的细密，曾经促使科学长足发展，是人类文明史上的一大进步。但分工过细，以致互相割裂，只见树木，不见森林，未必能发现事物的普遍规律，有时候倒需要从总体上把握，这样才更准确。随着科学的进一步发展，边缘学科、交叉学科越来越受到重视，西方的科学家和哲学家们也越来越感到整体思维的重要。而中华文明注重整体思维的特点，就更引人瞩目了。中国古代科学技术灿烂辉煌，曾经居于世界领先地位，这已经是人所共知的事实了。中国古代科学技术的发展与中国人的勤劳智慧有很大关系，同时与这种思维方式也是密不可分的。中国古代的科学家以阴阳五行观为其自然哲学的基础，以相感相通和相生相克的整体思维考察自然现象的性能及其变化过程，从而在天文学、气象学、医学、化学、地学、物理学和生物学等领域作出了自己的贡献。英国学者李约瑟是研究中国科技史的权威，他十分推崇中国古代哲学所使用的“通体相关的思维”方法，特别强调从战国时代的庄子到宋代的周敦颐、朱熹等人的贡献，他说：“也许，最现代化的‘欧洲’的自然科学理论基础应归功于庄周、周敦颐、朱熹等人的，要比世人至今所认识到的更多。”[32] 我们既要积极学习近代西方文明善于分析的长处，以及与此相关的先进的科学技术，又要从原有的整体思维的思想方法中得到应有的启示和借鉴，以弥补其缺陷，并克服种种现代文明的病症，诸如对自然的过度开发所带来的环境污染等等。中西思维方式的贯通融合，必定能使中华文明更迅速地发展，并为世界文明掀开新的一页。

三、中华文明的演进

越来越多的考古资料证明，中华文明的发祥地，不只是黄河流域，还包括长江流域。正是黄河和长江这两条横贯中华大地的河流，哺育了古老的中华文明[33]。越来越多的考古资料又证明，除了黄河流域和长江流域这两个主要的发源地之外，还有许多文明的遗存散布在各地。中华文明的组成，既包括定居于黄河、长江流域的较早以农耕为主要生活来源的华夏文明，也包括若干以游牧为主要生活来源的少数民族文明。中华文明是多元的，但中华文明的演进过程，不是多元文明互相灭绝，而是互相整合。中华文明的演进过程，在很大程度上可以视为不同地域的文明以及不同民族的文明，在交往过程中整合为一体的过程。整合的模式是以中原华夏文明为核心，核心向周围扩散，周围向核心趋同，核心与周围互相补充、互相吸收、互相融合。多元一体的格局最晚在西周就建立起来了。此后虽然历经战乱与分裂，不断有新的文明元素加入进来，但没有任何一种文明的分支分裂出去，所以这个大格局始终保持着它的完整性而没有打破。

在中华文明演进的过程中，有两个方面值得特别注意：

首先是民族的融合。在长期的交往中，以汉族为主体，形成五十六个民族多元一体的格局。距今大约五千年至七千年，在黄河流域就出现了仰韶文化、龙山文化，在长江下游出现了河姆渡文化、马家浜文化等多处文化遗存。同时在北方草原地带也出现了以游牧和狩猎为特点的文化。进入传说时代，黄帝居住在中原一带，炎帝本是羌姓部落的首领。居住在北方的人统称为狄，居住在东方的人统称为夷，居住在南方的人统称为蛮，居住在西方的人统称为戎。传说尧时推举舜为继承人的便是四方部落的首领，而在禹之后的皋陶、伯益都是夷族。可见在远古时代就开始了民族融合的过程。到了夏商周三代，黄河流域的居民不断吸收周围的东夷、南蛮、西戎、北狄等族的成分，逐渐形成华夏民族。远在黑龙江流域的肃慎也成为周朝的属国。相传周文王的伯父太伯、仲雍与当地的民族结合，形成兼有商、周和当地特点的吴文化，吴和越开发了东南地区。秦人和西戎诸族共同开发了西北地区。楚地的华夏族和许多少数民族相融合，共同开发了长江中游地区。最后秦灭六国，统一了中国，这个统一的过程也可以视为多民族融合的过程。到了汉朝，华夏族进一步吸收其他民族的成分，扩大成为人口近六千万（公元2年）的民族，后来遂称为汉族。魏晋南北朝是民族大融合的时期，一方面，西部和北部的一些少数民族如匈奴、鲜卑、羯、氐、羌与汉族在纷争中交往融合，逐渐同化；另一方面，大量汉族人南下，在长江流域和珠江流域与南方各民族融合。唐代各民族之间的联系更加密切，如北方和西北的东、西突厥、东北的契丹、西南的彝族和白族都与汉族有进一步的融合。文成公主和亲于吐蕃松赞干布，加强了西藏与中原地区的联系，尤其值得注意。在宋辽金时期，契丹、女真、党项等族人民和汉族人民一起，进一步开发了北部的广大地区。而由蒙古族建立的元朝，结束了分裂的局面，建立起规模空前的统一国家，汉族和蒙古族的交融也得到空前的发展。清朝以后，大量满族人迁居山海关内，汉族人迁居关外，形成汉满杂居的状况，促进了两族的融合过程。同时，清朝与西藏的关系更加巩固，在新疆设立了行省，使中国这个多民族统一国家得到进一步的发展[34]。

如上所述，中华民族从一开始就是多元的，在漫长的发展过程中，汉族不断与周围的民族相融合，形成由五十六个民族组成的大家庭。在这过程中，只有加入进来的，没有分裂出去的。因此，中华文明的发展史从一个侧面看来就是民族融合的历史，中华民族的灿烂文明是五十六个民族共同的创造。

其次是外来文化的吸收。中华文明和域外异质文明的接触，无论是与印度佛教文明的接触，还是对西方近代文明的引进，都促进了中华文明的发展。印度佛教对中华文明的影响表现在思想观念和生活习俗等等许多方面，而佛教与中华传统文化相融合便出现了禅宗，禅宗成为中华文化的一个重要组成部分。仅就佛教对中国文学的影响这个局部而言，至少表现为五点：一、从此有了三世的观念和三界的观念，从而丰富了中国文学的想象世界，扩大了思维的时间和空间。二、加强了中国文学的故事性。三、促进了反切的产生和四声的发现。四、扩大了汉语的词汇。五、使文学观念更加多样化，例如真与空的观念、心性的观念、境界的观念、象和象外的观念等等，都与佛教有关[35]。明代中叶西方文明开始传入中国，但那还只是对中国传统文明的局部补充。鸦片战争之后，在救亡的呼声中，中国的知识分子纷纷介绍和学习西方先进的文明，魏源编纂《海国图志》，提出“师夷长技”的方针，便是一个带有标志性的变化。此后，向西方学习经历了从科学技术的层面到政治、人文层面的深化过程。废科举、兴学校，留学、办报，种种新的事物迅速出现，形成一种新的时代潮流，促使中华文明继续前进。

中华文明演进的过程中有一些值得注意的规律。物质文明的发展，特别是生产力的发展起着基础性的、决定性的作用。例如铁器的使用，推动了农业的发展，进而带来整个文明的进步。印刷术的发明和普及，便利了文明的传播，进而带动了文明的进步。一些具有进步性的制度的建立也起着不可忽视的作用，例如郡县制的建立、科举制的建立、比较完善的文官制度的建立，都推动了社会的发展和文明的进步。精神文明的发展对整个文明也起到推动作用，例如对德治的重视、百家争鸣的局面、唐诗的繁荣，都具有带动整个社会和文明前进的意义。

此外还有一些值得注意的方面，例如雅与俗的互动。所谓雅，是指社会上层的或见诸经典的部分；所谓俗，是指社会下层的或见诸非经典记载的部分。雅与俗是相对而言的，例如魏晋南北朝的世族与宋元以来的市民，前者的文化可以归之为雅，后者的文化可以归之为俗。见诸“四书”、“五经”的文化可以归之为雅，见诸戏曲、小说的文化可以归之为俗。朝廷的礼制可以归之为雅，民间的习俗可以归之为俗。就一个侧面而言，中华文明就是由雅化俗、由俗化雅，在雅与俗的互相转化中得以发展的。道教在汉末起源于民间，到了东晋、南朝得到不少世族的信奉，其地位逐渐提升。到了唐朝，皇帝大力提倡，使之具有与儒家和佛教等同的地位。这就是一个由俗化雅的过程，当然上层的道教和民间的道教仍然有所不同，这又当别论。孔子招收弟子讲学，本是一种私学，是百家争鸣中的一家。汉武帝罢黜百家，独尊儒术，儒家遂得到官方的权威地位。与此同时，儒家思想不断向民间普及，三纲五常、忠孝节义等等思想在人民生活中起着重要的作用，并贯穿在民间习俗、乡约、家规以及大量的戏曲、小说作品之中，这又是一个由雅到俗的过程。每一次的雅化或俗化都可以视为文明的一次演进，雅与俗的互动促进了中华文明的发展。又如，以复古为革新也是中华文明实现变革的一种常见方式。由于尧、舜、禹甚至更早的大同时代被视为理想的社会，所以变法维新的势力为了顺利地推行其革新的措施，有时便以复古为旗帜，借复古之名行革新之实。清代龚自珍、魏源、康有为等人复兴今文经学，借《公羊传》微言大义，议论时政。康有为更是借以推进维新变法，在当时影响颇大。在文学发展的过程中，以复古为革新更加普遍，唐代的陈子昂反对齐梁诗风，高倡汉魏风骨，促进了唐诗的健康发展，为盛唐诗坛的到来做了准备；韩愈、柳宗元倡导古文运动，反对六朝以来盛行的骈文，提倡三代两汉的古文，建立了一种新的文学语言和文体，也是以复古为革新的明显例证。

四、中华文明史的分期

一般通史的写法偏重于政治史，但文明包括物质文明、政治文明和精神文明。文明史的写法自然应当有别于通史，必须总体考察文明各个方面的状况，找到文明发展总体的阶段性。因为文明所包括的范围很广，文明的各种要素的发展不平衡，在综合考察的同时还必须有重点，重点就是不同时期不同的标志性文明成果。于是我们将总体性和标志性两者结合起来，以确定文明史的分期。

依据这个原则，我们将中华文明分为四期，四期之中还可以细分为八个阶段：

第一期：先秦（公元前2世纪以前）

　　第一阶段：先夏

　　第二阶段：夏商周

第二期：秦汉魏晋南北朝（公元前2世纪至7世纪）

　　第一阶段：秦汉

第二阶段：魏晋南北朝

第三期：隋唐至明中叶（公元7世纪至16世纪）

第一阶段：隋唐五代

第二阶段：宋元至明中叶（正德末）

第四期：明中叶至辛亥革命（公元16世纪至20世纪）

第一阶段：明中叶（嘉靖初）至鸦片战争

第二阶段：鸦片战争至辛亥革命

中华文明很可能应当上溯至龙山时代，即公元前第三千年[36]。根据考古数据和文献数据综合考察，分布于河南西部和山西南部的二里头文化，很可能就是目前已经发现的具有标志性的夏代文化遗存[37]。在夏代以前漫长的岁月里，有丰富的考古资料证明，在广阔的中华大地上繁衍着远古的生民，并有许多文明的创造，但总的看来还只能算是中华文明的曙光期，或者说是中华文明的序幕。夏文化有一个重要标志，就是青铜冶铸技术的产生和青铜器的应用。与此相关的是礼制的形成，宫殿和宗庙的出现。

夏朝与其后的商朝、周朝合称三代，三代有密切的文化传承关系，正如孔子所说："殷因于夏礼，所损益可知也。周因于殷礼，所损益可知也。"（《论语·为政》）商朝的勃兴，以及商朝青铜器冶炼术和青铜器艺术的臻于高峰，农业和商业的发展，特别是完整的文字体系殷墟甲骨文的出现，标志着中华文明的巨大进步。周朝完善的宗法制，作为中华文明中思维源头的《周易》，铁器的使用，百家争鸣局面的出现，老子、孔子、孙子、庄子、孟子、墨子、韩非子等众多思想家的涌现，《尚书》、《春秋》等书的编纂和史学传统的建立，《诗经》、《楚辞》的出现以及中国文学传统的建立，都证明春秋战国时期是中华文明的一个高峰。

秦汉是中华文明史上一个新时期的开始，具有标志性的发展有以下几点：多民族大一统国家的形成；分封制的废除和郡县制的建立；文字的统一。秦朝奠定了中国此后两千年中央集权的政治制度的基础，对于国家的统一、文明的延续起到了重要的作用。汉承秦制，土地私有制和地主经济得以确立，经学的兴起，史学的兴盛，造纸术的发明，佛教的传入和道教的兴起，西域的开通也都是重要的进展。魏晋南北朝是这个时期的第二阶段，北方和西方众多少数民族进入中原，接受了汉族的文明，从而促成了历史上第一次民族的大融合。同时由于大量中原移民进入长江流域，也促成了南方经济文化的迅速发展。一种异域文明即佛教与佛学，深入到社会生活和思想、文学、艺术等多个领域，汉语的词汇也丰富了，佛教和佛学促使中华文明发生了不可低估的变化。一种新的富有思辨色彩的玄学迅速兴起，改变了人们的宇宙观、人生观和美学观。魏晋南北朝时期，文学进入自觉的时代，艺术更加精致。

隋唐是第三期的开始，具有标志性的发展有以下几个方面：国家再一次由分裂走向统一，南北文化在统一的国家中互相补充，中外文化在开放的局面下广泛交流。于是，中华文明史上的另一个高峰迅速崛起，在这座高峰上，展现着一批富有开拓精神的政治家，一批意气轩昂的诗人，一批垂范后世的艺术家。走向高峰的过程，可以归结为在整合中创新，这也成为一条很重要的历史经验。唐诗的辉煌成就，反映出唐代文明的整体水平和那个时代的浪漫气息，是中国这个诗的国度永远的骄傲。此外，中下层庶族地主阶级的兴起，以及科举制的实行，促使文化的重心下移，即从门阀世族垄断的状态转向庶族文化人的活跃；中唐以后城市经济与城市文化的繁荣，又促使市民文化人出现，他们以崭新的姿态开拓了文明的新面貌。一种本土化的佛学即禅宗的兴盛，是这个时期值得注意的现象，它为本土思想和异域思想的交融提供了一个范例。禅对士大夫的生活，进而对文学艺术的创作都产生了深刻的影响。

宋代是中华文明史上的另一座高峰。宋代的军事力量虽然不强，因而显得国势较弱，但宋代的经济、政治和文化却突飞猛进：城市经济的繁荣，文官制度的完善，社会整体教育水平的提高，都超过了唐代。宋代兴起的理学，在中国思想史上具有里程碑的意义，宋儒也以其新的风貌在历史上留下浓重的一笔。宋代的文学特别是宋词创作的高度成就及其广泛传唱，至今仍然能够让人感受到宋代文明所达到的高度。宋代艺术，包括书画、陶瓷等等，也有令世界瞩目的成就。尤其值得强调的是，宋代科学技术迅猛发展，居于当时世界领先的地位。仅就印刷术而言，这方面所达到的高度及其普及的程度，是文明史上一件具有世界意义的大事，这在传播文化、造就人才、延续传统等方面所起的作用，无论怎样估计都不会过分。从唐到宋的过渡过程中，中唐是一个转折期。宋代的不少新的文明成果，都可以追溯到中唐。为了突出宋代在文明史上的成就，我们把宋代作为第三期第二阶段的开始，但丝毫也不低估中唐文明转型的意义。

元代蒙古族入主中原，又成为一个民族大融合的朝代。元代在边疆的开拓与建设方面，有显著的贡献。在元朝的统治下，文明中有些部分的发展受到一些影响，如儒家文化受到冲击；但另外一些部分却异军突起，杂剧和南戏便是十分鲜艳的奇葩，元代的白话小说也得到迅速的成长，元代的书画也有惊人的成就，中西文明的交流再度活跃起来。明代前期由于政治上的专制和思想上的禁锢，文明的发展相对停滞，除了不多的几个领域有所进展（如白话长篇小说）之外，整体看来比较平庸。但是在平庸中孕育着新的突破。永乐三年（1405）郑和下西洋，是人类航海史和中外交通史上的一件壮举，比哥伦布在1492年率领的那次著名的航行时间更早。

明嘉靖初开始了文明史的第四期，其重要的标志就是商业经济的繁荣，市民的壮大，以及由此带来的城市文化形态的形成，世俗化、商业化、个性化成为一时之风气。同时王学左派兴起，张扬个性，肯定人欲，向理学禁欲主义发起冲击，为思想解放开辟了一条道路。以上两股潮流互为因果，它们的合力为这个时期造成了一种有别于传统的新的文明景观，整个社会呈现出个性解放的气息。另一个值得注意的现象就是对外贸易的迅速增长，中国经济整体水平居于世界领先地位[38]。文学艺术中出现新的世俗化商品化倾向，借助日益廉价的印刷出版这个媒体，在社会下层广泛传播。

清代康熙、雍正、乾隆年间，中国达到了在原有体制下经济社会发展的极致，史称“康乾盛世”。盛世延续了一百三十多年，经济总量居于当时世界的首位，对外贸易长期顺差，整个学术文化呈现集大成的态势，编纂了各种大型的类书、总集、丛书。但正是这个时期，在欧洲科学技术突飞猛进，工业革命带动西方的经济全面迅速地发展，政治和文化也发生了巨大的变化。而中国的帝王却安于现状，闭关自守；官僚腐败无能，故步自封，以致在不长的时间内中国就明显地落后了。

1840 年爆发的鸦片战争，带来千古未有之变局。中西文明的大碰撞是鸦片战争到辛亥革命这个阶段的主要景观：一方面是西方文明大量涌入中国，中国的有识之士向西方寻求富国强兵之路，救亡图存和求新变于异邦成为社会的主调；另一方面，国力的衰弱也充分暴露了传统文明固有的缺陷，对传统的反思与批判成为强烈的时代呼声。中国历史的车轮从未如此迅速地前进。终于，孙中山领导的辛亥革命结束了几千年的封建王朝统治，中华文明也开始迈上了新的征程。

五、中华文明的未来

中华文明是在一个相对封闭的地理环境中发育成长起来的，周围的天然屏障，一方面保护着中华文明较少受到外族的入侵而能够独立地连续地发展；另一方面也限制了中华文明与其他文明的交流。汉唐以来，中国与西域、印度的交流，曾经促进了本土文明的发展，特别是印度佛教的传入对中华文明的影响既深刻又广泛。而随着华侨南下的足迹以及他们对东南亚的开发，中华文明与东南亚的文化交流，对那个地区的经济和社会发展发挥了不可估量的作用。但是总的看来对外文化交流的机会毕竟不多，交流的地域也不广。当中华文明发展到鼎盛期后，特别是当世界上其他地区的文明实现了近代化的转变之后，中华文明急需吸取其他文明的优秀成果以丰富发展自己。可是在这个历史的关头，清朝统治者却采取了闭关锁国的政策，故步自封，不图进取，丧失了历史机遇，遂使中华文明逐渐被排斥到世界文明发展的主流之外，中国处于落后的地位，甚至沦落到任人宰割的地步。这是我们回顾中华文明史的时候不能不深感悲痛的，也是我们中华儿女应当牢牢记住的一个惨痛的历史教训！

近代以来，中华文明发展的趋势可以简单地概括为打开大门与走向世界，一切有识之士的种种呼号与努力，无非以此为中心。直到今天，打开大门与走向世界，仍然是尚未完成的历史任务。打开大门，是在保持自己民族优良传统的同时，吸取世界上其他民族创造的优秀文明成果；走向世界，是带着自己民族的优秀传统，融入世界文明的潮流之中。

当前世界形势发生了空前的变化，经济全球化深刻地影响着人类文明的进程。但这种状况不应当也不会导致民族文化特色的消亡。在经济全球化的大趋势下，我们提倡文明的馈赠。文明的馈赠是极富活力和魅力的文明创新活动，各个民族既把自己的好东西馈赠给别人，也乐意接受别人的馈赠。馈赠的态度是彼此尊重，尊重别人的选择，决不强加于人。馈赠和接受的过程是取长补短、融会贯通。馈赠和接受的结果是多种文明互相交融、共同发展，以形成全球多元文明的高度繁荣。因为多元的文明各具本色，吸取外来文明的内容、分量和方式不同，交融之后出现的人类文明仍然是千姿百态，我们的世界仍然是异彩纷呈。

一切有良知的学者，在这个关系人类命运和前途的重大问题上，应率先采取尊重的态度，担负起馈赠的任务，并影响自己的政府保持文明的多样性，寻求不同文明的和平共处与共同繁荣。中国的经济正在腾飞，中国的综合国力逐渐强大，但中国的腾飞和强大不会对别人构成威胁。我们是从学者的角度说这句话的，根据我们多年研究所得到的认识，中华文明本质上是一种和平的文明，中华文明有能力在外来威胁下保存自己，但没有兴趣威胁别人。这样一种文明对于未来世界的稳定是不可缺少的。

在经济全球化的趋势中，中华文明的未来是我们十分关心的问题。

首先，我们要欢迎伴随着经济全球化而来的、更加广泛和深刻的文化交往，积极吸取人类文明的一切优秀成果。过去，中华文明在与外来文明的接触中，既然能够吸取改造它们以丰富发展自己，今后必然能够做得更好。

其次，中华文明应当更主动地走向世界。我们现在对世界的了解虽然还很不够，但是世界对我们的了解更少、更肤浅。牛津大学教授雷蒙·道森在1967年出版的名著《中国变色龙——欧洲中国文明观之分析》一书中，详尽而具体地介绍了西方对中国的种种看法，并总结说：在西方人眼中，中国的形象似乎在两个极端间变化：或者是理想的王国，或者是停滞与落后的象征。中国时而被描绘为富裕的、先进的、聪明的、美好的、强大的和诚实的，时而被描绘为贫穷的、落后的、愚蠢的、丑陋的、脆弱的和狡诈的[39]。由此可见，西方对中国的认识与中国的实际有很大的距离。西方对待东方的态度，常常给人这样一种印象，即只有西方才拥有解释东方的权威。我们并不想纠缠他们对包括中国在内的东方所持有的种种偏见，只是从中深切地感到，在经济全球化的过程中，中华文明具有广阔的空间，可以在世界上充分展示自己的真面目。随着经济的全球化，特别是中国经济的日益繁荣，世界更需要了解中国；中华文明也会得到更多的途径走向世界。经济全球化对中华文明来说，机遇大于挑战。我们应当清醒地认识这种形势，把握这个历史机遇，培育和弘扬民族精神，为人类文明的进步作出更大的贡献。

第三，要坚持文明的自主。无论是引进世界文明的优秀成果，还是走向世界，都是我们自主的意识和行为。回顾历史，汉唐人对外来文明的开放胸襟与拿来为自己所用的宏大气魄，即鲁迅称之为“闳放”的那种态度，便是自主性的很好表现。西方近代文明，从明朝末年逐渐传入中国，鸦片战争之后大量涌入，影响着中国百余年来的历史进程，但中华文明并没有失去自主的能力。到了今天，我们更有条件加强文明的自主性，自己决定自己文明的命运。

在经济全球化的趋势中，我们一方面要采取坚决的切实的措施，努力保持中华文明的民族特色，另一方面也要看到民族特色是因比较而存在的，越是有比较就越能显示自己，因此要坚持和其他文明开展交流。还要看到文明的民族特色不是一成不变的，在与其他文明交流的过程中，有些因素会凸显出来，有些因素则会逐渐淡化乃至消失。应当创造条件促成适应时代发展的新的特色逐步形成。

总之，与经济全球化同时到来的，既不是单一的全球文化，也不是文明的冲突，而是文明多元的繁荣，以及文明的自主。这种新的文化生态的出现和确立，是人类进化到更高阶段的一个重要标志。中华民族必能抓住这个历史的机遇，实现伟大的复兴。中华民族必能以高度的文明重塑自己在世界上的形象。具有几千年历史而从未中断过的中华文明，必将在世界未来的文明进程中再现自己的辉煌，并对全人类的文明进步作出更大的贡献！

（原载于《中华文明史》第1卷，北京大学出版社2006年版）

---

①《中国大百科全书》考古卷“史前考古学”条，裴文中、安志敏撰，中国大百科全书出版社1986年版，第476页。

②有的学者将古希腊文明（或称爱琴文明）与这四种文明并列，如马世力主编《世界史纲》。这里采用的是比较传统的说法。

③以上关于古埃及文明、巴比伦文明、古印度文明的论述，参考《简明不列颠百科全书》中文版有关内容，中国大百科全书出版社1986年版。希罗多德：《历史》，王以涛译，商务印书馆1978年修订版。吴于廑、齐世荣主编：《世界史》，高等教育出版社1994年版。马世力主编：《世界史纲》，上海人民出版社1999年版。刘家和、廖学盛主编：《世界古代文明史研究导论》，高等教育出版社2001年版。刘文鹏著：《古代埃及史》，商务印书馆2000年版。刘文鹏主编：《古代西亚北非文明》，“世界文明大系”，中国社会科学出版社1999年版。“联合国教科文组织编写《非洲通史》国际科学委员会”，G. 莫赫塔尔主编：《非洲通史》第二卷，中国对外翻译出版公司1984年版。菲利普·李·拉尔夫等著：《世界文明史》，赵丰等译，商务印书馆2001年版。关于古

代文明，各家说法不一的地方，我们采用比较通行的说法。

④正如苏秉琦在《中国文明起源新探》中所说："世界上没有哪一个像中国如此之大的国家有始自百万年前至今不衰不断的文化发展大系。"三联书店1999年版，第176页。

⑤钱穆：《中国文化史导论》："埃及、巴比伦、印度诸邦，有的只藉一个河流和一个水系，如埃及的尼罗河。有的是两条小水合成一流，如巴比伦之底格里斯与阿付腊底河，但其实仍只好算一个水系，而且又都是很小的。只有印度算有印度河与恒河两流域，但两河均不算甚大，其水系亦甚简单，没有许多支流。只有中国，同时有许多河流与许多水系，而且都是极大和极复杂的。"商务印书馆1994年修订版，第4～5页。

⑥阮炜《文明的表现》一书，提出"文明规模"和"文明能量"的概念，认为中华文明的独特性在于其规模和能量巨大，因此，"中华文明即便暂时衰落了，最终也能走向复兴，甚至进一步成长壮大，将其影响所及伸延至前所未有的范围"。北京大学出版社2001年版，第340页。

⑦《十三经注疏》卷四十六，中华书局1980年影印本，第1587页。

⑧参看顾颉刚：《汉代学术史略》，东方出版社1996年《民国学术经典文库》本。

⑨见《史记·秦本纪》正义引《括地志》。

⑩《魏书》卷一《帝纪第一·序纪》："昔黄帝有子二十五人，或内列诸华，或外分荒服。昌意少子，受封北土，国有大鲜卑山，因以为号。其后，世为君长，统幽都之北，广漠之野。畜牧迁徙，射猎为业，淳朴为俗，简易为化，不为文字，刻木纪契而已。世事远近，人相传授，如史官之纪录焉。黄帝以土德王，北俗谓土为托，谓后为跋，故以为氏。其裔始均，入仕尧世，逐女魃于弱水之北，民赖其勤，帝舜嘉之，命为田祖。爰历三代，以及秦汉，獯鬻、猃狁、山戎、匈奴之属，累代残暴，作害中州，而始均之裔，不交南夏，是以载籍无闻焉。"中华书局1974年排印本，第1页。

⑪《大戴礼记》卷五，《四部丛刊》据无锡孙氏小绿天藏明袁氏嘉趣堂刊本影印。

⑫《国语》卷一，《四部丛刊》据杭州叶氏藏明金李刊本影印。

⑬《韩诗外传》卷二，《四部丛刊》影印明沈氏野竹斋刊本。

⑭《荀子》卷十一，《四部丛刊》影印《古逸丛书》本。

⑮《潜夫论》卷二，《四部丛刊》据江南图书馆藏述古堂影宋写本影印。

⑯《中国哲学大纲》，中国社会科学出版社1982年版，第29页。

⑰《历史研究》修订插图本第十章《关于各文明起源的性质》，刘北成、郭小陵译，上海人民出版社2000年版，第62页。

⑱《四部丛刊》影印宋刊本，卷七。

⑲《论语·里仁》，《诸子集成》第一册，中华书局1954年据世界书局原版重印，第78页。以下凡引本版《诸子集成》，不再注版本。

⑳《论语·卫灵公》，《诸子集成》第一册，第337页。

㉑《孟子·告子上》,《诸子集成》第一册，第461页。

㉒《孟子·滕文公下》,《诸子集成》第一册，第246页。

㉓《孟子·告子下》,《诸子集成》第一册，第477页。

㉔《孟子·告子下》,《诸子集成》第一册，第510页。

㉕《论语·里仁》,《诸子集成》第一册，第83页。

㉖《孟子·尽心章句上》,《四部丛刊》影印内府藏宋刊本，卷十三。

㉗见《张载集》，中华书局1978年版，第387页。

㉘《四部丛刊》影印长沙叶氏观古堂藏日本正平刊本。

㉙《四部丛刊》影印杭州叶氏明金李刊本。

㉚张立文提倡和合学，著有《和合学概论——二十一世纪文化战略的构想》，首都师范大学出版社1996年版。他所谓和合的“和”是和谐、和平、祥和，“合”是结合、融合、合作，和合是指自然、社会、人际、心灵、文明中诸多元素、要素的相互冲突、融合，与在冲突、融合的动态过程中各元素、要素和合为新生命、新事物的总和。

㉛《周易·说卦》:“是以立天之道曰阴与阳，立地之道曰柔与刚，立人之道曰仁与义。兼三才而两之，故《易》六画而成卦；分阴分阳，迭用柔刚，故《易》六位而成章。”

㉜《中国科学技术史》第二卷，科学出版社、上海古籍出版社1990年版，第338页。

㉝苏秉琦认为:“从全国范围来看，我们可以将现今人口分布密集地区的考古学文化分为六大区系，它们分别是：1. 以燕山南北长城地带为重心的北方；2. 以山东为中心的东方；3. 以关中（陕西）、晋南、豫西为中心的中原；4. 以环太湖为中心的东南部；5. 以环洞庭湖与四川盆地为中心的西南部；6. 以鄱阳湖—珠江三角洲一线为中轴的南方。”见《中国文明起源新探》，三联书店1999年版，第35～37页。

㉞以上关于民族融合的论述参考王钟翰主编:《中华民族史》，中国社会科学出版社1994年版。《中华民族凝聚力的形成与发展》编写组所编:《中华民族凝聚力的形成与发展》，民族出版社2000年版。《中国大百科全书·民族卷》翁独健撰“中国民族史”，中国大百科全书出版社1986年版。

㉟参见袁行霈主编:《中国文学史》第二卷绪论，高等教育出版社1999年版，第18～19页。

㊱李学勤说:“现在看来，中国文明很可能应上溯相当长的一段时间。最近很多学者撰文，提出中国古代文明形成于公元前第三千年，即考古学上的龙山时代，这就和《史记》始于《五帝本纪》差不多。”见李学勤、郭志坤:《中国古史寻证》第九章，上海科技教育出版社2002年版，第335页。

㊲此用邹衡、郑杰祥说，分别见《夏商周考古学论文集》，文物出版社1980年版；《夏史初探》，中州古籍出版社1988年版。至于夏朝的年代，据夏商周断代工程课题组公布的《夏商周年表》，相当于公元前2070年至前1600年，这个说法可供参考。

㊳贡德·弗兰克在《白银资本》一书中说：中国“在整个世界经济中即使不是中心，也占据支配地位。……它吸引和吞噬了大约世界生产的白银货币的一半”。“自16世纪中期起，白银注入中国经济所造成的经济扩张更为壮观。明代经济越来越在银本位的基础上货币化，并且至少到17世纪20年代一直在飞速扩张。”刘北城译，中央编译出版社2000年版，第19～20页、第224页。

㊴ Raymond Dawson: *The Chinese Chameleon: an Analysis of European Conceptions of Chinese Civilization*, (London: Oxford University Press, 1967) pp.1～8. 此书有中文译本，《中国变色龙：对于欧洲中国文明观的分析》，常绍民、明毅译，北京时事出版社1999年版。

古代文学传播的方式与媒介

文学传播，是研究文学应当注意的一个重要方面。随着社会的发展，传播的方式和媒介有所改变，并更加丰富，这对文学作品的流传进而对文学创作，都产生了直接的不可忽视的影响。古代文学传播的方式与媒介多种多样，本文只能选其比较重要而且有趣的若干方面略作说明，实际上是带有举例性质的，希望引起读者对这个问题进一步研究的兴趣。

一、口头流传与演唱

口头流传或者说口耳相传，是最古老的一种传播方式，至今仍然没有废除。上古时代的文学作品，无论神话、诗歌，都是先在口头流传，然后才用文字记录下来。那些上古的歌谣，如《弹歌》:“断竹，续竹，飞土，逐肉。”相传是黄帝时的歌谣，记录在《吴越春秋》这部书中。再如《蜡辞》:“土反其宅，水归其壑，昆虫毋作，草木归其泽。”相传是伊耆氏时的歌谣，记录在《礼记》这部书中。又如《候人歌》:“候人兮猗。”相传是大禹治水时，他的妻子涂山女等候他时所唱的，记录在《吕氏春秋》这部书中。姑且不论这些歌谣的时代是不是真的那么遥远，但可以肯定的是从口头流传到用文字记录下来，经过了一段很长的时间。《诗经》中的那些诗歌，原先也是在口头流传的，到了春秋中叶才经过整理并用文字记录下来。口头流传的过程也是不断加工和再创作的过程，等到用文字记录下来以后就相对定型了，但在民间那些诗歌仍然不断被继续加工改编。

孟姜女的传说是很有典型性的。这个传说的渊源可以追溯到战国时代,《左传·襄公二十三年》记载杞梁攻莒战死，齐侯欲郊吊，其妻拒绝，吊丧的地点遂改在杞梁家中。西汉刘向《古列女传》中增加了哭倒城墙的情节:“杞梁之妻无子，内外皆无五属之亲。既无所归，乃枕其夫之尸于城下而哭。内诚动人，道路过者莫不为之挥涕，十日而城为之崩。”[①]到北朝，故事有了较大的改变，杞梁变成筑长城时被打死的民夫，杞梁妻寻夫认尸，哭倒长城。后来出现了孟姜女的名称，孟姜女的故事在各地流传，故事情节也结合各地的风俗，而有一些演变发展，在各地的方志中多有记载。关于孟姜女的传说，顾颉刚先生早在20世纪20年代就作过系统的研究，他说这个传说的材料分为“历史的系统”和“地理的系统”，从这两个方面归纳出民间传说演变的规律，成为民间传说研究的典范[②]。

歌曲的传唱也是一种重要的传播方式,《诗经》、汉乐府、南北朝民歌都是可以歌唱的，毋庸赘言。此外，如曹操“登高必赋，被之管弦，皆成乐章”[③]。唐薛用弱《集异记》所载旗亭画壁的故事，反映了唐代歌唱绝句的情况。宋叶梦得《避暑录话》所载凡有井水饮处即能歌柳永词，反映了宋词广泛传唱的情况[④]。这都是借助歌曲传唱进行文学传播的生动事例。

值得格外注意的是作为表演艺术一部分的说唱文学和演唱文学，如唐代的俗讲、宋元的说话与讲史、元代杂剧和南戏的演出，以及后来的各种戏曲、曲艺，其中许多并不是先有脚本，而是先在师傅和徒弟之间口耳相传，然后才逐渐加以整理记录。这些作品成为宋代以后一大笔文学遗产，有时甚至占据了比诗文更加重要地位。

口头流传和文字记录整理，这两者往往相辅相成，互相促进。兹以《三国演义》的成书为例加以说明:《三国志》和裴松之注，记录了丰富多彩的三国故事。而在民间也早已流传着三国故事，据杜宝《大业拾遗记》记载，隋炀帝所看的水上杂戏中就有表现三国故事的内容。宋代的说话中有“说三分”，元至治年间刊有《三国志平话》。陶宗仪《南村辍耕录》记录的金院本剧目中，包括《赤壁鏖兵》等多种三国故事的剧目，由此可见，在金元时期舞台上上演着大量三国戏。而罗贯中的《三国演义》正是在《三国志》及裴注的基础上，吸收了流传于民间的各种说唱和戏曲作品，整理加工而成的。而在《三国演义》成书之后，又有更多关于三国故事的演唱文学，继续活跃在说书艺人中间和戏剧舞台上。

口头流传与演唱固然是自古以来重要的传播方式，但口头上的文学是处于流动状态之中的，如果不能用文字记录下来，很容易失传。《山海经》中保存的一些神话只有很简单的故事情节，其本来的面貌想必会复杂一些，那些佚失的部分十分可惜。根据《左传》的记载，我们知道在当时流传的诗歌不止《诗经》中的305篇，在此之外，还有一些没有收入的逸诗，例如《河水》。据《汉书·艺文志》著录，西汉诗歌314篇，基本上都是乐府诗，但现在所能见到的可以认定是西汉的乐府诗只有50多首，其他的都已经佚失了。我们无法统计在中国数千年的历史中，有多少珍贵的口头文学作品已经失传。我们应当更加珍视目前尚在流传的一些作品，加紧抢救、保护和记录、整理。

二、纸的发明与传抄、题写、干谒

在纸出现之前，记录文字的介质主要有这样几种：甲骨、金石、简牍、绢帛。例如刻石，唐初在天兴（今陕西省宝鸡市）三畤原出土的石鼓文，在十面鼓形的石上刻有从事畋猎活动的诗句，据考证大约为东周初秦国刻石。东汉灵帝熹平年间，完成了七部儒家经典的刻石，立于太学门前，作为定本。将这七部经典刻石是蔡邕等人建议的，也是由蔡邕亲自用隶书一体书丹于石的。《后汉书·蔡邕传》载：熹平四年，“奏求正定六经文字，灵帝许之。邕乃自书丹于碑，使工镌刻，立于太学门外，于是后儒晚学，咸取正焉。及碑始立，其观视及摹写者，车乘日千馀辆，填塞街陌”。⑤又如简牍，其材料是竹和木，削制成狭长形。竹片称简，木片称牍，用毛笔蘸墨书写，若干简牍编缀在一起的叫策。在敦煌、居延，以及湖南长沙、湖北江陵、山东临沂等地均有重要的发现。在纸发明之前，古代大多数典籍是靠简牍保存下来的。

但是上述这几种介质都有明显的缺点，或镌刻不易，或携带不便，或珍贵难得，因而文学的传播受到很大的局限。纸的出现则弥补了这几种介质的不足，它用树皮、麻头、旧鱼网等制作，成本便宜，又能卷能舒，便于携带，实在是理想的书写材料，也就成为文学作品借以传播的理想媒介。

纸最早出现在什么时代？对于这个问题，学界还没有完全一致的意见。无论如何，大家都承认东汉宦官蔡伦改进造纸术是中国古代文明史上的一件大事，而在他之前，纸已经出现了。有学者认为，1986年在甘肃天水放马滩西汉墓发现的一幅绘有山川、河流、街道的纸，是迄今为止所见时间最早的古纸。

但从纸的发明到纸的普遍使用有一个相当长的过程。在东汉至魏晋这段相当长的时间内，书写载体仍以简牍为主。1996年湖南长沙走马楼出土了大量吴简，就是一个证明。至于使用绢帛的情况，《晋书》卷六〇《索靖传》载索靖《草书状》云："著绝势于纨素，垂百世之殊观。"[⑥]由此可见一斑。

但是从西晋开始，纸作为一种书写载体，已经开始逐渐取得支配的地位了。潘岳《秋兴赋序》讲到"染翰操纸，慨然而赋"[⑦]，石崇《临终诗》："执纸五情塞，挥笔涕汍澜！"[⑧]西晋文人傅咸撰有《纸赋》："盖世有质文，则治有损益。故礼随时变，而器与事易。既作契以代绳兮，又造纸以当策。夫其为物，厥美可珍。廉方有则，体洁性真。含章蕴藻，实好斯文。取彼之弊，以为此新。揽之则舒，舍之则卷。可屈可伸，能幽能显。"[⑨]可见当时文人对纸的喜爱与珍重。东晋以后，文人用纸的例子更多了。陶渊明在《饮酒二十首序》中说自己："既醉之后，辄题数句自娱。纸墨遂多，辞无诠次。"《责子》诗也说："虽有五男儿，总不好纸笔。"到了唐代，纸的应用更加普及，在敦煌藏经洞发现的大量以纸为介质的各种手抄本，包括《文选》等许多文学作品的抄本，就是最好的证明。唐代文学作品的手抄本不仅广泛流传，还可以当做商品出售，例如元稹《白氏长庆集序》曰："然而二十年间，禁省、观寺、邮候墙壁之上无不书，王公、妾妇、牛童、马走之口无不道。至于缮写模勒，衒卖于市井，或持之以交酒茗者，处处皆是。其甚者有至于盗窃名姓，苟求自售，杂乱间厕，无可奈何……又云，鸡林贾人求市颇切，自云：本国宰相每以百金换一篇，其甚伪者，宰相辄能辨别之。自篇章已来未有如是流传之广者。"[10]中唐白行简《李娃传》写李娃收留做了乞丐的荥阳生以后，"娃命车出游，生骑而从。至旗亭南偏门鬻坟典之肆，令生拣而市之，计费百金，尽载以归"[11]。从这段记载中也可以看出当时出售书籍的情况：长安有专门售书的市场，有可供挑选的众多的书籍，一次买书花了百金，可见交易额不小，这些书籍当然是手抄本。

纸的普遍使用，使文学作品易于书写和传播，也使文学家增多了互相学习和交流的机会，这对文学创作和文学研究都产生了深远的影响。西晋以后，文学家和文学作品数量猛增，不能不说与纸的使用有重要的关系。唐代以后，大量出身中下层的士人跻身于文坛，也可以说与纸的普遍使用有重要的关系。

在绘画上题诗也是一种传播的方式，题画诗成为绘画不可分割的部分，和绘画一同构成艺术的整体。康熙《御定题画诗类》120卷，共收诗8900多首，这个数字虽不完整但是已经很可观了。今知比较早的题画诗，如唐李白的《当涂赵炎少府粉图山水歌》，唐杜甫的《戏题王宰画山水图歌》，它们本身也是极好的作品。后者有句曰："尤工远势古莫比，咫尺应须论万里"，可视为极其精彩的画论。

题壁是一种值得重视的传播方式，此所题壁是指题写于墙壁上的文学作品，这是很有趣的传播方式。"题壁"之事，并非始自唐代。《梁书·简文帝纪》载简文帝被侯景"幽絷，题壁自序"[12]。而唐代以后此风甚盛，《旧唐书·王绩传》云：王绩"往往题壁作诗，多为好事者讽咏"[13]。据《全唐诗》统计，题壁诗有数千首之多。据《全宋诗》统计，题壁诗达到万首以上。

题壁的场所相当广泛，有的题在游览的场所，如寺庙、楼台；有的题在官厅、驿站、妓馆，有的题在自己家中或朋友的家中。唐代的宰相张说欣赏王湾的《次北固山下》，就将其中的两句“海日生残夜，江春入旧年”亲手题写在自己的政事堂上，“每示能文，令为楷式”，便是一个很有趣的例子[14]。唐代王勃有《普安建阴题壁》，岑参有《题永乐韦少府厅壁》，白居易有《与梦得偶同到敦诗宅感而题壁》，包佶有《戏题诸判官厅壁》，吕岩有《题东都妓馆壁》。宋代寇准有《书河上亭壁》，王安石有《题友人壁》，李彭有《自豫章归书斋题壁》，方岳有《田园居之右辟小室曰耕雨醉题壁上》，陆游有《题山家壁》。也有在壁上唱和的，如权德舆有《从叔将军宅蔷薇花开太府韦卿有题壁长句因以和作》。

关于题壁的故事相当多，徐釚《词苑丛谈》：“《冷斋夜话》云：东坡初未识少游。少游知其将过维扬，作坡笔语，题壁于一山寺中。东坡果不能辨，大惊。及见孙莘老，出少游诗词数十篇。读之，乃叹曰：向书壁者，定此郎也。”[15] 当然最有名的还是李白登黄鹤楼的故事，《唐才子传》卷一崔颢传云：“后游武昌，登黄鹤楼，感慨赋诗。及李白来，曰：‘眼前有景道不得，崔颢题诗在上头。’无作而去，为哲匠敛手云。”《唐诗纪事》卷二十一还说，李白见崔颢黄鹤楼诗以后，“遂作《凤凰台诗》以较胜负”[16]。黄鹤楼等名胜，常常成为文人题壁的场所，在这些地方的墙壁上题写文学作品，类似今人在计算机网络 BBS 上发布帖子。

唐朝士人中盛行干谒之风，通过干谒以赢得有力者的赏识和社会声望，才有更好更多的机会入仕或升迁。诗文辞赋都是常常做干谒之用的。例如王维的《上张令公》和《献始兴公》就是干谒张九龄的，李白的《与韩荆州书》是干谒韩朝宗的，杜甫的《朝献太清宫赋》、《朝享太庙赋》、《有事于南郊赋》是献给皇帝的。这些干谒之作一般说来是作者特别用心写成的，以文学作品进行干谒活动本身就是一种文学的传播，如果作品受到青睐，自然会在更大的范围内流传开来，这又是一种传播。

三、印刷术的发明与文学作品的普及

自从唐代发明印刷术以后，今知最早刻印的是历书和佛经。如剑南西川成都府樊赏家印历书，龙池坊卞家印《陀罗尼经》[17]。到了宋代，刻书的地区比唐五代更扩大了，刻印的书籍内容也更广泛了。在南宋京城内私人的书铺林立，除刻印出售佛经外，还包括经史子集以及俗文、杂书。

宋代以后随着印刷术的逐步改进，书籍的印刷越来越普及，城市中专门出售书籍的书肆也增多了。宋代有关书肆的记载很多，欧阳修《集古录跋尾》卷十："右《黄庭》别本，续得之京师书肆。"《郡斋读书志》卷三《归叟诗话》："宣和末京师书肆刻印鬻之。"江少虞《事实类苑》卷三十六："一日阅相国寺书肆，得冯瀛王诗一帙而归。"宋代的书肆并不限于京师，在一些刻书业发达的地区也有兼营刊书业务的书肆。岳珂《愧郯录》卷九"场屋编类之书"条："建阳书肆方日辑月刊，时异而岁不同，以冀速售，而四方转致传习。"[18] 元代以后书肆比宋代更加发达，所售书籍包括了许多通俗文学读物，如元至治年间建安虞氏刊《全相平话五种》，明嘉靖元年刻《三国志通俗演义》二十四卷。书肆在传播文化方面所起的作用更是非同一般了。

印刷术的发明，以及书籍和书肆成为文化传播的新媒介，大大地促进了文学创作的发展。诗人的学者化，或者说学者而兼为诗人的情况增多了。如果说在唐代"读书破万卷"（杜甫《奉赠韦左丞丈二十二韵》）还不是一件容易的事情，而到了宋代以后就相对容易得多了。宋人"以文字为诗，以才学为诗，以议论为诗"[19]。这种新的特点的形成，与各种知识随着书籍的流通而广泛地传播开来有很大的关系。

更值得注意的是，由于印刷术的普及，元代以后大量通俗文学作品得以刊刻，并以较低的售价发行，这对小说、戏曲以及各种曲艺的普及，起了至关重要的作用。那种上图下文、连环画式的印刷品，以及带有插图的各种通俗文学作品大量印刷出版，成为文学传播的一种新的吸引力很强的方式。这些印刷品的价值已经得到广泛的注意，随着时间的推移还会更加为世所重。

（原载于《文史知识》2005 年第 10 期）

---

①（汉）刘向：《古列女传》卷四，《四部丛刊》本。

②顾颉刚编著：《孟姜女故事研究集》，共三辑，国立广州中山大学语言历史学研究所 1928 年版。

③（南朝梁）萧绎：《金楼子》卷一，《知不足斋丛书》第九集，清道光六年（1826）刻本。

④原文为："余仕丹徒，尝见一西夏归明官，云：'凡有井水饮处，即能歌柳词。'"

⑤（南朝宋）范晔：《后汉书》卷六〇下，中华书局 1965 年版，第 1990 页。

⑥（唐）房玄龄等：《晋书》卷六〇，中华书局 1974 年版，第 1649 页。

⑦（唐）李善、吕延济等：《六臣注文选》卷一三，《四部丛刊本》。

⑧（唐）李善、吕延济等：《六臣注文选》卷二三，《四部丛刊本》。

⑨（唐）欧阳询等编：《艺文类聚》卷五八，上海古籍出版社 1982 年版，第 1053 页。

⑩朱金城：《白居易集笺校》，上海古籍出版社 1988 年版，第 3972 页。

⑪李时人：《全唐五代小说》，陕西人民出版社 1998 年版，第 630 页。

⑫（唐）姚思廉：《梁书》卷四，中华书局 1973 年版，第 108 页。

⑬（后晋）刘昫等：《旧唐书》卷一九二，中华书局 1975 年版，第 5116 页。

⑭见《河岳英灵集》评语，《唐人选唐诗》，中华书局 1958 年版，第 106 页。

⑮唐圭璋校注：《词苑丛谈》卷一〇，上海古籍出版社 1981 年版，第 220 页。

⑯傅璇琮主编：《唐才子传校笺》第一册，中华书局 1987 年版，第 202 页。

⑰参见张秀民：《中国印刷术的发明及其影响》，人民出版社 1958 年版，第 63 页。

⑱（宋）岳珂：《愧郯录》卷九，《丛书集成初编》本。

⑲（宋）严羽：《沧浪诗话》卷一，人民文学出版社 1961 年版，第 24 页。

国学的当代形态与当代意义

一

我国古代所谓“国学”，是指国家设立的学校[①]。这与近代以来所谓“国学”的含义不同。近代以来所谓“国学”一词，有学者认为源自日本，江户时代中期日本思想界一部分人，如荷田春满等提倡对日本的古代典籍进行研究，以探明本土固有的文化，遂有“国学”之称。“明治维新后，日本政府推行欧化政策，导致社会出现彻底洋化的偏激倾向。1888 年，三宅雪岭、志贺重昂等人成立政教社，鼓吹国粹思想，以求扭转偏向。”[②]或许是受这种思潮的影响，1902 年秋，梁启超曾与黄遵宪等人商议，拟在日本创办《国学报》。1904 年，邓实发表《国学保存论》[③]，论述了保存“国学”的重要性。1905 年，邓实、黄节等人在上海成立了国学保存会，以“研究国学，保存国粹”为宗旨[④]，出版《国粹学报》，撰稿人除了邓实、黄节，还有章炳麟、刘师培、陈去病、黄侃、马叙伦等[⑤]，他们或为中国同盟会会员，或倾向民主革命。提倡“国学”与他们从事的革命活动大方向是一致的，而“国学”的“国”字，则包含了爱国的情结。1906 年，章炳麟在日本鼓吹反满革命，同时提倡研究国学。留日青年成立国学讲习会，请他讲授国学，鲁迅就是学生之一。1922 年 4 月至 6 月间，章炳麟在上海讲“国学大概”和“国学派别”。1934 年，章炳麟在苏州创办章氏国学讲习会，对国学做了总结性的讲解。章炳麟上述几次演讲经过记录整理，出版了《国故论衡》、《国学概论》、《国学演讲录》等书[⑥]，在二三十年代影响很大。《国学演讲录》分为“小学略说”、“经学略说”、“史学略说”、“诸子略说”、“文学略说”五部分，由此可以看出他对国学范围的界定。此外，胡适、顾颉刚、钱穆等人也有关于“国学”、“国故”、“国粹”的种种论述⑦。各家的说法颇有分歧，在这里无须详加辨析，若就其大致相同的方面而言，可以说“国学”即中国固有的学术，以及研究中国传统的典籍、学术与文化的学问。

清末民初国学的兴起，与当时的社会思潮有密切的关系。1840 年鸦片战争以后，中国的一些有志之士努力向西方寻找救亡图存之道，西学东渐成为社会的潮流。在这过程中一部分学者担心自己国家固有的学术文化衰微，于是提倡国学。考察他们的初衷，明显地带有救亡图存的意思，以及弘扬中国传统文化的愿望。

国学的提出虽然与西学东渐的刺激有关，但是从国学研究的实绩看来，还是或多或少地吸取了西方的理念和方法。特别是 20 世纪以来，中国学术界在吸收世界各国的思想、文化、科学、技术的同时，也以新的眼光审视自己国家数千年来固有的传统。胡适在《国学季刊》发刊词中明确地说“我们现在治国学，必须要打破闭关孤立的态度”，要向欧美日本学者学习。此时的“国学”和以前的汉学、宋学、乾嘉考据学相比，论范围已经远远超出，论观念已经几度更新，论方法已经更加科学化、系统化。我们不妨以章炳麟所谓国学的五类略加说明。小学，本来是以通经为宗旨的学问，在接受了西方语言学的滋养后，已经发展为以描述语言文字发展规律为宗旨的汉语语言学和文字学。经学和诸子学，也有了很大的变化，中国原先虽有《宋元学案》、《明儒学案》之类讲述某一朝代儒学师承和派别的著作⑧，但没有以近代方法编写的中国哲学通史，胡适在北京大学的讲义《中国哲学史大纲》（上卷）是发轫之作。这种哲学通史已不再局限于经学，而是将儒家经典与诸子著作、佛学典籍进行综合的研究，描述了历代思想、哲学的变化发展，从而成为经学和诸子学未能包括的一门新的学科。在史学领域，用新的方法撰写的通史、断代史，以及政治制度史、文化史等侧重于某一方面的历史著作蔚为大观；中外交通史、中国科技史引起重视，并成为新的学科；传统的舆地学发展为历史地理学；金石学发展为现代考古学。古史辨派的代表人物顾颉刚关于“层累地造成”古史的学说，影响了一代史学研究；王国维提倡以“地下之新材料”“补正纸上之材料”[9]，这种“二重证据法”为史学打开了新的局面。考古学的新成果，如殷墟卜辞的发现、汉简的发现、敦煌莫高窟藏经洞的发现，引起史学、文学、文字学、语言学、宗教学等众多学科的巨大变化，敦煌学进入了“国学”的疆域。在文学方面，王国维《宋元戏曲史》的出版，将戏曲纳入文学史研究的范围；1920 年鲁迅应蔡元培校长之邀在北京大学讲授中国小说史，从此，被视为“小道”的小说登上了大雅之堂，他的讲义《中国小说史略》成为中国小说史的开山之作。于是，戏曲和小说的研究也进入国学的领域。凡此种种，都使国学出现了新的面貌。在继承传统的同时所发生的这些变化，足以使我们将 20 世纪以来的“国学”和以往的学术区别开来。

二

今天我们又面临一个新的继往开来的时代，这是一个经济全球化和文化多元化的时代，是一个科学技术突飞猛进的时代。此时，我们所研究的“国学”也应当以一种新的，富有当代特色的形态出现。我之所以提出“国学的当代形态”这个命题，就是要强调：研究“国学”不是复古倒退，也不是抱残守缺，而是具有革新意义的，面向未来和世界的学术创造活动。这表现在以下几个方面：

1. 当代的国学应当立足现实，服务于振兴中华、增强民族凝聚力，实现现代化的伟大历史任务。

上面说过，国学是在清末救亡图存的呼声中提出来的。中国的近代史已经证明，真正挽救了中国并引导中国走向现代化的不是国学。但这并不是说国学无用，只要我们研究的态度正确，在中国走向现代化的进程中，国学可以起到促进作用。因为现代化不等于全盘西化，必须充分重视中国的国情，国情既包括中国的现状也包括中国的历史和文化传统。我在 1993 年发表的《国学研究发刊辞》中有这样一段话：“不管愿不愿承认，也不管是不是喜欢，我们每天都生活在自己国家的文化传统之中，并以自己的言谈行为显示着这个传统的或优或劣的特色。而国学作为固有文化传统深层的部分，已经渗进民众的心灵，直接间接地参与现代生活。”[10] 我重申这段话是想进一步说明：应当自觉地把国学放到中国实现现代化的历史任务中，放到世界的大格局中加以研究，使之与当代社会相适应、与现代文明相协调，为中国的现代化和全人类文明的进步作出应有的贡献。现在越来越多的人已经认识到，在中国传统文化中有许多宝贵遗产，值得加以挖掘整理，使之转化为当代的资源。例如关于和谐的思想；关于天人合一的观念；关于忧国忧民的情操；关于尚善的态度和通过修身养性以达致高尚人格的追求；关于敬业乐群的意识，以及“先天下之忧而忧，后天下之乐而乐”的人生准则；关于整体思维的思想方法等等，都值得我们认真研究大力弘扬。此外，还有丰富的历史经验和教训，可以给我们深刻的启示；还有众多美不胜收的文学作品和艺术作品，可以陶冶我们的性情，美化我们的心灵。可见，国学研究天地广阔，只要以实事求是的态度踏实认真地去做，以学者的态度去做，是可以为提高全社会的人文素养，增强民族凝聚力，弘扬民族精神，构建和谐社会、和谐世界贡献一份力量的。

2．当代的国学应当建立在对古典文献和出土文物认真整理的基础之上，并在此基础上建立具有中国特色的理论体系。

国学是一门博大精深的学问，详尽地占有原始数据，从数据出发，进行实事求是的整理分析，是国学研究的基础工作。随着国内外所藏古籍善本调查工作的进展，一些原来秘不示人的善本已经公开，各种善本可以更方便地被研究者所利用，古籍的整理工作可以做得比前人更加完善，从而使国学研究建立在更坚实的基础之上。20世纪以来特别是近几十年来大量的出土文物，又为国学研究开拓新的局面提供了充分的条件。例如临沂银雀山汉墓出土的竹书，长沙马王堆汉墓出土的帛书，荆门郭店战国楚墓出土的竹简，上海博物馆藏战国楚竹书等，为国学提供了大批极为宝贵的新数据。由于这些新数据的出现，许多亡佚已久的先秦古籍重见天日，一些传世的先秦古籍有了更早的古本，古籍中的一些错误得以纠正，古籍中的一些难点得到解释，一些被疑为汉代以后伪作的古籍被证明不是伪作[11]。将传世古籍与出土文物结合起来进行研究，就有可能对中国古代史、古代思想史、古代文学史等许多学科得到新的认识。这是以前的学者无法想象的，是时代给予我们的眷顾。

然而我们不能满足于数据的整理，应当在此基础上建立理论的体系，从而对中国古代学术、文化的发展规律，以及中国文化的未来有一种理性的认识。这种理论自觉，不仅有助于当代中国的文化建设，也必将对世界文明的健康发展产生积极的影响。

3．当代的国学应当注意普及，在广大人民群众中弘扬中华民族优秀的传统文化。

经过文化大革命的十年浩劫，中华民族优秀的传统文化面临断裂的危险，中国人的身份认同感以及民族自信心、自豪感都亟待加强。近年来人民群众对传统文化的热情持续升温，海外华人华侨寻根的愿望十分强烈。在这种形势之下，国学研究义不容辞地应当担当起普及优秀传统文化的任务。国学能不能走出象牙之塔，在广大人民群众中得到认可，是国学研究能否顺利开展的关键之一。当代的国学应当具有提高与普及相结合的品格，应当在群众中得到检验，找到知音。

弘扬传统文化，可以利用各种传媒手段，特别是群众喜闻乐见的形式，应当落实到提高人的素质上，让传统文化的营养像春雨一样沁入人的心田。这是一个相当长的过程，不可急功近利，尤其不可进行商业炒作。用商业的方式炒作国学，甚至用国学来牟利，从根本上违背了学术的宗旨。

4．当代的国学应当吸取人类一切优秀的文化成果，同时要确立文化自主的意识与文化创新的精神。

人类文明的历史表明：一个民族的文化，如果不借鉴和吸收其他民族的文化，就很难得到发展，甚至还会逐渐萎缩，中华文明也是如此。中国与外部世界的交流开始得相当早，汉武帝时期，张骞出使西域，开通了著名的“丝绸之路”；汉和帝时期，另一位使者甘英的足迹，已经抵达波斯湾，与古罗马帝国（时称“大秦”）隔海相望。到了唐代，中外文化交流更加广泛，长安是当时最大的国际都会，在8世纪前半叶，人口已达百万之多，居住着许多外国的王侯、供职于唐朝的外国人，以及留学生、学问僧、求法僧，外国的音乐家、舞蹈家和商贾。大食、天竺、真腊、狮子国、新罗、日本等许多国家的使臣络绎不绝。到了明代，随着航海技术的进步，郑和率领庞大的船队七下西洋，途经东南亚、南亚、西亚各国，最远到达东非沿海。明末清初，以来华传教士为媒介，中国又与欧洲一些国家建立了文化交流关系。

中外文化的交流，不但使中华文明得以弘扬，也使中华文明得到滋养；这种弘扬与滋养，涵盖了物质文明、政治文明及精神文明各个方面。中国的造纸术和印刷术传入欧洲，对西方文明的伟大贡献已是公认的事实；中国的瓷器、丝绸、茶叶以及园林建筑，营造了18世纪弥漫于欧洲的“中国情调”；而中国的孔孟儒学、科举制度、文官体系以及文学艺术，不仅在日本、韩国等亚洲近邻国家落地生根开花结果，还曾远渡重洋，成为18世纪欧洲启蒙思想家的重要学术资源。与此同时，中华文化也从外来文化中吸取养分。明末以利玛窦为代表的西方传教士用科学作为传教工具，激起了中国一部分士大夫对西方科学的兴趣，包括古希腊数学、地理学、物理学、生物学、天文学、机械工程学，以及火器、水利等等；而在哥伦布发现新大陆之后，16世纪至19世纪的三百年间，玉米、甘薯和马铃薯等美洲作物的传入和推广，对中国开发地广人稀的山区，满足人口大国的粮食需求，进而发展生产力，起到了关键的作用；中国人发明的印刷术与造纸术，西传欧洲，经过改造后又传回中国，再次促进了中国文化的发展与传播[12]。

回顾历史，中华文明曾居于世界领先的地位。令人痛惜的是，在18世纪末至19世纪初期，正当西方文明实现了向近代化的转型，中华文明急需吸取其营养奋起直追的历史关头，清朝统治者却采取闭关锁国的政策，故步自封，不图进取，丧失了历史机遇，中华文明遂被排斥到世界文明发展的主流之外，处于落后地位，而中国这样一个文明古国甚至沦落到任人宰割的地步，这是我们应当牢牢记住的惨痛历史教训！

现在，中国发生了翻天覆地的变化，在和平发展的道路上突飞猛进，经济总量已经跃居于世界前列。在这种情况下，如何更加自觉地发展与我国地位相称的、与时代发展相适应的先进文化，是一个带有战略意义的重大问题。如果没有文化自主的意识，如果没有文化创新的精神，我们就很难在这个竞争剧烈的世界中立足和生存。科技要自主创新，文化也要自主创新。一味地照搬古人和照搬外国，都是不足取的。继承传统文化，要有所取舍，不能复古倒退；吸取其他民族的文化成果，要取舍由我，不能不分优劣，全盘西化。复古倒退和全盘西化都丧失了文化自主创新的立场，都是没有前途的。自觉地创造我们自己的、具有时代性和前瞻性的新文化，乃是中华文明复兴的关键所在。

在这里，我想特别强调中国传统文化“走出去”的历史使命。阅读明清以降的中西文化交流史，常常给人留下这样的印象，即西方人眼中的中国形象，大多来自西方人自己的著作，如传教士的书信及报告、冒险家的游记等等，或褒或贬，都未能反映出一个全面的真实的中国。截止到目前，我们对世界的了解固然还很不够，但是世界对中国的了解则更少、更肤浅。这就迫切需要我们以主动的姿态，充分利用各种途径和方式，将中国传统文化的精华，真诚地介绍给世界各国人民。现在中外文化交流，呈现明显的入超状态，有人统计，文化的进出口比例为十四比一，这未必是精确的统计，但值得我们注意。随着经济的全球化，特别是中国经济的日益繁荣，世界更迫切地需要了解中国。我们在广泛吸取世界上一切优秀文化成果的同时，有责任使优秀的中华文明走出去，让各国人民与我们共享。

总之，国学研究既要保持其传统性与本土性，同时也要彰显它的时代性与世界性。当代的国学已经具备了各方面的有利条件，足以使之成为不同于以往的新国学。换句话说，现在已经是重建国学的时候了。

三

国学的当代意义是与国学的当代形态联系在一起的，国学如果没有新的发展，其意义必然受到很大局限。国学的当代意义是围绕着弘扬中华民族优秀传统文化这个宏伟目标来实现的。我曾经说过：不要以实用主义的态度对待国学。如果仅仅从国学中寻找对工商管理、金融、经济、公关等等有用的技巧和方法，那就太简单化了。有人问我：国学究竟有什么用？要说没用也真没用，既不能当饭吃，也不能教人如何投资赚钱。但其精华部分能丰富我们的精神世界，增强民族的凝聚力，协调人和自然的关系以及人和人的关系，能促使人把自己掌握的知识和技术用到造福于人类的正道上来，这是人文无用之大用，也是国学无用之大用。试想：如果我们的心灵中没有诗意，我们的记忆中没有历史，我们的思考中没有哲理，我们的生活将成为什么样子[13]？

国学的当代意义，在很大程度上取决于我们的研究态度。我们研究国学，应以承传中华民族优秀传统文化为己任。传统文化是一个民族的根，是一个民族的标志，也是一个民族的骄傲。传统文化关系到每个民族对自己身份的认同感、归属感，以及伴随这种认同感和归属感而来的文化尊严感。传统文化又是民族凝聚力的源泉，一个民族的疆土被人用武力占领了，还可以收复；一个民族的文化被人灭绝了，或者自己抛弃了，则万劫不复！国学作为传统文化中深层的、学术性的部分，与中华民族的复兴密切相关。在经济全球化的大趋势中，拥有几千年文化传统的中华民族，必须自觉地维护自己的根，这样才能自立于世界民族之林。

从20世纪90年代以来，国学已经逐渐引起社会的重视，目前又一次出现了“国学热”。在这种情况下，我们必须更加清醒。我要强调的是：对待国学应当抱三种态度，即分析的态度、开放的态度、前瞻的态度。所谓分析的态度，就是要分清国学中的精华和糟粕，吸取其精华，剔除其糟粕。所谓开放的态度，就是要处理好中外的关系，不能把自己封闭起来。既要吸取世界上各民族优秀的文化成果，也要让自己民族的优秀文化走向世界。所谓前瞻的态度，就是要正确对待古今的关系，立足当前面向未来，建立具有当代形态和前瞻意义的新国学。我们也应清醒地看到，国学研究是严肃的学术工作，不可满足于泛泛的议论，而应沉潜下来，认真钻研，将切实的成果贡献给社会。

“中国悠久的文化传统不是一潭止水，它宛若滚滚不尽的江河，不断吸纳支流，或直或曲，或速或缓，或涨或落，变动不居。国学也是这样，汉有汉学，宋有宋学，今后则必有以今之时代命名的学派。历史悠久的国学只有不断以新的形态代替旧的形态，才能永葆青春。”这段话是我在1993年《国学研究发刊辞》中曾经说过的，我想以此做为这次发言的结尾。我还想强调一句：国学只有与现实生活密切结合，在人民群众中发挥积极的作用，才能充分实现其价值，并永远保持强大的生命力。

中央文史研究馆愿意跟各地的文史研究馆密切合作，跟中国大陆、港、澳、台的学者们一起，为国学研究的健康发展，为弘扬中华民族优秀传统文化，为振兴中华，贡献自己的力量！

（原载于《北京大学学报》2008年第1期）

---

①《周礼·春官·乐师》：“乐师掌国学之政，以教国子小舞。”

②参见桑兵《晚清民国时期的国学研究与西学》，《历史研究》1996年第5期。当时的代表人物荷田春满、贺茂真渊、本居宣长、平田笃胤等，有国学四大家之称。

③见《政艺通报》第3期。

④见《国学保存会简章》。

⑤邓实，字秋枚，广东顺德人，1877年生于上海。庚子后，痛感亡国无日，于1902年在上海创办《政艺通报》，1905年发起成立国学保存会，刊行《国粹学报》，宣传排满革命，是国粹理论的主要提倡者之一。黄节（1873～1935），原名晦闻，顺德人。清末参与创立国学保存会，创办《国粹学报》，提倡排满革命。民国成立后加入南社，反对袁世凯称帝。任北京大学文学院教授、清华大学研究院导师，对魏晋文学研究精深。章炳麟（1869～1936），原名学乘，后改名绛，字枚叔，号太炎，浙

江馀杭人。清末民初民主革命家、思想家、著名学者。曾参加维新运动，与蔡元培共同发起成立光复会。任同盟会机关报《民报》主编。后期政治态度保守。刘师培（1884 ~ 1919），江苏仪征人。1904 年在上海与章炳麟交游，倾向革命，著有《中国民约精义》，抵制专制。后期思想趋向保守。陈去病（1874 ~ 1933），江苏吴江人。光绪二十四年（1898）在家乡组织雪耻学会，响应维新运动。后与柳亚子等创办南社。1913 年，参加讨伐袁世凯的“二次革命”。1917 年，随孙中山赴粤“护法”。1922 年，孙中山督师北伐，陈去病任大本营前敌宣传主任。后曾任南京东南大学教授。黄侃（1886 ~ 1935），湖北蕲春人。著名语言文字学家。在日本师从章炳麟，加入同盟会。后曾任北京大学等校教授。马叙伦（1885 ~ 1970），浙江杭州人。辛亥革命前参加同盟会，民国后任清华大学、北京大学等校教授。1946 年在上海发起组织中国民主促进会，致力于民主爱国运动。新中国成立后，曾任政务院文化教育委员会副主任，教育部、高等教育部部长，全国人大常委会委员，全国政协副主席，中国民主促进会中央主席，中国民主同盟中央副主席。

⑥《国故论衡》，日本东京 1910 年初版，后多次再版。《国学概论》，曹聚仁编，上海：泰东图书局 1922 年版。《章太炎国学讲演录》，张冥飞笔述，严柏梁加注，上海：梁谿图书馆 1925 年版。

⑦以上关于“国学”的追溯，以及国学、国故、国粹等说法，参看罗志田《国家与学术：清季民初关于“国学”的思想论争》，北京：三联书店 2003 年版。

⑧《宋元学案》，清黄宗羲、黄百家、全祖望等人合著。《明儒学案》，黄宗羲著。

⑨见《古史新证——王国维最后的讲义》，北京：清华大学出版社 1994 年版，第 2 页。

⑩见《国学研究》第一卷，北京：北京大学出版社 1993 年版。

⑪参看裘锡圭：《中国出土古文献十讲》，上海：复旦大学出版社 2004 年版。

⑫参看袁行霈、严文明、张传玺、楼宇烈主编：《中华文明史》，北京：北京大学出版社 2006 年版。

⑬参见拙文《国学与二十一世纪》，《光明日报》2006 年 1 月 10 日。

文化的馈赠

今年（2004年）北京论坛的主题“文明的和谐与共同繁荣”，表达了我们追求的目标。我所谓“文化的馈赠”则是为了达到这个目标应当采取的态度和行为方式。我是研究中国古典文学的，近年来特别关注中华文明的发展历程，今天我愿意从中华文明史讲起。

如果追溯世界上几个古老文明起源的年代，中华文明不能算是最早的，但中华文明是唯一从未中断过的文明。中华文明的组成，既包括定居于黄河流域和长江流域的较早以农耕为主要生活来源的华夏文明，也包括若干以游牧为主要生活来源的少数民族文明。汉族不断与周围的民族相融合，形成由五十六个民族组成的大家庭。中华文明的演进过程，不是互相灭绝，而是互相融合。中华文明的演进过程，在很大程度上可以视为不同地域的文明以及不同民族的文明，在交往过程中整合为一体的过程。多元一体的格局最晚在西周就建立起来了，此后虽然历经战乱与分裂，不断有新的文明元素加入进来，但没有任何一种文明的分支分裂出去，所以这个大格局始终保持着完整性而没有被打破。因此，中华文明的发展史从一个侧面看来就是民族融合的历史。

中华文明和域外异质文明的接触，促进了中华文明的发展。印度佛教对中华文明的影响表现在思想观念和生活习俗等等许多方面，而佛教与中华传统文化相融合便出现了禅宗，禅宗成为中华文化的一个重要组成部分。西方文明从明代末年开始传入中国，但在相当长的一段时间内还只是对传统的中华文明的局部补充。鸦片战争之后，在救亡的呼声中，中国的知识分子纷纷介绍和学习西方先进的文明，魏源编纂《海国图志》，提出“师夷长技”的方针，便是一个带有标志性的变化。此后，向西方学习经历了从科学技术的层面到政治、人文层面的深化过程。废科举、兴学校，留学、办报，种种新的事物迅速出现，形成一种新的时代潮流，促使中华文明继续前进。

然而，中华文明是在一个相对封闭的地理环境中发育成长起来的，周围的天然屏障，一方面保护着中华文明较少受到外族的入侵而能够独立地连续地发展；另一方面也限制了中华文明与其他文明的交流。总的看来对外文化交流的机会毕竟不多，交流的地域也不广。当中华文明发展到鼎盛期后，特别是当世界上其他地区的文明实现了近代化的转变之后，中华文明急需吸取其他文明的优秀成果以丰富发展自己，可是在这个历史的关头，清朝统治者却采取了闭关锁国的政策，故步自封，不图进取，丧失了历史机遇，遂使中华文明逐渐被排斥到世界文明发展的主流之外，并处于落后的地位，甚至沦落到任人宰割的地步。这是我们回顾中华文明史的时候不能不深感悲痛的，也是我们应当牢牢记住的一个惨痛的历史教训！

近代以来，中华文明发展的趋势可以简单地概括为打开大门与走向世界，一切有识之士的种种呼号与努力，无非以此为中心。直到今天，打开大门与走向世界，仍然是尚未完成的历史任务。打开大门，是在保持自己民族优良传统的同时，吸取世界上其他民族创造的优秀文明成果；走向世界，是带着自己民族的优秀传统，融入世界文明的主流之中。

当前世界形势发生了空前的变化，经济全球化深刻地影响着人类文明的进程。但这种状况不应当也不会导致民族文化特色的消亡。我在 1998 年北大举办的汉学研究国际会议上，提出“文化的馈赠”，得到许多学者的响应。文化的馈赠是双向的，是一种极富活力和魅力的文明交融和创新的活动，各个民族既把自己的好东西馈赠给别人，也乐意接受别人的馈赠。馈赠的态度是彼此尊重，尊重别人的选择，决不强加于人。馈赠和接受的过程是取长补短、融会贯通。馈赠和接受的结果是多种文明互相交融、共同发展，以形成全球多元文明的高度繁荣。因为不同的文明本来就各具本色，吸取外来文明的内容、分量和方式又不相同，交融之后出现的人类文明仍然是千姿百态，我们的世界仍然是异彩纷呈。

一切有良知的学者，在这个关系人类命运和前途的重大问题上，应率先采取互相尊重的态度，担负起文化馈赠的任务，并影响自己的政府寻求不同文明的和平共处，以保持文明的多样性。中国的经济正在腾飞，中国的综合国力逐渐强大，但中国的腾飞和强大不会对别人构成威胁。我是从学者的角度说这句话的，根据我多年研究所得到的认识，中华文明本质上是一种和平的文明，中华文明有能力在外来威胁下保存自己，但没有兴趣威胁别人。这样一种文明对于未来世界的稳定是不可缺少的。

在经济全球化的大趋势中，中华文明的未来是我十分关心的问题。2002 年我曾在北大文科论坛上，就这个问题发表过三点意见，请允许我在这个更高、更广的北京论坛上加以重申：

首先，我们要欢迎伴随着经济全球化而来的、更加广泛和深刻的文化交往，积极吸取人类文明的一切优秀成果。过去，中华文明在与外来文明的接触中，既然能够吸取改造它们以丰富发展自己，今后必然能够做得更好。

其次，中华文明应当更主动地走向世界。中国对世界的了解虽然还很不够，但是世界对中国的了解更少、更肤浅。牛津大学教授雷蒙·道森在 1967 年出版了《中国变色龙——欧洲中国文明观之分析》这部名著（Raymond Dawson: *The Chinese Chameleon: an Analysis of European Conceptions of Chinese Civilization*, London: Oxford University Press, 1967, pp.1 ~ 8. 此书有中文译本：《中国变色龙：对于欧洲中国文明观的分析》，常绍民、明毅译，北京时事出版社 1999 年出版）。这部书详尽而具体地介绍了西方对中国的种种看法，并总结说：在西方人眼中，中国的形象似乎在两个极端间变化：或者是理想的王国，或者是停滞与落后的象征。中国时而被描绘为富裕的、先进的、聪明的、美好的、强大的和诚实的，时而被描绘为贫穷的、落后的、愚蠢的、丑陋的、脆弱的和狡诈的。从这本书中可以看出，西方对中国的认识与中国的实际有相当大的距离。我们深切地感到，在经济全球化的过程中，中华文明具有广阔的空间，可以在世界上充分展示自己的真面目。随着经济的全球化，特别是中国经济的日益繁荣，世界更需要了解中国；中华文明也会得到更多的途径走向世界。经济全球化对中华文明来说，机遇大于挑战。我们应当清醒地认识这种形势，把握这个历史机遇，培育和弘扬民族精神，为人类文明的进步作出更大的贡献。

第三，要坚持文明的自主。无论是引进世界文明的优秀成果，还是走向世界，都是我们自主的意识和行为。回顾历史，汉唐人对外来文明的开放胸襟与拿来为自己所用的宏大气魄，即鲁迅称之为“闳放”的那种态度，便是自主性的很好表现。西方近代文明，从明朝末年逐渐传入中国，鸦片战争之后大量涌入，影响着中国百余年来的历史进程，但中华文明并没有失去自主的能力。到了今天，我们更有条件加强文明的自主性，自己决定自己文明的命运。

在经济全球化的趋势中，我们一方面要采取坚决的切实的措施，努力保持中华文明的民族特色，另一方面也要看到民族特色是因比较而存在的，越是有比较就越能显示自己。还要看到文明的民族特色不是一成不变的，在与其他文明交流的过程中，有些因素会凸显出来，有些因素则会逐渐淡化乃至消失。应当创造条件促成适应时代发展的新的特色逐步形成。

总之，与经济全球化同时到来的，既不是单一的全球文明，也不是文明的冲突，而是文明的自主、馈赠，以及多元文明的繁荣。这种新的文明生态的出现和确立，是人类进化到更高阶段的一个重要标志。中华民族必能抓住这个历史的机遇，实现伟大的复兴。中华民族必能以高度的文明重塑自己在世界上的形象。具有几千年历史而从未中断过的中华文明，必将在世界未来的文明进程中再现自己的辉煌，并对全人类的文明进步作出更大的贡献！

（原载于《北京大学学报》2004 年第 6 期）

中华文明的历史启示

北京大学国学研究院组织校内三十六位教授，用六年多的时间，撰写了一部《中华文明史》。我作为这个项目的负责人和此书的主编之一，在撰写过程中不断思考这样一个问题：中华文明的历史究竟能给二十一世纪的人类什么启示？我想趁北京论坛召开之际，向来自世界各地的学者们报告我的一些粗浅想法。

中华文明的历史启示之一，就是选择和平、和谐。

中华文明植根于东亚大陆一片广袤的土地上，中华民族安土重迁，热爱和平。中华文明本质上是一种“和”的文明，“和”的观念在经典中多次出现。《老子》说：“万物负阴而抱阳，冲气以为和。”（第十二章）这是从哲学的高度解释“和”，用“和”来概括万物之间相互依存的关系。《论语》：“子曰：‘君子和而不同，小人同而不和。’”（《子路》）这虽然是从做人的角度解释“和”，但“和而不同”也可以视为一种维系社会的准则。《论语》：“有子曰：‘礼之用，和为贵。先王之道，斯为美。’”（《学而》）这是从礼的角度解释“和”，“和”不仅是礼之所用，也是为政之道，而且是一种美。《礼记·中庸》以“和”为“天下之达道”，能“和”则能四通八达，无往不利。又说：“致中和，天地位焉，万物育焉。”达到“中和”，天地才得以正，万物才得以育，这就将“和”的意义提到了很高的地位。

中华民族深知和平对文明的保障作用，也深知战争对文明的破坏作用。西晋统一全国后，在文献整理、史书编纂、学术积累，以及文学创作等方面，都已出现繁荣的端倪，是战争，打乱了文明发展的进程，在北方造成多年的文明断裂。宋代是中华文明史上的一座高峰，科技处于世界领先的地位，是战争，打乱了原来的趋势，延迟了文明的发展。

和谐与和平都基于一个“和”字。和谐是和平之上的一种更高、更美的境地，包括人与自然的和谐、人与人的和谐，以及个体的人自身的和谐。关于人与自然的和谐，重点在于：既改造自然以适应人的需要，也调整人的生活方式，以适应自然的规律，这就是所谓“天人合一”的要义。关于人与人的和谐，重点在于：既尊重自己也尊重别人，既考虑局部的利益更顾全整体的利益，以达到整体的协调发展。关于个体的人自身的和谐，包括身心两方面的协调，重点在于通过实践和自省以提升自己的人格和道德。中华文明中关于和谐的观念，对于解决当前中国和世界面临的种种问题，无疑具有很大的参考价值。

中华文明的历史告诉我们：文明的发展离不开和平、和谐，唯和平才能使文明的成果得以保存，唯和谐才能使文明稳步发展。

中华文明的历史启示之二，就是选择包容。

包容，是中华文明固有的思想，早在《尚书》中就有这样的话：“有容，德乃大。”（《周书·君陈》）意思是：有所包容，所成就的功德才能巨大。《老子》也说：“容乃公，公乃王，王乃天，天乃道，道乃久。”（第十六章）意思是：有所包容，就能臻于“公”，进而臻于“王”，臻于“天”，臻于“道”，臻于“久”。这虽然都是针对统治者而言，但在中华文明中具有普遍的意义。中华文明是一种包容性很强的文明，中国人常用“海纳百川”来形容一个人的气度胸襟，这四个字也可以用来形容中华文明的品格。

越来越多的考古资料证明，中华文明的发祥地，不只是黄河流域，还包括长江流域。越来越多的考古资料又证明，除了黄河流域和长江流域，还有许多上古的文化遗存散布在全国各地。中华文明的组成，既包括定居于黄河、长江流域的、较早以农耕为主要生活来源的华夏文明，也包括若干以游牧为主要生活来源的少数民族文明。中华文明的演进过程，是多种文明因素的整合。整合的模式是以华夏文明为核心，核心向周围扩散，周围向核心趋同，核心与周围互相补充、互相吸收、互相融合。汉族和汉族以外的五十五个少数民族，都为中华文明作出了重要的贡献。我们引为骄傲的山西应县木塔那样精美的建筑，便是契丹族所建立的辽代的杰作。蒙古族所建立的元朝，首次开辟了南北海运航线。满族所建立的清朝，出现了康乾盛世，为中华文明增添了精彩的一页。

我还想举战国和唐代为例进一步加以说明。战国时代儒家、墨家、道家、法家、名家、阴阳家等不同的学说和流派多元共存，自由争辩，这已是人所共知的事实。我想强调的是，这种包容不只是统治者的包容，也是整个社会的包容，孔子有弟子三千，“杨朱、墨翟之言盈天下”（《孟子·滕文公章句下》），其他各家也各有自己的信徒或同道，这说明社会的包容度很大。包容，也是唐代文明鼎盛的一个重要标志，这表现在许多方面，例如儒、释、道三家并用；政府机构中各民族的人才都有施展的机会，以科举考试选拔人才的制度，使大量出身庶族的士人进入仕途；文学艺术的题材和风格多种多样，等等。仅以政府的将军为例，如哥舒翰、高仙芝、李光弼等都是少数民族。而日本的阿倍仲麻吕（晁衡）、新罗的崔致远都曾在唐朝任职。

中华文明的历史告诉我们：文明的发展需要包容，“山不厌高，海不厌深”，唯包容才能百川汇海，唯包容才能不断壮大。

中华文明的历史启示之三，就是选择开明。

开明的核心有四点：一是民为贵，孟子说：“民为贵，社稷次之，君为轻。”（《孟子·尽心章句下》）这已成为经典性的话语。二是广开言路，从谏如流，班彪说：“从谏如顺流。”（《文选·王命论》）这是明君的必要条件。三是举贤授能，《礼记》说：“尚有德，尊有道，任有能，举贤而置之。”（《礼器》）这是治理国家的重要举措。四是以法为准，唐太宗说："法者，非朕一人之法，乃天下之法。"（《贞观政要·公平》）这其中包含了一定程度的法治思想。中国人往往将"盛世"与"开明"联系起来，称之为"开明盛世"。汉代的文景之治，唐代的贞观之治和开元之治，这些盛世都是比较开明的。即以唐代为例，太宗对太子说："舟所以比人君，水所以比黎庶，水能载舟，亦能覆舟。"（《贞观政要·教戒太子诸王》）太宗问魏徵：明君和暗君的分别，魏徵回答说："君之所以明者，兼听也；其所以暗者，偏信也。"（《贞观政要·君道》）太宗深以为然。先天二年，玄宗任命姚崇为相。姚崇针对当时存在的问题，提出"十事"，从施行仁义、不求边功、停止宦官和外戚干政、免除杂税等十个方面申述了自己的意见，玄宗从谏如流，取得很好的效果。姚崇罢相时，推荐刚正极勇的宋璟继任相位。宋璟继续贯彻姚崇的政策，使得赋役宽平，刑罚清省，百姓富庶。

宋代的政治设计也有一定的开明性。宋代健全了一整套文官制度，皇帝和大臣、中央和地方、行政和监察，既相配合也相制约。就以皇帝与大臣的关系而言，陈亮引仁宗的话："措置天下事，正不欲专从朕出。……不若付之公议，令宰相行之。行之而天下不以为便，则台谏公言其失，改之为易。"（《龙川集·论执要之道》）仁宗表示，处理天下事不专由自己一个人决定，便是一种相当开明的态度。

中华文明的历史告诉我们：文明的发展需要开明，唯开明才能广得人心，唯开明才能云蒸霞蔚。

中华文明的历史启示之四，就是选择革新。

中华文明在世界四大古老文明中，虽不是最早的，却是唯一没有中断过的。其中的原因很多，我在《中华文明史》的总绪论中作过一些说明。现在只想强调一点，就是中华文明中包含着变易的思想，具有自我更新的能力。《诗经》赞美周文王说"周虽旧邦，其命维新。"（《大雅·文王》），便是对"维新"的赞美。《周易》说"日新之谓盛德，生生之谓易"（《系辞上》），指出不断的变易是事物发展的普遍规律。《周易》又说："穷则变，变则通，通则久。"（《系辞下》）变，是从穷到通的关键。其实，《周易》的这个"易"字，就是变易的意思。关于中国哲学中的变易思想，张岱年先生举了孔子、老子、庄子、张载、程颢、程颐、王夫之、戴震等一系列哲学家的言论，总结说："中国哲学有一个根本的一致的倾向，即承认变是宇宙中之一根本事实。变易是根本的，一切事物莫不在变易之中，而宇宙是一个变易不息的大流。"（《中国哲学大纲》）这种变易的思想，常常被用来作为变法的依据。近代的康有为托古改制，他说："夫至变者莫如天。夫天久而不弊者，为能变也。"（《变则通通则久论》，见上海时务报馆光绪二十一年版《南海先生四上书记》）这段话既符合传统的思想，又服务于其变法维新的主张，可以视为他对中华文明历史经验的总结。

验之以中华文明的历史，几千年来不知经过多少次大大小小的变革。就带有全局性的制度而言，从分封制到郡县制，从察举制到科举制，从城市的里坊制到街巷制，每一次变革都带来文明的长足发展。从分封制到郡县制，巩固了大一统的政治局面；从察举制到科举制，促成了新型士人的成长；从里坊制到街巷制，推动了城市经济的发展。如果就文学体裁这一个局部而言，从古体诗到近体诗，再到词和曲；从文言小说到白话小说；从杂剧到传奇，每一次变革都带来文学的突飞猛进。

毋庸讳言，中华文明中也包含着因循守旧的因素，所谓"祖宗之法具在，务行故事，慎所变改"（《宋史·王旦传》），诸如此类的话不胜枚举。回顾历史，凡是革新的力量占据主导地位的时候，文明就得以健康发展；凡是因循守旧的势力占据上风的时候，文明的发展便受到阻碍。

中华文明的历史告诉我们：革新是文明发展的必由之路，只有不断革新才能不断前进，只有不断革新才能保持旺盛的生命力。

中华文明的历史启示之五：就是选择开放。

中国的汉唐盛世，都是开放的朝代，中外文化的交流十分活跃。

汉代通西域，带来了中亚和西亚的文明。公元前二年，佛教传入中国，在思想观念、生活习俗和文学艺术等许多方面，对中国固有文化产生了深远的影响。例如：佛教传入之前中国只有今生此世的观念，是佛教带来了三世（前世、今世、来世）之说，把思维的时间和空间都扩大了。反切的产生和四声的发现与佛经的翻译有关。随着佛经的翻译，汉语的词汇扩大了，文学观念也多样化了，诸如“空”的观念、“境界”的观念，都与佛教有关。更值得注意的是，佛教与中国传统文化相融合而形成的禅宗，已经成为中国本土文化的一个重要部分。至于唐代，对外文化交流更加频繁。丝绸之路开通，形成双向交融的文化格局，唐代文化既得以向外广泛传播，同时也从外面得到很大的补充。当时的长安、洛阳、扬州、广州等大都市，都是中外文化交汇的地方。长安是当时最大的国际都会，在 8 世纪前半叶，人口已经达到百万之多，居住着许多外国的王侯、供职于唐朝的外国人，以及留学生、学问僧、求法僧、外国的音乐家、舞蹈家、美术家，以及大量外来的商贾。大食、天竺、真腊、狮子、新罗、日本等许多国家的使臣络绎不绝。在宗教方面，除了道教和佛教，伊斯兰教、祆教、景教和摩尼教也都得以传播。唐太宗设立的十部乐，其中四部来自唐朝境内少数民族，四部来自国外。到了明代，一个具有标志性的对外交流活动，就是郑和下西洋，其足迹远达东南亚、南亚、西亚、东非，密切了中国与一些国家的外交关系，成为中华文明对外开放的壮举。

中外文化的交流有利于双方的文明发展。中国的造纸术和印刷术传入欧洲，对西方文明的伟大贡献已是公认的事实。明末以利玛窦为代表的西方传教士用科学作为传教工具，激起中国一部分士大夫对西方哲学和科学的兴趣，这包括古希腊哲学、伦理学、语言学、逻辑学、地理学、医学、生物学、数学、历算，以及美术、音乐、火器、水利、建筑，等等。而在哥伦布发现新大陆以后，16 世纪至 19 世纪的三百年间，玉米、蕃薯和马铃薯等美洲作物的传入和推广，对中国开发地广人稀的山区，满足对粮食的需求，从而发展生产力，起到了关键的作用。

很可惜，当欧洲科学技术突飞猛进，工业革命带动西方社会迅速发展之际，中国的统治者却安于现状，闭关自守，以致中国在不长的时间内就明显地落后了。这是一个惨痛教训！鸦片战争之后，中国的有志之士为了救亡图存，纷纷介绍和学习西方先进的文明，魏源编纂《海国图志》，提出“师夷长技”的方针，便是一个标志。此后，向西方学习经历了从科学技术的层面到政治、人文层面的深化过程。种种新事物迅速出现，中华文明开始逐渐融入世界文明的主流之中。直到今天，打开大门与走向世界，仍然是尚在继续的历史任务。

中华文明的历史告诉我们：开放是文明发展的重要条件，唯开放才能吸取其它文明的长处，唯开放才能自立于世界民族之林。

以上所讲的：和平、和谐、包容、开明、革新、开放，就是回顾中华文明史所得到的主要启示。凡是大体上处于这种状况的时候，文明就繁荣发展，而当与之背离的时候，文明就会减慢发展的速度甚至停滞不前。我相信，上述各点对今日之中国有借鉴意义。也许，其意义会超出中国的范围，对其他一些国家也有参考价值。

最后请允许我从中华文明的历史启示出发，就 21 世纪全人类的文明生态重申我的观点。

经济全球化在不平静中向前推进，看来已是大势所趋，而文化能不能或者要不要全球化呢？这关乎人类生存方式的选择，对此我们必须作出清醒的判断。

经济全球化促进了各国的经济往来，必定会在一定程度上减少各民族文化的差异，在一定程度上使人类生存方式趋同。但是，一个民族的文化传统是几千年或更长的时间积累的结果。文化，是一个民族的灵魂和尊严，是一个民族区别于其他民族的标记。要将世界上各民族长期形成的、千差万别的文化变成单一的文化，是不可想象的。那种失去了多姿多彩的单调的文化，也是我们不愿意看到的。

因此，我主张不要笼统地提“全球化”，或者笼统地提“全球化时代”，应当对全球化加以分析。在经济的层面，全球化是大趋势。在科学技术的层面，那些给人类的生活带来方便的先进科技，更容易在全球推广。但是在精神的层面，因为涉及宗教信仰、民族心理、生活习俗、思维方式、语言习惯等等，要想凭借强大的经济力量和军事力量，将某一种文化强加于人，是不可能的，也是不明智的！

我们清醒地看到，不同文明之间的隔阂是普遍而深刻的。以自我为中心而形成的种种偏见，会遮蔽人的智慧，而实际的利害关系又会迷惑人的良知，再加上语言交流的障碍，在不同文明之间，即使是互相理解、互相尊重都不容易，至于互相包容、互相吸收就更困难了。然而时至今日，人类已经能够遨游太空，为什么不能放弃种种狭隘、固执和偏激的想法，以广阔的胸襟，对待文明的差异呢？为什么不能在平等的基础上，展开文明的对话和交流呢？为什么不能充分尊重各个民族或国家自己的选择呢？我相信：21 世纪的人类，可以运用大智慧，展现大手笔，在不同文明之间找到密切沟通之路，搭起畅通无阻之桥，以促成不同文明的和谐相处，以造就世界的永久和平。

在当今世界上，孤立的民族文化是难以存在的，单一的全球文化也是不可思议的。不同文化只能以开明开放的态度互相包容，只能和平和谐地相处，以期达到共同发展、共同繁荣的目标。

总之，经济全球化与文化多元化，这就是我们对 21 世纪人类生存方式的正确选择。

（原载于《北京大学学报》2007 年第 1 期）

《新编新注十三经》刍议

一

今传《十三经》有一个漫长的形成过程，其间经过多次变动。兹将《十三经》的形成过程作一简要的论述：

孔子有“六艺”之说，指《诗》、《书》、《礼》、《乐》、《易》、《春秋》[①]；湖北荆门郭店楚墓出土竹简《六德》，讲到《诗》、《书》、《礼》、《乐》、《易》、《春秋》[②]，也并未总称为“六经”。到西汉有“五经”之说，陆贾《新语·道基》篇：“礼义不行，纲纪不立，后世衰废；于是后圣乃定《五经》，明《六艺》，承天统地，穷事察微，原情立本，以绪人伦……”[③] 汉武帝时正式将“五经”立于学官，《汉书·武帝纪》：“(建元)五年(前144)春，……置五经博士。”[④] 五经的排列顺序通常是《诗》、《书》、《礼》、《易》、《春秋》或《易》、《书》、《诗》、《礼》、《春秋》[⑤]。东汉又有“七经”之说，见《后汉书·张纯传》：“乃案《七经》谶、明堂图……欲具奏之。”章怀太子注：“七经谓《诗》、《书》、《礼》、《乐》、《易》、《春秋》及《论语》也。”[⑥]

唐太宗贞观七年(633)颁颜师古《新定五经》，是经学史上的一件大事[⑦]。此后，太宗又诏孔颖达等撰修《五经正义》，书成，因太学博士马嘉运驳之，诏更令详定，功竟未就[⑧]。高宗永徽间又经考正，于永徽四年(653)始颁行[⑨]。此外，唐代还有“九经”之称[⑩]，“九经”包括《易》、《书》、《诗》、《周礼》、《仪礼》、《礼记》、《春秋左传》、《春秋公羊传》、《春秋穀梁传》。文宗大和四年(830)郑覃以经籍讹谬，请召宿儒奥学，校定六籍，勒石于太学，从之[⑪]。文宗大和七年(833)筹备，至开成二年(837)告成，用楷书刻《周易》、《尚书》、《毛诗》、

《周礼》、《仪礼》、《礼记》、《左传》、《公羊》、《穀梁》、《孝经》、《论语》、《尔雅》十二经于长安太学，并以唐张参《五经文字》、唐玄度《九经字样》为附丽，共650252字，这就是《开成石经》，今藏西安碑林。宋赵希弁《读书附志》经类，列《石经周易》、《石经尚书》、《石经毛诗》、《石经周礼》、《石经仪礼》、《石经礼记》、《石经春秋》、《石经公羊》、《石经穀梁》、《石经论语》、《石经孝经》、《石经孟子》、《石经尔雅》，曰："以上《石室十三经》，盖孟昶时所镌，故《周易》后书：'广政十四年岁次辛亥五月二十日。'唯《三传》至皇祐初方毕，故《公羊传》后书：'大宋皇祐元年岁次己丑九月辛卯朔十五日乙巳工毕。'"《石经孟子》下著录："右《孟子》十四卷。不题经注字数若干，亦不题所书人姓氏。"[12] 另据宋曾宏父《石刻铺叙》卷上所云："《孟子》十二卷，宣和五年九月帅席贡暨运判彭慥方入石；逾年乃成。"[13] 可知《孟子》列入《十三经》，应当是北宋。南宋高宗绍兴十三年（1143）又刻石经，也增加了《孟子》。清康熙年间陕西巡抚贾汉复在开成十二经之外，又补刻《孟子》，统称《唐十三经》。十三经的顺序为《易》、《书》、《诗》、《周礼》、《仪礼》、《礼记》、《春秋左传》、《春秋公羊传》、《春秋穀梁传》、《论语》、《孝经》、《尔雅》、《孟子》[14]。

明代已有《十三经注疏》刻本。清乾隆四年（1739）有武英殿刻本《十三经注疏》；嘉庆二十一年（1816）南昌府学重刊宋本《十三经注疏》附阮元《校勘记》刻成。后者流传广泛，成为学者使用最广的本子。

粗略地回顾上述历史，我们由此可以得出三点结论：

第一，后来儒家所谓的"经"起初并未赋予"经"的名称和地位。大概战国中后期有学者尊称某些儒家典籍为"经"，如《荀子·劝学》谓学之数"始乎诵经，终乎读礼"（杨倞注："经，谓《诗》、《书》；礼，谓典礼之属也"）[15]。汉初学者陆贾等人以亡秦为殷鉴，进一步推尊儒家典籍为经。汉武帝"罢黜百家，独尊儒术"，儒家思想取得了国家意识形态的地位，"五经"立于学官。自此之后，《易》、《书》、《诗》、《礼》、《春秋》这五部书才被正式尊称为"经"。此乃取其"恒常"之义，《白虎通·五经》所谓“经，常也”[16],《释名》所谓“经者，径也，常典也”[17]，代表了汉儒对于“经”的理解。后来刘勰《文心雕龙·论说》:“圣哲彝训曰经，述经叙理曰论”，是很有代表性的看法[18]。正如张舜徽先生在《汉书艺文志通释》中所云:“古之六艺，本无经名。孔子述古，但言‘《诗》曰’、‘《书》云’，而不称‘诗经’、‘书经’；但言‘学《易》’，而未尝称‘易经’。下逮孟、荀，莫不如此。……况经者纲领之谓，原非尊称。大抵古代纲领性文字，皆可名之为经。故诸子百家之书，亦多自名为经。”[19] 我们对儒家所谓“经”不必过于拘泥。

第二,《十三经》是在很长的时间内逐渐确定的[20]。在汉代为五经、七经，到唐代扩充为九经。其他如《孝经》、《尔雅》、《论语》都是后来增加进去的。而且在宋朝,《春秋》、《仪礼》、《孝经》还都曾一度被剔出经部[21]。《孟子》十一篇在《汉书·艺文志》和《隋书·经籍志》中都属于子书，到了宋代才归入经书，从目录学的角度看来，所谓经书和子书的分类本来不很严格。既然如此，现在通行的《十三经》并不是不可调整的。

第三，汉武帝将五经立于学官，乃是将五经作为学校的教科书。唐代实行科举考试，则五经或九经又成为科举考试的标准用书。那时的朝廷是将经书作为统一思想、治理国家、推行教化、选拔人才的依据。现在我们研究经书跟古代的出发点已有很大的区别，已不再需要那样一套钦定的教科书或考试用书，而是将它们作为中国传统文化的源头来研究，这是需要特别加以强调的。

二

今传《十三经》全部是儒家的典籍。形成这种状况，是汉武帝“罢黜百家，表章六经”[22] 的结果。借用刘勰《文心雕龙》前三篇的标题，可以说《十三经》以原道、征圣、宗经为主线，道、圣、经三者关系密切。我们不禁要问：难道只有儒家的典籍才能称为“经”吗？我们可不可以突破这种局限呢？以笔者的愚见，当初编纂儒家的经典，自然以这十三部典籍为宜。如果不限于儒家，而是着眼于整个中国文化的原典，那就不应局限于现在通行的《十三经》。在儒家之外，道家、墨家、兵家、法家也有很重要的地位，应该纳入中国文化的经书范围之内。随着社会的进步和学术的发展，以弘扬中华民族优秀传统文化为宗旨，对现在通行的《十三经》中所收各书需要重新审视，加以去取。显而易见，我们今天研究中国传统文化不应当限于儒家，所谓“国学”并不等于“儒学”，现在早已不是“罢黜百家，独尊儒术”的时代了！我们应当改变儒家独尊的地位，更广泛地吸取各家之精华，以更广阔的视野继承和弘扬中国优秀的传统文化。而这正是《新编新注十三经》努力的方向。从西周到春秋、战国的几百年间，是中华文明极其灿烂的时代，其多姿多彩的精神成果不仅体现在儒家典籍之中，也体现在儒家之外诸子百家的典籍之中。我们研究中国传统文化，要从多个源头清理中华文明的来龙去脉，广泛地吸取其中的精华。

基于以上的学术理念，我倡议对《十三经》重新编选和校注。计划中的《新编新注十三经》收入以下十三种典籍：《周易》、《尚书》、《诗经》、《礼记》、《春秋左传》、《论语》、《孟子》、《荀子》、《老子》、《庄子》、《墨子》、《孙子》、《韩非子》。保留原来《十三经》中的七种，替换六种。

我们充分肯定传统文化（包括儒家典籍）的重要价值，认为上述十三种书具有长远的意义，经过整理可以在今天充分发挥其作用。这是我们仍然沿袭“经”这个名称的一个重要原因。又因为“十三经”之称已经习以为常，如同《三字经》、《百家姓》、《千字文》、《唐诗三百首》，无论学者还是一般读者久已习惯，而且中国本土文化中时代最早、可以称之为文化源头而又流传有绪的、带有纲领性的重要典籍，恰好可以选择十三种，仍然维持“十三经”的名称是适宜的。

我们所谓的“经”，与传统的“经”相比，含义有所同也有所不同。首先，称“经”有以示尊崇之意，因此新编《十三经》，也就是选择那些在中国文化中具有重要地位的典籍，意在使读者能够借此把握中国文化的要旨。其次，“经”有“恒常”的意思，表明这些典籍不仅在历史上具有重要的影响，而且其深刻、丰富的思想在今天有值得弘扬之处，在未来仍将具有不可忽视的影响力。第三，我们所谓的“经”具有开放性和多元性，不再封闭于原来那十三种儒家典籍的范围之内，这样可以更全面地反映中华文化的丰富内涵。

接下来就将新增的六种经典作一简单的论述：

属于儒家的一种：《荀子》。

荀卿自称为儒，《汉书·艺文志》著录《孙卿子》三十三篇，归属于儒家，孙卿就是荀子。《韩非子·显学》篇说孔子以后“儒分为八”，其中“孙氏之儒”的“孙氏”就是指荀子[23]。但荀子的学说与孔子有所不同，他曾游学齐国的稷下学宫，受到道家、法家、名家的影响。荀子主张“法后王”，又主张人性恶，并在《非十二子》中对子思、孟子等儒家学者进行了激烈的批判。《荀子》未能列入《十三经》，可能与他的这种思想倾向有关。其实，《荀子》中有不少值得注意的思想资源。其“王道”观包含着丰富的内容，诸如“隆礼”、“贤能不待次而举”、“平政爱民”等，都值得重视。其宇宙观，主张“天行有常，不为尧存，不为桀亡。应之以治则吉，应之以乱则凶”，“制天命而用之”，也值得注意。其经济思想，提出“富国裕民”之道，很有意义。其他如“解蔽”之说，“虚壹而静”之说，以及其音乐理论、教育理论，也都值得进一步发掘整理。至于它对中国历史文化的影响，谭嗣同《仁学》所谓“二千年来之学，荀学也”一语[24]，足可见之。蕴涵着如此丰富思想资源的《荀子》，列入《新编新注十三经》是适当的。

属于道家的两种：《老子》和《庄子》。

汉武帝“罢黜百家，独尊儒术”之后，总的看来道家的地位虽然比不上儒家，但道家在中国传统文化中的地位仍然足以跟儒家相提并论，儒道互补成为中国传统文化的一个重要特点。在古代已有称《老子》为“经”者，特别值得注意的是《隋书·经籍志》著录《老子道德经》二卷，周柱下史李耳撰、汉文帝时河上公注。作为道家之创始，《老子》一书中包含的朴素辩证法，关于人与自然关系的认识等，对中国文化的各个方面，如哲学、政治、文学、艺术等等都有深远的难以估量的影响。如果没有《老子》，就没有魏晋以后流行的玄学和唐代以后流行的禅学，中国文化就将失去不少多姿多彩的方面。道家关于清静无为的说法，在战乱之后社会需要休养生息之际尤能显示其在治国方面的重要意义。

郭店楚简中发现了三种《老子》抄本，抄写时间在公元前三百年左右，虽然均不完整，仍是目前所能见到的最古老的本子。湖南长沙马王堆三号汉墓出土了两种汉初的抄本，即帛书《老子》甲本和乙本，这是目前所能见到的较早的完整的本子。这些出土文献为《老子》一书的校勘注释和研究，带来了新的契机，已有许多新的研究成果问世。《新编新注十三经》收入《老子》，除原有的传世《老子》外，利用楚简本和帛书本及其研究成果，是可以做出新的成绩来的。

《庄子》一书乃是庄周及其后学的著作。其内篇所阐述的逍遥游代表着一种人生的理想，倡“无名”、“无功”、“无己”，以求无待，无待则可以得到精神的自由。其所主张的齐物论，有助于破除那种绝对、僵硬、呆板、滞塞的思维方式。作为与儒家相对立的学说，《庄子》丰富多彩而又富于机辩，极具智慧之光芒，使中国文化带上了灵动、活泼、通透的特点，具有充沛的想象力、创造力以及艺术感染力。在魏晋南北朝时期，庄子学复兴，《庄子》与《老子》、《周易》并称“三玄”，是名士们研习的经典。唐、宋两朝，《老子》、《庄子》还曾被尊为“经”，并置博士员，立于学官[25]。《庄子》应当和《老子》一并列入《新编新注十三经》之中。

属于墨家的一种：《墨子》。

墨家的创始人是墨翟。墨家在当时影响很大，《孟子·滕文公下》云：“杨朱、墨翟之言盈天下。天下之言不归杨，则归墨。”《孟子·尽心下》又说："逃墨必归于杨，逃杨必归于儒。"[26] 孟子的话虽不免有点夸张，但从中仍然可以看出墨学在当时是一种显学。《韩非子·显学》就明确地说："世之显学，儒、墨也。"[27]《庄子·天下》篇云："相里勤之弟子五侯之徒，南方之墨者苦获、已齿、邓陵子之属，俱诵《墨经》，而倍谲不同，相谓别墨。"[28]《吕氏春秋·仲春纪·当染》称孔子与墨子"此二士者，无爵位以显人，无赏禄以利人，举天下之显荣者必称此二士也。皆死久矣，从属弥众，弟子弥丰，充满天下。王公大人从而显之，有爱子弟者随而学焉，无时乏绝。"[29] 可见在《吕氏春秋》成书之际墨子仍然具有与孔子同等的地位。直到汉武帝罢黜百家之后，墨家才消沉下来，而且迄今未能得到广泛的重视。其实，《墨子》一书中有不少思想资源值得我们发掘，其尚贤、兼爱、非攻、节用、非命等方面的思想，在今天仍然值得重视，而其在逻辑学方面的贡献，在自然科学方面的论述，也值得注意。《新编新注十三经》应当列入《墨子》。

属于兵家的一种：《孙子》。

《史记·孙子吴起列传》："孙子武者，齐人也。以兵法见于吴王阖庐。阖庐曰：'子之十三篇，吾尽观之矣，可以小试勒兵乎？'对曰：'可。'"[30]《汉书·艺文志·兵书略》于兵权谋家著录："《吴孙子兵法》八十二篇。图九卷。"师古曰："孙武也，臣于阖庐。"[31] 中国古代典籍中兵家的著作是一大笔宝贵的遗产，而《孙子》是兵家中最重要的一部典籍。曹操《孙子序》指出其"审计重举，明画深图"的特点[32]，这已不限于用兵。《孙子》不仅有丰富的军事思想，也有深厚的战略思维，对人才、行政和经济的管理，乃至外交，都有启发借鉴的意义。1972年山东临沂银雀山西汉墓葬出土的竹简本《孙子兵法》十三篇，带动了《孙子》的研究，今天看来完全有理由将之列入《新编新注十三经》之中。

属于法家的一种：《韩非子》。

《汉书·艺文志》曰："法家者流，盖出于理官，信赏必罚，以辅礼制。《易》曰 ‘先王以明罚饬法’，此其所长也。”[33] 在韩非子之前，法家的商鞅重法，申不害重术，慎到重势，韩非子综合法、术、势，成为法家的集大成者。《韩非子》一书也就成为《新编新注十三经》的必选经典。

此外，佛教自汉哀帝元寿元年（公元前 2 年）传入中国以来，经过魏晋南北朝这个战乱时期，在社会上逐渐传播开来，到唐代取得与儒、道两家并立的地位。新编《十三经》是否选入佛经，成为笔者反复考虑的一个问题。然而新编乃着眼于那些中国本土文化中原生的、时代最早的、处于中国文化源头的、在当时或后代具有广泛深远意义的典籍。而佛经是从印度翻译过来的，唐代盛行的禅宗及其典籍虽然已经本土化，但时代晚了很多，因此佛经暂不入选为宜。将来如果有可能，我们会考虑适当选择佛典和其他重要典籍以扩充其范围。

三

《新编新注十三经》必须建立在学术研究的坚实基础上，参考古代的各家之言，充分利用新出土的文献资料，吸取最新的研究成果，使之成为值得信赖的学术著作。我们的宗旨是为读者提供中华文化的元典，便于读者从文献的角度追溯中华文化的源头，探寻中华文化的要义。编纂这套书是一项重要的文化建设和学术建设工作，对于弘扬中华民族优秀传统文化意义重大，而且现在编纂时机已经成熟。我们的原则是取精用宏、守正出新。取精用宏对于这套书来说格外重要，因为历代的版本和研究成果浩如烟海，我们既要充分掌握已有的资料，又要去伪存真，去粗取精。守正出新是我在 1995 年主编《中国文学史》时提出来的，实践证明取得了良好的效果。所谓守正就是继承优良的学术传统，所谓出新就是努力开拓新的学术格局，充分吸取新的研究成果，适当采用新的研究方法，使这套书具有时代的特色，以适应时代的要求。

近年来，古籍善本的普查和影印工作有了很大进展。以前的学者看不到的一些善本，我们有机会加以利用，这对我们选择底本和校本提供了很大方便，从而使新编工作有了坚实的基础。自汉代以来，学者们围绕这些经典所作的校勘、注释和研究工作很多，成就卓著，为《新编新注十三经》提供了极其重要的依据。此外，自20世纪以来特别是近几十年来出土了大量的文献和文物，又为经典的整理研究开拓了新的局面。例如临沂银雀山汉墓出土的竹书，长沙马王堆汉墓出土的帛书，荆门郭店战国楚墓出土的竹简，上海博物馆藏战国楚竹书等，都向我们提供了大批极为宝贵的新数据。由于这些新数据的出现，一些传世的先秦古籍有了更早的古本，古籍中的一些错误得以纠正，古籍中的一些难点得到解释[34]。充分利用这些新发现的资料，可以提高我们的工作质量。

20世纪之后的学术是在中西文化交流的大背景下展开的。借用西方的哲学、宗教学、文学、史学和人类学等等方面的观念来解释中国的典籍，已经取得不少成绩。陈寅恪先生所谓“取外来之观念与固有之材料互相参证”[35]，已被证明是行之有效的方法。这也为《新编新注十三经》提供了广阔的空间，从而保证了“出新”的可能。

还有一点值得注意，以前的学者整理经书，各有其家法，而且经今古文之争十分激烈，各个门派互不相容；宋儒与汉儒又有所不同。今天我们重新整理，可以超越这类纷争，兼容并蓄，择善而从，从而取得新的成果。

当然，要想将这套书编好还存在许许多多的困难。一是数据浩繁，要花很多时间才能搜集完备并加以消化；二是每部书都存在不少难点，聚讼纷纭，要想取得进展，提出新见，并经得起考验，实在很难；三是这套书既定位为学术著作，又希望有较多的读者使用，如何在专家与普通读者之间找到平衡点，需要认真摸索。但是我们相信，依靠参加工作的各位学者刻苦钻研，虚心听取各方面专家的意见，集思广益、反复讨论，有希望达到预期的目标。

附记：

《新编新注十三经》已经由北大国学研究院经过反复论证，在2008年正式立项、启动，并且确定了文、史、哲等系十三位教授和副教授分别承担。国学研究院已制定体例，并开始对每一部经书所用底本及校注工作的指导思想和工作方案进行论证。中华书局承担全书的出版发行工作，并派资深编审参加讨论。本文在完成初稿后征求了一些编纂者的意见，得到他们的指教；程君苏东帮助我查找核对了资料，并提出意见，在此一并表示由衷的感谢！

（原载于《北京大学学报》2009年第2期）

---

①《史记·滑稽列传》："孔子曰：'六艺于治一也。《礼》以节人，《乐》以发和，《书》以道事，《诗》以达意，《易》以神化，《春秋》以义。'"《史记》，北京：中华书局1982年版，第3197页。至于《庄子·天运篇》："孔子谓老聃曰：'丘治《诗》、《书》、《礼》、《乐》、《易》、《春秋》六经，自以为久矣，孰知其故矣；以奸者七十二君，论先王之道，而明周召之迹，一君无所钩用。甚矣夫！人之难说也，道之难明邪？'老子曰：'幸矣子之不遇治世之君也！夫《六经》，先王之陈迹也，岂其所以迹哉！"（郭庆藩《庄子集释》，北京：中华书局1961年版，第531～532页）其中讲到了"六经"，但此篇属于《庄子》之外篇，其时代难以确定，仅录以备考。

②《郭店楚墓竹简·六德》："观诸诗、书则亦才矣，观诸礼、乐则亦才矣，观诸易、春秋，则亦才矣。"北京：文物出版社1998年版，第188页。

③王利器《新语校注》，北京：中华书局1986年版，第18页。

④《汉书》，中华书局1962年版，第159页。又《汉书》卷十九上《百官公卿表上》："武帝建元五年初置五经博士，宣帝黄龙元年稍增员十二人。"（《汉书》，第726页）《汉书》卷八十八《儒林传》赞："自武帝立《五经》博士，开弟子员，设科射策，劝以官禄，讫于元始，百有馀年，传业者寖盛，支叶蕃滋，一经说至百馀万言，大师众至千馀人，盖禄利之路然也。"（第3620页）

⑤《庄子·天下》篇："《诗》以道志，《书》以道事，《礼》以道行，《乐》以道和，《易》以道阴阳，《春秋》以道名分。"（郭庆藩《庄子集释》，第1067页）或疑此六句为注文，误入正文。《史记·儒林列传》在"及今上即位，赵绾、王臧之属明儒学，而上亦乡之，于是招方正贤良文学之士"这段话后所列《五经》也是这个顺序（《史记》，第3118页）。而《汉书·艺文志》所列顺序则是《易》、《书》、《诗》、《礼》、《春秋》。《白虎通·五经》曰："《五经》何谓？《易》、《尚书》、《诗》、《礼》、《春秋》也。"（陈立《白虎通疏证》，北京：中华书局1994年版，第448页）《史记·司马相如列传》载相如《封禅文》云："轩辕之前，遐哉邈乎，其详不可得闻也。五三《六经》载籍之传，维见可观也。"司马贞《索隐》："胡广云：'五，五帝也。三，三王也……'案：

《六经》，《诗》、《书》、《礼》、《乐》、《易》、《春秋》也。"（《史记》，第 3064 ~ 3065 页）周予同《群经概论》云："六经的次第，今文学派主张（1）《诗》，（2）《书》，（3）《礼》，（4）《乐》，（5）《易》，（6）《春秋》。而古文学派主张（1）《易》，（2）《书》，（3）《诗》，（4）《礼》，（5）《乐》，（6）《春秋》。"（见《周予同经学史论著选集》，上海：上海人民出版社 1996 年版，第 211 页）《乐经》不存，故实际只有五经。

⑥《后汉书·张纯传》，北京：中华书局 1965 年版，第 1196 页。又，东汉熹平石经，或云五经，或云六经，或云七经，文献记载不同。王国维《魏石经考一》云："当为《易》、《书》、《诗》、《礼》（《仪礼》）《春秋》一经，并《公羊》、《论语》二传"，见《王国维遗书》二，上海：上海书店 1983 年版，第 376 ~ 377 页。

⑦《旧唐书·太宗本纪》，北京：中华书局 1975 年版，第 43 页。又，《旧唐书·颜师古传》："太宗以经籍去圣久远，文字讹谬，令师古于秘书省考定《五经》。师古多所厘正，既成，奏之。太宗复遣诸儒重加详议，于时诸儒传习已久，皆共非之。师古辄引晋、宋已来古今本，随言晓答，援据详明，皆出其意表，诸儒莫不叹服。于是兼通直郎、散骑常侍，颁其所定之书于天下，令学者习焉。"（《旧唐书》，第 2594 页）

⑧《旧唐书·孔颖达传》："先是，与颜师古、司马才章、王恭、王琰等诸儒受诏撰定《五经》义训，凡一百八十卷，名曰《五经正义》。太宗下诏曰：'卿等博综古今，义理该洽，考前儒之异说，符圣人之幽旨，实为不朽。'付国子监施行，赐颖达物三百段。时又有太学博士马嘉运驳颖达所撰《正义》，诏更令详定，功竟未就。"（《旧唐书》，第 2602 ~ 2603 页）

⑨《旧唐书·高宗本纪》："（永徽四年）三月壬子朔，颁孔颖达《五经正义》于天下，每年明经令依此考试。"（《旧唐书》，第 71 页）

⑩《旧唐书·儒学传·谷那律传》："谷那律，魏州昌乐人也。贞观中，累补国子博士。黄门侍郎褚遂良称为'九经库'。"（《旧唐书》，第 4952 页）

⑪《旧唐书·郑覃传》："覃长于经学，稽古守正，帝尤重之。覃从容奏曰：'经籍讹谬，博士相沿，难为改正。请召宿儒奥学，校定六籍，准后汉故事，勒石于太学，永代作则，以正其阙。'从之。"（《旧唐书》，第 4490 页）

⑫以上两条引文见宋晁公武撰、孙猛校证《郡斋读书志校证》下，上海：上海古籍出版社 1990 年版，第 1086 ~ 1087 页。

⑬然据宋晁公武《郡斋读书志》"石经孟子十四卷"下所云："右皇朝席旦（一作'益'）宣和中知成都，刊石寘于成都学官，云伪蜀时刻六经于石，而独无《孟子》，经为未备。"《知不足斋丛书》本，中华书局影印本第 4 册，第 182 页。

⑭乾隆《重刻十三经序》曰："汉代以来儒者传授，或言五经，或言七经。暨唐分三礼、三传，则称九经。已又益《孝经》、《论语》、《尔雅》，刻石国子学，宋儒复进《孟子》，前明因之，而'十三经'之名始立。"（《御制文》初集卷十一，《影印文渊阁四库全书》第 1301 册，台北：商务印书馆 1986 年版，第 101 页）其所言未详。以上

所述，笔者除查阅《郡斋读书志》及《读书附志》外，又参考马子云、施安昌：《碑帖鉴定》，桂林：广西师范大学出版社1993年版，第358页；孙钦善：《中国古文献学史》，北京：中华书局1994年版，第332～333页；王锦民：《古学经子》，北京：华夏出版社2008年版，第227页。

⑮王先谦：《荀子集解》，北京：中华书局1988年版，第11页。

⑯陈立：《白虎通疏证》，北京：中华书局1994年版，第447页。

⑰《释名疏证·释典艺第二十》，刘熙著，毕沅疏证，广雅书局丛书本。

⑱范文澜：《文心雕龙注》，北京：人民文学出版社1958年版，第326页。后来有"六经皆史"之说，见清章学诚：《文史通义·内篇·易教上》，仓修良《文史通义新编新注》，杭州：浙江古籍出版社2005年版，第1页。

⑲《张舜徽集·汉书艺文志通释》（与《广校雠略》合刊），武汉：华中师范大学出版社2004年版，第177页。

⑳汉代以来五经、七经、九经、十二经、十三经的演变情况十分复杂，本文并非专论经学史，只就其大概而言。

㉑《宋史·选举志》："（熙宁四年）于是改法，罢诗赋、帖经、墨义，士各占治《易》、《诗》、《书》、《周礼》、《礼记》一经，兼《论语》、《孟子》。"北京：中华书局1977年版，第3617页。

㉒《汉书·武帝纪》班固赞语，北京：中华书局1962年版，第212页。

㉓参阅王先慎《韩非子集解》，北京：中华书局1998年版，第456～457页。

㉔蔡尚思、方行编《谭嗣同全集》（增订本），北京：中华书局1981年版，第337页。

㉕《旧唐书·仪礼志》："丙申诏……改《庄子》为《南华真经》。……两京崇玄学各置博士、助教，又置学生一百员。"（《旧唐书》，第926页）《宋史》："丙戌，诏太学、辟雍各置《内经》、《道德经》、《庄子》、《列子》博士二员。"（《宋史》，第400页）

㉖朱熹：《四书章句集注》，北京：中华书局1983年版，第272、371页。

㉗王先慎：《韩非子集解》，北京：中华书局1998年版，第456页。

㉘郭庆藩：《庄子集释》，北京：中华书局2004年版，第1079页。

㉙陈奇猷：《吕氏春秋校释》，上海：学林出版社1984年版，第96页。

㉚《史记》，北京：中华书局1959年版，第2161页。

㉛《汉书》，北京：中华书局1962年版，第1756～1757页。

㉜曹操等注：《十一家注孙子校理》，北京：中华书局1999年版，第310页。

㉝《汉书》，北京：中华书局1962年版，第1736页。

㉞参看裘锡圭：《中国出土古文献十讲》，上海：复旦大学出版社2004年版，第82～90页。

㉟陈寅恪：《王静安先生遗书序》，《王国维遗书》，上海：上海书店1983年版。

文学·文化·文明：横通与纵通

——答马自力教授问

一、学问的气象

马自力：袁先生，您在《学问的气象》一文中，曾用这样的语句形容您心向往之的大家气象："如释迦之说法，霁月之在天，庄严恢宏，清远雅正。不强服人而自服，毋庸标榜而下自成蹊。"在您看来，造就这种"学问的气象"的关键是什么？您在治学中又是怎样追求这种气象的呢？

袁行霈：有气象的学问必有开山之功，开拓新领域，建立新学科，发凡起例，为后人树立典范。就以中国近现代的学者而言，其中不乏具有大家气象的人物，如梁启超、王国维等。他们的共同特点是学术格局大，视野开阔，治学道路平正通达，具有总揽全局的能力。我曾借用南宋词人张孝祥的《念奴娇·过洞庭》来比喻治学："尽挹西江"可以说是穷尽研究数据；"细斟北斗"是对资料详加辨析；"万象为宾客"则是把相关学科都用来为自己的研究服务。

中国历来是道德、学问并重，学问的气象实有赖于个人的修养。为人正直、诚实、刚毅，方能不随波逐流，勇于坚持真理；如果又能虚怀若谷，富有宽容精神，气象自然就不凡了。宋代理学家张载强调学习与人的气质之间的关系："为学大益，在自求变化气质。"做学问的过程也就是提升自己修养的过程，这应当成为学者自觉的追求。

我写《学问的气象》这篇札记，是缘于平时读书所感。自己差得很远，虽不能至，心向往之，借以自勉而已。

马自力： 在上世纪七八十年代，您曾倡导过“横通与纵通”，以及“博采、精鉴、深味、妙悟”，是否基于对“学问的气象”的追求呢？

袁行霈： 也可以这么说吧。那时“文革”刚刚结束，学术研究开始恢复正常，而我已经四十一岁了，自己的路怎么走？我做了一番冷静的思考。我下决心做一点有个人特色的学问。在分析了当时学术界的状况后，我选择了一向被忽视的诗歌艺术作为重点，以中国独特的诗歌艺术理论和诗歌艺术史为课题，将诗歌与哲学、宗教、绘画、音乐等邻近学科沟通起来，在广阔的文化背景下从事研究。

“横通”是借用章学诚《文史通义》中“横通”这个贬义词，赋予它褒义，加以发挥，强调多学科交叉。我自己朝这个方向努力始于1979年，那年发表的《魏晋玄学中的言意之辨与中国古代文艺理论》，将玄学的一个命题“言不尽意”引入文学和书画方面的研究，便是一次大胆尝试。论文发表后，有人不同意，但过了几年便被广泛地接受了。后来写《陶渊明与魏晋之际的政治风云》、《陶渊明的哲学思考》，是试图将文学与政治史和哲学史打通研究。“纵通”则是我杜撰的词，它的含义是：对研究课题的来龙去脉有纵向的把握，虽然是局部的问题也要做历史的、系统的考察。例如文学史的研究，不满足于一个时期、一个朝代的分段研究，而希望上下打通；即使是研究某一时段，或者其中的一个具体问题、一个作家、一部作品，也能置之于整个文学的发展史中，作出历史的考察和判断。“纵通”还有另一层意思，就是对学术史的关注和了解。研究一个问题，必先注意已有的研究成果，看到学术的前沿，将研究工作的起点提高，这样，研究的结果才可能达到新的水平。

马自力：“横通”与“纵通”的结合，是对中国文史治学传统的一种总结和概括，这似乎已经成为当前学界的共识。不过在1978年，明确提倡文学与邻近学科的沟通，强调多学科交叉，确实是得风气之先的，这也可以称得上是一种“学问的气象”吧！那么“博采、精鉴、深味、妙悟”，又怎么理解呢？

袁行霈：我的研究领域偏重于六朝诗、唐诗、宋词、文言小说，同时也在文学批评史特别是诗学史方面下过一番工夫。“博采、精鉴、深味、妙悟”是我研究中国诗歌艺术的体会。诗歌艺术不等于平常所谓写作技巧，就一个诗人来说，人格、气质、心理、阅历、教养、师承等等都起作用；就一个时代来说，政治、宗教、哲学、绘画、音乐、民俗等等都有影响。把诗人及其作品放到广阔的时代背景上，特别是放到当时的文化背景上，才有可能看到其艺术的奥秘。我写《屈原的人格美及其诗歌的艺术美》、《陶渊明崇尚自然的思想与陶诗的自然美》、《王维诗歌的禅意与画意》、《李白诗歌与盛唐文化》，就是这方面的尝试。《文心雕龙·知音》说：“凡操千曲而后晓声，观千剑而后识器；故圆照之象，务先博观。”这就是“博采”。看得多了才有比较，亲自从事创作实践才更精于鉴赏，而且趣味要高，眼力要好。

马自力：我想您是用“博采”的方法，把研究对象从一个狭小的范围里解放出来，比如说把诗歌艺术从写作技巧的层次提升到诗歌艺术理论的层次。那么“精鉴、深味、妙悟”的含义和作用又是怎样的呢？

袁行霈：“精鉴”一方面是指资料的鉴别与考证。考证的乐趣类似侦探推理，要善于从细微之处发现问题、找出线索。福尔摩斯能在别人忽略的地方找到解决疑难的关键，做学问也需要这样的眼光。我认为考证很重要，资料辨析和史实考证是研究工作的基础，但又不满足于此，希望将考证和评论结合起来，用经过考证的数据说明一些文学史上的问题。如果诗歌艺术的研究能把考证的功夫用上去，这项工作就有了坚实的基础；如果能从数据的鉴别考订引申到诗歌艺术的品评上来，就更有意义。我写《温词艺术研究》时，为了弄清“小山重叠金明灭”中“小山”的含义，曾参考各家注释和时贤的研究成果，遍检《花间集》和《唐五代词》，通过考证，看出这句诗含有双重意象，体现了温词构图精巧、富于装饰美的特点。“精鉴”另一方面的含义是善于鉴别作品的优劣，我对“少无适俗韵”中那个“韵”字的校订，就是如此。

至于“深味”与“妙悟”，则是研究诗歌艺术的特殊要求。简单地说，“深味”是对诗歌言外的韵味细细地加以咀嚼；“妙悟”是对于诗歌的一种敏锐的感受能力和共鸣效果。既要深得诗人之用心，又要有自己独到的领悟与妙解。

二、中国诗歌艺术研究与情趣的陶冶

马自力：您把中国诗歌艺术作为自己最初的研究方向，一定是深思熟虑后的选择，您能否谈谈自己从事中国诗歌艺术研究的着眼点和具体方法？

袁行霈：在“博采、精鉴、深味、妙悟”基础上，我试图摸索出一条道路，以期解开诗歌艺术的奥秘。中国是一个诗的国度，在诗歌艺术方面有许多值得认真总结的经验和规律，古人提出的一些诗学理论和范畴也有待于结合诗歌创作加以深入的阐述。这项研究前人虽然做了一些，但是不够系统，特别是将诗歌理论和诗歌创作结合起来进行研究，还比较薄弱。研究文学批评史的人未必深入研究诗歌史，而研究诗歌史的人又未必对理论有兴趣。我在“文革”以前已经有了兼顾这两方面的想法，并发表过论文，“文革”期间中断了。1977 年才又重新拾起来，1979 年结合讲授“中国诗歌艺术研究”这门专题课，写了一系列的论文，在此后的几年里陆续发表，后来编成《中国诗歌艺术研究》一书，于 1987 年出版。我总结出“言”、“意”、“象”、“境”等几个范畴，找出其间的关系，并从人格、语言、意境等方面解释“风格”的形成。又从诗歌艺术史的角度，考察了自屈原到陆游共十四位诗人的艺术特色、艺术风格和艺术成就，力求将诗人的人格与风格、诗歌主张和诗歌艺术、艺术渊源与艺术创新互相沟通起来加以研究。

马自力：您所说的“言”、“意”、“象”、“境”这几个范畴之间的关系是怎样的？它们对中国诗歌艺术研究意味着什么呢？

袁行霈：诗歌语言是诗歌艺术分析的依据。如果从语言学的角度给诗歌下一个定义，不妨说诗歌是语言的变形；在语音方面是建立格律以造成音乐美；在用词、造句方面表现为改变词性、颠倒词序、省略句子成分等等。各种变形都打破了人们习惯的语言常规，取得新、巧、奇、警的效果；增加了语言的容量和弹性，取得多义的效果；强化了语言的启示性，取得写意传神的效果。

由语言分析深入一步就是意象分析。语言是意象的外壳，意象多半附着在词或词组上，中国传统的词语诠释方法和意象统计分析方法，可以互相补充。可以研究诗人最喜欢使用的是哪些词语或意象，哪些词语或意象是哪位诗人创造的，这些词语或意象的出现说明了什么，还可以研究诗人不同的词语群或意象群，以及诗人连缀词语或组合意象的特殊方式。

由语言和意象的研究再进一步就是意境和风格的研究。词语的组合构成诗篇，意象的组合构成意境，境生于象而超乎象。揭示意境的形成，既可看到诗人的构思过程，又可窥察读者的鉴赏心理。诗歌的意境和诗人的风格也有密切的关系，诗中经常出现某一种意境，就会形成与之相应的某一种风格。风格研究已经脱离单纯的艺术分析，而深入到人格的领域，是对诗人所做的总体把握。而这种总体把握，与中国古代对诗歌艺术的品鉴相比，经过了对诗的语言、意象、意境、人格诸环节的分析过程，所以得到的是更细致、系统和清晰的总体认识。

马自力：您提出的“多义性”和“意象群”的说法，已经被许多学者应用。您一再强调人格与风格的关系，又十分强调古典诗词对情趣的陶冶作用，这是出于您的治学追求和人生经历吧？

袁行霈：的确是我的切身体验。古典诗词可以使我们与古代优秀的诗人在心灵上相沟通，他们的人格感染了我们，也提高了我们的情趣。古典诗词可以让人以诗的眼光去观察生活并体味生活的多姿多彩。古典诗词还可以启发我们体会人生的道理。有些诗句本身就含有这样的道理，更多的诗要靠我们自己去体会，挖掘它们的内涵，也不妨加以引申，从中得到启发。比如杜甫的“随风潜入夜，润物细无声”，做人也应该这样。润物倒也不难，我们都做过好事，都帮助过别人，润物而又

"细无声"，这就不是每个人都能做到的了。又如对陶渊明的"虽未量岁功，即事多所欣"，我深有同感，做事不能不考虑功利，但功利主义不好，读书做学问尤其不能讲功利主义。追求和发现真理的过程就是一种自我完善、自我满足的过程，快乐就在这个过程之中。

马自力：说到陶渊明，对您来说，研究陶诗和整理陶集是否在很大程度上与情趣的陶冶有关呢？

袁行霈：在诗词研究领域，我尝试开拓一个面，也就是诗歌艺术研究；同时也努力深入一个点，即陶渊明。大体而言，有的作家主要是以他的作品吸引读者，作家的为人和事迹并不为一般读者所重视；而有的作家除了作品之外，他的为人和事迹同样为读者津津乐道。陶渊明就属于后一类。我对陶渊明的兴趣正是从他这个人开始的，小时候先听到他的故事，才找他的诗来读。后来当我将陶渊明作为研究对象时，便很自然地兼顾他的为人和作品两方面：既重视其作品，也重视其人品；既重视其作品的评论，也重视其生平的考证。陶渊明不仅是诗人，也是哲人。他是中国士大夫的一个典型，又是士大夫精神上的家园，他为后代的士大夫筑起一个精神上的"巢"，一道精神上的"屏障"，使他们求得内心世界的安宁。所以，研究陶渊明的意义已经超出诗歌研究的范围，而进入哲学史、士大夫史的范围了。而对我来说，研究陶诗和整理陶集已不仅是一项工作，而且是一种精神寄托，是我跟那位真率、朴实、潇洒、倔犟而又不乏幽默感的诗人对话的渠道。我用二十年的时间写了两本书：《陶渊明研究》和《陶渊明集笺注》，为陶渊明倾注了大量的心血。从目录、版本、校勘、笺注，到生平的考订、史实的考证、艺术的分析，可以说把我各方面的知识储备都用上了。我的努力已不限于性情的陶冶，而是把学术研究的各种努力都集中在这一个点上了。学术研究必须选择一个点，这个点最好能纵横交错，四通八达。好像使用激光一样，把所有的能量都释放在这一个点上，以求重点突破、带动一般。当《陶渊明集笺注》出版时，本想不再研究他了，但是欲罢不能，后来又写了《论和陶诗及其文化意蕴》，提出"陶渊明是中国文化的一个符号”这种说法；又将多年来搜集的古代关于陶渊明的许多绘画（当然是照片，不是原作），写成另一篇三万多字的论文，进一步阐述上述观点，这篇论文即将发表。

三、中国文学概论、中国诗学通论与新的研究格局

马自力：您的《中国文学概论》于上世纪八九十年代分别在台湾、香港和大陆出版，又于今年增补再版。这部富于个性色彩的著作，填补了长期以来同类著作阙如的空白。您是在什么样的情况下撰写这部专著的？作为概论，其体系又是怎样做到既符合中国文学的实际，又富于个性化的？

袁行霈：这是一部“命题”之作。1987年我应日本爱知大学中岛敏夫教授的邀请，前往讲授中国文学概论。这对我来说是一项颇具挑战性的工作，因为长期以来，中国大陆似乎没有出版过《中国文学概论》之类的书籍可供我参考，我只能根据自己平时对中国文学的理解，摸索着建立一种体系。这种体系既不同于中国文学史，也有别于偏重理论的文学概论；既要涵盖中国文学的各个方面和全部过程，又要简明扼要并且具有理论性，其中的困难是很多的。另一方面，我们多年来对中国文学的研究，偏重于一个个作家和一部部作品的评论，而缺少多侧面的透视和总体的论述。在这种情况下，用概论的方式阐述中国文学，也许可以为读者提供若干新的视点，从而使读者对中国文学得到一些新的认识。因此我很乐意做一次新的尝试。

我在这部书的总论部分，分别阐述了中国文学的特色、分期、中国文学的地域性与文学家的地理分布、中国文学的类别、趣味，以及中国文学的鉴赏这些宏观的问题；在分论部分，阐述了各种文体的演进与体制风格、文体之间的相互渗透，以及中国文学发展过程中的一些规律等。这部书的有些论题和说法已不同程度地引起学术界的注意。有的问题，如文学的传媒，当时我没有注意到，至今学术界仍然没有充分注意，所以这次再版时特地增补了一章“中国文学传播的方式与媒介”。

至于个性化，我想主要是因为这部书立足于我本人阅读古代文学作品的感受，力图用简单明了的文字将自己感受最深的、曾经打动过我的东西告诉读者，希望读者分享我在阅读过程中的感受。我想强调，此书是立足于文学本位的，既然是“文学”概论，就要讲文学，讲作品，讲其感动人的地方，讲其审美的价值。但在书中不求面面俱到，许多想法只是点到为止。我所重视的是启发性，而启发性也正是中国传统的学术追求。

马自力：我记得当时罗宗强先生曾经为您的《中国文学概论》撰写过一篇书评，题目是《老人不再“耳提面命”》，就是指这种富于启发性的个性化特点吧。我还从《闲堂书简》中看到程千帆先生给您的信，称赞这是一部“提要钩玄、敲骨得髓之作”。的确，您在此书中提出的一些命题，逐渐成为那以后学术界讨论的热点，有些还被开拓为新的研究领域。那么，您和孟二冬、丁放合著的《中国诗学通论》，与其他众多的文学批评史著作相比，又是在哪些方面力图突破旧的研究格局，体现自身的学术个性的呢？

袁行霈：在中国，“诗”的概念不像西方那样广泛，仅仅限于古近体诗以及词和散曲而已。而“诗学”也仅指关于诗的理论与品评。我们写的《中国诗学通论》主要是对中国历代关于诗的理论和品评做一番搜集、爬梳、整理和总结的工作。中国有不同于其他国家的独特的诗的传统，也有不同于其他国家的独特的诗学。认真总结中国的诗学，既有助于理解中国的诗，也有助于丰富中国的文学理论，乃至世界的文学理论。

我们力图在以下几个方面突破以往的研究格局：一是分期。中国文学批评的分期一向以朝代为界，而这部诗学通论尝试以重要的具有划时代意义的著作作为分期的依据，把中国诗学史分为六期：从《尚书》到王逸《楚辞章句》是发轫期，从曹丕《典论·论文》到刘勰《文心雕龙》是相对独立期，从鍾嵘《诗品》到司空图《二十四诗品》是独立发展期，从欧阳修《六一诗话》到严羽《沧浪诗话》是高潮期，从辛文房《唐才子传》到叶燮《原诗》是建立理论体系的时期，从王士禛《带经堂诗话》到王国维《人间词话》是趋向多元化的时期。二是分类，把中国诗学分为功利派和非功利派。三是把中国诗学的总体特点概括为实践性、直观性、趣味性。

四、“守正出新”与中国文学史研究方法论及“三古七段”说

马自力：您在《中国诗学通论》的绪论中还强调了需要注意的四个问题，我觉得凸显了一种自觉的理论追求：一是从诗歌创作的实际出发，结合作品理解各种诗歌主张的背景及其针对性，进而把握其真正的含义；而不是从概念到概念，脱离创作实际作空泛的演绎。二是要与哲学理论、艺术理论相参照，从而深入了解中国诗学的内涵。三是要注意中国诗学的特点，也就是要了解中国诗学的特殊思维方式和表达方式，切忌将古人现代化，把古人没有的东西强加给古人，或者把原来并不系统的思想硬是系统化。四是要有世界文学的眼光，把中国诗学放到世界文学的大格局中来研究，这样才能更清楚地看到中国诗学的特点，包括长处和短处，才能进一步融汇外国的理论来发展中国自己固有的诗学理论。这些自觉的理论追求在您主编的四卷本《中国文学史》中，一定有所深化和发展吧？

袁行霈：是的，你概括的那四点很准确。1995 年暑假我承担了国家教委规划的《中国文学史》的主编工作。这是一套大学的“面向 21 世纪课程”教材，既要在此前两套成熟的文学史著作（游国恩等先生主编的《中国文学史》和中国社科院文学研究所编撰的《中国文学史》）的基础上有所进展，又要体现“面向 21 世纪”的时代特色，的确是困难重重。我认为，大学教材具有两重性：知识性和探索性，或者说既是教材也是研究著作。它既要传授给学生那些基本的已成定论的知识，又要将学生带入学术前沿。所以新编《中国文学史》在介绍文学史基本知识的同时，更注重挖掘新资料、提出新问题、找到新视角，力图从中国

文学史研究的方法论，到对具体文学现象的探讨和作家作品的评论等方面，都做到守正出新。

马自力：“守正出新”是您一贯的主张和坚持的治学原则，您能否简单地阐述一下它的含义？您在主编和撰写《中国文学史》的过程中，又是如何贯彻这一原则的呢？

袁行霈：学术研究的出新，无非体现在以下三个方面：或者有新的材料，或者有新的观点，或者有新的方法。做到其中的一个方面，就可以称为出新。但出新不能离开守正，基础要稳，走的路要平正通达。只要基础牢固，有充分的数据作依据，可以大胆地提出新的结论。但为了求新而故意用偏锋，或者故意抬杠，则不是学者的风度。

其实我对文学史的理解很朴素，文学史是人类文化成果之一的文学的历史。这包括以下三方面的意思：

首先，应立足于文学本位。要把文学当做文学来研究，重视文学之所以成为文学并具有艺术感染力的特点及其审美价值。这又有几个层面：最外围是文学创作的社会背景，但背景的研究显然不能成为文学史著作的核心内容，不能将文学史写成社会发展史的图解。第二个层面是文学创作的主体即作家，包括作家的生平、思想、心态等，但作家研究也不是文学史著作的核心内容，不能将文学史写成作家评传的集成。第三个层面是文学作品，这才是文学史的核心内容。文学史著作就是要阐释文学作品的演变历程，而前两个层面都是围绕着这个核心的。文学创作是文学史的主体，与之密切相关的文学理论、文学批评、文学鉴赏是文学史的一翼，文学传媒是文学史的另一翼。“文学本位”就是强调文学创作这个主体及其两翼。

其次，文学史属于史学的范畴，撰写文学史应当具有史学的思维方式。要突破过去那种按照时代顺序将一个个作家以及一部部作品简单地排列在一起的模式，注意“史”的脉络，清晰地描述出承传流变的过程。要将过去惯用的评价式的语言换成描述式的语言，说明情况、现象、倾向、风格、流派、特点，并加以解释，说明创作的得失及其原因，说明文学发展变化的前因后果。要寻绎“史”的规律，而不满足于事实的罗列，但规律存在于文学事实的联系之中，是自然而然的结论，而不是从外面贴上去的标签。

再次，要从广阔的文化学的角度考察文学。文学的演进本来就和整个文化的演进息息相关，古代的文学家往往兼而为史学家、哲学家、书家、画家，他们的作品里往往渗透着深刻的文化内涵。所以，借助哲学、考古学、社会学、宗教学、艺术学、心理学等邻近学科的成果，参考它们的方法，会给文学史研究带来新的面貌，在学科的交叉点上，取得突破性的进展。

马自力：这就是您提出的文学史著作的撰写原则：文学本位、史学思维与文化学视角。我们知道，成于众手的著作很难个性化，许多文学史著作都是这样，但您却在这部文学史的“总绪论”中特别提倡主观性和当代性，这是基于什么考虑呢？

袁行霈：由于文学史的数据在当时记录的过程中已经有了记录者主观的色彩，在流传过程中又有佚失，现在写文学史的人不可能完全看到；再加上撰写者选用的角度不同，观点、方法和表述的语言都带有个性色彩，所以纯客观地描述文学史几乎是不可能的，总会多少带有一些主观性。但是，如果这主观性是指作者的个性，这个性又是治学严谨而富有创新精神的，这样的主观性正是我们所需要的。进一步说，如果这主观性是指一个时代大体相近的观点、方法，以及因掌握数据的多少不同而具有的时代性，那也没有什么不好。我们当代人写文学史，既是当代人写的，又是为当代人写的，必定具有当代性。这当代性表现为：当代的价值判断，当代的审美趣味以及对当代文学创作的关注。研究古代的文学史，如果眼光不局限于古代，而能够通古察今，注意当代的文学创作，就会多一种研究的角度，这样写出的文学史也就对当代的文学创作多了一些借鉴意义。具有当代性的文学史著作，更有可能因为反映了当代人的思想观念而格外被后人注意。但是无论如何，决不能把主观性当做任意性、随意性的同义语。

优秀传统文化做了一些工作。我们的宗旨可以概括为两句话："虚体办实事"，"龙虫并雕"（兼顾提高与普及）。其动力一方面来自对中华文化的热爱，另一方面是感到自己身负承传弘扬优秀传统文化和推动中外文化交流这双重的历史使命。我在1998年北大中国传统文化研究中心主办的汉学研究国际会议上，曾提出"文化的馈赠"的观点。我想这既是我们处理世界各民族之间文化关系的原则，也是我们弘扬优秀的中华传统文化、推动中外文化交流的一个准则。

马自力：您在从事中国古代文学研究的过程中，一直都贯穿着对中国传统文化或中华文明的总体性思考。您能否扼要谈谈"文化的馈赠"的含义？

袁行霈："馈赠"这个词，是冯之浚教授在一次有关中国文化的研讨会上用过的，"文化的馈赠"可以恰当地表达我对处理世界各民族之间文化关系的想法。各种文化之间的差异是客观存在的，但差异不一定导致冲突。如果抱着强加于人的态度，就会导致冲突；如果抱着馈赠于人的态度，就不会导致冲突。馈赠是双向的，既把自己的好东西馈赠给人，也乐意接受别人的好东西。馈赠的态度是彼此尊重，尊重对方的选择，可以接受也可以不接受。馈赠的结果是多种文化的互相交融、共同繁荣。事实证明：不同的文化需要互相补充，也可以互相补充，但并不互相依存，文化的民族特色在很大程度上决定着它的价值。"文化的馈赠"意在通过互相交融，促进各民族文化的发展，以形成全球多元文化的高度昌盛。

马自力：中华文化可以馈赠给人类的主要是什么呢？

袁行霈：我在《中华文明史》的"总叙论"中，将中华文明的特色概括为：阴阳观念、人文精神、崇德尚群、中和之境、整体思维等五个方面。我还将在2006年北京论坛上做一个主题发言，题目是"中华文明的历史启示"，其中也讲了几点：和平、和谐、包容、开明、革新、开放。这是总结中华文明的发展史所得出来的经验教训，也可以说是几种明智的选择吧。以上这些都值得进一步开发弘扬，以哺育中华民族的子孙，以馈赠世界各国的人民。

马自力： 的确，相对于所谓“文明的冲突”的观点，“文化的馈赠”是一种富于历史感和现实意义的积极响应，其内涵充分体现了中华优秀文化的本色。这种思想也会在一定程度上体现在您对中华文明史的思考之中吧？作为北京大学国学研究院的重点项目，您和严文明、张传玺、楼宇烈先生共同主编的《中华文明史》，在总体的设计和立意方面有什么特别的考虑呢？

袁行霈： 既然要承担“文化的馈赠”的历史任务，就必须研究、描述和宣扬本民族的优秀传统文化。十几年来北大国学研究院组织撰写出版过一些关于中华文明的著作，但在总体上还有继续系统探讨和深入发掘的空间，所以才想到要撰写一部多学科交叉融合的学术著作《中华文明史》。此书着重描述那些反映中华文明总体面貌的标志性成果，也就是对中华民族甚至全世界的进步产生过重大影响的文明成就。我想，分门别类地叙述科技、制度、思想、文艺等方面的成就是必要的，但更需要把这些方面综合起来，说明整个文明的过程和特点。我们心目中的文明史不同于科技史、制度史、思想史、文学史、艺术史等等的简单拼合，更不是一部百科知识全书。我们在考虑《中华文明史》的学术定位时，确立的基本出发点就是既不能脱离各门专史，又要力求做到多学科的交叉与融合，其目的是对中华文明的演进作出总体性的概括和描述，着重阐述各个时期文明的亮点、特点及其形成的原因，并尽可能地揭示文明的发展规律。应当努力把中华文明放在世界文明的大格局中加以考察，这样才能更准确地把握中华文明各个时期的特点，了解中华文明对世界的贡献以及中华文明对世界其他各种文明的吸收和借鉴，从而在总结文明发展历史的基础上，启发读者思考未来文明的发展方向。总之，当代意识、前瞻性、多学科交叉综合，是我们在《中华文明史》的总体构想和立意上努力的方向。

马自力： 这样看来，北大版《中华文明史》在总体构想上体现了您对中华文明的整体思考和一贯的学术追求。这部著作对中华文明史的分期，同您主编的《中国文学史》对中国文学发展过程的分期一样，具有与众不同的特点，请您谈谈这种分期的主要依据是什么。

袁行霈：我在这部书的“总绪论”中说，一般通史的写法偏重于政治史，但文明包括物质文明、政治文明和精神文明，所以文明史的写法应当有别于通史，必须总体考察文明各个方面的状况，找到文明发展总体的阶段性，指出在一个个大的时段内文明发展的总体趋向。因为文明所包括的范围很广，文明的各种要素发展不平衡，在综合考察的同时必须有重点，即不同时期的标志性文明成果。总体性和标志性二者的综合，是我们划分中华文明史发展阶段的主要依据。

由此出发，我们把中华文明史分为四期，其中还可以细分为八个阶段，即第一期：先秦（第一阶段：先夏；第二阶段：夏商周）；第二期：秦汉魏晋南北朝（第一阶段：秦汉；第二阶段：魏晋南北朝）；第三期：隋唐至明中叶（第一阶段：隋唐五代；第二阶段：宋元至明中叶）；第四期：明中叶至辛亥革命（第一阶段：明中叶至鸦片战争；第二阶段：鸦片战争至辛亥革命）。你也许注意到了“先夏”这个提法，这表示我们对夏文化的重视。

马自力：除了“先夏”这个提法外，读者也许还会发现一个有意味的现象：在您主编的这两部著作中，都把明中叶作为一个历史分期的断限，这显然不同于朝代断限，那么是否它具有如同鸦片战争和“五四”运动等重大历史事件同等重要的里程碑意义呢？

袁行霈：是的，明中叶是中华文明史一个新的发展时期的开端，因为从物质文明、政治文明和精神文明所包含的诸要素来看，此时开启的中华文明与此前有诸多不同。其重要的标志就是商业经济的繁荣、市民的壮大，以及由此带来的城市文化形态的形成，世俗化、商业化、个性化成为时代的潮流。同时王学左派兴起，张扬个性，肯定人欲，向理学禁欲主义发起冲击，为思想解放开辟了一条道路。以上两股潮流互为因果，它们的合力为这个时期造成了一种有别于以往的新的文明景观。另一个值得注意的现象就是对外贸易迅速增长，中国经济整体水平居于世界领先地位。文学艺术中出现新的世俗化商品化倾向，文学作品借助日益廉价的印刷出版这个媒体，在社会下层广泛传播。以上总体性和标志性的特征，决定了无论是中华文明史还是中国文学史，都选择了明中叶作为一个历史分期的断限。

六、唐诗风神与学者本色

马自力：您在 1999 年发表了《盛唐气象与盛唐时代》一文，论述盛唐诗坛新局面的几个标志，探讨盛唐气象及其形成的历史、文化原因；前两年又发表了《唐诗风神》一文，从唐诗的语言、意象、意境和风格等方面，继续追问唐诗之所以成为唐诗的艺术精髓所在。在您的治学领域不断开拓的同时，唐诗研究始终是您坚守的领域，让人感到您对唐诗怀有一种特殊的情结。最让人感佩的是，在您身兼多种社会工作的情况下，仍能以学问为本，体现了学者的本色。我知道，您现在正从事国家社科基金项目“盛唐诗坛”的研究，已经发表了几篇研究论文，请您谈谈这个课题与您以往的诗歌艺术研究的内在联系和区别。

袁行霈：前面说过陶渊明有两句诗：“虽未量岁功，即事多所欣。”不管收获有多少，做学问是快乐的，做老师是幸福的。我在《花甲忆昔》中曾写道：六十年的光阴不算短了，应该做更多的事，却没有做到，不免有许多遗憾。现在又过去了十年，我将加倍珍惜光阴，世界上还有什么比光阴更可贵的呢！

我的唐诗研究获益于我的导师林庚先生的引导。多年前我曾对唐诗研究提出一些建议，其中主要有两点：一是加强综合研究，即调动一切研究方法和手段，从各个不同的侧面入手，建立以唐诗为中心的多学科研究的新格局。综合研究也有纵横之分：纵向的综合研究是指唐代诗史的整体描述，注意史的脉络和纵的比较，它不再是诗人生平与创作的罗列，而能再现唐代诗歌的总体风貌、唐代诗歌思潮和唐诗创作演变的轨迹及其内在外在的原因、唐代诗人的群体和唐诗的流派，等等。横向的综合研究应再现唐朝的文化背景，并把唐诗放到这个背景上考察，偏重于唐诗和唐朝的哲学、宗教、艺术等学科之关系的研究，以及唐代诗人的生活风貌、美学思想、宗教信仰、唐代诗人的创作契机、唐诗在社会生活中的作用、唐代诗人的地理分布和唐诗的地方差异等方面的研究。二是唐诗研究应当紧紧把握唐诗本身的特点及其内在特质，把诗当做诗来研究，把唐诗当做唐诗来研究，揭示其艺术的魅力，总结其艺术的经验。

至于现在我和丁放教授合作进行的“盛唐诗坛研究”，便是想把这些建议落实到自己的工作中去。已经写成的论文，集中在对盛唐诗坛的形成和发展具有重要影响的政治人物身上，如唐玄宗、李林甫、杨国忠、玉真公主等。这是我们找到的新的切入点。不过这些只是盛唐诗坛研究的外围部分，我们准备把探讨的重点放到盛唐诗坛的总体面貌，以及盛唐诗人与诗歌创作这个中心上来，还有许多艰苦的工作等待着我们。

马自力：您能把自己学术研究的心得简单地总结一下吗？

袁行霈：可以概括为八个字：博采众长，独辟蹊径。

马自力：非常感谢您接受我的访问。我有一个突出的感受，就是您的学术思想始终充满了活力。衷心祝愿您身体健康，永葆学术青春！

（原载于《文艺研究》2006年第12期）